U0894652

珍藏本
纪念版

汉译世界学术名著丛书

论原罪与恩典

——驳佩拉纠派

〔古罗马〕奥古斯丁 著

周伟驰 译

2017年·北京

St. Augustine of Hippo

ON ORIGINAL SIN AND GRACE

Against the Pelagians

汉译世界学术名著丛书
（120年纪念版·珍藏本）
出 版 说 明

2017年2月11日，商务印书馆迎来120岁的生日。120年前，商务印书馆前贤怀揣文化救国的理想，抱持“昌明教育，开启民智”的使命，立足本土，放眼寰宇，以出版为津梁，沟通中西，为中国、为世界提供最富智慧的思想文化成果。无论世事白云苍狗，潮流左右激荡，甚至战火硝烟弥漫，始终践行学术报国之志，无改初心。

迻译世界各国学术名著，即其一端。早在20世纪初年便出版《原富》《天演论》等影响至今的代表性著作，1950年代后更致力于外国哲学和社会科学经典的译介，及至1980年代，辑为“汉译世界学术名著丛书”，汇涓为流，蔚为大观。丛书自1981年开始出版，历时三十余年，迄今已推出七百种，是我国现代出版史上规模最大、最为重要的学术翻译工程。

丛书所选之书，立场观点不囿于一派，学科领域不限于一门，皆为文明开启以来，各时代、各国家、各民族的思想与文化精粹，代表着人类已经到达过的精神境界。丛书系统译介世界学术经典，引领时代思想，为本土原创学术的发展提供丰富的文化滋养，为推动中国现代学术和现代化进程做出了突出的贡献。

为纪念商务印书馆成立120周年，我们整体推出“汉译世界学术名著丛书”120年纪念版的珍藏本，寄望既利于文化积累，又便于研读查考，同时向长期支持丛书出版的译者、编者和读者致以敬意。

两甲子后的今天，商务印书馆又站在了一个新的历史时间节点上。我们不仅要铭记先辈的身影和足迹，更须让我们的步伐充满新的时代精神。这是商务人代代相传的事业，更是与国家和民族的命运始终紧密相连的事业。我们责无旁贷，必须做好我们这代人的传承与创造，让我们的努力和成果不仅凝聚成民族文化的记忆，还能成为后来人可以接续的事业。唯此，才能不负前贤，无愧来者。

商务印书馆编辑部

2017年10月

中译本导言

奥古斯丁反佩拉纠派的著作与思想

周伟驰

一、奥古斯丁生平、著作与翻译概况

奥古斯丁(Aurelius Augustine,354 - 430)生于罗马帝国北非的一个小城塔加斯特(Thagaste)。少年时代至迦太基(Carthage)学习修辞学,后来到罗马和米兰谋求事业发展。他在少年时信从摩尼教达九年之久,后来在怀疑派哲学和新柏拉图主义的影响下,抛弃了摩尼教,并在386年,于米兰的一座花园中经历了一场精神危机,皈依了基督。他从意大利回到非洲后,于391年成为当时非洲第二大港口希坡(Hippo)的副主教,并于396年成为主教。他一生忙于教务以及教会内外的论争,主要的论战有与摩尼教的论战、与多纳图派(Donatists)的论战,以及与佩拉纠派(Pelagians)的论战。关于奥古斯丁的时代和生平详情,道风书社的古代系列《上帝之城》中译者王晓朝先生在其序言中已有较好介绍,在此不再赘述。

在古代作家中,从传世作品的总量上说,没有人能够超过奥古斯丁。奥古斯丁本人在427年完成的《更正篇》(*Retractations*)中统计的数字是,他共写了93部著作。但在《更正篇》之后,他尚写有《论圣徒的预定》和《论保守的恩赐》,以及未写完的一部反朱利安的著作。除此之外,他还有约二百封书信及四百篇布道留了下来(还是从大约八千

多次布道中留下来的)。他的书信和布道大多是由速记员记录下来的。据一些学者的统计,奥古斯丁在从 386 年皈依至 430 年辞世的这 44 年间,其作品加起来约相当于一套标准百科全书的头十五卷。

在奥古斯丁活着时,对他著作的传抄即已开始。1450 年,印刷术在欧洲出现后,人们首先印的是《圣经》,其次就是奥古斯丁著作,一时涌现了或长或短、或多或少不同的版本共达二百余种!更令人吃惊的是,绝大部分都是托名之作。16 世纪的重大贡献,是出现了一批奥古斯丁全集,第一个版本由阿默巴赫(Amerbach)编纂(Bale,1506),其后有爱拉斯谟版本(Bale,1527 - 1529),而更加完备的一个版本是由卢汶 64 位神学家集体编纂的全集(1576 - 1577)。1679 至 1700 年之间出版的由圣毛尔圣会的本笃会士们(The Benedictines of the Congregation of St. Maur)编纂的奥古斯丁全集,好过卢汶的老版本,具有无可替代的地位。后来米涅(J. P. Migne)将该版本全部收入他编的《拉丁教父文集》(*Patrologia Latina*,Paris,1841 - 1842,简称 PL),列为第三十二至第四十七卷。这成为常用的奥古斯丁版本。不过,此版本或出于粗心,或出于反冉森派的目的而对原著有所改动,米涅版本有些错误。米涅版本的奥古斯丁全集中,约有一半后来被维也纳学院(Academy of Vienna)编入其《拉丁教父文献丛书》(*Corpus Scriptorum Ecclesiasticorum Latinorum*;Vienna:Tempsky,1866,简称 CSEL),但奥古斯丁著作的编号比较分散,没有集中编纂。[①] 20 世纪中叶

① 亨利·马罗(Henri Marrou),《圣奥古斯丁及其历代影响》(*Saint Augustine and His Influence through the Ages*;trans. by Patrick Hepburn-Scott;New York:Harper,1957),页167 - 182。

起，在比利时圣皮埃尔·德斯滕布拉格（St. Pierre de Steenbrugge）修道院修士们的指导下出版的《基督教文丛》（*Corpus Christianorum*；The Hague：Nijhoff，1953－　，简称 CC），其拉丁文系列收录了奥古斯丁原著，卷号分别为二十九、三十二、三十三、三十六、三十八至四十一、四十六至四十八、五十、五十 A（1953－1968）。另具参考价值的有弗雷德（H. J. Frede）的《教会作家》（*Kirchenschriftsteller*；Freiburg，1995，4th ed.）。

就英文翻译来说，奥古斯丁译丛或选入奥古斯丁著作较多的主要有：《尼西亚会议前后教父著作集》（*A Select Library of the Nicene and Post-Nicene Fathers of the Christian Church*；ed. by Philip Schaff；New York：The Christian Literature Co. and Scribner's Sons，1892，简称 NPNF），其中第一系列第一至第八卷均为奥古斯丁著作，该译丛近年来有重印，亦有 CD 出版；《古代基督教作家文库》（*Ancient Christian Writers*；ed. by J. Quasten；Westminster：Newman Press，1946－　，简称 ACW）；《拉丁教父著作选集》（*Fathers of the Church*；ed. by R. Deferrari et al.；New York：Fathers of the Church，1948，简称 FOC；1960 年后出版社改为 Washington：Catholic University Press），共收奥古斯丁著作十六卷；《奥古斯丁文集》（*The Works of Aurelius Augustinus*；ed. by Marcus Dods；Edinburgh：T. & T. Clark，1871－1876），共十五卷；《奥古斯丁：基本著作》（*Basic Writings of St. Augustine*；ed. by Whitney J. Oates；New York：Random House，1948），两卷（除少量著作外，均为 Dods 版本之重印）；《基督教经典文库》（*Li-*

brary of Christian Classics; Philadelphia: Westminster Press, 简称 LCC), 在 1953 至 1955 年间共有三卷奥古斯丁著作出版;《教父学研究》(*Patristic Studies*; The Catholic University of America, 1922 – 1966)。

1990 年起, 由美国维拉诺瓦大学的奥古斯丁修会(The Augustinian Order at Villanova University)发起、由罗泰莱(John E. Rotelle)主编的《奥古斯丁全集》(*The Complete Works of St. Augustine: A Translation for the 21st Century*; New York: New City Press, 1990 –), 已出约二十多卷, 包括以往及新发现的奥古斯丁所有讲道词。

本选集即出自其中《尼西亚会议前后教父著作集》奥古斯丁部分的反佩拉纠派著作一卷。在翻译过程中,《论本性与恩典》一篇参考了香港基督教文艺出版社 1986 年版的《奥古斯丁选集》中的中译, 在此特加说明。

奥古斯丁著作的中文翻译方面, 目前已有:

周士良译,《忏悔录》(北京: 商务印书馆, 1963); 吴宗文译,《天主之城》(台湾: 商务印书馆, 1971); 田永正译,《基本教理讲授选集》(香港: 闻道出版社, 1984);《奥古斯丁选集》(香港: 基督教文艺出版社, 1986); 徐玉芹译,《忏悔录》(台北: 志文出版社, 1986); 应枫译,《忏悔录》(香港: 生命意义出版社, 1988); 成官泯译,《独语录》(上海: 上海社会科学院出版社, 1997), 内含《论意志的自由选择》; 王晓朝译,《上帝之城》(香港: 道风书社, 2003 – 2004, 共三卷); 任晓晋、王爱菊、潘玉莎译,《忏悔录》(前十卷)(北京: 北京出版社,2004);石敏敏译,《论灵魂及其起源》(北京:社科出版社,2004),包括《基督教教义》;周伟驰译,《论三位一体》(上海:世纪出版集团,2005)。

二、奥古斯丁的反佩拉纠著作

奥古斯丁的思想的根本特征在“恩典论”,与此紧密相关的是“原罪论”和“预定论”,并涉及“自由”等重要范畴。虽然学者们一般认为奥古斯丁早在 396 - 397 年写的《致辛普里西安》(*De diversis quaestionibus ad Simplicianum*)就已从早期新柏拉图主义立场转到了后期预定论立场,但以恩典论、原罪论、预定论为核心的奥古斯丁思想,却主要是在反佩拉纠派的论战中得到发展和深化的。

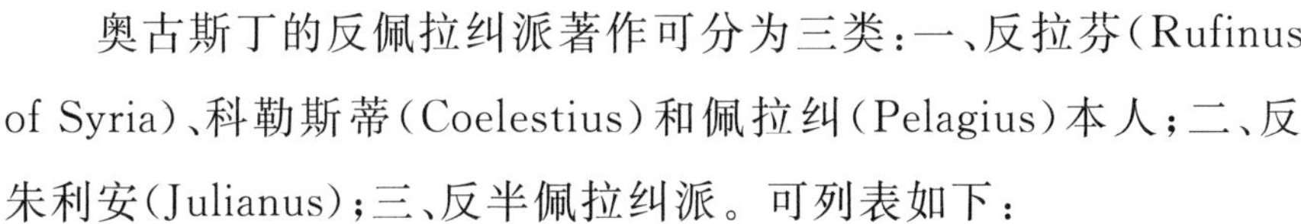

奥古斯丁的反佩拉纠派著作可分为三类:一、反拉芬(Rufinus of Syria)、科勒斯蒂(Coelestius)和佩拉纠(Pelagius)本人;二、反朱利安(Julianus);三、反半佩拉纠派。可列表如下:

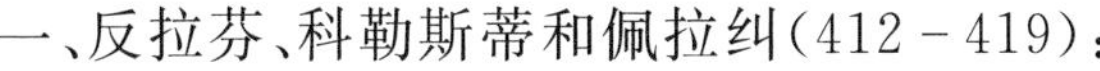

一、反拉芬、科勒斯蒂和佩拉纠(412 - 419):

- 《论惩罚与赦罪及论婴儿受洗》(*De peccatorum meritis et remissione et de baptismo parvulorum ad Marcellinum*, 412)
- 《论圣灵与仪文》(*De spiritu et littera*, 412 - 413)
- 《论本性与恩典》(*De natura et gratia, ad Timasium et Jacobum*, 415)

•《论人义的完全》(*De perfectione justitiae hominis*,415)

•《论佩拉纠决议》(*De gestis Pelagii*,417)

•《信札 186,致保林》(*Epistola 186 ad Paulinum*,417)

•《信札 188,致朱利安娜》(*Epistola 188 ad Julianam*,417/418)

•《论基督的恩典和原罪》(*De gratia Christi et de peccato originali contra Pelagium et Coelestium*,418)

•《信札 194,致罗马长老西斯特》[*Epistola 194 ad Sixtum Romanum Presbyterum* (*et postea Pontificem*),418]

•《论灵魂及其起源》(*De anima et ejus origine*,420)

二、反朱利安(419－430):

•《论婚姻与贪欲,致瓦莱里伯爵》(*De nuptiis et concupiscentia ad Valerium comitem*,419)

•《反佩拉纠派的两封信》(*Contra duas epistolas pelagianorum ad Bonifacium Romanae ecclesiae episcopum*,420)

•《反佩拉纠异端的辩护者朱利安》(*Contra Julianum haeresis pelagianae defensorem*,421)

•《未完成的反朱利安著作》(*Opus imperfectum contra secundam Juliani responsionem*,428－430)

三、反半佩拉纠派(426－430):

•《论恩典与自由意志》(*De gratia et libero arbitrio ad Valentinum et cum illo monachos*,426/427)

- 《论惩罚与恩典》(*De correptione et gratia ad eumdem Valentinum et cum illo monachos Adrumetinos*,427)
- 《信札 217,致迦太基的维达利》(*Epistola 217 ad Vitalem Carthaginensem*,427)
- 《论圣徒的预定》(*De praedestinatione sanctorum ad Prosperum et Hilarium*,428－429)
- 《论保守的恩赐》(*De dono perseverantiae ad Prosperum et Hilarium*,428－429)

三、奥古斯丁—佩拉纠派论战始末

1. 论战经过[①]

佩拉纠约于公元 350 年后生于不列颠,418 年之后死于地中海东边某地,可能是埃及。他出身良好,受过古典文学和哲学教育,380 年代早期到罗马后又熟读了教父们的著作。他精通拉丁语,其著作文字优雅,颇有古典时代的遗风,以致 19 世纪末为《奥古斯丁反佩拉纠文选》写导言的美国学者瓦菲德(B. B. Warfield)说,若是去除他文中引用的《圣经》句子,疑是异教作家所为。他选择了禁欲生活,可以称作"荣誉修士"。但他并不是真正的修士。

在罗马时,佩拉纠在上层圈子里享有一定的声望。眼见世风

---

① 这一部分我主要参照了瓦菲德所撰之导论,载菲洛普·沙夫(Philop Schaff)编,《尼西亚会议前后教父著作集》,第一系列,第八卷;以及里斯(B. R. Rees),《佩拉纠:生平与著作》(*Pelagius:Life and Letters*;The Boydell Press,1998),第一章。

日下，人人以食色性也为借口及时行乐，以人的本性败坏为理由沉溺于败坏的生活中，佩拉纠开出了他的药方：鼓励人说上帝既令他们遵守诫命，就已给了他们能力。能力由上帝赋予，但意志自由，行为也是人自己做出，行善或作恶，都必须承担责任：在上帝面前，或得奖赏，或受惩罚。

他在罗马的朋友拉芬，在原罪和婴儿受洗的问题上，很可能是他的先驱。拉芬的核心论点是，婴儿受洗，并不是因为先天的罪，而是为了得进天国。拉芬著有《信仰告白》一书。

约在 393/394 年，有位修士公开抨击哲罗姆(Jerome)的《反约文尼》(*Against Jovenian*)，令哲罗姆大为光火。哲罗姆在给他的罗马老朋友多姆利奥(Domnio)的信里提到的这位不知名的修士，现在似乎已被认定就是佩拉纠。哲罗姆就这样记住了佩拉纠。

约在 405 年，佩拉纠在罗马听到一位主教[据信是诺拉的保林(Paulinus of Nola)]引用奥古斯丁《忏悔录》中的一句话："给我你所命令的，命令你所愿意的"，他的反应是愤怒，甚至差点和引用者对簿公堂。因为在他看来，这样的话无异于取消了人的自由意志，陷人于完全的被动状态。由此可见，佩拉纠与奥古斯丁的思想从一开始就是对立的，虽然后来佩拉纠也引用奥古斯丁早期的《论意志的自由选择》，来为自己的观点辩护。

蛮族西哥特人在阿拉里克(Alaric the Visigoth)的带领下进犯罗马，佩拉纠不得不于 409 年逃离京城，从意大利到达非洲，也许途经西西里。与他同行的有他的年轻朋友、做过律师的科勒斯蒂。在非洲，奥古斯丁曾见过佩拉纠一两面，不过因为繁忙，没有与他进行详谈，这是奥古斯丁在《论佩拉纠决议》中告诉我们的。

随后佩拉纠去了巴勒斯坦，他在非洲待的时间不长。在离开罗马之前，他已写完了他的《保罗书信评注》，在这本著作里他关于恩典和自由意志的观点已经呈现。

科勒斯蒂留在迦太基，试图在那里谋个长老的职位。不过好景不长，他很快就受到米兰籍执事保林(Paulinus)的指控，罪名计有七项之多。在411年由迦太基主教奥勒留(Aurelius)主持的迦太基会议上，保林指控科勒斯蒂坚持如下教义：亚当受造时就是有死的，无论犯罪与否都终有一死；亚当的罪只害了自己，没有伤及整个人类；新生的婴儿与亚当犯罪前的状态一样；整个人类既不因亚当的死或堕落而死，也不因基督的复活而复活；婴儿即便没有受洗也有永生；律法跟福音一样将人引向天国；在主降世之前，就已有人无罪。[①] 对这些指控，除了与未受洗就夭折了的婴儿有关外，科勒斯蒂都不予否认。他遭到谴责，被革除教籍。此后不久他就乘船去了以弗所，在那里他终于得到了他所寻求的长老一职。

佩拉纠途经非洲到了巴勒斯坦后，在那里遇到他的宿敌哲罗姆。

奥古斯丁开始时所注意的“异端”，只是拉芬和科勒斯蒂。411/412年的《论惩罚与赦罪及论婴儿受洗》，以及413年在迦太基所作布道(294)，反驳的主要都是拉芬的《信仰告白》。412年奥古斯丁还写了《论圣灵与仪文》，强调人要过好的生活，就绝对需要上帝的恩典。这封信完成了奥古斯丁认为受到了佩拉纠派(这时主要指科勒斯蒂)威胁的一个三而一的教义：原罪、人义的不完全、

① 参见奥古斯丁，《论原罪》，第2、3、12章；《论佩拉纠决议》，第23章。

恩典的必要性。在他心里，恩典的必要性乃是整个争论的要害。这封信被某些学者认为是继《忏悔录》之后在人与上帝关系上最能反映奥古斯丁思想的文献。奥古斯丁在这封信里根本就没有提到佩拉纠的名字，尽管文中对佩拉纠的《保罗书信评注》也有所回应。

413 年，奥古斯丁给佩拉纠写了一封很客气的短信，[①]作为对佩拉纠写给他的一封信的回复。后来佩拉纠在迪奥斯坡利斯主教会议上亮出这封信，显示他得到了奥古斯丁的支持。[②]

415 年，佩拉纠的“门生”科勒斯蒂已经受谴，佩拉纠本人逃到了巴勒斯坦并在那里与哲罗姆打起了笔仗；从西西里、西班牙都有人跑到希坡来，向奥古斯丁吁求反击佩拉纠主义。

这一年，应提马修（Timasius）和雅各（Jacobus）的邀请，奥古斯丁针对佩拉纠 414 年左右写的《论本性》一书，写出《论本性与恩典》一文，对本性与恩典的关系作出较系统的阐述。但在这篇文章里，他还是没有点佩拉纠的名，他只想“对事不对人”。奥古斯丁说，在读了佩拉纠的著作后，他的判断是，佩拉纠的思想是反基督的。[③] 在写给一个朋友的私人信件里，[④]他说《论本性与恩典》乃是一篇相当重要的反对“佩拉纠异端”的著作。

到了同一年的年末，两个流亡的西班牙主教，尤特洛庇（Eutropius）和保罗（Paul），从西西里带来了据称是科勒斯蒂所写的一

① 奥古斯丁，《信札》，146。

② 参见奥古斯丁，《论佩拉纠决议》，第 50—52 章。

③ 奥古斯丁，《论本性与恩典》，第 7 章；《信札》，186，1。

④ 奥古斯丁，《信札》，169，13。

篇文章，名为《科勒斯蒂的定义》。文章的思想及风格都表明确是科勒斯蒂所写。奥古斯丁马上写了《论人义的完全》作为回答，行文顺序与科勒斯蒂的相应。在结尾处，他说，若是没有上帝的恩典，人是绝对不能无罪的。异端的错误乃是否认上帝持续恩典的必要性。对这持续的恩典，我们常常祷求说："不要让我们遇见试探。"

《论本性与恩典》还未写完的时候，另一个年轻人从西班牙跑来求援。这人名为俄罗修(Paulus Orosius)，是个长老。原来西班牙发现了另一种异端，他是来请求奥古斯丁帮忙的。奥古斯丁表示对这种异端还不太了解，建议他去巴勒斯坦找哲罗姆。同时托他带信给哲罗姆，请教关于灵魂起源的问题。[①] 俄罗修一到巴勒斯坦，就与哲罗姆一拍即合，联手反对佩拉纠，于415年夏天和冬天在耶路撒冷主教约翰面前指控佩拉纠，从而引发一场新的论战。但这时奥古斯丁还不知道东方发生的事。

原来佩拉纠到达巴勒斯坦后，住在离哲罗姆不远的地方。宿敌相邻，更为紧张。413年，佩拉纠和哲罗姆都得到邀请(奥古斯丁也一样)，为一个名为德米特里(Demetrias)的姑娘写作劝导信。哲罗姆抓住机会，警告她别太注重奥利金派中人提出的神学问题。这显然是在暗指佩拉纠。佩拉纠则强调自由意志的重要性，说上帝赋予了人能力，人能够自由选择行善或作恶，因此得救与否实乃出于自己。

① 奥古斯丁，《信札》，166。

哲罗姆写了一篇《反佩拉纠派的对话》，同时在给朋友们的信里以及在《〈耶利米书〉评注》里，将佩拉纠视为奥利金复活，因为佩拉纠教导说，受过洗的基督徒只要愿意，就能够过无罪的生活。这样，佩拉纠就在415年7月底，站在了由耶路撒冷主教约翰主持的一个教区主教会议的被控席上。在会上，俄罗修作证说佩拉纠和科勒斯蒂是一伙的，说科勒斯蒂已在迦太基会议遭谴，佩拉纠的教义也已被奥古斯丁驳斥。佩拉纠承认他说过，受过洗的基督徒只要愿意，就能够过无罪的生活。有人问他这与恩典如何调和，他机灵地引用《圣经》中谈到恩典必要性的话，并且谴责那些否认恩典的人。这次会议，由于主教约翰对佩拉纠的袒护、俄罗修的放肆无礼、希腊语与拉丁语混用造成的交流的不便，而不了了之，没有形成什么结论，最后上报给罗马主教寻求决定。

415年12月，佩拉纠再一次站在被告席上。这次是在迪奥斯坡利斯(Diospolis)召开的主教会议上。指控者是两位高卢主教，一名赫罗斯(Heros)，一名拉撒路(Lazarus)。对佩拉纠的指控有七项之多，其中有上次的那个。这次会议充满了戏剧性。会前两位指控者因生病不能出席，只好提出书面指控。条目写得不好，且是拉丁文，说希腊语的东方主教们都看不懂，只好找翻译来。佩拉纠在会上读了教会权威人士给他写的几封信，包括奥古斯丁的问候信。他按自己的方式对指控条目作出了解释，起码在名义上谴责了教会该谴责的，并且声称自己与科勒斯蒂无关，这我们可以从奥古斯丁的《论佩拉纠决议》中看得出来。在“无罪性”的问题上，他说一个人的努力若是与上帝恩典之助结合了起来，过无罪的生活就是可能的。显然东方主教们对他的解释感到满意，判他无罪。

这样哲罗姆的意图就落了空。哲罗姆称这次会议是一次“可悲的主教会议”。佩拉纠被判无罪，他和他的朋友们都喜气洋洋。会议决议刚向西方送去，佩拉纠就写了《为自由意志一辩》，为自己的观点，尤其是“无罪性”，作进一步的澄清和辩护。

416年，迪奥斯坡利斯会议结果传到了希坡。传单到处飞，还流传着佩拉纠的一封信，在信里佩拉纠根据东方审判的结果宣称，他的主张，即“人只要愿意，就可以活着而无罪，且容易遵守诫命”，得到了14位主教的赞同。到了仲夏，俄罗修从巴勒斯坦回来，随身带着一些相关文献和哲罗姆、赫罗斯、拉撒路写给奥古斯丁的信。这样奥古斯丁才较充分地了解了事情发生的经过。他还得知，哲罗姆受到佩拉纠派的现实攻击（一般认为是佩拉纠派攻击了哲罗姆在伯利恒的修院），感到事态严重，教会面临着新的威胁。

奥古斯丁对佩拉纠改正自己的教义彻底绝望了。同时，佩拉纠在会议上出示他当初回给佩拉纠的信，以证明他得到了奥古斯丁的支持，这件事也必定多少会令他感到尴尬。（因为他们的思想本质上是根本不同的！）在奥古斯丁的影响下，马上在迦太基和米勒维（Mileve）召开了会议，会上读了俄罗修带来的文献，并试图定佩拉纠的罪，从而纠正巴勒斯坦会议的后果。奥古斯丁与另外四位主教给罗马主教英诺森（Innocent I）写了两封公函，[①]奥古斯丁还写了一封私信。[②] 私信里说，东方会议是由于误解了佩拉纠的话才判佩拉纠无罪的，而实际上佩拉纠是与上帝的恩典为敌的。

① 奥古斯丁，《信札》，175及176。

② 奥古斯丁，《信札》，177。

奥古斯丁请英诺森仔细审查佩拉纠对“恩典”一词的含糊用法，看清他是在蒙混过关。奥古斯丁在信中严格区分了恩典和天赋能力、恩典和律法，揭示了佩拉纠所谓“恩典”的本质。

417 年，英诺森的回信传到了，表示承认内在恩典，并决定将佩拉纠和科勒斯蒂逐出教会。大约与此同时，迪奥斯坡利斯会议的正式决议传到了非洲，奥古斯丁不失时机地(417 年初)对此作了一个详尽的解释和检查，这就是《论佩拉纠决议》，它为我们提供了佩拉纠事件的许多历史细节。

417 年 3 月 12 日，教宗英诺森辞世，之后不久，奥古斯丁给诺拉的保林写了一封长信。[1] 该信具有《论佩拉纠决议》一样的历史文献价值。在信中奥古斯丁道出了佩拉纠主义的来历，并对这一“世俗的哲学”加以反对。

英诺森死后，佐西继位，宣布对佩拉纠和科勒斯蒂重新审理(417 年 9 月)。在佐西的信到达非洲之前，奥古斯丁曾于 9 月 23 日作过一个布道，强调信仰本身也是上帝的恩赐，强调人自身无力得救。“我们得救是由恩典，不是由我们自己:这乃是上帝的恩赐。我为什么对你们重复这个？因为有些人对恩典不知感恩，过于倚重没有得到帮助的、受了伤的本性。确实，人在受造时获得了自由意志这一个大力量，但他因犯罪而失去它了。他堕入死亡之中了；他虚弱了；他被强盗打了个半死，被抛在路上，幸得好撒玛利亚人把他扶到了驴子上，驮到了小客栈里。……若凭着本性就可称义，基督岂不是白白地死了。”

---

① 奥古斯丁，《信札》，186，与阿利比合写。

佐西的信到达非洲后，遭到非洲主教们的抵制（当时教宗尚未像后世教宗那样有绝对权威），他们于 417 年末或次年初召开大会，表示谴责佩拉纠和科勒斯蒂。皇帝介入此事，表示支持非洲教会，佐西原来的计划彻底破产。

418 年 5 月 1 日，"大非洲主教会议"在迦太基召开；决定发布后，奥古斯丁仍待在迦太基，以观后效。在迦太基时，奥古斯丁不顾繁忙的公务，抽暇写了《论基督的恩典》和《论原罪》二书，跟同一时期的布道和书信一样，都强调人的原罪使得基督的恩典成为必要。

就在这一时期，教宗佐西命令各地主教签名，对非洲会议表示同意，以显示自己的忠诚。奥古斯丁在这封信里附了佐西的有关命令，成为今日珍贵的文献之一。但佐西的命令并非没有遇到阻力。在意大利有以艾克兰的朱利安（Julian of Eclanum）为首的 18 位主教拒绝服从教宗的命令谴责佩拉纠，结果都被贬了职。

419 年初，有人向奥古斯丁报告，佩拉纠派（有的学者认为是朱利安）说他谴责婚姻："若婚姻只能产生有罪的后代，婚姻本身岂不是一件有罪的事么？"为此奥古斯丁写了一篇文章，表明自己在婚姻一事上的观点，此即《论婚姻与贪欲》第一卷。

419 年末，奥古斯丁重新开始讨论灵魂起源问题。就此他给奥普塔特（Optatus）写了一封信。[①] 同时写了一篇长文，名为《论灵魂及其起源》，详尽地探讨了灵魂的本性及其起源。[②]

---

① 奥古斯丁，《信札》，202。

② 该书已有中译，见奥古斯丁著，石敏敏译，《论灵魂及其起源》（北京：中国社会科学出版社，2004）。

朱利安在看到《论婚姻与贪欲》第一卷后，写了一封长信《致特尔班》(*To Turbantius*)加以反驳。他以攻为守，不太为佩拉纠辩护，但勇敢地攻击奥古斯丁的思想。朱利安指责反佩拉纠派，说他们否认上帝所造的本性的善性，否认上帝所设立的婚姻的善性，否认上帝所颁布的律法的善性，否认上帝所赋予人类的自由意志，否认上帝圣徒的完善性，等等。

朱利安著作的摘要被人送到奥古斯丁手里。奥古斯丁立即作答，写出《论婚姻与贪欲》第二卷。同时，他收到别人转交来的朱利安的另外两封指责他的信，看后写了《反佩拉纠派的两封信》，为自己进行辩护。

《论婚姻与贪欲》第二卷力证婚姻是善的，是上帝所设立的，但它的善只包括生产而不包括贪欲，后者是由罪来的，是染罪了的。婚姻不是原罪的原因，而是使原罪得以传递的渠道，等等。

《反佩拉纠派的两封信》是一篇重要长文，共有四卷。

420年末或421年初之前，奥古斯丁读到了朱利安反对他的《论婚姻与贪欲》第一卷的那部著作的全文，发现以前读到的摘要都出自它的第一卷，且有所改动。奥古斯丁马上作了一个全面的回应，写成《反朱利安》一文。该文是他在整个佩拉纠论战中最长的著作之一，充分地展现了他的思想，他本人也甚为珍惜。

《反朱利安》写完后，论战平息了几年。在此期间，奥古斯丁写了《教义手册》(*Enchiridion*，又名《论信、望、爱》)，很平静地对佩拉纠主义作了反驳，对基督恩典作了阐述，这可视为他对这一主题的总结。426年，奥古斯丁给阿德拉梅腾[Adrumetum，位于萨赫勒省(Byzacium,在今突尼斯)的一个濒地中海城市]的修院院长瓦伦丁修书两封,[①]指出恩典与自由意志均须得到维护,不要夸大一方否定另一方,要持守中道。他还为该修院的修士们写了一篇长文,这就是《论恩典与自由意志》。

但奥古斯丁后来得知,在这个修院里,仍有某位修士反对他的教导,这位修士的看法是,若恩典是上帝预定的,“就没有人应该由于不守上帝的诫命而受责备了;只能恳求上帝来守它们了”。[②] 换言之,若是一切善事最终都是出于上帝的恩典,那么人就不应该因为没有做他不能够做到的事而受责备了,人就应该恳求上帝来为人做唯有上帝才能做的事了。

这促使奥古斯丁写下了《论惩罚与恩典》,来解释恩典与人的行为的关系,尤其是要阐明上帝恩典的统治并不会取代人对他人的责任。

过后不久,在427年,迦太基有一个名叫维达利(Vitalis)的教徒受到起诉,说他宣扬信仰的开端不是上帝的恩赐,而是人自己的自由意志的行为(这种观点在后世广为流传)。奥古斯丁认为它隐含着佩拉纠主义的根本观点。他给维达利写了一封信,[③]指出他的观点是与教会不一致的,并重申了他在原罪、婴儿受洗、恩典、审判等问题上的观点。

早在前几年,当《论婚姻与贪欲》第二卷于421年左右传到意

① 奥古斯丁,《信札》,214及215。

② 奥古斯丁,《更正篇》,卷二,第67章。

③ 奥古斯丁,《信札》,217。

大利时，引起了朱利安的注意，他写了八卷书《致弗罗尔》(*To Florus*)来进行反驳。427/428 年奥古斯丁得到了该八卷书的前五卷，看后立即进行反驳。

同一时期，有人告诉他，半佩拉纠主义正在南高卢盛行。其代表人物承认所有人都在亚当里失掉了，没有人能够凭着自己的自由意志康复，要得救的话都得要有上帝的恩典。但是，他们反对预先的和不可抗拒的恩典的教义；断言是人先转向上帝，由此才有拯救过程的；断言人是可以抵挡上帝的恩典的，并不存在不可抗拒的恩典；他们尤其否认恩典的赐予是与功德(实际的或可预见的)无关的。他们认为，奥古斯丁的预定论相当于宿命论，是与教父们的教导和教会教义相违的，它即使是真实的，也是不可传播的，因为它使人冷漠或绝望。

奥古斯丁写了两卷书作为回答，这就是《论圣徒的预定》，其中第二卷一般又称作《论保守的恩赐》。《论圣徒的预定》将信仰的起点也归功于上帝，因此圣徒的得救，从头到尾都是上帝恩典的结果。《论保守的恩赐》则表明，使信仰一以贯之的保守的恩典，乃是跟信仰的开端一样，都是上帝给的，凡是“按着旨意”蒙召的，都不会失去信仰。这两卷书是奥古斯丁将预定论和恩典论的逻辑贯彻到底的证明。

428 至 429 年写完这两卷书后，奥古斯丁开始续写驳朱利安的著作。奥古斯丁得到了朱利安《致弗罗尔》后面的三卷，并已驳完了第六卷。但这一次他没有驳完全部八卷，因为他又一次受到了打扰，而且是永远的打扰。430 年 8 月 28 日，在汪达尔人兵临希坡城的情境里，年迈的希坡主教溘然长逝，魂归天国。他未写完的著作，后世一般名之为《未完成的反朱利安著作》。值得引起我们重视的是第六卷中，奥古斯丁反驳了朱利安对自由意志下的定义，即“犯罪和不犯罪的能力”(possibilitas peccandi et non peccandi)，认为按照他这个定义，上帝是不自由的，因为上帝的善的本性显然决定了上帝不能犯罪。

2. 影响

虽然在 418 年之后，佩拉纠就从历史上消逝了踪影，但他的思想并未与他的人一道消逝。继承其思想的不仅仅是科勒斯蒂和朱利安。从奥古斯丁《论圣徒的恩典》可见，“佩拉纠残余”很快就在南高卢出现。那里的隐修院的领导人想要在奥古斯丁救恩论与佩拉纠自由意志论之间走中间路线，将二者调和。这些人接受原罪和恩典的必要性，但断言，是人先转向上帝，然后上帝才帮助人的转向。恩典不是不可抵挡的，人对上帝的态度在这个过程中有其自身的作用。这场新思想运动的领导人是卡西安(John Cassian)，他是克里索斯顿(Chrysostom，著名希腊教父)的弟子，也是高卢隐修院的创建人；该派后来的首领是浮士德(Faustus of Rhegium)。

431 年，罗马教宗西莱斯廷一世(Celestine I)决定结束争论，采纳奥古斯丁主义。496 年，教宗杰拉斯一世(Gelasius I)谴责浮士德的著作，将它们列入教会第一份禁书名单之中；525 年左右，教宗何弥(Hormisdas)重新加以谴责。529 年 7 月 3 日，著名的第二次奥瑞治主教会议(the Second Synod of Orange)由凯撒利乌斯(Caesarius of Arles)主持召开，得出了一系列温和条款，次年得到教宗卜尼法斯二世(Boniface Ⅱ)的认可。这些条款维护了奥古斯

丁主义，虽然较为温和，但仍具有鲜明的奥古斯丁特色；正式谴责了半佩拉纠主义，使其在整个西方教会得到了压制。不过，主教会议和教宗们只能颁布命令，而佩拉纠主义者的思想从来都没有绝迹过。

佩拉纠之后，被指责为坚持佩拉纠主义或半佩拉纠主义或神人协力主义(Synergism)的神学家有许多，比如5世纪的卡西安、文森特(Vincent of Lerins)和浮士德，9世纪的爱留根纳(Erigena)，12至13世纪的亚历山大(Alexander of Hales)、阿贝拉尔(Peter Abelard)、司各脱(Duns Scotus)甚至阿奎那，14世纪的奥卡姆(Ockham)，16世纪的梅兰希顿(Melanchthon)、阿米尼乌(Arminius)、爱拉斯谟(Erasmus)，18世纪的卫斯理(John Wesley)，20世纪的德日进(Teihhard de Chardin)。佩拉纠主义被称作一种"英国病"，是教会要极力清除的。在教会思想史上，佩拉纠主义作为一种异端持续出现，其影响可能只有阿里乌主义才比得上。

奥古斯丁留下诸多逻辑难题让后人争吵不休。后来坚持他思想的有普罗斯柏(Prosper of Aquitaine)、凯撒利乌斯、卜尼法斯二世，以及著名的教宗格列高利一世(Gregory I)。中世纪最有名的奥古斯丁主义者是与阿奎那匹敌的波那文都拉(Bonaventura)。宗教改革时期，路德、加尔文都堪称奥古斯丁主义的传人，这一脉一直传到巴特(Karl Barth)。

在后世，本性与恩典以及与此相关的理性与启示等问题也一再重新被提起，引发争论。其中，宗教改革期间爱拉斯谟和路德的论战比较著名，双方都引用了奥古斯丁的理论，但是观点大相径庭。在近代，自由主义神学兴起，形势对佩拉纠思想较为有利。20世纪

30年代，新正统主义者巴特和自由主义神学家布鲁纳(Emil Brunner)亦爆发了关于启示与理性、恩典与本性关系的论战。只要既坚持有一个全能全善的上帝，又坚持伦理行为出自人自身的自由意志，这个问题就可说是一个永远令人困惑、没有终解、充满张力的问题。

四、几个理论问题

1. 原罪论的问题

《圣经》依据的问题

奥古斯丁的原罪论受到了五方面的影响，实际上也成为他用来证明原罪教义的五个论证：《圣经》，尤其是保罗书信；传统(教父哲学)；仪式，尤其是给婴儿施洗的仪式(在《论罪的赦免》里他都提到了)；奥古斯丁对他本人的生命体验的反思；孩子的受苦。①

在奥古斯丁用来证明其原罪论的经句中，下面五句是关键的：

一、《罗马书》五章12节。这段经文希腊原文为“这就如罪是从一人入了世界，死又是从罪来的；于是死就临到所有人，因为所有人都犯了罪”*，但奥古斯丁所参照的拉丁本《圣经》将这里的“因为所有人都犯了罪”(希腊文原文为：ἐφ' ᾧ)，误译为“在他(亚

① 保罗·里格比(Paul Rigby)，“原罪”(Original Sin)词条，载菲茨杰拉德(Allan D. Fitzgerald)主编，《永远的奥古斯丁：百科全书》(*Augustine through the Ages*：*An Encyclopedia*；Grand Rapids，Mich. /Cambridge，U. K.：W. B. Eerdmans，1999)，页608。

* Διὰ τοῦτο ὥσπερ δι' ἑνὸς ἀνθρώπου ἡ ἁμαρτία εἰς τὸν κόσμον εἰσῆλθεν καὶ διὰ τῆς ἁμαρτίας ὁ θάνατος καὶ οὕτως εἰς πάντας ἀνθρώπους ὁ θάνατος διῆλθεν ἐφ' ᾧ πάντες ἥμαρτον. ——编注

当)之中众人都犯了罪”(*in quo omnes peccaverunt*)。[①]

二、《希伯来书》七章9-10节提到利未虽然还没有出生，但已预先存在于祖先身上了(“并且可说那受十分之一的利未，也是借着亚伯拉罕纳了十分之一。因为麦基洗德迎接亚伯拉罕的时候，利未已经在他先祖的腰中”)。

由上面两段经文，奥古斯丁推论说，所有人在出生之前本就已在祖先亚当身上存在了，亚当与他们有种的同一性，所以亚当犯罪，他们也就参与了。这就是原罪。原罪带来原责，如死这一惩罚，就是他们要负的原责。他们既与亚当在种上同一，那么既在亚当里犯了罪，也跟亚当一样拥有了肉欲，不信上帝。

三、《诗篇》五十一篇5节：“我是在罪孽里生的，在我母亲怀胎的时候就有了罪。”

四、《约伯记》十四章4-5节(七十贤士版)：“谁能摆脱污秽呢？没有人能，即便他的生命只有地上的一天那么长。”(和合本译为：“谁能使洁净之物出于污秽之中呢？无论谁也不能。”)

五、《约翰福音》三章5节：“人若不是从水和圣灵生的，就不能进神的国”;《以弗所书》二章3节：“我们本为可怒之子，和别人一样。”

---

① 准确地说，这里的in quo是指“用什么方式？”(in that/in what way)，而不是奥古斯丁所理解的“在他之中”。对这个句子，他的论战对手艾克兰的朱利安就理解得很准确。朱利安说：in quo omnes peccaverunt这个句子，意思不过是，所有人都犯了罪，这跟大卫下面的这句话是一样的，in quo corrigit adulescens vium suam？其意思就是，少年人用什么洁净他的行为呢？是要遵行你的话(诗119:9)。但奥古斯丁固执己见，反驳朱利安说：“一切人都在亚当里死了。假如婴儿不是在他里面死了，他们也就无须在基督里复活了。”见杰拉尔德·邦纳(Gerald Bonner)，〈奥古斯丁、圣经和佩拉纠〉(Augustine, the Bible and the Pelagians)，载布赖特(Pamela Bright)编，《奥古斯丁和圣经》(*Augustine and the Bible*; Notre Dame: Notre Dame University Press, 1999)，页232。

据一些当代学者的考证，这五句经文中，有三处误译。[①] 但一些学者认为，虽然有这样的瑕疵，奥古斯丁对于保罗的思想，尤其是原罪思想，理解得还是比较准确的。虽然《罗马书》五章12节是误译，但奥古斯丁的原罪论思想却非主要建立在这一句话上，而是建立在《罗马书》七、九章和《哥林多前书》十五章上。

原罪的内容与本质

奥古斯丁本人的"原罪"概念并不好把握，因为他总是根据敌手的责难而加以修正。他也没有对原罪下一个明确的定义。

虽然不好把握，有的学者还是认为，奥古斯丁成熟的原罪论包括如下几个层面：

> 一、亚当的罪及对它的惩罚（贪欲/贪婪，concupiscentia）是会遗传的；
>
> 二、婴儿的灵魂是有罪责的（guilty）；[②]
>
> 三、婴儿的罪是真实的（不是类比）、严峻的，是通过生育而遗传的；
>
> 四、洗礼是一切人，包括婴儿，得救的必要手段。[③]

① 里斯，《佩拉纠》，同前，页63。

② 也有人将这个词译为"罪疚"，侧重于主观心理感受的一面。但奥古斯丁的"罪责"一词强调的是"为罪负责任"及"罪的后果"的意思，有客观性的一面。按一些学者的看法，奥古斯丁的"罪责"最好是用法律模式去理解，比如一个人欠了别人的债，如果他不还完债，是算不上义的。可参见詹姆斯·韦策尔（James Wetzel），"罪责，过错"（Guilt，Fault）词条，载菲茨杰拉德主编，《永远的奥古斯丁》，同前，页407。也许按"父债子偿"来理解，更能说清"罪责"的遗传性。

③ 里格比，"原罪"词条，同前，页608。

但是，原罪的本质是什么呢？现代学者主要有三种看法。第一种认为，原罪是指亚当的骄傲(superbia)，由于亚当的后代与亚当的合一(solidarity with)，他们也就由于灵魂的死而分有了骄傲；第二种认为，原罪是指从亚当那里遗传来的贪欲之罪责(guilt of concupiscence)，它是对亚当的骄傲的一种惩罚；第三种则力图将这两种看法结合起来，认为亚当的罪导致了其灵魂的死，而灵魂的死通过生育被传给了后代，使他们的人格(personhood)不再完整，先天地倾向于背离上帝，婴儿也是如此。就人的自由来说，他总是想选择自认为好的东西，但他认为的这些好的东西，又总是有限的，是根据他个人过去的经验以及前人(文明)的习俗等判定的。如果这些好的东西包括了对上帝的爱，则人尚有行善的自由，但若没有，则只有作恶的自由了。人之所以缺乏行善的能力，是因为其意志有所缺失，从个人层面来说，是由于习惯和感情的力量，从原罪的层面来说，是由于贪婪。实存的人性乃是个人和集体历史的结果。它从亚当里继承了三重遗传：愚昧无知、贪婪、死亡。作为灵魂死亡的结果，我们既不能辨认指导我们行为的善(遗传的愚昧)，也不能将其有效地行出来(遗传的贪婪)。[①]

原罪是如何遗传的

保罗并没有回答"罪是如何遗传的"。对这个问题，奥古斯丁是必须回答的，因为他要解释，为何一个连自由意志都还没有的婴

① 里格比，"原罪"词条，同前，页608。

儿也会有原罪。据一些学者的归纳,奥古斯丁共有四种不同的说法:[①]

一、通过某种神秘的种的统一而来,亚当在伊甸时,我们每个人都处在亚当这个个体里面,因此整个种类都是那个犯罪的人;[②]

二、亚当的罪败坏了本性,并败坏了后来所有分有接受了这本性的人;[③]

三、只是由遗传而来;[④]

四、由性交过程中的可耻的贪欲而来,由于要生育后代必须先经过性交,而性交是免不了有情欲(或性欲,贪欲之一种),由此情欲而生的后代就不可避免地染上了原罪。[⑤]

① B. B. 沃菲尔德(B. B. Warfield),《关于奥古斯丁和佩拉纠论战的导言》(Introductory Essay on Augustine and the Pelagian Controvesy),载沙夫(Schaff)编,《尼西亚会议前后教父著作集》,第一系列,第五卷,页 lxvii。

② 奥古斯丁,《反佩拉纠派的两封信》,卷四,第 7 章。

③ 奥古斯丁,《论婚姻与贪欲》,卷二,第 57 章;《上帝之城》,卷十四,第 1 章。

④ 奥古斯丁,《反佩拉纠派的两封信》,卷四,第 7 章。

⑤ 奥古斯丁,《论原罪》,第 42 章。在《未完成的反朱利安著作》卷二第 177 章中,奥古斯丁用了一个医学的例子来说明原罪是通过性欲由父母传给子女的。他说,如果某人因放纵而感染了痛风,并将它遗传给了子女,我们可以正当地说,病是从父母那里传给他们的,子女是"在父母之中"传上它的。奥古斯丁这是在回应 411 年迦太基会议对佩拉纠门生科勒斯蒂的谴责,因为后者否认原罪。奥古斯丁的意思是,婴儿遗传了堕落的罪责,如果他们不接受洗礼将这罪责洗去,他们便将被定罪。见杰拉尔德・邦纳,《奥古斯丁、圣经和佩拉纠派》(Augustine, the Bible and the Pelagians),载布赖特编,《奥古斯丁和圣经》,同前,页 233。

奥古斯丁比较倾向于第四种解释，即性交中的性欲（情欲）将原罪遗传给下一代。当时佩拉纠派提出了一个反驳"受洗洗去了原罪"的论证：如果一个婴儿的父母双方都是基督徒，都受过洗，那么无疑他们的原罪都被洗去了，没有原罪了，那么他们在受洗之后生的孩子也就没有原罪了，这样，为什么还要给他们的孩子受洗呢？这岂不是自相矛盾吗？对此诘难，奥古斯丁作了一个机智的回答，他说，洗礼所洗去的，只是罪责和一个人以前犯的本罪，至于罪的实质（或行为，actus），却是没有触动的，只要一个人比如在为生育进行性交时，动了情欲之火，则肉欲会在此时玷污下一代，从而使后代仍有原罪。就如刮胡子一样，原罪宛如胡子根，原责宛如胡子，刮掉了原责，但原罪仍在，且会重新长出原责来，因此人在此生活着时，就有必要不断地刮胡子，虽然他刮不掉胡子根。刮掉胡子根只能在将来具有灵性的身体时才有可能，因为那时连欲望本身都无须再有了。[①] 尽管洗礼使基督徒摆脱了罪责（guilt），但只要他们生孩子，为生孩子而进行性交时产生的性欲仍会使孩子受到玷染，故而肉欲的行为仍不会消失，它仍留在人性里头。所以，任何人都生而有双重遗传，从亚当的罪继承来的肉欲，以及罪责。罪责在洗礼中得到了赦免，但只要肉欲的行为重犯了，罪责就会再有。区分罪的行为与罪责，奥古斯丁就可回答佩拉纠派的诘难了。[②]

所以，奥古斯丁才会说："我们本性的污点在我们孩子那里印

① 奥古斯丁，《论原罪》，第 44 章。

② 里斯，《佩拉纠》，同前，页 61。

得如此之深，即使在父母身上同样过错的污点因免罪而得到清洗，在他们也仍然保留着。”[①]

性欲和婚姻问题

根据上面的观点，原罪得以遗传，跟人在受孕时父母的性欲(情欲)有莫大关系。而这牵涉到对性、性欲和婚姻的看法。

在佩拉纠的追随者(主要是朱利安)看来，奥古斯丁的罪观是在谴责婚姻和生育。上帝让世界有男女二性，并赋予他们性欲，祝福他们生育，这难道错了吗？当然没有错。在他们看来，奥古斯丁的说法不仅是欺骗性的，还是危险的，是摩尼教之谴责身体和生育的残余。在反朱利安的著作里，奥古斯丁困难地坚持认为，婚姻与生育本来是善，同时又强调原罪和情欲的邪恶是通过婚姻传承的。近来有些学者认为，奥古斯丁在受到朱利安这样的佩拉纠派的攻击时，软化了他以前的一些观点，承认在无罪的伊甸园那里，可能存在着一种无邪的性欲(Libido)。[②]

2. 预定论的问题

单一预定还是双重预定？

上帝是只预定了一部分人的得救，还是也预定了其余所有人的沉沦、被定罪？也就是说，奥古斯丁所主张的，到底是单一预定论，还是双

① 奥古斯丁，《论原罪》，第 44 章。

② 伊丽莎白 · A. 克拉克(Elizabeth A. Clark)编，《圣奥古斯丁论婚姻和性》(*St. Augustine on Marriage and Sexuality*；Washington, D. C.：The Catholic University of America Press，1996)，页 10，《导言》。

重预定论？联系到后世的“双重预定论”，这个问题尤其显得重要。

在《致辛普里西安》卷一第 2 章，我们看到，奥古斯丁只提上帝预定了一部分人得救（免除他们的债），但没有说上帝也预定了其余的人被定罪，仅是小心翼翼地说，上帝没有向某些人施怜悯（在人看来，就是上帝“恨”某人，如恨以扫，或叫法老“刚硬”），但这些没有蒙恩的人之处于沉沦状态，完全是由于自己的自由意志（在亚当里犯罪），怪不得上帝。所以，不能说是上帝驱使人犯罪。直到 428/429 年写的《论保守的恩典》里，奥古斯丁仍旧强调这点。

但他有时又会使用“预定永死”这样的词汇。在 419/420 年《论灵魂及其起源》那里，他提到了永死的预定：“对那些他（上帝）预定了永死的人（quos praedestinavit ad aeternam mortem），他也是最为公正的惩罚者，不仅是因为他们放纵自己的意志使罪增添，还因为他们的原罪（propter originale peccatum），即使他们什么也增添不了，婴儿的例子就是如此。”[①]在《论恩典与自由意志》第四十五章那里，奥古斯丁提到上帝“允许”罪人变得“刚硬”，但他们之变得刚硬，是“凭着他自己的自由意志”，上帝并未主动地致使其变得“刚硬”，[②]等等。

可以看出，虽然奥古斯丁有时用“预定永死”之类的词汇，但他的意思，并不是说上帝主动致使人作恶好使他们被定罪（否则人就无须为自己的恶行负责，倒是上帝要负责任，既然如此，则上帝惩罚是不公正的。这当然是奥古斯丁要避免的！），而只是说，上帝虽然预知到人会作恶，但他只是消极无为地“允许”人作恶，在人作恶后

① 奥古斯丁，《论灵魂及其起源》，卷四，第 16 章。

② 奥古斯丁，《论恩典与自由意志》，第 46 章。

又正当地判其罪。这和预定永生不同。上帝给人恩典，使其蒙召信从，则是完全主动的，人则只有消极地接受的份儿。倘若所谓“双重预定”是说上帝既预定了永生，也预定了永死，既主动使人蒙恩行善，又主动使人遭谴作恶，则显然奥古斯丁没有这样的意思。因为他的“存在与虚无”的形而上学决定了他的作为最高的善和存在的上帝，是不会主动创造“虚无”，即“存在的缺乏”和“善的缺乏”的。上帝可以默许存在的“虚无”和道德的“虚无”的存在，并且就像我们的“记忆”记得我们的“遗忘”一样，[①]上帝作为最高的存在也“预知”到受造的存在会发生“虚无”和“缺失”，但这“虚无”与“缺失”却不是由存在导致的，正如“遗忘”不是由“记忆”导致的，而只是“记忆”之“缺失”。上帝默许“虚无”和“缺失”，也许是因为这有助于整体的善，有“缺失”可能性（即滥用自由意志的可能性）的宇宙好过一个完美无缺但却没有自由意志的宇宙。

但是，奥古斯丁的预定论确实很容易使人发展出“双重预定论”。如果只是单纯地记得奥古斯丁使用了诸如“预定永死”这样的词汇，忘记了奥古斯丁一再强调的上帝只是“允许”而不致使人犯罪，并且对于奥古斯丁的“存在与虚无”的存在论（ontology）没有整体把握，便很容易将“预定永生”与“预定永死”平行起来，提出“双重预定论”。[②]

① 奥古斯丁，《忏悔录》，卷十，第16章。

② 当然，如果我们将上帝“允许”“听任”理性受造物作恶从而导致受罚也当作一种“预定”的话，则无疑他是有“双重预定论”的思想的。但要记住，得救是上帝主动的行为，因此蒙恩的人要将荣耀归予上帝；而人类犯罪则不是上帝的行为，是人类自己的行为，因此被定罪的人要忏悔自己的过错，而不能埋怨上帝。

预定和预知

奥古斯丁区分了“预定”和“预知”。预定之前必有预知，但预知并不一定伴有预定。奥古斯丁这么区分是为了解决一个问题：如果预定即预知，那么上帝肯定会预知到有人干坏事，那么岂非上帝也预定人干坏事了？所以，缩小预定的范围，只预定好事，而不预定坏事，就是必要的了。[①] 他还说过，预知就跟我们的记忆一样，我们记得过去的事，但过去的事并不因为我们记得它们就有所改变。同样，上帝虽然预知到我们将做坏事，但我们之做此事却并没有受到干扰，是我们自己做的。

预定的后果：公义与爱之间的矛盾

这样，在奥古斯丁的预定论神学里，人类就被分成三种：外面的是“忿怒的器皿”，处于原罪之下，并且得不到上帝的怜悯；中间的是称义了但没有坚持到底的人，也即没有得到保守恩典的人——他们一度免于沉沦，但最终又沉沦回去了；核心处是“怜悯的器皿”，从一开头就被挑上了的选民，他们不仅得到了称义的恩典，还得到保守的恩典，直到今生的最后一口气。[②]

归根到底，本来一样的人类，这时却一分为二：得救者和依旧沉沦者。这实际上暗示了“预定论”：上帝预定了一部分人得救，另一部分则任其沉沦。

有人开玩笑说：“奥古斯丁接过了保罗最差的那部分，加尔

---

① 奥古斯丁，《论圣徒的预定》，第19章。

② 里斯，《佩拉纠》，同前，页40。

文又接过了奥古斯丁最差的那部分。"[①]就预定论来说，诚然如此。因为我们前面已说过，保罗那里已有预定论的可能，但仍非必然导致预定论，比如奥利金就试图用灵魂轮回说避免预定论，既无损上帝的全能，又保留人的自由意志，最后以上帝的爱作为万物回归到原初的完美状态的保证。而在奥古斯丁这里，则将保罗思想中的预定论因素发展了，使之明确起来，但他本人是否有明确的"双重预定论"，仍是可以争议的。而到了中世纪哥德沙克(Gottschalk)和近代加尔文那里，就变成了明确无误的"双重预定论"：上帝预定了一部分人得救，又预定了一部分人受永罚。这样，上帝的爱就彻底退位了，上帝的全能和公义就变得过分严峻、令人畏惧了。"地狱"岂是"爱的上帝"所能设置的吗？

预定论虽然看起来过于严峻，却可用来解释经验事实。因为在现实的生活中，基督徒显然只是一部分，其中"真正的基督徒"即圣徒，显然只是一个极少数。由这个经验事实，必然会提出这样的问题：为什么只有一部分人得救？很容易由此推到极端，推出预定论。对于其他宗教来说，也面临这个问题：为什么听闻我这个宗教的只是一部分人，信的更是一小部分？宗教(乃至任何意识形态)产生出来，必然要依据其"规则"或"标准"对人分出高低好坏。从理论上说，所有宗教都会强调自己的"普适性"，让所有人看到自己得救的希望，但在实践上，又都不得不承认现实的严峻："有的人就

① 里斯，《佩拉纠》，页53。

是没办法得救的”;“人是有等差的”(连佛教也认为一阐提*之类是不能得救的)。[①] 对此,宗教要作出合理的解释,甚至调整自己的教义。从一神论体系的内部逻辑来说,预定论可以说是有其“合理性”。但是只要人们不承认其前提,则这种“合理性”就不存在。同时,“合理”并不等于“合情”,严格预定论当然令非教内人士情感上反感。这个问题,在当今世界宗教多元的处境中,显得尤为紧迫。

3. 恩典论的问题

时代氛围中的恩典观

奥古斯丁的恩典论战胜佩拉纠派的自由意志论,常常被赋予许多文化意义,被认为代表着西方思想史上的一个重大转折。古典哲学中那个靠着自己天赋的知识能力和道德能力“止于至善”的“人”,这时被查出早已病入膏肓,在知识上是“无知”(试想怀疑论和不可知论),在道德上是“无能”,摆脱困境的唯一希望只在“基督的恩典”。在奥古斯丁看来,只有基督这个“大医生”,才能给人开出新药方,光照人,使他们有真知,感动人,使他们有能力,从而达到美善。

---

* 一阐提,为梵语 icchantika 之音译,原意为“正有欲求之人”,故汉译为“断善根”、“信不具足”、“极欲”、“大贪”,即指断绝一切善根、无法成佛者。法相宗主张有不能成佛之众生存在,而天台、华严等诸宗则认为一切众生皆能成佛。故一阐提能否成佛,犹为佛教争论之问题。——编注

① 佛教关于是否一切众生都有佛性,以及谁能现实地成佛的争论,亦区分了成佛的可能性和现实性。可参见夏金华,《究竟谁真正拥有成佛的权利?》,载尹继佐、周山编,《相争与相融》(上海:上海社会科学院,2003)。就任何宗教或意识形态都有其“标准”而言,可以泛泛地说,它们都隐含着“预定论”。

但是奥古斯丁的恩典论并非突如其来，它不过是当时文化背景和思想潮流的一个集中反映。奥古斯丁的恩典论的“新”，不在于它说上帝“选中”“预定”了一些人，给予了他们特殊的“恩宠”和能力达到美善，而在于它将“恩典”的范围扩大，从极少数的圣徒、殉道者、道德楷模和英雄人物身上，扩展到了普通信徒的日常生活的每一个善意、善念和善行那里。[①]

恩典是预定的实现

虽然“恩典”是和“预定”紧密地连在一起的，但它们之间还是有细微的差别的。《论圣徒的预定》第十九章说：“在恩典与预定之间只有这个差别：预定是恩典的准备，而恩典是赐予本身”；“上帝的善的预定，正如我们上面所说，乃是恩典的准备；恩典则是那一预定的效果”。我们可用音乐演唱会作例。组织者“定”好了演唱者的名单，这是在演唱会开始之前。当演唱会开始的时候，只要按“原定”名单进行，演唱者就会按照顺序一一现身演唱，“实现”原定的程序。

上帝的“预定”和“恩典”，是三位一体集体的工作。其中，圣灵深入到人的内心深处，打动它，使它接受恩典，从而实现预定。

内在恩典与外在恩典

在奥古斯丁与佩拉纠派的争论中，核心分歧在于双方对“恩

① 彼得·布朗(Peter Brown)，《新方向》(New Directions)，载《希坡的奥古斯丁》(*Augustine of Hippo*;Berkeley and Los Angeles:University of California Press,2000)，页506—513。

典”的理解不同。奥古斯丁主张的是“内在恩典”，即上帝（主要是圣灵）在人的心中作工，人的每一个善念和善行里，都有上帝的工作；佩拉纠派主张的则是“外在恩典”，在他们看来，所谓“恩典”，就是上帝赋予了人自由意志、律法、《圣经》、教训和基督这个学习的“榜样”。对于这个差异，奥古斯丁是非常清楚的。在《论佩拉纠决议》第六十一章那里，奥古斯丁清楚地指出，佩拉纠派的实质，就是以个人的自由意志、人的完善的本性等等外在的恩典，来否定上帝的内在恩典，否定人唯有靠上帝恩典方能得救的必要性。

在奥古斯丁看来，佩拉纠派的这种恩典观是与保罗恰恰相反的。在《论基督的恩典》第六章那里，奥古斯丁重申了保罗的说法：“你们立志行事，都是上帝在你们心里运行”（腓 2:13）。因此，真正的恩典乃是内在的恩典，乃是上帝对人内心的改变。佩拉纠派认为美德是人凭着自己的自由意志达到的，奥古斯丁则认为，这是上帝恩典在人身上运行的结果。如果没有恩典，一个人无论如何努力，所行的都只能是恶。

奥古斯丁在恩典与美德生活的因果关系上的成熟看法，有如下几点：奥古斯丁认为，人凭着自己的知识和能力是不可能具有美德的，一个人要过上美德生活，是有下面几个必要条件的：

一、上帝预先的作工，使得一个人意愿好的和有德的事（prevenient grace）；

二、上帝给予这个人力量，让他有能力做出他所愿意做的好事（helping grace）；

三、上帝在这个人没有做成这件好事时，宽恕他（forgiving grace)。[1]

前面的两种恩典,即相当于神学家瓦菲德所说的"内在恩典"。[2]"内在恩典"是圣灵对人心的发动和赋能,使人产生对善事的爱与自愿的行动,而"自愿"在奥古斯丁那里,就意味着"自由"。圣灵使人心自愿地去意愿行善,就使人得到"真正的自由"。而没有得到圣灵的人也是自愿地去作恶,也是自由的,但这种自由是"虚假的自由"。

4. 自由论的问题

"自由"的几种含义

"自由"可分为"堕落前的自由"(prelapsarian liberty)和"堕落后的自由"(postlapsarian liberty)。堕落前,亚当接受了上帝赋予的"可以不犯罪"(posse non peccare)的能力,这是"原初的自由"(prima libertas),但此时亚当还没有得到"不能够犯罪"(non posse peccare)的恩典,因此他仍有可能犯罪,而实际上他还是犯了罪。这样他就丧失了"原初的自由",造成整个"秩序"的颠倒,从此只有"堕落后的自由"。"堕落后的自由"指人在丧失了"原义"的情况下,虽然还保留着上帝的形象,因此而有"自由",但这"自由"是颠倒了的,是只能作恶的自由,是《忏悔录》第二、三卷所说的虚无的自由(manca libertas)、无益的自由(fugitiva libertas)、空洞的自由

---

① 克雷斯韦尔(Dennis R. Creswell),《圣奥古斯丁的二难困局》(*St. Augustine's Dilemma*;Peter Lang Publishing,Inc.,New York,1997),页100。

② 见沙夫编,《尼西亚会议前后教父著作集》,第一系列,第五卷,页lxvi—lxxi,《导言》,第四部分:"恩典的神学"(The Theology of Grace)。

(vana libertas),是被罪所奴役中的自由(servilis libertas)。此时人仍旧有自由选择,但由于丧失了对上帝的爱,而只爱地上的事物,因此只能在此恶与彼恶之间进行选择。除这两种“自由”外,还有“真正的自由”(vera libertas),则是由圣灵发动的仁爱之心,因此,又被奥古斯丁称为“基督徒的自由”,是恢复了对上帝和对邻人的爱的“自由”。[①] “堕落后的自由”和“真正的自由”实际上是按照“原罪”与“恩典”的对立来看待自由的。

在奥古斯丁看来,只要是出于自愿、意愿和爱,一个人干什么事,就是自由的。对于堕落后的人类来说,他们爱地上之物,乃是出于他们的自愿和爱好,因此他们是自由的,但这种自由从基督教的角度说,当然是一种“恶的自由”;对于圣徒来说,他们爱上帝,也是出于他们的自愿和爱好(背后是圣灵的工作),因此他们也是自由的,是一种“好的自由”。对于奥古斯丁来说,无论是在罪里的人还是在恩典之中的人,都是“自由的”,只是其性质截然不同。在《教义手册》第三十章那里,奥古斯丁说:只在凭着上帝的恩典,“罪的奴仆”才能变成“义的奴仆”。“罪的奴仆”是不能自己变成“义的奴仆”的。

从对“罪的奴仆”与“义的奴仆”的“自由”可以看出,“自由”与“自愿”是紧密相连的:只要一个人的行为是“自愿”地作出来的,那么他就是“自由”的,就要为其行为“负责”。罪人爱世物不爱上帝,因此“自愿”地为世物而搏杀、拼搏、奋斗,他们是“自由”的,要为此负责。

① 可参见朱赫(Marianne Djuth),“自由”(Liberty)词条,载菲茨杰拉德主编,《永远的奥古斯丁》,页496—497。

奥古斯丁区分了“不自愿”和“自愿”，在“自愿”中，又区分了积极的“自愿”和消极的“自愿”即“勉强”或“不情愿”。比如，某地发生了一起劫持案。犯罪分子A将人质B捆绑在桌子上不能动弹，并挟持人质C向警察开枪。在这个情景里，犯罪分子A是在积极、主动地犯罪，是“自愿”和“自由”的，而人质B则是没有“自愿”和“自由”可言的，人质C则面临着暴力挟持，他可以向警察开枪，也可以不向警察开枪。如果他不向警察开枪，罪犯就要打死他。这时，虽然他是被外力挟持着的，但如果他真的向警察开枪（“不情愿地”），他仍然要承担部分责任，因为他在这时仍然是有反抗犯罪分子而不开枪的可能的。所以，虽然他不是“积极主动地”犯罪，而是消极地、“不情愿地”犯罪，但也仍然是犯罪，要承担部分责任。奥古斯丁作出“自愿”的程度区别，是为了指出，圣徒在今生虽然没有积极主动地“犯罪”，但是，由于原罪所带来的“无知”“无能”，他们仍旧免不了会消极地、被动地“犯罪”，因而他们每天仍要祈求上帝免他们的罪。[①]

自愿即自由：兼容论的“自由”

恩典作为预定的实现，是不是否定了人的自由呢？倘若人的

① 韦策尔(James Wetzel)在其《奥古斯丁和美德的局限》(*Augustine and the Limits of Virtue*;Cambridge, N. Y. :Cambridge University Press,1992)提出，奥古斯丁在《反佩拉纠派的两封信》里说，“使徒摆脱了对恶欲的赞同”，似乎与他的另一个观点，即所有人(包括使徒们)每天都在赞同恶欲并且犯罪，相矛盾，即一方面说他们不犯罪，另一方面又说他们犯罪。庞-怀特(Ann A. Pang-White)对韦策尔的观点提出了批评，指出他没有分辨奥古斯丁所说的两种自由，即积极自由和消极自由。奥古斯丁说使徒不犯罪，是说他们不会积极主动地犯罪，说他们犯罪，是说他们由于原罪所导致的无知无能，而仍旧免不了会消极被动地犯一些小罪。见庞-怀特，《奥古斯丁在〈反佩拉纠派的两封信〉里是自相矛盾的吗？》(Does Augustine Contradict Himself in Contra Duas Epistulas Pelagianorum?)，载《美国天主教哲学季刊》(*American Catholic Philosophical Quarterly*,1999,Vol. LXXIII,No. 3)，页407—418。

一切善行，都是由上帝的恩典决定了的，则人的自由意志何在？在《论恩典与自由意志》一文的开头，奥古斯丁强调，不能用自由意志否定恩典，也不能用恩典否定自由意志，显然，他认为恩典与自由意志是一致的。

人们一般认为，在决定（预定）与自由意志的关系问题上，后期奥古斯丁所持的观点是“兼容论”。[①]“兼容论”一方面承认我们的行为是受因果关系决定的，另一方面又承认只要我们的行为是我们自愿发出的，我们就是自由的。“自由意志论”则认为，一个行为只有是出自我们自己，而且是在面临 A 与非 A 相反选择的情况下作出的，才是“自由”的。

我们上面已说过，佩拉纠派和奥古斯丁对“恩典”的理解是不同的，佩拉纠派是指“外在恩典”，奥古斯丁则侧重于“内在恩典”。这种理解的不同是与他们对“自由”的理解紧密地连在一起的。对于佩拉纠派（尤其朱利安）来说，“自由”是指“选择的自由”，如果一个自主的人不能在 A 与非 A（善与恶）之间进行选择，而只能选 A 或非 A，则这个人就无“自由”可言。而对于奥古斯丁来说，“自由”是指“自愿”，一个人即使只有 A，但只要他是“自愿”的，即使从未有非 A，这个人也是“自由”的。换用今天的话说，朱利安的“自由”是“自由意志论”的“自由”，奥古斯丁的话则是“兼容论”的“自由”。

① 关于这方面的讨论，可参见罗格斯（Katherin A. Rogers），《奥古斯丁的兼容论》（Augustine's Compatibilism），载《宗教研究》（*Religious Studies* 40，2004），页 415；斯顿普（Eleonore Stump），《奥古斯丁论自由意志》（Augustine on Free Will），载《剑桥奥古斯丁指南》（*The Cambridge Companion to Augustine*；Cambridge：Cambridge University Press，2001），页 124—147；凯和托马斯（Sharon M. Kaye & Paul Thomson），《论奥古斯丁》（*On Augustine*；Belmont，C. A.：Thomson Learning，2001），页 33—34。

放在奥古斯丁和佩拉纠派的论战背景中，亚当堕落前可以选A(善)，也可以选非A(恶)，因此可以说亚当此时是有自由意志论意义上的“自由”的。看来奥古斯丁和朱利安都同意这点。

但对亚当堕落后人类还是否有“自由意志论”意义上的“自由”，则二人看法不同。奥古斯丁认为，由于原罪的遗传，所有的人都“不能不犯罪”，因此都只能选非A，这在朱利安看来，是“不自由”的，因为此时人没有选A的可能。既然人是在“不自由”的情况犯罪的，是出于必然，则人就无须为其行为负责，这样，人的责任就被取消了。但在奥古斯丁看来，人这时的行为仍然是“自由”的，因为此时的人之选非A，是出于他们的“自愿”(他们都不爱上帝而只爱世俗之物)，所以，他们仍旧要为自己的行为负责。

至于奥古斯丁所说的得救者将来“不能犯罪”，在朱利安看来，这无异于说他们只能选A，而不能选非A，这当然是“不自由”，但在奥古斯丁看来，得救者只能选A而不能选非A，是出于他们更新了的本性的爱好，是出于“自愿”，因此是“自由”的。只是追究其善的来源，是在上帝，因此他们应当将善的选择归功于上帝。

关于成熟期的奥古斯丁的自由观，克雷斯韦尔(D. R. Creswell)的话说得好：“奥古斯丁拒绝佩拉纠派对于意志的自由选择的定义，说，人类意志只有在它自愿地做它所做的事的意义上才可说是自由的。在罪人那里，意志自由地犯罪。在义人那里，意志自由地做正确的事。意志的自由意味着人们做他们自愿做的事。坚持意志的自由即在行善作恶之间进行选择的能力，会使得佩拉纠派得出一个可笑的观点，即上帝没有自由意志，因为上帝的本性决定了他不能选择作恶。”[①]

比如孔夫子说他70岁时达到了“从心所欲而不逾矩”的境界，这等于说，其性格（本性）已接近至善（当然，跟上帝比还是有本质的不同），其所思所愿所行之事无一不善，甚至可以说，他已没有作恶的可能，用朱利安的话说，孔夫子此时只能选A而不能选非A，但我们不能像朱利安那样，说孔夫子这时“不自由”，反而会像奥古斯丁那样，认为孔夫子达到了更高一层的“自由”，即“真正的自由”。

当然，奥古斯丁并不会认为孔夫子这样的“圣人”会完全没有错。在他看来，像保罗这样的圣人在今生仍会不自觉地犯罪，这不是说保罗在积极主动地犯罪，而是说由于知识与能力的局限，而在消极地犯罪，否则主祷文也不会祈祷上帝赦免我们每日的罪过了。这倒是和中国的俗话相似：金无足赤，人无完人。尽管如此，我们仍然可以说，像保罗这样的圣徒，出于其“性格”，其有意识的所愿所行，皆已是善，在今生他们虽不能做到完全“无罪”，却也已部分地预尝到了“真正的自由”。到了末世，这“真正的自由”就会真正地实现。

我们看到，在奥古斯丁那里，“意愿”即“意志”，即“爱”，而“爱”即意味着“自由”、愉悦和幸福。[②] 一个人做他最爱做的事情，是自发的、自愿的，他在做的过程会感到“自由”、愉悦和幸福。按照奥古斯丁的思想，罪性态度中的人最喜欢做的事就是几大本能欲望

---

① 克雷斯韦尔，《圣奥古斯丁的二难困局》，同前，页138。

② 可参见朱赫，“意志”（Will）词条，载菲茨杰拉德主编，《永远的奥古斯丁》，同前，页884。

（如骄傲、虚荣、权力欲、性欲等等），当他们做他们最喜欢做的事时，他们是“自愿”而“自由”的。此时，上帝的诫命对他们来说只是一种外在的压力，他们是出于恐惧或害怕而“不情愿地”服从的，他们还没有“真正的自由”。按照奥古斯丁的说法，当人的内心被圣灵打动，对上帝的诫命充满喜悦之情，喜欢它，爱它，自发自愿地遵守它，并且被上帝赋予了能力时，他们就达到了“真正的自由”。在这种真正的自由里，他们是可以得到真正的幸福的。信仰的最终结果，就是让人“成圣”，化性起伪，陶冶性情，使“美德”成为“本性”和“必然”。

五、对中国神哲学建设的意义

在西方基督教思想史上，奥古斯丁的影响可以说是除《圣经》之外，无人能比。基督教的核心思想，如“原罪”、“恩典”、“预定”、“自由”、“两城”、“正义战争”，都留下了很深层次的“奥古斯丁烙印”。可以说，不了解奥古斯丁，就无法了解基督教的精神实质，正如不了解柏拉图和亚里士多德，就无法了解希腊哲学一样。在作为“异文化”的中国，研究奥古斯丁更具有“思想比较”的重大意义。

一、与希腊罗马哲学相比，奥古斯丁及以他为代表的基督教神哲学传统强调人的“有限性”，从而突出“恩典”的必要性。人的有限性体现在各个方面。从存在论来说，人是时间中的受造物，他不是永恒的，而是流变的，是可能堕入虚无的；从知识上说，人的知识是有限的、会出错的，人也是会主观地撒谎、自欺欺人的；从能力上说，人有时虽然认识到了真理，但是会陷在旧习里不能自拔，并没有道德能力达到他想达到的至善，且在今生人是不可能真的达到至善的。人的有限性集中体现在知、愿、能的分裂上。奥古斯丁对于人的这种认识，在其《忏悔录》中有着个案式（以他自己为例）的生动形象的描述。（当然，奥古斯丁为人的有限性找到了一个时间上的根源，那就是基督教所说亚当的堕落及“原罪”的遗传。）人的有限性使得上帝赐予人“恩典”成为必要。“恩典”的作用在于使人产生正确的意念和认识，并使人具有道德的能力，去达到人本来达不到的道德目标，并在将来成为至善。就此而论，奥古斯丁神学可以说是“他力得救”，而希腊罗马哲学是“自力得救”。但是里面有一些具体的问题仍是需要仔细分辨的。比如，“他力得救”中又有不同的类型（是由始至终都是“他力得救”呢？还是一开始是，但后来“神人协力”？或者是一开始是人自己的决定，但后来是神人协力？），而“自力得救”中，又要考虑到“命运”、“偶然”等等非“自力”所能掌控的因素。笼统地说，中国传统的儒释道思想，大多是主张“自力得救”的，和希腊罗马哲学相似，强调人的天然的认识能力和道德上自我完善的能力。就此而言，其对人性负面的认识，似亦未达到奥古斯丁的深度。奥古斯丁对佩拉纠派的批评，可视为对希腊罗马哲学人论的批评，亦可视为对近现代西方哲学主流和中国传统思想的批评。

二、有人将东西文化的区别说成是“罪感”与“乐感”或“罪感”与“耻感”的区别，这种说法虽然整体上看有其道理，但都模棱两可，似是而非，经不起深究。诚然，基督教因为原罪观和上帝观念，而自觉人生来有原罪，在无限和圣洁的上帝面前有欠疚，但基督教亦并不因此而少“乐感”和“耻感”。正如我们在奥古斯丁那里看到的，他对“乐”（自愿、乐意、愉悦、爱）是非常强调的，一个人是因为“乐”才去做某事、爱某物的，才因此是“自由”的（自愿＝自由），这与《论语》开篇之“乐、悦、不愠”是十分相似的，即都强调“爱”使人达到“自由”的境界。“耻感”强调人在别人面前（而非上帝面前）的心理感受，但基督教亦强调此点，包括在上帝面前的感受。因此，与其将东西文化差别泛泛地说成是“罪感”与“乐感”或“罪感”与“耻感”的区别，不如直接强调其根源在于基督教文化以“神”为核心来思考人，而东方文化以“人”为核心来思考人。

三、奥古斯丁关于“自由”的意见，值得当代人认真听取。现代哲学的一般趋势，是扩大“选择的自由”，因此可以说是佩拉纠主义的胜利。到了后现代，选择的自由扩大到了极限（如福柯哲学所争取的自由权利），这一方面看是好事，但另一方面也造成不少的弊病，尤其道德堕落的现象，甚为显著。麦金太尔（Alasdair MacIntyre）德性伦理说引起反响，是因为人们意识到，治疗现代病的根本，还在于从人心做起，从德性的发扬和培养做起，而不是从扩大选择的权利做起。麦金太尔的思想资源，主要来自于亚里士多德和阿奎那，强调人的自主的道德能力。但是从奥古斯丁和新教传统来看，也有异曲同工之处，就是都强调德性的重要性。两派的差别只是在于方法论的不同。亚里士多德仍强调人的自主能力，因此主观的修行和良好习惯的养成是其方法，而奥古斯丁认为人的知、愿、能分裂，只能靠上帝的恩典才能拥有德性，做出美德的事情来。“成圣”的过程，也就是一个赋予“恩典”的过程。在恩典导致的成圣过程中，人是完全自由的，而且所达到的自由，是“真正的自由”。如果我们将中国哲学考虑在内，则可以发现它与亚里士多德

式的德性伦理相似。但在自由观上，则与奥古斯丁的高度相似，那就是认为，一个人出于“乐”或“爱”而自觉地只去行善或践行“天道”，他也是“自由”的，他并不因为不去作恶而减少了“自由”（这就正如一个少年因为喜欢读书而待在家里，并不比另一个少年因为喜欢买名牌服装而上街抢劫减少了自由一样）。只是关于儒释道与“自由”的关系，目前尚难看到从现代哲学角度（如自由意志论、决定论、兼容论）对之进行分析的著作。西方学界对奥古斯丁“自由论”的研究（如，他的“自由”是何种意义上的“自由”），实可作为我们的借鉴。

四、一些学者对基督教的批评（也可以视为对奥古斯丁的一些批评），比如说“人人皆可为尧舜”、“人人皆可成佛”，而基督教不能“人人皆可成基督”，往往是既没有深入分析自己的传统，也没有深入了解基督教的结果。首先，“上帝”或“基督”这样的概念是与“尧舜”、“佛”不同的概念，在属性上（如全知、全能、全善）并非同等；其次，理想与现实、潜能与实现、可能性与现实性，必须分清楚，即使儒释道也不会认为人人都可现实地成为佛、圣、真人的吧！第三，为什么人一定要成为基督呢？或者说，人为什么一定要“成为XX”呢？难道“相似”不是更可取吗？

五、从神学建设来看，前几年“道风山基督教丛林”有建设汉语神学的提倡，可惜多是教内教外的“建议”和“提纲”，尚未能看到实际的有深度的成果。就汉语学界已有的“系统神学”来看，虽然已有一些积累，但在范式上，能突破西方系统神学框架、予人创造性印象的尚不多见。这和国内“马克思主义”相似：“一放就乱，一收就死。”一有创新就被指责为“离经叛道”，一持守正统就又回到“死气沉沉”。也有人主张直接从《圣经》解释入手,创造一套新神学,但我们确能舍弃历史上已有的深厚积累,如教父哲学和经院哲学吗?即便反对类似奥古斯丁这样的思想体系,也必须对之有着深入的了解,方能破除其谬见,发扬其正见,而不是“一切从我开始”。比如,《圣经》既无“三位一体”,也无“原罪”、“自由意志”这样的概念,但这是否意味着《圣经》并无这样的思想,因此我们必须回到没有“三位一体”,没有“原罪”,没有“自由意志”的世界里去?作为对《圣经》,尤其保罗书信的一个能够“自圆其说”的解释体系,奥古斯丁思想无疑可以作为后来者参考。反对也罢,赞成也罢,都是不能绕过去的。比如希克(John Hick)的“伊里奈乌式的神正论”,虽然更近于“奥利金式的神正论”,而与“奥古斯丁式的神正论”分庭抗礼,但他仍然必须花很大精力来分析、反驳奥古斯丁,而不是完全直接从《圣经》做起。这是因为,《圣经》是在历代教父、神学家的思想中“活”着的,是一个动态而非静态的文本,要建构出新的解释来,参考前人的解释是必不可少的。

六、就“宗教哲学”的建设来说,奥古斯丁仍然可以为我们提供充足的思想养分。他思想中的一些因素,经过修正、转换,在现代和后现代思想家的笔下重新出现。如“原罪”思想,虽然今天的人不太可能将其与一对人类始祖夫妇的过错联系起来,但对人性之恶的现实性的承认,却是许多哲学家、神学家、文学家、诗人的出发点。如尼布尔(Reinhold Niebuhr)对于“原罪”观的修改与重提,康德(Immanuel Kant)对“根本恶”的重视(这似乎是牟宗三所忽视的),陀思妥耶夫斯基(Fyodor Dostoyevsky)(《白痴》等)、卡夫卡(Franz Kafka)、加缪(Albert Camus)(《鼠疫》)、戈尔丁(William

Golding)(《蝇王》)、萨拉马戈(Jose Saramago)等笔下的荒谬、病态的人群,都可以看到奥古斯丁在《忏悔录》等著作中描述的那个"罪人"的身影。一个现代人可以不承认始祖犯罪危及后代这样的神话,但是对于人性的现实,却必定会有跟奥古斯丁相似的看法,而与奥古斯丁发生共鸣。一个无神论的人文主义者也可以在奥古斯丁思想中找到对人性的深刻的洞察。比如,美国第一任桂冠诗人沃伦(Robert Penn Warren)就自视为一个世俗的、严肃的"奥古斯丁主义者",他虽然不信有一个上帝,却相信人是有原罪的,人性是倾向于恶的。我们再来看"预定论"。一般认为,奥古斯丁的"预定论"容易引致加尔文的"双重预定论",这样一来,上帝的"公义"和"爱"之间就出现了不相洽性,因为显然,上帝如果是"公义"的,他就必须设置一个"地狱",而如果他是有"爱"的,他就不会让一些人在地狱中受苦。这里当然是有一个矛盾的。但是,如果我们看所有别的"意识形态"(如伊斯兰教、儒释道以及世俗政党),它们也都有一个"标准"来奖惩人群,也都或多或少、或显或隐地设置了一个现实的、末世的或来世的"地狱",以作为对恶人的惩罚机制。这样一想,我们就不会过分地责怪奥古斯丁或加尔文,而只能说,这是一切"意识形态"自身的逻辑的必然。在这点上,奥古斯丁的理论并不比别的更坏或更差。再如,在"内在恩典"论上,奥古斯丁的"上帝给人准备善的意念"的思想,竟然奇怪地与后现代主义中时髦的"互文性"和"对话主义"相似。在他那里,一个人的思想并不是完全封闭式地"自律"的,而是处于与外界的交换和互动中的,因此,近代哲学家所理解的一个人在"思想自律"下才能具有的"自由"的观念,在奥古斯丁这里是成问题的。在陀思妥耶夫斯基的小说（如《白痴》、《被损害与被侮辱的》、《卡拉马佐夫兄弟》）中，我们可以看到，人与人的意识是经常处于互相侵入、互相据有的状态的。一个人在和另一个人的交谈或暗示中，会自觉不自觉地将对方的思想（“话语”），无论反对还是赞成，变成自己的思想（“话语”），进而付诸行动。这样，传统的封闭的、不透明的“主体”就被解构了，“主体”成了一个时时在变动中的、互动中的、流动的“思想-行动者”，我们所谓的“主体”和“思想”，都是处于“因缘”之中的，具有偶然性甚至虚无性的，但是，这并不意味着我们对自己的行为没有责任！因为，行动者仍然是我们本人！这和奥古斯丁的处于“内在恩典”状态中的人是何等相似！

如果我们不是在做基督教意义上的“神学”，而是在做希腊哲学意义上的“神学”，或者是在做俄罗斯哲学意义上的“宗教哲学”，或者更泛地说，是在做以“无限”和“有限”这样的哲学范畴为主要内容的哲学［如勒维纳斯（Emmanuel Levinas）、利科（Paul Ricoeur）、马西翁（Jean-Luc Marion）等法国新现象学家］，或甚至是在做“比较宗教学”，我们仍然可以从奥古斯丁那里获得丰富的思想养料。我们对于“他者”、责任、时间和永恒、无限、神奇的一刻（所谓“饱和现象”）、可堕落性、虚无、“空”、“苦”、“解脱”等等，无疑都可以从奥古斯丁那里得到教益。不仅如此，从一个公元4至5世纪的思想家身上，我们还可以获得一种不同的参照系，而不会为近现代以来习以为常的哲学“偏见”所俘获，指出它的一些潜在的，但却成问题的成见，从而敞开更大的思维空间。

译者约在1998年征得杨熙楠先生和刘小枫先生的同意，开始

编选本书并着手翻译。1999年,我在江西省峡江县进行挂虚职的"基层锻炼",利用空闲时间翻译了《论三位一体》中的几卷和本书中的几篇。想起后来在冬天时住在老县城招待所利用一家新开的网吧打字的情景,依旧历历在目。当时我只带了原文的一些复印件,没有带上《圣经》,因此,当时译出的几篇,凡是奥古斯丁引用《圣经》的地方,都是先空在那里,待回到北京后补充上去的。完成这本书的翻译的那天,正好是中国宣布加入世贸组织的日子(应当是1999年冬天吧)。第二年我在美国时写了一篇较长的译者序,约四万字,现在看起来,不仅行文上太长,而且对奥古斯丁的理解比较简单化,因此这次趁着出版的机会,索性重写了这篇中译者导言。

写于二○○五年一月

目　录

论圣灵与仪文

——致马色林

本文写于公元412年，原是致马色林(Marcellinus)的，后者是罗马官员，曾受皇帝委任主持公教会与多纳图派教会之间的迦太基大会。奥古斯丁在这次大会上极为活跃，成了马色林的朋友。后来，马色林对佩拉纠的著作，以及奥古斯丁给佩拉纠的回应中提出的问题，显得颇为注意。《论圣灵与仪文》就是对马色林困惑的询问的一个答复。马色林的困惑在于，是像佩拉纠所说的那样，人在今生可以做到无罪呢，还是像奥古斯丁所说的那样，没有人曾经没有罪，也没有人将来会没有罪。奥古斯丁对这个问题并没有作出一个简单的回答，只是写了一篇新的文章，论到人若想活得好一些，就绝对需要上帝的恩典。

这里的题目"圣灵与仪文"亦可译为"精意与仪文"，或"圣灵与字句"。这些对比来自保罗的《罗马书》，读者在行文中自会明白。概括地说来，圣灵指基督恩典，仪文指摩西律法。

马色林在写给奥古斯丁的一封信里，表达了他对人在上帝帮助下可在今生无罪这种观点的惊奇之感，因为在历史上还找不出一个这样的先例。奥古斯丁于是就有了机会来讨论上帝恩典之助这一主题，他的观点恰与佩拉纠相反；他表明了，上帝对我们义行的帮助并不在于上帝给了我们一种律法，一种充满善且神圣的诫律的律法；而是在于我们的意志本身(没有它我们什么善事也做不了)得到了恩典之圣灵的帮助与提升（这圣灵是上帝给予我们的），若没有这一恩典之助，律法就只能是“叫人死的文字”，因为它不仅不能使不信神者称义，反倒使他们有逾矩之罪。在本文一开头他就开始处理向他提出的问题，在结尾处又回到了这个问题；他显示了，在上帝的帮助下，许多事都是可能的，这些事原本没有先例可言；然后总结说，尽管完全的义在人们中间还没有先例，但断不是不可能的。

章1　写作本文的缘由；有的事是可能做到的但还没有人做到

我亲爱的儿子马色林，我最近为你草就的关于婴儿受洗和人义之完全的短文，讨论的是为何除了中保之外，无人在今生曾获得或将获得完全的义（这位中保降生成人，披上了有罪之身的样式，但实际上没有任何的罪）——你在读了这篇短文之后，给我回了一封信，说你对我在第二卷[①]里表达的观点困惑不解，即人若不缺少意志，而且得到了上帝之助，他做到无罪就是可能的；不过，除了“使一切人活”[②]的那位唯一者之外，还没有人曾经或将会达到这位唯一者在地上时曾达到的这种完全。在你看来，说从无先例的事乃是可能的，这是荒谬的——尽管我觉得，你会毫不迟疑地承认从来没有骆驼穿过针眼，但他〔基督〕仍说这在上帝乃是可能的；[③]

① 参见奥古斯丁，《论惩罚与赦罪及论婴儿受洗》（*On the Merits of Sins*），章二，第6、7、20章。

② 《哥林多前书》十五章22节。

③ 《马太福音》十九章24、26节。

你还可以读到经上说，将有 12000 军团的天使为基督而战，救他脱离苦难，但实际上并没有发生；[①]你还可能读到过，上帝应许给以色列之子的土地上的列国都将马上消失无影踪，[②]不过上帝仍是希望这逐渐实行。[③] 人可以想到上千的别的事例，我们可以承认过去或将来有可能发生，但实际上却找不到它们发生过的任何证据。相应地，我们若根据除基督之外还从来没有人生活过而无罪这一点，就否认人有可活而无罪的可能性，就是不对的了。当然基督本性不只是人，还是上帝，在他身上我们可以证明，这样完全的人是曾经存在过的。

章 2　适当的例子

也许在这里你会这样答复我，我所举的尽管可以实现但实际上未曾实现的事例乃是神的工作；而人要无罪，却操于自己之手——他最高尚的作为确可导致各方面充分而完美的义；所以，倘达到这完全的义是可能的，那么说过去曾存在、现在正存在、将来将存在的人，没有一个达到这功夫，就是不可信的了。不过，尽管这一大功事在人为，你却应该想到，它也仍是一件神的恩赐，故而仍是神的工作；"因为你们立志行事，都是上帝在你们心里运行，为要成就他的美意"。[④]

① 《马太福音》二十六章 53 节。

② 《申命记》三十一章 3 节。

③ 《士师记》二章 3 节。

④ 《腓立比书》二章 13 节。

章3　说人可在今生生活而无罪，这是一种相对无害的错误

这些人不是特别危险的人物，我们应该敦促他们向大家显示，既然他们说人可以生活而无罪，那么他们自己是否如此，倘若这是可行的话。《圣经》中有些段落，我认为是明确地提到了，活在地上的人虽有自由意志，却没有一个不是有罪的；比如，“求你不要审问仆人，因为在你面前，凡活着的人没有一个是义的”。[①] 但若有人力证这些话当作别解，并证明曾有人在世上过着无罪的生活——这时谁若对他既不反对，也不衷心赞成，就是出于嫉妒之心了。倘若过去、现在、将来都没有人被赋予如此完全的纯洁（我更相信这点），你仍坚定地认为过去、现在、将来仍有这样的人——在我看来，倘认为别人已达到了完全的人并不认为自己已达到了，他这么做就是出于善意的测度，不过这仍是一个大错误，也是一个危险的错误。

章4　否认上帝恩典的必要性，这乃是一个严重得多的错误，要进行严厉地驳斥

那些设想没有上帝的帮助，人意志本身的力量也能够达到完全的义，或稳健地趋向它的人，却必须得到最为严厉的驳斥；当他们由于设想人可凭着己力无需神助便达到完全，而开始受到强压，就会检审他们自己，不敢再公开宣讲这么一种看法了，因为他们看

① 《诗篇》一四三篇2节。

到了这种观点是多么不虔诚、不可忍受。不过，他们宣称，达到完全之所以并非没有上帝的帮助，乃是因为上帝既在创造人时给了他自己意志，通过赐予人诫命而教导人应该如何生活；又在传给人当行什么、不当行什么的知识时消除了人的无知，从而帮助了人：所以，凭着天赋于人的自由意志，人就走上了指给他的正途，藉着持守公义而虔诚的人生之旅，人就配得到永生的福祉。

章5　恩典乃是圣灵的恩赐，它在灵魂里点起了喜乐之火，爱善之心

我们则确认，人的意志在追求义的过程中是如此地得到神助（除了人受造有自由意志，除了受到教导当如何生活外），他得到了圣灵，藉着他〔圣灵〕他心里就形成了对至高不变的善的喜悦和热爱（那善就是上帝），即便人现在“行事为人是凭着信心，不是凭着眼见”；[①]白白地赐给他这一最热切的礼物，是为了他可以产生一种热望，依恋他的创造者，燃烧着进入那真光，分有那真光，使来自创造他者的真光与他相随而行。人若不知真理，他的自由意志就于他无益，只能导向罪；即便他知道了他的义务和恰当目标，他若不喜悦并爱它，他也既不会履行他的义务，也不会着手去行，也不会过义的生活。为了我们可以有这般的行为，上帝的“爱浇灌在我们心里”，不是藉着出于我们自己的自由意志，而是“藉着赐给我们的圣灵”。[②]

① 《哥林多后书》五章7节。

② 《罗马书》五章5节。和合本译为“所赐给我们的圣灵，将上帝的爱浇灌在我们心里”。

章6 律法的教训没有赐予生命的灵便是“杀人的文字”

那命令我们过坚贞公义生活的教训,若无“赐予生命的灵”,便是“杀人的文字”。“字句是叫人死,精意是叫人活”,[①]这句话的意思不只是禁止我们单从字面上看比喻的说法,形象的说法若照字面去解只会是胡说;我们还应考虑到它的别的意思,从而藉着我们灵性的理智使它于我们内在之人有益,因为“体贴肉体的就是死,体贴圣灵的乃是生命平安”。[②] 例如,倘有人从字面的和肉体的意思来看所罗门的《雅歌》,他就不仅不能结坚贞之果,反引得欲火烧身了。所以,使徒在说“字句是叫人死,精意是叫人活”时,就不限于刚才所说的用法;但这也相当于他在别处用明文说的:“非律法说‘不可起贪心’,我就不知何为贪心”;[③]还有随后的:“罪趁着机会,就藉着诫命引诱我,并且杀了我。”[④]由此你可看出“字句是叫人死”是什么意思。当然,“你不可起贪心”这句话里实在没有什么比喻的说法,乃是明明白白的劝诫,谁能做到这点,谁就会没有罪。使徒说,“你不可起贪心”,是有意选了这一总纲,来点明万事,当它为律法的声音,禁止我们犯罪;因为犯罪没有不是出于邪恶的色欲的;所以禁止这点的律法乃是好而值得称道的律法。但若圣灵不帮助我们(是他的帮助鼓励我们,使我们以善欲取代恶欲,就是说,在我们心中洒下爱),律法本身虽好,却也只会由于禁止恶欲而加

① 《哥林多后书》三章6节。
② 《罗马书》八章6节。
③ 《罗马书》七章7节。
④ 《罗马书》七章11节。

添恶欲。正如不息地朝某个方向流动的水，若遇到了阻碍就会变得更为汹涌，当它冲翻阻碍物，就流量更大，向下迸溅得更急更快了。我们所觊觎的对象，若是被禁之物，我们的觊觎就以某种奇怪的方式变得更为快乐了。这就是趁着诫命欺骗我们的罪，趁着诫命杀我们的罪，哪里没有律法，哪里就本没有过犯。①

章 7　在这里处理提出过的问题

若你喜欢，我们不妨在这里思考使徒的这整段话，在主给予我们的能力之内彻底地领会它。因为我想要证明（倘这是可能的话），使徒的话“字句是叫人死，精意是叫人活”，并不是比喻——尽管在这种用法上也可得出适当的意义——而就是明指律法，即禁止我们做恶事的律法。我若能证明这点，那么就更显明过圣洁生活乃是上帝的恩赐了——不仅因为上帝给了人自由意志，没有这自由意志人便无善恶生活可言；也不仅因为上帝给了人诫命，教训人该如何生活；更是因为藉着圣灵，上帝将丰富的爱浇灌在他预知的人心里，从而预定他们；他预定了的，就召他们；他召了的，就称为义；他称为义的，就给予荣耀。② 我想，你若弄懂了这点，便会看出，如下说法有多么虚狂：属于上帝之工作的那些事只是无例可证的可能性——如上面提到过的骆驼穿过针眼之类，这些事对我们无疑是不可能的，但对上帝是轻易的；以及人的义不能算在这类事情里面，原因在于人义只是人力专有的，而不是出于上帝的；尽管

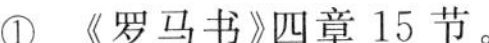

① 《罗马书》四章 15 节。

② 《罗马书》八章 29—30 节。

没有理由设想人的完善真的存在,即便这是可能的,也是没有先例的。在我们显明,甚至人的义也必须归与上帝的运作(尽管人义之产生并非没有人意志的作用)之后,这些说法之虚狂,就会更容易看出了;这样我们就不能否认人的完全在今生就是可能的,因为在上帝一切事都是可能的[①]——这既包括他凭着他自己的意志成就的事,也包括他与他的受造物协力成就的事。相应地,他没有付诸实行的事,无疑也就没有成例,没有成为事实,尽管这事产生的可能性是在上帝的力量之中,它没有实现出来原因也在上帝的智慧里。[②] 这原因是对人隐藏的,好让人不要忘了他自己只是人;人也不要因为不能领会上帝的智慧,就愚蠢地责备上帝。

章 8 用《罗马书》解释《哥林多〔后〕书》

请仔细听听保罗在《罗马书》里是怎样显明,他对哥林多人说的"字句是叫人死,精意是叫人活",[③]必须从我们上面所说的意思来理解——律法的字句,即教训我们不要犯罪的字句,若无赐予生命的精意,便是杀我们的,因为它是使我们知罪胜于避罪,从而使我们增罪胜于减罪,这是因为,现在邪欲之外,又加添了对律法的违犯。

---

① 《马可福音》十章 27 节。

② 意谓上帝有能力成就万事,但在实际上却并非实现了一切的可能性,上帝这么做,是有他自己的原因的。

③ 《哥林多后书》三章 6 节。

章 9 罪藉着律法反得丰盛

使徒想要推举已藉着耶稣基督临到万邦的恩典，免得犹太人因受过律法便夸耀自己，贬低别人，他先是说罪与死藉着一人入了世界，义与永生也藉着一人入了世界，明显说亚当是前者，基督是后者；然后他说："律法本是外添的，叫过犯显多；只是罪在哪里显多，恩典就更显多了。就如罪作王叫人死；照样，恩典也藉着义作王，叫人因我们的主耶稣基督得永生。"[①]接着，他为自己提了一个问题："这样，怎么说呢？我们可以仍在罪中，叫恩典显多吗？断乎不可！"[②]他看到了可能会有悖逆之人利用他所说的"律法本是外添的，叫过犯显多；只是罪在哪里显多，恩典就更显多了"——将它歪曲成是在说为使恩典显多，就当犯更多的罪。为了反对这种歪曲，他用"断乎不可！"来回答他自己提出的问题，接着马上说："我们在罪上死了的人岂可仍在罪中活着呢？"[③]这相当于说，当恩典使我们在罪上死了，我们若仍在罪中活着，这除了是不知感恩，还是什么呢？夸药好的人并不说药所治好的伤病于他有益；相反，对药所治好的伤病的咒骂和恐惧，其程度恰与花在药上的溢美之词成正比。与此相似，对恩典的推举和赞扬，也就是对过犯的辱骂和谴责。因为，有必要向人证明，他有多么的败坏软弱，他的不义有多么的强大，以致神圣的律法不仅不能帮他向善，反倒加添而非减少他的不义；他要看到律法本是外添的，是叫过犯显多的；他若确

① 《罗马书》五章 20—21 节。

② 《罗马书》六章 1—2 节。

③ 《罗马书》六章 2 节。

信这点，便会看到，他不仅需要一个医生，而且需要上帝帮助他，为他引路，使他不再为罪所控，使他因得到上帝怜悯之助而得痊愈；这样，罪在哪里显多，恩典方才显多——不是藉着罪人的功德，而是凭着他的帮助者〔上帝〕的介入。

章 10 基督乃真治疗者

于是，使徒显示，基督的受难与复活就是这种药，他说："岂不知我们这受洗归入基督耶稣的人，是受洗归入他的死吗？所以我们藉着洗礼归入死，和他一同埋葬，原是叫我们一举一动有新生的样式，像基督藉着父的荣耀从死里复活一样。我们若在他死的形状上与他联合，也要在他复活的形状上与他联合。因为知道我们的旧人和他同钉十字架，使罪身灭绝，叫我们不再作罪的奴仆。因为已死的人是脱离了罪，我们若是与基督同死，就信必与他同活。因为知道基督既从死里复活，就不再死，死也不再作他的主了。他死是向罪死了，只有一次；他活是向上帝活着。这样，你们向罪也当看自己是死的；向上帝在基督耶稣里，却当看自己是活的。"①显然，这里是用主的死与复活的奥秘来比喻我们有罪旧人的死以及我们的新生；这里也显出了不义的废除和义的更新。若非藉着信耶稣基督，给人的这诸般益处又怎能藉着律法的字句而来呢？

章 11 善功源于何处

这一圣洁之思保守了"投靠在上帝翅膀的荫下的世人"，②他

① 《罗马书》六章 3—11 节。

② 《诗篇》三十六篇 7 节。

们“必因他殿里的肥甘得以饱足，他也必叫他们喝他乐河的水。因为在他那里有生命的源头，在他的光中，他们必得见光。他施慈爱给认识他的人，他以公义待心里正直的人”。[①] 他施慈爱给他们，不是因为他们认识他，倒是为了他们可以认识他；他将他的义赐给他们，也不是因为他们是心里正直的人，而是因为他们可以变得正直，他的义本是使不义者称义的。[②] 这一圣洁之思是不带任何骄傲的：骄傲之罪只有在人过于自信，将自己作为生活的主要目的时才会有。人若陷入骄傲，就会离开生命的活泉，离开予人生命的圣洁活水（它本身就是善的生活）——离开那不变的光。本来理性灵魂若享有这光便会在某种意义上燃烧，并且它自身化为一受造的、反射的光；施洗约翰即使是“点着的明灯”，[③]也仍承认他的光来自这一源泉，“从他丰满的恩典里，我们都领受了”。[④] 我要问，除了是他的光之外，约翰还会与谁比较起来根本就算不上什么光呢？因为“那光是真光，照亮一切生在世上的人”。[⑤] 所以，在同一首诗里，在说“施慈爱给认识你的人，将你的义施给心里正直的人”[⑥]之后，他又说：“不容骄傲人的脚践踏我，不容凶恶人的手赶逐我。在那里，作孽的人已经仆倒。他们被推倒，不能再起来。”[⑦]由于他不虔地将本属上帝的功劳归诸自己，就被推倒，处于他自己本性的黑

① 《诗篇》三十六篇 8—10 节；与和合本译法有异。

② 《罗马书》四章 5 节。

③ 《约翰福音》五章 35 节。

④ 《约翰福音》一章 16 节。

⑤ 《约翰福音》一章 9 节。

⑥ 《诗篇》三十六篇 10 节；与前文译法有异。

⑦ 《诗篇》三十六篇 11—12 节。

暗中，在那里只有孽行。因为他所做的显然只是这些孽行，他的天性也只适于做这样的事。他从来不行义，除非是从那源泉和光里获得了能力。在那里方有什么也不缺的生命，在那里方才“并没有改变，也没有转动的影儿”。[①]

章 12　保罗一名的由来；勇敢地为恩典而辩

保罗从前名为扫罗，[②]后来改称保罗，这在我看来，不是由于别的原因，乃是由于他要显出自己的“小”[③]来——“使徒里最小的”[④]——他勇敢急切地抗辩那些凭着己功而自鸣得意、骄傲自大的人，他这么做是为了举荐上帝的恩典。这种恩典在他身上表现得尤其突出，因为还在他残酷地迫害上帝的教会、只配受极重的惩罚时，他得了怜悯而不是谴责，得了恩典而不是惩罚。所以，他就很正当地高声捍卫恩典，而不顾虑这样一些人的嫉恨，这些人要么不理解这样深奥难明的主题，要么悖逆地对他的话加以曲解；同时他还坚定地宣扬上帝的恩赐，唯有藉着这恩赐拯救才会临到得应许的儿女，临到圣善的儿女，恩典与仁慈的儿女，新约的儿女。在每封信的开头，他都以这样的祷告打招呼：“愿恩惠、平安从我们的父上帝并主耶稣基督，归与你们”；[⑤]这几乎成了《罗马书》讨论的唯一题目，讨论得如此持久，用了各式各样的论证，以致读者的注

① 《雅各书》一章 17 节。

② 《使徒行传》十三章 9 节。

③ 参见奥古斯丁，《忏悔录》(*Confessions*)，卷八，第 4 章。

④ 《哥林多前书》十五章 9 节。

⑤ 参见《罗马书》一章 7 节；《哥林多前书》一章 3 节；《加拉太书》一章 3 节。

意力都疲惫了,不过这种疲惫是有益健康的,它令内在之人的职能得到锻炼而不是崩溃。

章 13　谨守律法;犹太人的夸耀;对惩罚的害怕;心灵的割礼

然后就是我刚才提到过的话;然后他显明了犹太人是什么人,说他虽被称为犹太人,但断没有做到他发誓要做的。他说:“你称为犹太人,又倚靠律法,且指着上帝夸口;既从律法中受了教训,就晓得上帝的旨意,也能分别是非;又深信自己是给瞎子领路的,是黑暗中人的光,是蠢笨人的师傅,是小孩子的先生,在律法上有知识和真理的模范。你既是教导别人,还不教导自己吗?你讲说人不可偷窃,自己还偷窃吗?你说人不可奸淫,自己还奸淫吗?你厌恶偶像,自己还偷窃庙中之物吗?你指着律法夸口,自己倒犯律法玷辱上帝吗?上帝的名在外邦人中,因你们受了亵渎,正如经上所记的。你若是行律法的,割礼固然于你有益;若是犯律法的,你的割礼就算不得割礼。所以那未受割礼的,若遵守律法的条例,他虽然未受割礼,岂不算是有割礼吗?而且那本来未受割礼的,若能全守律法,岂不是要审判你这有仪文和割礼竟犯律法的人吗?因为外面作犹太人的,不是真犹太人;外面肉身的割礼,也不是真割礼。唯有里面作的,才是真犹太人;真割礼也是心里的,在乎灵,不在乎仪文。这人的称赞不是从人来的,乃是从上帝来的。”[①]这里,他显明了是在何种意义上说“你指着上帝夸口”的。无疑,若一个人是

① 《罗马书》二章17—29节。

真犹太人，他照着恩典的要求指着上帝夸口（恩典不是按功而赏，而是白给的），那么他的称赞就是上帝的而不是人的。但他们指着上帝夸口，实际上却仿佛只有他们才配接受上帝的律法，像《诗篇》作者所说的那样："别国他都没有这样待过；至于他的典章他们向来没有知道。"[①]他们在违反律法时，倒还以为是在凭着自己的义完成上帝的律法！律法就给他们"惹来了忿怒"，[②]罪就在知律法的人犯罪时加添了。因为谁若是没有恩典的圣灵的帮助，就做律法所令之事，就是出于对惩罚的害怕而不是出于对义的爱了，这在上帝眼中不是可悦的，在人的眼中却是事功；这样的行律法者倒不如说是犯罪，因为上帝知道，若能免于一罚，他们倒宁愿选择犯罪。他将不玷一切非法欲望的纯洁意志称为"心里的割礼"，它不是字句的算计与威胁，而是出自圣灵的帮助与疗救。这样的行律法者的称赞才不是从人来的，而是从上帝来的，正是上帝藉着恩典给了他们接受称赞的基础，关于上帝，经上是这么说的，"我的心必因主夸耀"；[③]经上还对他说，"我的称赞是你的"；[④]因为他们是义人才得如此，否则就得不到称赞了。

章 14　在何种意义上佩拉纠派承认上帝是使我们称义的主

"但是，"他们说，"我们确实称赞上帝是我们的义的作者，即他

① 《诗篇》一四七篇 20 节。
② 《罗马书》四章 15 节。
③ 《诗篇》三十四篇 2 节。
④ 《诗篇》二十二篇 25 节。

赐予了律法，藉着律法的教训我们才知道了我们应该如何生活。”他们却没有注意到所读到的：“凡有血气的，没有一个因行律法能在上帝面前称义。”[①]这在人前也许是可能的，但在看透我们的心和最内在意志的他的眼中却行不通，他看到，害怕律法的人尽管遵守着一定的戒令，但若蒙准许的话，倒宁愿去做他事〔犯罪之事〕。为免有人看了上引的话后以为，使徒是在说无人藉那律法称义(律法在古仪形式下包含着许多戒规，其中有肉体的割礼，要求婴儿出世后第八日接受)，使徒马上就解释他所谓律法为何，他说：“因为律法本是叫人知罪。”[②]他这里所指的律法，也就是他后来所说的“只是非因律法，我就不知何为罪。非律法说‘不可起贪心’，我就不知何为贪心”中的律法。[③] 除了“叫人知罪”的律法外，这还指什么呢？

章15　上帝的义由律法和先知显明

也许，昧于上帝之义、想立自己的义的人会以为，使徒说“没有一个因行律法称义”是十分适当的，因为律法只是指示了一个人该做什么、该禁止什么，从而让意志完成律法所指出的事，这样人就可以称义，当然不是凭着律法的力量称义，而是凭着人的自由决断称义。不过，我要请你们注意看使徒随后的话。他说：“但如今，上帝的义在律法以外已经显明出来，有律法和先知为证。”[④]这在聋

① 《罗马书》三章20节。

② 《罗马书》三章20节。

③ 《罗马书》七章7节。

④ 《罗马书》三章21节。

子的耳里听来是不是有些分量呢？他说："上帝的义已经显明了。"那些想立自己的义的人不认识这个义；他们不愿服它。[①] 他的话是这样的："上帝的义显明了"，他不是说人的义，也不是说他自己意志的义，而是说"上帝的义"——不是上帝自己藉以成义的义，而是他在使不义者称义时赐予人的义。这有律法和先知为见证；换言之，律法与先知都提供了证据。律法通过发出命令和威胁（但不使任何人称义），充分地显示了人之称义乃是凭着上帝的恩赐，藉着圣灵的帮助；先知们则预言了基督将来成就的事。他进一步说："就是因信耶稣基督〔而有〕的上帝的义"，[②]就是凭着人对基督的信而来；因为正如不是说基督本人得以信的信，这里也不是说上帝自己得以成义的义。二者无疑都是我们的，但他们都被称为上帝的和基督的，因为正是由于他的慷慨，才将这些恩赐给了我们。上帝的义于是就是在律法之外的，但其显明却不是在律法之外的；因为它若是在律法显明的，律法又怎能为它作证呢？然而，上帝的义是上帝在律法之外，藉着恩典的圣灵赐予信徒的，这么做时并无律法的帮助——就是说，那时并没有得到律法的帮助。当他藉着律法向人揭示了人的软弱，那是为了使他藉着信以他的怜悯为荫庇，并得到疗救。因此经上关于他的智慧说到，"她舌头上有律法和怜悯"[③]——"律法"，她用来定骄傲者的罪，"怜悯"，她用来称谦卑者为义。"上帝的义，因信耶稣基督加给一切相信的人，并没有分别。

① 《罗马书》十章3节。
② 《罗马书》三章22节。
③ 《箴言》三章16节。

因为世人都犯了罪，亏缺了上帝的荣耀”[①]——不是他们自己的荣耀。因为他有什么不是领受的呢？若是领受的，为何自夸呢？[②]可见他们亏缺了上帝的荣耀；再来看下面的话：“如今却蒙上帝的恩典，白白地称义。”[③]所以，他们称义不是凭着律法，也不是凭着他们自己的意志；而是凭着上帝的恩典白白地称义——并不是没有我们的意志就成就了；但藉着律法我们的意志就显出了软弱，恩典正是治疗它的虚弱的；我们治好后的意志可以完成律法，不是由于律法的强迫，但也不是在律法之外。

章 16 律法不是为义人设立的

因为“律法不是为义人设立的”，[④]但“律法原是好的，只要人用得合宜”。[⑤] 使徒连用这两个看似矛盾的句子，警告并敦促他的读者细察这个问题并解决之。因为，若“律法不是为义人设立的”，“律法原是好的，只要人用得合宜”又怎能是真的呢？除了义人合宜地用律法外，还有谁这么做呢？不过律法却不是为了他而设立的，而是为了不义的人设立的。这样，不义之人为了可以称义——就是成为一个义人——是不是必须合宜地用律法，像受到先生的指引[⑥]一样达到那一恩典，藉着那恩典他才可以完成律法所令之事呢？现在，他被白白地称为义了，就是说，在称义之前他毫无功

① 《罗马书》三章22—23节。

② 《哥林多前书》四章7节。

③ 《罗马书》三章24节。

④ 《提摩太前书》一章9节。

⑤ 《提摩太前书》一章8节。

⑥ 《加拉太书》三章24节。

德可言;"不然,恩典就不是恩典了",[①]它之被赐予我们,不是因为我们做了好事,而是为了我们可以做好事——换言之,不是因为我们已完成了律法,而是为了我们可以完成律法。基督说:"我来不是要废除,乃是要成全〔律法〕。"[②]关于基督,经上是这么说的:"我们也见过他的荣光,正是父独生子的荣光,充充满满地有恩典,有真理。"[③]这荣光正是下面话里所说到的:"世人都犯了罪,亏缺了上帝的荣耀";[④]这恩典正是下面话里提到的:"蒙上帝的恩典白白地称义。"[⑤]不义之人合宜地用律法,以成为义;但他既已成义,便不必再把它当马车用了,因他已达到他旅程的终点——或不如用使徒自己的明喻说,便不必再把它当先生了,因为现在他已完全学会了。律法若是义人也必要的(当然这种必要不是他还是不义之人时被引至使他称义的恩典之前时的那种必要,而是他可以合宜地用它的那种必要),又怎不是为义人而设立的呢?也许情况是这样的——不,不是"也许",而是"肯定"——成义者合宜地用律法,是为了运用律法警告不义者,使得不义者若有某种恶欲,且因律法的禁令而加重、加添过犯时,就可凭着信到那使人称义的恩典里寻得荫庇,乐享圣洁的甜美,可以藉着圣灵抚慰人的恩赐避开律法威胁人的条文的惩罚?这样一来,两句话就毫无冲突了,也不彼此反驳了:甚至义人也合宜地用一条好的律法,但律法本不是为义人而

① 《罗马书》十一章 6 节。
② 《马太福音》五章 17 节。
③ 《约翰福音》一章 14 节。
④ 《罗马书》三章 23 节。
⑤ 《罗马书》三章 24 节。

设;因为他成义凭的并非律法,而是信仰的律,正是它引导他相信,软弱的他若要完成"立功之法"[①]所令的诫条,除了得到上帝恩典之助外,没有别的力量可依。

章 17　隔除夸口

于是他说:"既是这样,哪里能夸口呢?这被隔除了。用何法没有的呢?是用立功之法吗?不是,乃用信主之法。"[②]他这里也许是指在主内的夸口;它之被隔除,不是说它被赶跑不见了,而是说它清楚地显示着,醒目地立着。有种银制的工艺品就被称作"隔除物"。《诗篇》中所谓"他们涂了水银,就被隔除了"[③]——他们受了上帝话的锻炼,就可出类拔萃。因为在另一段经文里是这样说的:"主的言语是纯净的言语,如同银子在泥炉中炼过七次。"[④]倘若这不是他的意思,他必是想指那出于骄傲的有毒的夸口——就是那些以为自己过着义人的生活,仿佛这不是领受来的,反倒夸口他们自己的优秀的人——并进而告诫我们,按着信主之法而不是立功之法,这一夸口被隔除了,这里"隔除"的意思是被排除了、被赶走了;因为,凭着信主之法,每一个人都可得知,不管他过着怎样善的生活,都是来自上帝的恩典,除了这,他不能从任何别的来源获得在公义的爱中成为至善的手段。

① 《罗马书》三章 27 节。

② 《罗马书》三章 27 节;"这被隔除了"在和合本中译为"没有可夸的了"。

③ 《诗篇》六十八篇 30 节。

④ 《诗篇》十二篇 6 节。

章 18 虔诚是智慧；上帝所造的被称为上帝的义

这种沉思使人成为敬畏上帝的人，这种敬畏是真智慧。这里"敬畏"我是指希腊文 θεοσέβεια 一词的意思——也即《约伯记》向人们推介的那种美德，该书如是说："敬畏主就是智慧。"[①]倘用其衍生词来解释 θεοσέβεια 一词，则可称之为"崇拜上帝"（cultus Dei）；这种崇拜的核心在于，灵魂对上帝不是不感恩的。我们得到规劝，要以最真最好的牲祭来"感谢我们的主"。我们的灵魂若是不知感恩呢，就会将本得自上帝的事归功于它自己，尤其是义，有了这义，它才不会有粗俗不堪的骄傲，自吹自擂，夸耀自己的财富、肢体的美、口才或外在的或内在的、身体的或心智的别的成就，这些东西本是恶人也同样具有的，有了这义，它才有一种智慧的满足，满足于构成好人所做好事的东西。由于上述粗俗骄傲之罪，甚至有些伟大人物也漂离了神圣本性之锚，被卷入了可耻的偶像崇拜之中。使徒在同一书信中坚持恩典原则，说无论是希腊人、化外人、聪明人、愚拙人，他都欠他们的债，所以情愿尽他的力量，将福音也传给罗马人，随后他又说："我也不以福音为耻；这福音本是上帝的大能，要救一切相信的，先是犹太人，后是希利尼人〔即希腊人〕。因为上帝的义正在这福音显明出来；这义是本于信，以至于信。如经上所说：'义人必因信得生。'"[②]这是上帝的义，这义本隐含在《旧约》之中，在《新约》里启明了；它被称为"上帝的义"，是因

① 《约伯记》二十八章 28 节。

② 《罗马书》一章 14—17 节。

为他通过赐予我们这义才使我们成义，恰如经上所说，“救恩属于主”，[①]因为他使我们得救。这义是“本于”信，“以至于”信——本于宣扬它的人的信，以至于服从它的人的信。藉着耶稣基督的这信——即，基督赐予我们的这信——我们相信我们现在已有过着义的生活的能力，并且将来这种能力会愈来愈强；因此我们感谢他，用唯有他才可接受的崇拜来崇拜他。

章 19　藉着受造界认识上帝

然后使徒很适当地转开这个话题，带着厌恶的口气描述这样的一些人，这些人被我在上章提到过的罪弄得轻飘飘自以为是，成天悬浮在云里雾里而找不到一个落脚点，最终像落在石头上一样落在他们的偶像上，摔为碎片。使徒在推介了我们称义所必需的那种信仰后，提请我们要注意消除与此相反的事。他说：“原来，上帝的忿怒，从天上显明在一切不虔不义的人身上，就是那些行不义阻挡真理的人。上帝的事情，人所能知道的，原显明在人心里，因为上帝已经给他们显明。自从造天地以来，上帝的永能和神性是明明可知的，虽是眼不能见，但藉着所造之物就可以晓得，叫人无可推诿。因为，他们虽然知道上帝，却不当作上帝荣耀他，也不感谢他。他们的思念变为虚妄，无知的心就昏暗了。自称为聪明，反成了愚拙；将不能朽坏之上帝的荣耀变为偶像，仿佛必朽坏的人和飞禽、走兽、昆虫的样式。”[②]请注意，他不是说他们不知道真理，而

① 《诗篇》三篇 8 节。

② 《罗马书》一章 18—23 节。

是说他们行不义阻挡。在他看来,他得弄清楚,上帝并未赐予律法的那些人,是从哪里获得真理的知识的;在他们获得这种知识的来源上,他并没有保持沉默:因为他宣布,他们乃是藉着可见的造化之功,获得不可见的造物主属性的知识的。他们既有探寻上帝的职能,就能够找着。那么他们的不虔又何在?因为"他们虽然知道上帝,却不当作上帝荣耀他,也不感谢他。他们的思念变为虚妄,无知的心就昏暗了"。虚妄乃是那些将自己引入歧途的人的疾病,而"人若无有,自己还以为有,就是自欺了"。[①] 这样的人因自高自大而昏暗,诗人〔指大卫〕在说"在你的光中,我们必得见光"[②]之后,祈求上帝不要让这种自高自大与自己作对;[③]这样的人转离了不变的真理之光,"他们无知的心就变昏暗了"。[④] 因为他们的心即便知道上帝,也不是智慧之心;他们的心乃是愚拙的心,因为他们不把他当上帝荣耀,不感谢他;因为"他对人说,敬畏主就是智慧"。[⑤] 因此,他们在"自以为聪明"(这只能理解为他们将这一切归功于自己)时,"反成了愚拙"。[⑥]

章 20　律法若无恩典

我还有何必要说下面的话呢?因为正是由于这种不虔诚,这些人(我指的是那些原来藉着受造之物早已知道创造主的人)才绊

① 《加拉太书》六章 3 节。
② 《诗篇》三十六篇 9 节。
③ 《诗篇》三十六篇 2 节。
④ 《罗马书》一章 21 节。
⑤ 《约伯记》二十八章 28 节。
⑥ 《罗马书》一章 22 节。

倒(因为“上帝阻挡骄傲的人”),以及他们陷到了哪里,这都在使徒的同一封信里得到了远胜于我们的显示。因为在我的这封信里,并没有阐发使徒的信,而只是根据它的权威性尽所能地演示,我们能获得义,是得到了上帝之助的——不只是因为上帝给了我们一个充满了美好而又神圣的戒规,而是因为我们的意志本身(没有它我们便不能做任何善事)得到了恩典圣灵之灌注的帮助和提升,若没有他的帮助,单纯的教训〔指律法〕只能是“叫人死的字句”,[①]就是说它反倒使人有过犯的罪,不能使不畏神者称义。正如那些藉着所造之物知道上帝的人,却不能从其知识获得任何好处一样——因为“他们虽然知道上帝,却不当作上帝荣耀他,也不感谢他,还自称为聪明”[②]——从律法而知道人应该怎样活的人,也不能由其知识而成义,因为,“不知道上帝的义,想要立自己的义,就不服上帝的义了”。[③]

章 21　立功之法与信仰之法

行为之法,即立功之法,有别于信仰之法,前者难以消除人的自夸,后者则可以排除自夸;我们若能够观察并分辨二者之间的这一差别,便不妨细细思忖一番。有人会轻率地说,立功之法是指犹太教,而信仰之法则是基督教;这是就基督教系统不再保留律法所规定的割礼等行为而说的。但这么区分有一个错误,事关重大,对此我曾一度致力于详细说清;对那些可以敏锐地把握差别的人,尤

① 《哥林多后书》三章 6 节。

② 《罗马书》一章 21 节。

③ 《罗马书》十章 3 节。

其是你自己和与你类似的人，我可能已成功地达到了自己的目的。不过，鉴于该主题甚为重要，详细考察《圣经》中反复出现的见证就不算不合适。使徒说，无人藉之以称义的律法，[①]只是叫过犯显多而已，[②]不过，为了将律法从无知者的诽谤和不虔者的非难里救出来，他对律法作了这样的辩护："这样，我们可说什么呢？律法是罪吗？断乎不是！只是非因律法，我就不知何为罪。非律法说'不可起贪心'，我就不知何为贪心。然而罪趁着机会，就藉着诫命叫诸般的贪心在我里头发动，因为没有律法，罪是死的。"[③]他还说："这样看来，律法是圣洁的，诫命也是圣洁、公义、良善的。既然如此，那良善的是叫我死吗？断乎不是。叫我死的乃是罪。罪藉着那良善的叫我死。"[④]因此，说"你不可起贪心"的就正是叫人死的了，对此他是这么说的："律法本是叫人知罪。但如今，上帝的义在律法以外已经显明出来，有律法和先知为证。就是上帝的义，因信耶稣基督加给一切相信的人，并没有分别。因为世人都犯了罪，亏缺了上帝的荣耀，如今却蒙上帝的恩典，因基督耶稣的救赎，就白白地称义。上帝设立耶稣作挽回祭，是凭着耶稣的血，藉着人的信，要显明上帝的义。因为他用忍耐的心，宽容人先时所犯的罪，好在今时显明他的义，使人知道他自己为义，也称信耶稣的人为义。"[⑤]接着他加上了我们正在考虑的这段："既是这样，哪里能夸口呢？没

① 《罗马书》三章 20 节。
② 《罗马书》五章 20 节。
③ 《罗马书》七章 7—8 节。
④ 《罗马书》七章 12—13 节。
⑤ 《罗马书》三章 20—26 节。

有可夸的了。用何法没有的呢？是用立功之法吗？不是，乃用信主之法。”[①]所以，说“你不可起贪心”的正是立功之法；因为由此而有罪的知识。现在我希望知道，是否有人敢对我说，信仰之法并不对我们说，“你不可起贪心”？因为，倘若它并不这么对我们说，那么恩典之下的我们为什么不应安全地犯罪呢？实际上，有些人正是这么想的，对他们使徒是这么说的：“为什么不说，我们可以作恶以成善呢？这是毁谤我们的人说我们有这话。这等人定罪是该当的。”[②]相反地，倘若它〔信仰之法〕也对我们说：“你不可起贪心”（福音书和使徒书信里有无数段落证实了这点，敦促我们），那么该法〔信仰之法〕为何不也称为立功之法呢？我们断不能说，因为它没有保留古代圣礼的“功”——割礼和别的规矩——它自己的与时代相宜的圣礼里面就没有“功”了；除非问题是关于圣礼之功的，当提到律法时，正是因为由律法而来的是罪的知识，所以无人因它而称义，所以自夸之消除不是凭着它，而是凭着信仰之法，信仰之法正是使义人得生的东西。但信仰之法若是说，“你不可起贪心”，在它之中便不也有了罪的知识吗？

章 22　无人因功称义

二者之间有何差别，我将简要地解释。立功之法靠威胁来吩咐，信仰之法靠信仰来寻求。一个说：“你不可起贪心”；[③]一个说：“当我知道，无人可以自洁，除非上帝赐予他自洁；知道这是谁的恩

---

① 《罗马书》三章 27 节。

② 《罗马书》三章 8 节。

③ 《出埃及记》二十章 17 节。

赐，也正是智慧；我走向主，我寻求他。”[①]这就是被称作“虔诚”的智慧，在这智慧里“众光之父”得到崇拜，“各样美善的恩赐和各样全备的赏赐”都是从这众光之父里降下来的。[②] 不过，这种崇拜在于献上赞美和感恩，崇拜上帝于是就不能自夸，而当“指着主夸口”。[③] 相似地，藉着立功之法上帝对我们说，做我命令你做的；藉着信仰之法我们对上帝说，给我你所命令的。这就是律法给予命令的原因——警告我们做信仰应当做的事，就是说，得到命令之人若不能够执行命令，就可以知道向上帝祈求什么；但他一旦有了能力，并且遵守命令，他就也当意识到能力是自何而来的。最持续不懈的恩典宣讲者说：“我们所领受的，并不是世上的灵，乃是从上帝来的灵，叫我们能知道上帝开恩赐给我们的事。”[④]“世上的灵”不正是骄傲的灵么？因为它，他们愚拙的心就昏暗了，他们虽然知道他，却不把他当上帝而荣耀，也不感谢他。[⑤] 他们也因为这同一个灵而受到欺骗，他们不知上帝的义，想要立自己的义，不服上帝的义。[⑥] 所以，在我看来，那些知道该从哪里指望得到自己还没有的东西的人，比那些将自己所有的东西都归功于自己的人更算“信仰之子”；尽管无疑对这两种人来说，既具有所具有的同时又知道是从何而得的人更为可取（只要他还相信自己还没有成为要成为的那种人）。但愿他不要犯法利赛人的错误，后者尽管为自己所具有

---

① 《所罗门智训》八章 21 节。
② 《雅各书》一章 17 节。
③ 《哥林多后书》十章 17 节。
④ 《哥林多前书》二章 12 节。
⑤ 《罗马书》一章 21 节。
⑥ 《罗马书》十章 3 节。

的而感谢上帝，却不请求有更多的恩赐，仿佛他的义无可增进了似的。[①] 我们既已适当地考虑和掂量了这些证据，就可得出结论，人不是凭着圣洁生活之诫条而称义的，而是凭着对耶稣基督的信称义的——一句话，不是凭着立功之法，而是凭着信仰之法；不是凭着字，而是凭着灵；不是凭着行为的功德，而是凭着白给的恩典。

章 23　若无恩典，十诫怎样叫人死

所以，尽管使徒看似在责备和纠正那些被劝受割礼的人，他用了“律法”这样的词来指割礼本身及别的相似的法定的仪式，这些仪式是现在基督教当作将来美事的影儿拒绝的（不过他们仍谨守着这些影儿所应许的东西）；他同时也仍要人清楚地知道，律法（无人因之以成义）不只是在于那些圣礼制度（它们预表了将来的事），还在于人得以过着圣洁生活的那些工作，其中包含“你不可起贪心”这一禁令。为使我们的话更清楚一点，我们不妨看看十诫本身。确实，摩西在山上接受了律法并将之传给了人民，这律法是上帝用手指写在两块石版上的。律法总结于十诫中，不过十诫里却没有割礼这一诫，也没有今天基督徒们已废弃了的燔祭。我想请你告诉我，十诫中有什么是基督徒不应遵守的（守安息日除外）——是它所禁止的崇拜偶像或真神之外的别的神呢，还是妄呼上帝的名；是要荣耀父母呢，还是要禁绝乱伦、谋杀、偷盗、作假见证、通奸、觊觎别人的财产？谁能说这些诫命基督徒不应遵守呢？有没有可能争辩说，写在两块石版上的律法并不是使徒所谓“叫人

① 《路加福音》十八章 11—12 节。

死的字句”，而是割礼及其他现已废除的圣礼？不过，当律法中出现“你不可起贪心”这样的诫命时（使徒说，这诫命虽是神圣、公义、良善的，“罪趁着机会，就藉着诫命引诱我，并且杀了我”）①，我们又怎能像上面那样想呢？还有什么是比这更堪称“杀人”的“字句”呢？

章 24 《哥林多〔后〕书》中的经文

在写给哥林多人的信里，他论到了叫人死的字和叫人活的灵，在这里他表达得更为清晰，他所谓“字句”，明明白白指的就是十诫本身，而不是别的。他的原话是这样的：“你们明显是基督的信，藉着我们修成的。不是用墨写的，乃是用永生上帝的灵写的。不是写在石版上，乃是写在心版上。我们因基督，所以在上帝面前才有这样的信心。并不是我们凭自己能承担什么事，我们所能承担的，乃是出于上帝。他叫我们能承当这新约的执事。不是凭着字句，乃是凭着精意。因为那字句是叫人死，精意（或作‘圣灵’）是叫人活。那用字刻在石头上属死的职事尚且有荣光，甚至以色列人因摩西面上的荣光，不能定睛看他的脸，这荣光原是渐渐退去的，何况那属灵的职事岂不更有荣光吗？若是定罪的职事有荣光，那称义的职事荣光就越发大了。”②对这些事可以说上许多；不过也许留在后面说更好。现在呢，我只请你们看看他是怎样说到叫人死的字句，并将之与叫人活的圣灵对比的。既然律法来是为叫罪增

① 参见《罗马书》七章 12 节。

② 《哥林多后书》三章 3—9 节。

多，[①]它就肯定是“刻在石头上属死的职事”和“定罪的职事”了。不过，诫命本身对那些遵行诫命的人乃是有益的、有好处的，人若不遵守它们，就不会有生命。那么，是不是由于其中关于守安息日的那条诫命，十诫才被称为“叫人死的字句”呢？因为确实，现在仍拘守安息日的人在世俗的意义上是聪明的，不过世俗的聪明除了是死还是什么呢？我们是不是必须认为，其余的九诫（它们的字面形式得到了正确的遵守）不是属于无人因以称义的立功之法，而是属于义人得之以生的信仰之法呢？谁可能坚持这么一种荒谬的观点，“刻在石头上属死的职事”并不是指所有十诫，而只是指守安息日的那诫呢？我们要将下面的话放在哪里呢？“律法是惹动忿怒的，哪里没有律法，哪里就没有过犯”，[②]“没有律法之先，罪已经在世上；但没有律法，罪也不算罪”，[③]以及我们经常引用的“律法本是叫人知罪”，[④]尤其是使徒将我们的问题表达得更清楚的这句话：“非律法说‘不可起贪心’，我就不知何为贪心。”[⑤]

章 25　《罗马书》中的经文

现在请仔细考虑这整段经文，看看它是不是说到了关于割礼、安息日或任何属于预表圣礼的其他的事。这整段话实际上就等于说，禁止人犯罪的字句并不叫人活，而是“叫人死”，它只是加添贪

① 《罗马书》五章 20 节。
② 《罗马书》四章 15 节。
③ 《罗马书》五章 13 节。
④ 《罗马书》三章 20 节。
⑤ 《罗马书》七章 7 节。

欲，加重罪过，除非恩典藉着信仰基督耶稣之法解放我们，“所赐给我们的圣灵将上帝的爱浇灌在我们心里”。[1] 使徒曾有这样的话：“我们服侍主，要按着心灵的新样，不按着仪文的旧样”，[2]说了这话后，他作了这样的探寻：“这样，我们可说什么呢？律法是罪吗？断乎不是！只是非因律法，我就不知何为罪。非律法说‘不可起贪心’，我就不知何为贪心。然而罪趁着机会，就藉着诫命叫诸般的贪心在我里头发动，因为没有律法，罪是死的。我以前没有律法，是活着的；但是诫命来到，罪又活了，我就死了。那本来叫人活的诫命，反倒叫我死，因为罪趁着机会，就藉着诫命引诱我，并且杀了我。这样看来，律法是圣洁的，诫命也是圣洁、公义、良善的。既然如此，那良善的是叫我死吗？断乎不是！叫我死的乃是罪。但罪藉着那良善的叫我死，就显出真是罪，叫罪因着诫命更显出是恶极了。我们原晓得律法是属乎灵的，但我是属乎肉体的，是已经卖给罪了。因为我所作的，我自己不明白。我所愿意的，我并不作；我所恨恶的，我倒去作。若我所作的，是我所不愿意的，我就应承律法是善的。既是这样，就不是我作的，乃是住在我里头的罪作的。我也知道在我里头，就是我肉体之中，没有良善。因为立志为善由得我，只是行出来由不得我。故此，我所愿意的善，我反不作；我所不愿意的恶，我倒去作。若我去作所不愿意的，就不是我作的，乃是住在我里头的罪作的。我觉得有个律，就是我愿意为善的时候，便有恶与我同在。因为按着我内在的人，我是喜欢上帝的律；但我

① 《罗马书》五章5节。
② 《罗马书》七章6节。

觉得肢体中另有个律和我心中的律交战，把我掳去叫我附从那肢体中犯罪的律。我真是苦啊！谁能救我脱离这取死的身体呢？感谢上帝！靠着我们的主耶稣基督就能脱离了。这样看来，我以内心顺服上帝的律，我肉体却顺服罪的律了。”①

章 26　果子若非结自爱之根，便算不得善

显然，旧文若无新灵，便不仅不能将我们从罪里释放出来，反倒使我们因罪的知识而罪疚。由此《圣经》在另一处说，“加增知识的，就加增忧伤”②——不是因为律法本身是恶的，而是因为诫命在没有圣灵帮助的情况下以字句来显示它的好处；倘若遵守这诫命是出于害怕惩罚而不是出于爱公义，那么这种遵守就是奴仆性的而不是自由的，就根本算不上遵守了。因为果子若非结自爱之根，就算不上好果子。人若有生发仁爱的信心，③便会开始按着内在之人喜欢上帝的律，④这种喜欢乃是灵的礼物而非字句的礼物；即便我们肢体之中另有一律与心灵之律交战（直到旧人变作了新人，内在之人日甚一日更新），上帝的恩典仍藉着耶稣基督我们的主将我们从这取死的身体中释放出来。

章 27　隐含在《旧约》里的恩典，在《新约》里显明了

这一恩典在《旧约》里还仍隐藏在帷幕之下，但在《新约》里却

① 《罗马书》七章 7—25 节。

② 《传道书》一章 18 节。

③ 《加拉太书》五章 6 节。

④ 《罗马书》七章 22 节。

按着最严格的时间计划显明了，因为上帝是知道如何支配万事的。在西乃山颁布的十诫里，唯有与守安息日相关的部分才真是预表性的诫命，这也许是恩典的这种隐藏的一部分。安息日是圣日；在上帝成就的所有事里，第一声圣洁的声音在他歇了一切的工的时候才听到，这并不是没有意义的。关于这，我们现在无须谈得太多。不过与此同时，我认为下面的意思对所论问题是足够的，以色列民族受命禁行一切象征着罪的奴仆之工，并不是没有原因的；因为不犯罪属于圣洁，即属于上帝藉圣灵而赐的礼物。写在两块石版律法中的诫命，唯独这一条起到了预表的作用，犹太人遵照着它守安息日，据此表示那时仍属于恩典隐藏的时候，这恩典只有到了《新约》才会由基督的死显明——殿里的幔子从上到下裂为两半。[①] 使徒说："他们的心几时归向主，帕子就几时除去了。"[②]

章 28　为何圣灵被称为上帝的手指

"主就是那灵。主的灵在哪里，哪里就得以自由。"[③]上帝的这灵（我们藉着他的恩赐称义）若来到了，我们就喜欢不犯罪——在其中有自由；我们若没有这灵，就喜欢犯罪——在其中是奴役，奴役的作为是我们必须禁绝的——上帝的爱藉着这圣灵浇灌在我们心里（爱乃是律法的完成），圣灵在福音书里被称为"上帝的手指"。[④] 这难道不是因为那两块法版是上帝手指所写，我们藉以成

① 《马太福音》二十七章 51 节。

② 《哥林多后书》三章 16 节。

③ 《哥林多后书》三章 17 节。

④ 《路加福音》十一章 20 节；"上帝的手指"在和合本译为"上帝的能力"。

圣的上帝的圣灵也是“上帝的手指”，且这么做是为了我们因信而生，藉爱行善么？谁没有受到这种既一致又歧异的情况所触动呢？从逾越节的庆典（这是摩西定下的，要献上无瑕疵的羊羔，[①]这象征着主将来的死）到摩西接受上帝手指写在石版上的律法的那天，[②]中间有五十天，而从基督如羊羔一般被引到屠夫前[③]受死并复活，到上帝的手指——即圣灵——将众信徒聚合为一[④]的那天，中间也有五十天，正好在数目上相同。

章 29　对比摩西之律与新律

在这可叹的符应中，至少也有如下的歧异，即在早些的例子里〔摩西之律〕，人民不得靠近颁布律法之地，否则是犯了死罪；而在后一个例子里，圣灵临到了那些聚在一起盼望他所应许的恩赐的人身上。在那里〔指西乃山上〕上帝的手指是运作于石版之上；在这里则是运作于人的心上。在那里律法被外在地赐予，如此不义者方感到恐惧；[⑤]在这里它是被内在地赐予，如此他们方得以称义。[⑥] 因此，使徒说：“像那不可奸淫，不可杀人，不可偷盗，不可贪婪，或者别的诫命”——当然是写在那两块石版上的诫命了——“都包在‘爱人如己’这一句话之内了。爱是不加害于人的，所以爱

① 《出埃及记》十二章 3 节。
② 《出埃及记》三十一章 18 节。
③ 《以赛亚书》五十三章 7 节。
④ 《使徒行传》二章 2 节。
⑤ 《出埃及记》十九章 12—16 节。
⑥ 《使徒行传》二章 1—47 节。

就完全了律法。”[①]现在这不是写在石版上的，而是“所赐给我们的圣灵将上帝的爱浇灌在我们心里”的。[②] 所以，上帝的律乃是爱。“体贴肉体的，就是与上帝为仇，不服上帝的律法，也是不能服”；[③]但当爱之立功被写在石版上警告肉心时，就产生了立功之法，以及叫犯罪者死的字；但若爱本身被浇灌在信徒的心里，我们就会有信仰之法，以及赐爱人者生命的灵。

章 30　写在心里的新律

现在，就请观察我不久前引用过的使徒的那些话，这些话是我放在后面以更仔细地思考的，看看在这里这种差异又是多么互相一致。他说：“你们明显是基督的信，藉着我们修成的。不是用墨写的，乃是用永生上帝的灵写的。不是写在石版上，乃是写在心版上。”[④]看看他是如何显明一个是写在人外头的，从而可从外面来警告他；一个是写在人里面的，从而可从里头来称义他。他谈到了“心版”，不是指属世的心，而是指拥有感知的活人，这么说是为了与无感知的石头对比。他在随后所作的断言——“不像摩西将帕子蒙在脸上，叫以色列人不能定睛看到那将废者的结局”，[⑤]以及摩西也只能透过帕子对他们发话——乃是指律法的字句不称人为义，帕子倒是遮蔽着我们理解《旧约》，直到基督临到，帕子被揭

① 《罗马书》十三章 9—10 节。
② 《罗马书》五章 5 节。
③ 《罗马书》八章 7 节。
④ 《哥林多后书》三章 3 节。
⑤ 《哥林多后书》三章 13 节。

去——换言之，直到它被转为恩典，我们被他称义，正是这称义使我们得以行他所命令的。他命令是为了我们可以去他那里寻求荫庇，这是我们自身缺乏的。相应地，使徒在最为辩护性地说“我们因基督，所以在上帝面前才有这样的信心”[①]之后，马上补充了我们一直在讨论的意思，免得我们沾沾自喜，将一切都归功于自己的力量。他说：“并不是我们凭自己能承担什么事，我们所能承担的，乃是出于上帝。他叫我们能承当这新约的执事。不是凭着字句，乃是凭着精意。因为那字句是叫人死，精意是叫人活。”[②]

章 31　旧法是属死的职事；新法是称义的职事

如他在另一段所说，“律法原是为过犯添上的”，[③]指的是外在地写给人的律法，所以他既称它为“属死的职事”，[④]又称它为“定罪的职事”；[⑤]另一个法他则称为“属灵的职事”，[⑥]以及“称义的职事”，[⑦]因为藉着圣灵我们得有义行，从过犯带来的定罪中得了解放。因此，一个就消失无影踪了，一个却屹立稳存；因为当爱战胜了恐惧，可怕的师傅就无须再有了。现在，“主的灵在哪里，哪里就得以自由”。[⑧] 但这一职事之被赐予我们，不是因为我们配得到

① 《哥林多后书》三章 4 节。
② 《哥林多后书》三章 5—6 节。
③ 《加拉太书》三章 19 节。
④ 《哥林多后书》三章 7 节。
⑤ 《哥林多后书》三章 9 节。
⑥ 《哥林多后书》三章 8 节。
⑦ 《哥林多后书》三章 9 节。
⑧ 《哥林多后书》三章 17 节。

它，而是因为上帝怜悯我们，对此使徒是这么说的："我们既然蒙怜悯，受了这职分，就不丧胆，乃将那些暗昧可耻的事弃绝了，不行诡诈，不谬讲上帝的道理。"①他用了"诡诈"和"谬讲"，是要我们明白自大者要让人以为他们是义人会使出什么虚伪的招数。使徒援引《诗篇》中的话来见证上帝的恩典，诗中说道："凡嘴里没有诡诈，主不算为有罪的，这人是有福的。"②这是自视卑下的圣徒们的告白，他们并不夸耀自己甚于实际的样子。所以，在不久之后的一段话里，使徒写道："我们原不是传自己，乃是传基督耶稣为主，并且自己因耶稣做你们的仆人。那吩咐光从黑暗里照出来的上帝，已经照在我们心里，叫我们得知上帝荣耀的光显在耶稣基督的面上。"③这是他荣耀的知识，我们由此而知道他乃是照彻我们的黑暗的光。我请你们观察他是怎样对这点谆谆教导的："我们有这宝贝放在瓦器里，要显明这莫大的能力，是出于上帝，不是出于我们。"④然后他继续赞美主耶稣基督的这一恩典，最后谈到了信仰的义袍："倘若穿上，被遇见的时候就不至于赤身了"，同时"我们叹息劳苦"地渴望着它，"深想得那从天上来的房屋，好像穿上衣服"，"好叫这必死的被生命吞灭了"⑤——注意他还说："为此培植我们的就是上帝，他又赐给我们圣灵作凭据"；⑥一会儿之后，他对此作

① 《哥林多后书》四章 1—2 节。
② 《诗篇》三十二篇 2 节。
③ 《哥林多后书》四章 5—6 节。
④ 《哥林多后书》四章 7 节。
⑤ 《哥林多后书》五章 1—4 节。
⑥ 《哥林多后书》五章 5 节。

了总结:“好叫我们在他里面成为义。”[1]这不是上帝自身得以成义的义,而是我们被他称为义的义。

章 32　基督教信仰关乎恩典之助

但愿没有基督徒偏离这一信仰,只有它才是基督教的信仰;也但愿没有人在羞于说我们无须上帝恩典在我们里面发动便可藉着自己称义时——因为他看到,他若这么说,虔诚的信徒会多么地难以容忍——在这点上寻找托辞,断言我们若无上帝恩典之助便不能成义的原因乃是上帝赐予了律法,制定了教训。他颁布了善的诫命。无疑,没有他恩典的帮助,律法就是“叫人死的字句”;但若有叫人活的灵,律法就会促使人爱那写在内心的东西,以前它只是使人对那写在外面的东西感到恐惧的。

章 33　耶利米关于《新约》的预言

看看在这个问题上,先知是怎样以最清晰的方式作见证的:“耶和华说,日子将到,我要与以色列家和犹大家另立新约。不像我拉着他们祖宗的手,领他们出埃及地的时候,与他们所立的约。他们却背了我的约,我也就拒绝他们。这是耶和华说的。耶和华说:那些日子以后,我与以色列家所立的约乃是这样:我要将我的律法放在他们里面,写在他们心上。我要做他们的上帝,他们要做我的子民。他们各人不再教导自己的邻舍和自己的弟兄说:‘你该认识耶和华。’因为他们从最小的到最大的,都必认识我。我要赦

① 《哥林多后书》五章 21 节。

免他们的罪孽，不再记念他们的罪恶。这是耶和华说的。”[①]对此我们该怎么说？除了先知耶利米的这段话，我们在《旧约》里再也找不到别的地方是指名道姓地提到《新约》的了。无疑《旧约》常有些地方提到或预言将要赐予《新约》的，但还没有一处是像这样点名提姓的。请仔细思考，上帝证实了新旧两约之间的什么差异。

章 34　律法；恩典

注意他先是说：“不像我拉着他们祖宗的手，领他们出埃及地的时候，与他们所立的约”，然后说：“他们却背了我的约。”他们不再守与上帝所立的约，这被他视为他们自己的错，这是为了免得我们以为，那时他们所接受的律法乃是应受责备的。因为基督来“不是要废掉，乃是要成全”的正是这律法。[②] 虽说如此，不敬神的人也并不是藉着这律法称义，而是藉着恩典称义；而这一改变正是叫人活的圣灵促成的，没有这圣灵字句就只能叫人死。“若曾传一个能叫人生的律法，义就诚然本乎律法了。但《圣经》把众人都圈在罪里，使所应许的福因信耶稣基督归给那信的人。”[③]因有了这一应许，即因有了上帝的仁慈，律法便成全了，它若没有上述应许便只能使人犯过，使他们要么因为欲火大过害怕而事实上犯某些罪行，要么因为害怕惩罚超过了喜欢情欲而只是心里愿意这么做。在他所说的“《圣经》把众人都圈在罪里，使所应许的福因信耶稣基督归给那信的人”这句话里，得到断言的乃是这一“圈定”的好处。

① 《耶利米书》三十一章 31—34 节；与和合本译法稍有出入。

② 《马太福音》五章 17 节。

③ 《加拉太书》三章 21—22 节。

因为“都圈定了”这句话的意思，若非是“这因信得救的理还未来以先，我们被看守在律法之下，直圈到那将来的真道显明出来”，[①]还是什么呢？因此律法之被赐予，是为了恩典可被寻求；恩典之被赐予，是为了律法得以成全。律法未得成全，不是因它自身的错，而是由于属世的心；这错由律法显明，但由恩典医治。“律法既因肉体软弱，有所不能行的，上帝就差遣自己的儿子成为罪身的形状，作了赎罪祭，在肉体中定了罪案，使律法的义成就在我们这不随从肉体，只随从圣灵的人身上。”[②]相应地，在我们上引先知书里，上帝说：“我要与以色列家和犹大家另立新约”[③]——“我将另立”还有什么意思呢？——“不像我拉着他们祖宗的手，领他们出埃及地的时候，与他们所立的约。”[④]

章 35　旧法；新法

这样，由于一个是新的，另一个就是旧的了。但是，《旧约》里说到的“你不可起贪心”[⑤]这一条律，既由《新约》而成全了，那又谈何新旧之分呢？先知说：“他们却背了我的约，我也就拒绝他们，这是耶和华说的。”[⑥]因此它之被称作“旧约”就是由于旧人的背逆了，这背逆是命令人和威胁人的字句万不能医治的；另一个之被称作“新约”则是由于灵的新样式医好了新人的旧过失。让我们再来

---

① 《加拉太书》三章 23 节。

② 《罗马书》八章 3—4 节。

③ 《耶利米书》三十一章 31 节。

④ 《耶利米书》三十一章 32 节。

⑤ 《出埃及记》二十章 17 节。

⑥ 《耶利米书》三十一章 32 节。

看看下面是什么话，看看事情说得多明白：有信的人不愿信自己。他说："耶和华说：那些日子以后，我与以色列家所立的约乃是这样：我要将我的律法放在他们里面，写在他们心上。"[①]看看这与我们已引过的使徒的话多么相似："不是用墨写的，乃是用永生上帝的灵写的。不是写在石版上，乃是写在心版上。"[②]在我看来，使徒在这里提到"新约"（"他叫我们能承当这新约的执事。不是凭着字句，乃是凭着精意"），没有别的原因，只是因为他曾读到过先知的话。使徒所说的"不是写在石版上，乃是写在心版上"，正相当于先知所说的"我要将它〔新律法〕写在他们心上"。[③]

章 36　写在我们心里的律法

这样一来，上帝自己写在人心的律法，除了是圣灵的临在之外，还是什么呢？这圣灵乃是"上帝的手指"，那成全律法、[④]终结诫命[⑤]的爱，就是由它的临在才浇灌在我们心里的。《旧约》的应许是属地的；不过（例外的是作为将来之事的影儿的那些圣仪，如割礼、安息日及别的节日、禁食某些种类的肉类，[⑥]以及适合肉体律法及其奴隶之轭的"旧仪文"的复杂祭礼）它仍包含了一些我们现在就得遵守的义的诫命，它们在两块石版上得到了毫不含糊的

① 《耶利米书》三十一章 33 节。
② 《哥林多后书》三章 3 节。
③ 《耶利米书》三十一章 33 节。
④ 《罗马书》十三章 10 节。
⑤ 《提摩太前书》一章 5 节。
⑥ 参见奥古斯丁，《更正篇》，卷二，章 37。

表达:比如,"不可杀人"、"不可奸淫"、"不可起贪心",[①]"或有别的诫命,都包在'爱人如己'这一句话之内了"。[②] 如我所说所引,在《旧约》里的应许是属地的、暂时的,这些东西乃是可朽身体的善(尽管它们预表了属于《新约》的那些天堂的、恒久的福佑),而现在所应许是有益心灵自身的善,是为心灵的善而应许的,是灵的善,即是理智的善;因为经上说了,"我要将我的律法放在他们里面,写在他们心上"[③]——他这是指人不会害怕从外面警告他们的律法,而是会爱写在他们里面的律法的义。

章 37　永恒的奖赏

接着他谈到了奖赏:"我要做他们的上帝,他们要做我的子民。"[④]这与《诗篇》作者对上帝说的话相符:"亲近上帝是与我有益。"[⑤]上帝说:"我要做他们的上帝,他们要做我的子民。"还有什么好是比这更好,还有什么幸福是比这更幸福的呢?——向神而活,自神而活,在他那里有生命的源头,在他的光中我们必得见光。[⑥] 关于这生命,主本人是这么说的:"认识你独一的真神,并且认识你所差来的耶稣基督,这就是永生"[⑦]——即,认识独一真神"你和你所差来的耶稣基督"。他本人应许给那些爱他的人的正是

① 《出埃及记》二十章 13、14、17 节。
② 《罗马书》十三章 9 节。
③ 《耶利米书》三十一章 33 节。
④ 同上。
⑤ 《诗篇》七十三篇 28 节。
⑥ 《诗篇》三十六篇 9 节。
⑦ 《约翰福音》十七章 3 节。

这个:“有了我的命令又遵守的,这人就是爱我的;爱我的必蒙我父爱他,我也要爱他,并且要向他显现”[①]——无疑是以他与父同等的形式显现;而不是以奴仆的形式显现,因为奴仆的形象他甚至让恶人也看见。那时,经上所说“让不敬神的被消灭,他必见不到主的荣耀”[②]就要成就。经上所说“这些〔恶〕人要往永刑里去,那些义人要往永生里去”[③]也要成就。我刚才说了,这永生可定义为他们认识独一真神。[④] 与此相应,约翰还说:“亲爱的弟兄啊,我们现在是上帝的儿女,将来如何,还未显明;但我们知道,主若显现,我们必要像他,因为必得见他的真体。”[⑤]这种相像甚至现在就因恩典更新人而开始了;内在之人日渐更新,正如造他主的形象。[⑥]

章 38 比较现已开始的更新与将来生命的完善

但是与将来实现的完善状态相比,这一改变又如何以及有多大呢?对这些不可言表的事,使徒用众所周知的事作了某些说明,将今生的更新比作孩童,将来世的完善比作成人。他说:“我作孩子的时候,话语像孩子,意念像孩子;即成了人,就把孩子的事丢弃了。”[⑦]他说完后,马上解释为何要这么说:“我们如今仿佛对着镜子观看,模糊不清,到那时,就要面对面了。我如今所知道的有限,

① 《约翰福音》十四章 21 节。
② 《以赛亚书》二十六章 10 节。
③ 《马太福音》二十五章 46 节。
④ 《约翰福音》十七章 3 节。
⑤ 《约翰一书》三章 2 节。
⑥ 《歌罗西书》三章 10 节。
⑦ 《哥林多前书》十三章 11 节。

到那时就全知道，如同主知道我一样。”[①]

章 39 先知所预言的永恒奖赏在《新约》里特别地宣明了

相应地，在我们正在谈论的先知书里也补充说，在上帝里有奖赏，有终极目标，有幸福之完善，有有福的永恒生命之大全。因为在说“我要作他们的上帝，他们要作我的子民”之后，他马上补充说：“他们各人不再教导自己的邻舍和自己的弟兄说：‘你该认识耶和华。’因为他们从最小的到至大的，都必认识我。”[②]今天当然属于《新约》时代，上引先知的话所预言的就正是这个时代。那么为何到现在各人还要对他的邻舍和弟兄说，“认识主”？也许并不是指传福音时人们到处都这么说，而这本是福音的宣告？因为，使徒根据什么说自己是“外邦人的教师”，[③]若非他下面所说得到了实现？——“然而人未曾信他，怎能求他呢？未曾听见他，怎能信他呢？没有传道的，怎能听见呢？”[④]——现在道既已广传各地，先知所预言的《新约》时代，若非指所谓《新约》的永恒奖赏〔指永生〕，即应许我们见到上帝的真体，还能指什么呢？关于《新约》时代，先知是这么说的：“他们各人不再教导自己的邻舍和自己的弟兄说，‘你该认识耶和华。’因为他们从最小的到至大的，都必认识我。”[⑤]

① 《哥林多前书》十三章 12 节。
② 《耶利米书》三十一章 34 节。
③ 《提摩太前书》二章 7 节。
④ 《罗马书》十章 14 节。
⑤ 《耶利米书》三十一章 34 节。

章 40 奖赏的情况；使徒热切地为恩典辩护

“他们从最小的到至大的，都”这句话里的“都”，除了是指所有在灵性上属于以色列家和犹大家的人，即以撒的后代、亚伯拉罕的后裔，还指什么呢？上帝的应许是这样的：“唯独从以撒生的，才要称为你的后裔。这就是说，肉身所生的儿女不是上帝的儿女；唯独那应许的儿女才算是后裔。因为所应许的话是这样说：到明年这时候我要来，撒拉必生一个儿子。不但如此，还有利百加，既从一个人，就是从我们的祖宗以撒怀了孕（双子还没有生下来，善恶还没有作出来，只因要显明上帝拣选人的旨意，不在乎人的行为，乃在乎召人的主）。上帝就对利百加说：将来大的要服侍小的。”[①]这是以色列家，或不如说犹大家，因为基督是从犹大一支出来的。这是应许子民之家——不是由于他们自己的功德，而是由于上帝的仁慈。因为上帝应许的他也成就：他并不只管应许，而让别人来成就；应许若无成就，就会不再是应许，而只会是预言了。因此它“不在乎人的行为，乃在乎召人的主”，[②]免得结果成为他们的，而不是上帝的；免得奖赏不是归因于他的恩典，而是他们的德行；倘如此，则恩典就不再是恩典了——保罗虽是最小的使徒，却比其余的更为卖力传福音，他是如此热切地辩护并坚持与他同在的上帝恩典。[③] “他们都必认识我”，[④]他说“都”，是指以色列家和犹大家。

---

① 《罗马书》九章 7—12 节。

② 《罗马书》九章 11 节。

③ 《哥林多前书》十五章 9—10 节。

④ 《耶利米书》三十一章 34 节。

然而,“从以色列生的,不都是以色列人”,[①]真正的以色列人只是指“早助之诗”[②]里说到的那些人:“雅各的后裔都要荣耀他!以色列的后裔都要惧怕他!”[③]这整个后裔,甚至得应许和蒙召的整个后裔,都无一例外地是按着他的旨意被召的。[④]“预先所定下的人又召他们来,所召来的人又称他们为义,所称为义的人又叫他们得荣耀。”[⑤]“所以人得为后嗣是本乎信,因此就属乎恩,叫应许定然归给一切后裔,不但归给那属乎律法的”——就是从《旧约》进到《新约》的——“也归给那属乎信仰的”(这信仰实际上先于律法)甚至属乎“亚伯拉罕之信”的——指效法亚伯拉罕的人——“他〔亚伯拉罕〕在主面前作我们世人的父;如经上所记:我已经立你作多国的父”。[⑥]所有这些被预定的、蒙召的、称义的、得荣耀的人,从最小的到至大的,都将藉着《新约》的恩典认识上帝。

章41 写在心里的律法和对上帝的永恒慧观都属于《新约》;圣徒中谁既是最小的又是最大的

写在石版上的立功之法,及其应许之地的奖赏,就是肉体意义上的以色列家出埃及后得到的,都属于《旧约》;而写在心上的信仰之法,及其荣福直观的奖赏,就是灵性意义上的以色列家将从今世开始感知到的,都属于《新约》。使徒说到随后的情形,“先知讲道

① 《罗马书》九章6节。

② “早助”指早上清新的光,意谓《新约》。

③ 《诗篇》二十二篇23节。

④ 《罗马书》八章28节。

⑤ 《罗马书》八章30节。

⑥ 《罗马书》四章16—17节。

之能终必归于无有，说方言之能终必停止，知识也终必归于无有”[①]——甚至今世我们作“孩童”[②]所具有的不完善知识，“片面的”、“仿佛对着镜子，模糊不清”的知识，也将归于无有。[③] 不过，这些东西在今生仍是需要的，因此，先知讲道之能是必要的，因仍有将来要延续过去；“方言之能”也是必要的——就是多种多样的表达方式，因为我们要借助不同的表达方式让别人明白各样的事，这些人还没有清净的心，还不能见到真理永存的光。“等那完全的来到，这有限的必归于无有了”，[④]那时，以肉身形象向人显现过的〔指基督耶稣〕将向一切爱他的人显示真体；那时，我们将得永生，将认识独一的上帝；[⑤]那时我们必将像他，[⑥]因为“到那时就全知道，如同主知道我一样”；[⑦]那时“他们各人不再教导自己的邻舍和自己的弟兄说，‘你该认识耶和华。’因为他们从最小的到至大的，都必认识我”。[⑧] 这可以在几种意义上理解：或者在那时圣徒们的荣光将彼此有异，正如星与星不同一样。表达的方式并不紧要——不管经上说的是“从最小的到至大的”还是“从至大的到最小的”，都是如此。不管我们将“最小的”理解为那些只是相信的人，“至大的”理解为那些今生便能够理解无形不变之光的人；还是

① 《哥林多前书》十三章 8 节。

② 《哥林多前书》十三章 11 节。

③ 《哥林多前书》十三章 12 节。

④ 《哥林多前书》十三章 10 节。

⑤ 《约翰福音》十七章 3 节。

⑥ 《约翰一书》三章 2 节。

⑦ 《哥林多前书》十三章 12 节。

⑧ 《耶利米书》三十一章 34 节。

将“最小的”理解为那些后来的人，将“至大的”理解为先来的人，都不碍事。因为他们都得到了所应许的对上帝的慧观；正是为了我们，他们得以预见到将来好过他们现在的情景，他们若不与我们同得，就不能完全，[①]这也是为了我们。因此先前的人就成了最小的，相对他们来得早而言；福音书里“一天一钱银子”的故事说的就是这个。[②] 先到葡萄园打工的人得到的银子和后到的人得到的一样多。不过，也许“最小的和至大的”可以另作他解，只是我现在想不出来了。

章 42 《旧约》和《新约》的不同

不过，我提请你们尽量仔细观察我力图证明的东西。先知应许新约时（不是按着以色列人出埃及时上帝与他们立的约应许的），并没有谈到祭礼或圣仪的改变，尽管改变在所难免，我们也看到改变确实也发生了，这可由同一先知书的许多章节表明；他只是要我们注意二者之间的不同，上帝会将他的律法印在属新约的人的心上，将它们写在他们心上，[③]由此使徒总结道：“不是用墨写的，乃是用永生上帝的灵写的。不是写在石版上，乃是写在心版上”；[④]对这种义的永恒赏赐，不是赶走亚摩利人和赫人及原居民后空出来的那块土地，[⑤]而是上帝自己，“亲近上帝是与我有益

① 《希伯来书》十一章 40 节。

② 《马太福音》二十章 8 节。

③ 《耶利米书》三十一章 32—33 节。

④ 《哥林多后书》三章 3 节。

⑤ 《约书亚记》十二章。

的”，[①]现在这益处就是得到他们爱的上帝本身。只有罪才能使人和上帝隔开，但现在罪因恩典而得赦免。因此，在说“从最小的到至大的都必认识我”之后，他马上补充说：“我要赦免他们的罪孽，不再记念他们的罪恶。”[②]主藉立功之法说：“你不可起贪心”；藉信仰之法却说：“离了我，你们就不能作什么”；[③]他这话是关于善行的，是关于葡萄枝结的果子的。这样新旧约之间的不同就显明了——在旧约，律法是写在石版上的，在新约，则是写在心上的；旧约是从外面警告人，新约是从里面使人喜悦；在旧约里人因叫人死的字就成了犯过者，在新约里却藉着叫人活的灵成了爱人者。所以，我们就当避免说，上帝帮助我们行事正直，以及在我们心里运作，使我们“立志行事”[④]都顺着他的美意的方式，只是外在地将圣洁之诫命强加于我们；这是因为，他是藉着所赐的圣灵将爱浇灌在我们心里，内在地叫人生长的。[⑤]

章43　使徒说外邦人凭着本性执行律法的命令，又说律法本写在他们心上，使徒这话引起的问题

使徒说：“没有律法的外邦人若顺着本性行律法上的事，他们虽然没有律法，自己就是自己的律法。这是显出律法的功用刻在他们心里。”[⑥]我们得要弄清楚这段话是在何种意义上说的，免得

① 《诗篇》七十三篇28节。

② 《耶利米书》三十一章34节。

③ 《约翰福音》十五章5节。

④ 《腓立比书》二章13节。

⑤ 《哥林多前书》三章7节。

⑥ 《罗马书》二章14—15节。

有人以为《新约》也没有什么不同(《新约》是主应许将他的律法写在他子民的心上),因为外邦人天生地就有律法了。这个问题非同小可,必须解决。因为有人会说:“倘若上帝区分《新约》和《旧约》的标准是,在《旧约》里他的律法写在石版上而在《新约》里写在人心上,那么《新约》的信徒又凭着什么区别于外邦人呢,这些外邦人有律法的功用刻在他们的心上,且他们凭着本性就可行律法的事,[①]看上去他们要好过古时得石版律法的人,也在《新约》子民的前面,因为他们本性早就有了律法,而后者要有律法,还得由《新约》带来。”

章 44　回答:这段话得从新约的信徒来解

也许使徒提到的这些外邦人(律法写在他们心上)属于《新约》? 我们必须先看前文。谈到福音时,他说:“我不以福音为耻;这福音本是上帝的大能,要救一切相信的,先是犹太人,后是希利尼人。因为上帝的义正在这福音上显明出来;这义是本于信,以至于信。如经上所记:义人必因信得生。”[②]接着谈到了不敬神的人,这些人虽然知道上帝,但出于骄傲并不荣耀他,也不感谢他。[③] 接着他谈到那些做他们自己也谴责的事的人——这无疑是指用上帝的律法来夸口的犹太人,不过使徒在这里并没有点名说就是他们;然后他说:“唯有结党不顺从真理,反顺从不义的,就以忿怒、恼恨报应他们。将患难、困苦加以一切作恶的人,先是犹太人,后是希

① 《罗马书》二章 14 节。

② 《罗马书》一章 16—17 节。

③ 《罗马书》一章 21 节。

利尼人；却将荣耀、尊贵、平安加给一切行善的人，先是犹太人，后是希利尼人。因为上帝不偏待人。凡没有律法犯了罪的，也必不按律法灭亡；凡在律法以下犯了罪的，也必按律法受审判。原来在上帝面前，不是听律法的为义，乃是行律法的称义。”[①]这些话所指的人是谁，他在下面就告诉我们了：“没有律法的外邦人若顺着本性行律法上的事，他们虽然没有律法，自己就是自己的律法”，[②]等等，都是我上面引用过的话。所以，这里所说的“外邦人”显然就是他在前面用“希利尼人”一名所指的那些人（“先是犹太人，后是希利尼人”）。这样，既然福音是“上帝的大能，要救一切相信的，先是犹太人，后是希利尼人”；[③]既然“唯有结党不顺从真理，反顺从不义的人，就以忿怒、恼恨报应他们。将患难、困苦加给一切作恶的人，先是犹太人，后是希利尼人；却将荣耀、尊贵、平安加给一切行善的人，先是犹太人，后是希利尼人”；[④]既然希利尼人即“外邦人”一名所指，凭本性行律法所命之事，且律法的功用刻在他们心里，那么，心中刻有律法的这些外邦人也就属于福音了，因为上帝的大能要救一切相信的。倘行善的外邦人没有福音的恩典，上帝怎会将荣耀、尊贵、平安加给他们呢？既然上帝不偏待任何人，[⑤]既然在上帝面前，不是听律法的为义，而是行律法的称义，[⑥]那么任何国度的任何人，不管是犹太人还是希利尼人，只要信，就都同等地

① 《罗马书》二章 8—13 节。

② 《罗马书》二章 14 节。

③ 《罗马书》一章 16 节。

④ 《罗马书》二章 8—9 节。

⑤ 《罗马书》二章 11 节。

⑥ 《罗马书》二章 13 节。

得着了福音之下的救恩。他在后面说:“上帝的义,因信耶稣基督加给一切相信的人,并没有分别。因为世人都犯了罪,亏缺了上帝的荣耀,如今却蒙上帝的恩典,因基督耶稣的救赎,就白白地称义。”[①]这样,他怎能说行律法的外邦人没有得到救主的恩典就称义了呢?

章 45 行律法者不是靠事功而是靠恩典称义;上帝的圣徒和上帝之名在不同的意义上被称为圣

他说“乃是行律法的称义”,[②]仿佛他们称义是由于他们的事功,而不是藉着恩典似的,这好像是自相矛盾,但其实不然;因为他宣称过,人是蒙上帝的恩典而白白地称义,不靠律法之功的,这里“白白地”指的不是别的,正是事功并不先于称义。因为在另一段话里他说得更清楚:“既是出乎恩典,就不在乎行为;不然,恩典就不是恩典了。”[③]“乃是行律法者称义”这句话,便须这样理解:他们若非已然称义,是不能成为行律法者的,因此称义并不是他们行律法后加给他们的,而是在他们行律法之先就给了他们〔好使他们行律法〕。“称义”一词岂非“被造为义”么——当然是被他〔上帝〕造成为义,他使不敬神的人称义,使之成为敬神的。因为我们若是表达一定的事实,说,“人将被解放”,这句话当然就会被理解为是在断言解放将加给那些已经是人的人;但我们若是说,“人将被创造”,就不愿被理解为是在宣称创造将发生在那些已经存在的人身

① 《罗马书》三章 22—24 节。

② 《罗马书》二章 13 节。

③ 《罗马书》十一章 6 节。

上，而是这么一个意思，即他们因着创造本身就成了人。相似地，若说，“行律法者将被荣耀”，唯一的正解只能是，荣耀被加给了那些已经行律法者；但当话是说“行律法者将被称义”，这除了是说义人将被称义外，还是说什么呢？因为行律法者当然是义人。这么一来，就等于说，行律法者将被创造了——不是那些已经如此的人，而是为了他们可以变得如此；为了听到律法的犹太人可以由此理解，他们需要称义者〔上帝〕的恩典，以便能够成为行律法者。不然“他们将被称义”就是说，他们将被救或认定为义，就像福音书里说的某个人那样，“要显明自己有理”[①]——指他希望被认为、被算作义。与此相似，我们也为“上帝使他的圣徒成圣”和“尊你的名为圣”[②]这样的话赋予意义；前者我们认为是说他使那些以前本非圣徒的人成了圣徒，后者我们认为是要在祷告中将那本来永圣的名尊称为圣——一句话，存着敬畏之心祷告。

章 46　律法经文如何与先知一致

倘若使徒在说外邦人凭着本性行包在律法里的事，且律法的功用写在他们心里时，[③]是指那些被认为相信基督的人——他们不像犹太人那样藉着先行的律法达到信仰——我们就没有理由努力区分开他们与那些主藉着先知应许以新约，且告诉他们将把他的律法写在他们心上的人了，[④]因为他们也藉着他所谓野橄榄树

① 《路加福音》十章 29 节。

② 《马太福音》六章 9 节。

③ 《罗马书》二章 14—15 节。

④ 《耶利米书》三十二章 32 节。

的嫁接方法而属于同一种橄榄树[①]——换言之，同属于上帝的子民。所以，使徒这段话与先知完全一致；“属于新约”也就意味着具有上帝的律法，不是写在石版上的，而是写在心上的——就是用最内在的感情拥抱律法的义，在感情的深处，信藉着爱作工。[②] 因为上帝称外邦人为义是藉着信进行的，《圣经》预见到这一点，早在以前就向亚伯拉罕传福音了，说，“万国都必因你得福”，[③]好藉着这应许的恩典使野橄榄嫁接成好橄榄，使相信的外邦人也成为亚伯拉罕的子孙，“亚伯拉罕的种，就是基督”，[④]他们本没有接受写在石版上的律法，甚至未行割礼，“信上帝，这就算为义”，[⑤]因此他们是藉着信上帝而称义的。使徒归与这类外邦人的东西——“这是显出律法的功用是刻在他们心里”[⑥]——必定与他说给哥林多人的话意思相同：“不是写在石版上，乃是写在心版上。”[⑦]他们虽未凭着肉体的割礼显示律法的义，却以坚贞的心守着律法，这样他们虽未受割礼却被算作受了割礼，成了以色列家的人。他说：“那未受割礼的，若遵守律法的条例，他虽然未受割礼，岂不算是有割礼吗？”[⑧]因此在真以色列家里是没有诡诈的，[⑨]他们都是《新约》的分有者，因为上帝将他的律法置于他们心里，且用他自己的手指即圣

① 《罗马书》十一章 24 节。

② 《加拉太书》五章 6 节。

③ 《加拉太书》三章 8 节；《创世记》二十二章 18 节。

④ 《加拉太书》三章 16 节；与和合本译法有异。

⑤ 《罗马书》四章 2 节。《创世记》十五章 6 节。

⑥ 《罗马书》二章 15 节。

⑦ 《哥林多后书》三章 3 节。

⑧ 《罗马书》二章 26 节。

⑨ 参见《约翰福音》一章 47 节。

灵将它们刻在了他们心上，上帝也藉着圣灵将爱浇灌在他们心里，[①]这爱“完全了律法”。[②]

章 47 “顺着本性行”律法，指的是顺着已被恩典恢复了的本性行律法

我们也不应困惑于使徒将他们说成是“顺着本性”行律法的事的人——不是顺着上帝的圣灵，不是顺着信仰，不是顺着恩典，而是“顺着本性”。因为这乃是恩典的圣灵做的，这么做是为了恢复我们里面上帝的形象，我们本是照着这形象受造的。[③] 罪是与本性相反的，医治罪的乃是恩典——故此有人向上帝这样祷告：“求你怜恤我，医治我，因为我得罪了你。”[④]人不做律法里的事，是由于他们罪的缺陷而做不到，故此人做律法里的事是凭着本性。[⑤]作为罪的后果，人心就没有了上帝的律法；所以，当罪得到医治，律法的诫条就“顺着本性”做到了，经上就是这么说的——不是说恩典因本性而被否定了，而是说本性因恩典而被修复了。因为“罪是从一人入了世界，死又是从罪来的；于是死就临到众人，在它之中众人都犯了罪”；[⑥]因此“并没有分别，因为世人都犯了罪，亏缺了上帝的荣耀，如今却蒙上帝的恩典，因基督耶稣的救赎，就白白地

① 《罗马书》五章 5 节。

② 《罗马书》十三章 10 节。

③ 《创世记》一章 27 节。

④ 《诗篇》四十一篇 4 节。

⑤ 《罗马书》二章 14 节。这是说本性为善，发自善的都是善行；而罪恶乃善之缺乏，发自罪的缺陷的也就不是善了。

⑥ 《罗马书》二章 12 节；“在它之中”在和合本中译为“因为”。

称义”。[1] 因着这种恩典，曾被罪抹去的那义就又刻在更新了的内在之人里面了；这一慈恩是藉着我们主耶稣基督而临到人类的。“因为只有一位上帝，在上帝和人中间，只有一位中保，乃是降世为人的基督耶稣。”[2]

章 48　在不信者那里，上帝的形象并未被完全抹去；可恕之罪

不过，根据某些人的说法，顺着本性行律法之事的人仍不可归入被基督恩典称义了的人之列，我们倒不如将之归入这么一类人，他们的行为（尽管他们是不信神的人，并不真正地、正确地崇拜真神）我们不仅不能责备，而且还得公正而正当地加以赞扬，因为根据我们所读所知所闻，他们是按着义的原则行事的；虽然与此同时，若我们讨论起他们行事的动机来，往往难以发现他们配得上只有义行才配得上的赞扬和辩护。不过，既然人灵魂里上帝的形象未被尘世情欲的污垢全然抹去，而是还留有不只一丝残余，使得我们可以正当地说，人即使处于不信神的人生中，也仍能行出或欣赏某些包在律法里的事；倘若这就是下面几句话的意思：“没有律法（即上帝的律法）的外邦人若顺着本性行律法上的事”；[3]“他们虽然没有律法，自己就是自己的律法。这是显出律法的功用是刻在他们心里”——这里指的是，当初他们按着上帝形象受造时印在他们心上的东西，还没有完全被罪抹掉——即便真是如此，我们也不

① 《罗马书》二章 21—24 节。

② 《提摩太前书》二章 5 节。

③ 《罗马书》二章 14 节。

应混淆区分开新旧约的巨大差异，这差异就在于，藉着新约上帝的律法被刻在了信众的心里，而在旧约里则是刻在石版上的。因为在心里的铭刻是由革新达到的，尽管它从未被旧约完全抹去过。因为正如上帝的形象藉着《新约》在信者心里得到更新〔或译恢复〕，这形象本未被不虔诚消除掉（因为无疑还留着一点，即人心无一例外都是有理性的）；上帝的律法也藉着恩典得到了更新，这律法本写在人心上，并未被不义完全抹去。现在，在犹太人那里，写在石版上的律法不能招致这一新的铭刻（这新铭刻乃是称义），而只能招致过犯。他们也是人，也遗传了使得理性灵魂觉察实行合乎律法之事的本性力量；但使人渡往幸福不朽来生的敬虔却有一种"无瑕的律法，使灵魂归转"，[①]藉着它的光明他们就可得到更新，在他们里面成就经上所说的："主啊，你脸上的光已经照耀我们。"[②]他们既已背离了这光，就变衰老了，若非藉着基督的恩典是不能够革新的——换言之，没有中保的代求是不能够更新的；"在上帝和人中间，只有一位中保，乃是降世为人的基督耶稣。他舍自己作万人的赎价。"[③]我们所谈的这些人，以及"顺着本性行律法上的事"的人，还会与他的恩典隔绝吗？"就在上帝藉耶稣基督审判人隐秘事的日子"，[④]他们的"思念互相较量"若非可使他们减轻惩罚，又有何用呢？因为，一方面有某些可恕之罪，并不妨碍义人获得永生，且是今生不可避免的，另一方面则有某些善行并不能使不

① 《诗篇》十九篇 7 节。

② 《诗篇》四篇 6 节。

③ 《提摩太前书》二章 5—6 节。

④ 《罗马书》二章 16 节。

敬神者通往永生，尽管说坏人完全没有善行也很困难。但由于在天国里圣徒们的荣光如列星各各有异，[1]在永罚的谴责里，所多玛所受的，也比那城还容易受；[2]有些人加倍地是地狱之子。[3] 所以，在上帝的审判里，这一事实并非无关轻重——两个人即使都犯了遭谴的不敬神的罪，也仍有轻重之分。

章 49 先知所预言的新约恩典

那么使徒到底是指什么——在考察了犹太人的夸口，告诫他们“在上帝面前，不是听律法的为义，乃是行律法的为义”之后[4]——马上就提到了“没有律法的外邦人顺着本性行律法上的事”，[5]倘若使徒这样的描述使我们不把他们理解为得了中保恩典的人，而是理解为他们虽然没有带着真虔诚崇拜真神，却仍在其无神的一生里展现了某些善行——使徒到底是什么意思呢？因为使徒在前面说了，“上帝不偏待人”，[6]在后面也说了，“难道上帝只作犹太人的上帝吗？不也是作外邦人的上帝吗？是的，也作外邦人的上帝”[7]——那么也许使徒认为下面的情况是可能的：甚至这样微小的行律法之事在那些没有受律法的人那里也找不到，若非是由于本性里还残留着上帝的一丝形象，他们是连这么点善行也不

① 《哥林多前书》十五章 41 节。
② 《路加福音》十章 12 节。
③ 意谓在地狱里罪也有轻重之异。参见《马太福音》二十三章 15 节。
④ 《罗马书》二章 13 节。
⑤ 《罗马书》二章 14 节。
⑥ 《罗马书》二章 11 节。
⑦ 《罗马书》三章 20 节。

会作的;他们信他〔上帝〕时,他是不会轻视他们的这点微末善行的,因为上帝不偏待人。是不是这样呢?但不管我们接受哪一种看法,显然的事都是,先知早已应许了上帝的恩典将显在《新约》里,且该恩典将以上帝律法的形式刻在人心里;人们对上帝的认识将达到这样的地步,他们不再教导邻舍和弟兄说"要认识上帝",因为那时人人都知道上帝了,从最小的到至大的,都是如此。[①] 这是圣灵的恩赐,藉着他上帝将爱浇灌在我们心里[②]——当然不是随便什么爱,而是上帝的爱,"是从清洁的心和无亏的良心、无伪的信心生出来的",[③]藉着它,义人在今生的朝圣之路上,在经过了"镜子"和"谜"以及"模糊不清"的阶段后,向着远象(慧观上帝)迈进,就是面对面地见到上帝,知道上帝正如他被上帝知道一样。[④] 因有一件事,他曾求主,他也仍要寻求,就是一生一世住在主的殿中,瞻仰他的荣美。[⑤]

章 50　义是上帝的恩赐

但愿没有人夸口他看似有的,仿佛不是领受的;[⑥]也愿他不要以为他之领受它,只是因为他读到了或听到了显示给他的律法的外在条文。因为"义若是藉着律法得的,基督就是徒然死了"。[⑦]

---

① 《耶利米书》三十一章 33—34 节。
② 《罗马书》五章 5 节。
③ 《提摩太前书》一章 5 节。
④ 《哥林多前书》十三章 12 节。
⑤ 《诗篇》二十七篇 4 节。
⑥ 《哥林多前书》四章 7 节。
⑦ 《加拉太书》二章 21 节。

倘他不是徒然死了，而是升上高天，掳掠了掳掠者〔撒旦〕，赐恩典与人，[①]那么不管是谁有什么，都是从他那里来的。谁若是否认是从他那里来的，谁就要么没有他所有的，要么会被剥夺掉他所有的。[②]“上帝既是一位，他就要因信称那受割礼的为义，也要藉信称那未受割礼的为义”；[③]在这句话里虽用了“因信”和“藉信”二词，但意思是一样的，并非“因信”是一事，“藉信”又是一事，二者不过是不同的表达方式而已。因为在说外邦人就是未受割礼者的一段话里——他也说：“《圣经》既然预先看明，上帝要叫外邦人因信称义”；[④]在另一段谈到受割礼者（他本人属于这类人）的话里又说：“我们这生来的犹太人，不是外邦的罪人，既知道人称义不是因行律法，乃是藉信耶稣基督，连我们也信了基督。”[⑤]注意，他说未受割礼者因信称义，受割礼者藉信称义，若受割礼者谨守信仰之义的话。因为那本来不追求义的外邦人反得了义，就是因信而得的义[⑥]——是从上帝得来的，不是从他们自己得来的。但以色列人追求律法的义，反得不着律法的义。这是什么缘故呢？是因为他们不凭着信心求，只凭着行为求[⑦]——换言之，将这行为看作他们自己的，不相信乃是上帝在他们里面作工。“我们立志行事，都是

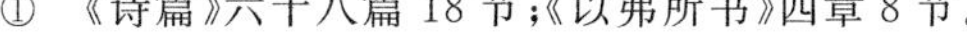

① 《诗篇》六十八篇 18 节；《以弗所书》四章 8 节。

② 《路加福音》八章 18 节；十九章 26 节。

③ 《罗马书》三章 30 节；第二个“藉信”在和合本中也译为“因信”。

④ 《加拉太书》三章 8 节。

⑤ 《加拉太书》二章 15—16 节；“藉信”在和合本中译为“因信”。

⑥ 《罗马书》九章 30 节。

⑦ 《罗马书》九章 31—32 节。

上帝在我们心里运行，为要成就他的美意。”[①]由于犹太人不信这，就“跌在那绊脚石上”。[②] 对他所谓“不凭着信心求，只凭着行为求”，[③]他作了最清楚不过的解释：“他们不知道上帝的义，想要立自己的义，就不服上帝的义了。律法的总结就是基督，使凡信他的人都得着义。”[④]人若相信律法的行为出自他自己，无须上帝的帮助和恩赐（“因信耶稣基督”），他便不能凭这些行为称义——这里我们仍不清楚的是，这些律法的行为是指什么呢？我们是不是因为在别的地方读到过关于割礼等圣礼的事，就当认为是指这些事呢？不过，在这里，他们想要立为他们自己的义的显然不是割礼，因为割礼是上帝自己设立的。我们也不可能将之理解为主对他们说“你们诚然是废弃上帝的诫命，要守自己的遗传”[⑤]时讲到的事；因为，恰如使徒所说：“以色列人追求律法的义，反得不着律法的义。”[⑥]他没有说，以色列追求他们自己的遗传，构造它们并依赖它们。那么唯一的分别只在于，他们将“你不可起贪心”和上帝别的圣诫归功于自己；而谨守它们的人，上帝藉着他信耶稣而在他里面作工，而“律法的总结就是基督，使凡信他的人都得着义”。[⑦] 就是说，每个与基督成为一体且成为他身体的肢体的人，都能够凭着他赐予的生长力量行义。对这样的人的作为，基督本人有言：“离了

① 《腓立比书》二章 13 节。
② 《罗马书》九章 32 节。
③ 《罗马书》九章 32 节。
④ 《罗马书》十章 3—4 节。
⑤ 《马可福音》七章 9 节。
⑥ 《罗马书》九章 31 节。
⑦ 《罗马书》十章 4 节。

我，你们就不能做什么。”①

章 51　信为一切义的根基

这些词提出了“律法的义”——谁若行它，谁就可活在它之中；目的在于，当人发现了自己的软弱，就可以不是凭着他自己的力量，也不是凭着律法的条文，而是凭着信仰，通过博得使之称义者〔上帝〕的欢心，而获得、行出、并住在它之中。因为行事者将活在这事中的事，只能由被称义了的人来行。然而，他之称义是因信而得的；关于信，经上是这么说的：“你不要心里说，谁要升到天上去呢（就是要领下基督来）？谁要下到阴间去呢（就是要领基督从死里上来）？他到底怎么说呢？他说：这道离你不远，正在你口里，在你心里。这是我们所传信主的道。你若口里认耶稣为主，心里信上帝叫他从死里复活，就必得救。”②他被救，他就是义的。因为因着这信我们相信上帝将使我们从死里复活——甚至现在就使我们的灵复活了，使我们得以在今生就藉着他恩典的更新而活得清醒、正当、敬虔；我们的肉体也将如此，渐渐复活归入不死，这乃是圣灵的奖赏，圣灵是通过在先于复活的、适合于他本身的方式即称义做到这一点的。“所以我们藉着洗礼归入死，和他一同埋葬，原是叫我们一举一动有新生的样式，像基督藉着父的荣耀从死里复活一样。”③所以，因着信耶稣基督我们就获得了救恩——这在现世即

① 《约翰福音》十五章5节。

② 《罗马书》十章6—9节。

③ 《罗马书》六章4节。

已开始，但其完善仍需盼望："因为凡求告主名的，都必得救。"[①]《诗篇》作者说："敬畏你、投靠你的人，你为他们所积存的，在世人面前所施行的恩惠是何等大呢！"[②]我们因律法而畏惧上帝；因信仰而盼望上帝；但对那些害怕惩罚的人，恩典是隐藏的。在这种畏惧之下劳作的灵魂，既然还没有克服自己的恶欲，并且"畏惧"像严厉的老师那样不离开他——就让它凭着信到上帝的怜悯那里寻找荫庇吧，他或者会给予它他所命令的，或许会通过藉着他的圣灵将他甘甜的恩典注入灵魂，而使它喜悦他的教训胜于喜悦悖逆。如此，他的肥甘，就是信仰之法，以及他浇灌在我们心里的爱，就在盼望他的人里面得以完全，灵魂就可行善，这时它不是因为惧怕惩罚而得到医治，而是因为热爱正义才得到治疗。

章 52　恩典树立自由意志

我们是否用恩典架空了自由意志呢？断乎不是！倒是树立了自由意志！正如我们没有因信废了律法，反而坚固了律法，我们也没有因恩典废弃了自由意志，反而树立了它。[③] 因为成全律法的舍自由意志外无他；藉着律法来的是罪的知识，藉着信仰来的是与罪反对的恩典，藉着恩典来的是灵魂从罪中得到了医治，藉着灵魂的健康来的是意志的自由，藉着自由意志来的是对义的爱，藉着对义的爱来的是律法的成就。与此相应，律法并没有被恩典架空，反倒被坚固了，因为信仰导致恩典，藉着恩典律法得以完成；因此自

① 《罗马书》十章 13 节；《约珥书》二章 32 节。

② 《诗篇》三十一篇 19 节。

③ 《罗马书》三章 31 节。

由意志并没有被恩典架空，而是被立起来了，因为恩典医好了意志，使得意志可以自由地爱义。连在一起的所有这些阶段，都在《圣经》中有过话。律法说："你不可起贪心。"[1]信仰说："求你医治我的灵魂，因为我得罪了你。"[2]恩典说："你已经痊愈了，不要再犯罪，恐怕你遭遇的更加利害。"[3]健康说："主我的上帝啊，我曾呼求你，你医治了我。"[4]自由意志说："我要把甘心祭献给你。"[5]对义的爱说："主啊，犯罪者告诉我快乐的故事，但不是依照你的律法。"[6]这样，那可怜的人怎敢在得到自由之前骄傲于他们的自由意志，在得到自由之后骄傲于他们自己的力量呢？他们没有看到，在提到自由意志时，他们已宣扬了自由之名。但"主的灵在哪里，哪里就得以自由"。[7] 这样，倘若他们是罪的奴仆，为何还夸口自由意志呢？因为人被谁制服，就是谁的奴仆。[8] 他们若是被释放得自由的，又为何自吹自擂，仿佛是自己的所为，又为何到处夸耀，好像这自由不是领受来的呢？或者他们是以这么一种方式自由的，无须选择基督为主？基督曾对他们说："离了我，你们就不能作什么"；[9]还说："天父的儿子若叫你们自由，你们就真自由了。"[10]

---

① 《出埃及记》二十章 17 节。
② 《诗篇》四十一篇 4 节。
③ 《约翰福音》五章 14 节。
④ 《诗篇》三十篇 2 节。
⑤ 《诗篇》五十四篇 6 节。
⑥ 《诗篇》一一九篇 85 节。
⑦ 《哥林多后书》三章 17 节。
⑧ 《彼得后书》二章 19 节。
⑨ 《约翰福音》十五章 5 节。
⑩ 《约翰福音》八章 36 节。

章 53　意愿与能力

有人会问，作为拯救以及我上面所说的通往拯救的各阶段的开始，信仰本身是不是在我们自身的能力之内呢？我们不妨先弄清“我们的能力”是什么意思，好看得更容易些。既然有两样事——意志和能力；那么并不是每个有意志的人也都有能力，也不是每个有能力的人也都有意志；因为我们有时意愿我们做不到的事，也有时做我们没有意愿的事。考察词源就可发现，意愿（voluntas）来自愿意（velle），能力（potestas）来自能够（posse）。所以，正如愿意的人有意愿，能够的人也有能力。但为了可以凭能力做一件事，就必须有意愿。因为我们通常并不说一个不意愿做某事的人凭能力做了这件事。同时，若我们看得更精确一些，甚至一个被胁迫的人不情愿地做的事，若是做了，也是他凭着他的意愿做的；我们只是说他是一个不情愿的行动者，或违背自己意志行动的行动者，因为他本可以选择别的做法。他被某种不幸的影响胁迫着去做他在胁迫下做的事，他心里是希望逃避它或消除它的。倘若他的意愿是如此之强，以致他选择了不去做这件事而不是受胁迫去遭遇这件事，那么无疑他就抗拒了这种胁迫的影响，不去做这件事。相应地，倘若他做了这件事，虽然不是带着充分的和自由的意志去做的，他之做它却也并非没有意志；就意愿导致后果而言，我们不能说他缺乏做它的能力。倘若他愿意做它，向强制屈服，但是不能够做到，这时我们可以说他有被强制的意志，但也应该说他没有能力。但他若是因为不愿意而不做这件事，那么这时他就当然有能力但没有意愿了，因为他之不做这件事，凭的是对强制影响

的抵抗。所以,甚至那些强迫者和说服者也习惯了说,你为什么不做你有能力做的事以避免这恶呢?而那些最终没有能力做被胁迫做的事的人(他们之被胁迫是因为人们以为他们能够),就为自己找借口,说,我若有能力,我本会做的。我们既然将附加在意愿上的行事职能称作能力,还有什么是要问的呢?我们说,每个人都拥有能力做他喜欢做的事,不做他不喜欢做的事。

章 54　信仰是否在人自己的能力之内

现在回到先前的问题上来:信是不是在我们能力之内呢?我们这里所说的"信"(fides)是指我们相信什么东西时的信,不是指我们在许诺时的信守;后者也被称作"信"。我们在一种意义上用这个字,说"他不信任我",又在另一种意义上用这个字,说"他不守信"。一个句子是说:"他不相信我所说的";另一句话是说:"他不做他许诺的事。"根据相信的信我们信上帝;根据守信用的信上帝对我们是信实的;使徒宣称:"上帝是信实的,必不叫你们受试探过于所能受的。"[①]这样,前者就是我们现在要探讨的信了,它是不是在我们能力之内呢?我们用来相信上帝或信靠上帝的信,是不是在我们能力之内的呢?关于这经上写道:"亚伯拉罕信上帝,这就算为他的义。"[②]现在考虑是否有人会信,倘若他不愿意;或者他是否不信,倘若他本愿意。如下的观点是荒谬的(因为相信除了是同意所说之事为真,还是什么呢?这种同意肯定是自愿的):信是在

① 《哥林多前书》十章 13 节。

② 《罗马书》四章 3 节;《创世记》十五章 6 节。

我们自己的能力之内的。使徒既说了“没有能力不是出于上帝的”,[1]又有什么理由不可对我们说“你有什么不是领受的呢?”[2]——因为连信也是上帝给我们的。不过,我们在《圣经》里找不到一处说:“没有意愿不是出于上帝的。”它没有这么写就对了,因为这并不真实:倘若没有意愿不是出于上帝的,那么上帝就会成为罪的作者了(这是断断不能的!);单是邪恶的意愿就已是罪了,即使还没有产生后果——换言之,即使这意愿还没有能力行出所愿之事。但若邪恶意愿得到了能力做它所想的事,就是出于上帝的审判了,人不能说上帝有什么不公平。[3] 他〔上帝〕在这么做后才施行惩罚;他的惩罚也不能说是不公平的,因为它是秘密的。但无神的人,若不是通过公开的处罚而不自愿地发现了自己在意愿上犯了多少罪,是不会意识到自己要受惩罚的。下面正是使徒针对这些人说的话:“上帝任凭他们逞着心里的情欲行污秽的事……行那些不合理的事。”[4]与此相应,主也对彼拉多说:“若不是从上头赐给你的,你就毫无能力办我。”[5]不过,即使能力是上帝给的,上帝也没有强制人〔的意志〕。所以,尽管大卫得了能力杀扫罗,却选择了不伤害扫罗。[6] 所以我们可以明白,上帝让坏人得到能力,只是为了谴责他们堕落的意志,让好人得到能力,却是为了试炼他们的善良意志。

① 《罗马书》十三章1节;“能力”在和合本中译为“权柄”。

② 《哥林多前书》四章7节。

③ 《罗马书》九章14节。

④ 《罗马书》一章24—28节。

⑤ 《约翰福音》十九章11节;“能力”在和合本中译为“权柄”。

⑥ 《撒母耳记上》二十四章7节;二十六章9节。

章 55　什么信是值得称道的

既然信在我们能力之内，每个人都信他所喜的，自愿地信他所信的；那么我们关注的下一个问题就是，使徒如此热切地荐举的信又是什么呢？须知未加区分的信并不好。我们也发现了这一警告："亲爱的弟兄啊，一切的灵，你们不可都信，总要试验那些灵是出于上帝的不是。"[①]使徒在荐举爱时所说的"凡事相信"，[②]我们也不应理解为仿佛是说，只要别人拒绝相信听到的事，我们就不应爱他们。因为同样的爱也警告我们不应轻易相信关于弟兄的闲言恶语；当我们听到这类的话时，不信岂不是更好吗？最后，"凡事相信"的这同一种爱，并不相信一切的灵。仁爱无疑是相信万事的，但它对上帝则是"信靠"。注意经上不是说"信靠"万事。所以无可怀疑，使徒所荐举的信乃是我们藉以信靠上帝的信。[③]

章 56　律法之下的人的信异于其他人的信

还有一个区别要说——因为处于律法之下的人既出于对惩罚的恐惧而想行他们自己的义，又因为上帝的义得要有爱才能做到（爱只喜欢合法之事），绝不能因恐惧而成就（恐惧强迫人行合法之事），他们就做不到上帝的义，尽管也可有别的选择，比如将不合法的事当作合法的事来喜欢。这些人也信靠上帝；因为他们若不信靠他，就不会怕他律法的处罚了。不过，这还不是使徒荐举的信。

① 《约翰一书》四章 1 节。

② 《哥林多前书》十三章 7 节。

③ 《罗马书》四章 3 节。

他说:“你们所受的不是奴仆的心,仍旧害怕;所受的乃是儿子的心,因此我们呼叫:阿爸,父!”[①]我们所说的害怕乃是奴性的害怕;所以,即便在它里面含有对主的信,却仍非爱义,而是惧谴。上帝的儿子却喊道:“阿爸,父”——一个是受割礼的喊的,一个是未受割礼的喊的——先是犹太人,后是希利尼人;[②]“上帝既是一位,他就要因信称那受割礼的为义,也要因信称那未受割礼的为义。”[③]他们这么喊时,就是在寻找什么;他们所寻找的,若非饥渴所需的,还是什么呢?这岂不正是下面这句话所说的么:“饥渴慕义的人有福了,因为他们必得饱足。”[④]但愿律法之下的那些人走到这里来,由奴仆而成为儿子;但也不要不再作仆人,因为他们虽已成为儿子,却仍得自愿地服事他们的主和父。因为甚至这他们也是接受来的;因为“凡接待他〔上帝的独生子〕的,就是信他名的人,他赐他们权柄,作上帝的儿女”;[⑤]他要他们祈求、寻找、叩门,以得到、寻见、门被敞开,[⑥]他斥责他们说:“你们虽然不好,尚且知道拿好东西给儿女,何况你们在天上的父,岂不更把好东西给求他的人吗?”[⑦]这样,当罪的权势就是律法[⑧]兴起死的毒,甚至罪,趁着机会,就藉着诫命叫诸般的贪心在人里头发动[⑨]之时,他们除了祈求

① 《罗马书》八章 15 节。
② 《罗马书》二章 9 节。
③ 《罗马书》三章 30 节。
④ 《马太福音》五章 6 节。
⑤ 《约翰福音》一章 12 节。
⑥ 《马太福音》七章 7 节。
⑦ 《马太福音》七章 11 节。
⑧ 《哥林多前书》十五章 56 节。
⑨ 《罗马书》七章 8 节。

上帝外，还能求谁赐予他们禁欲的恩赐呢？上帝是知道怎样把好东西给求他的人的。不过，或许有人愚蠢，没有意识到若非上帝恩赐，人是不能洁身自好的。要知道这点，他还需要智慧本身的指点。[①] 他为何不听他父的圣灵藉着基督的使徒说的话，或基督本人的话呢？基督在福音书里说："寻找，就寻见"；[②]还藉着他的使徒对我们说："你们中间若有缺少智慧的，应当求那厚赐与众人、也不斥责人的上帝，主就必赐给他。只要凭着信心求，一点不疑惑。"[③]这是义人因之以生的信；[④]这是只信称罪人为义的上帝的那种信；[⑤]这是消除自夸的信，[⑥]这或者是通过减少使我们自吹的东西达到的，或者是通过增多使我们荣耀主的东西达到的。这是我们藉以取得圣灵的赏赐的信，关于它经上有言："我们靠着圣灵，凭着信心，等候所盼望的义。"[⑦]但这仍会引起问题。他所谓"盼望的义"是指义藉以盼望的东西呢，还是指使义本身被盼望的东西？因为凭着信生活的义人，无疑地盼望着永生；而饥渴慕义的信呢，也同样地通过内在之人日复一日的更新而进步，[⑧]并盼望在永生里能得到满足，在永生里将实现《诗篇》所说关于上帝的事："他用美物使你所愿的得以知足。"[⑨]这也是得救之人藉以得救的信，对他

① 《所罗门智训》八章 21 节。

② 《马太福音》七章 7 节。

③ 《雅各书》一章 5—6 节。

④ 《罗马书》一章 17 节。

⑤ 《罗马书》四章 5 节。

⑥ 《罗马书》三章 27 节。

⑦ 《加拉太书》五章 5 节。

⑧ 《哥林多后书》四章 16 节。

⑨ 《诗篇》一〇三篇 5 节。

们经上是这样说的："你们得救是本乎恩，也因着信。这并不是出于自己，乃是上帝所赐的；也不是出于行为，免得有人自夸。我们原是他的工作，在基督耶稣里造成的，为要叫我们行善，就是上帝所预备叫我们行的。"①简而言之，这就不是出于畏惧，而是出于爱而作工的信，②不是出于害怕惩罚，而是出于爱义才有的信。那么，信仰藉以作工的这爱——就是这仁爱——若非与信仰本身同出一源，又是自何而来的呢？倘若它不是所赐给我们的圣灵浇灌在我们心里的，③那么不管它有多大，都不会在我们里面了。"上帝的爱"被说成浇灌在我们心里，不是因为上帝爱我们，而是因为他使我们成了爱他者；正如"上帝的义"④是说我们被他的恩赐造成为义，"主的拯救"⑤是说我们被他拯救，"耶稣基督的信"⑥是说他使我们信靠他。这就是上帝的义，他不仅通过律法的诫条把它教给我们，而且通过他圣灵的恩赐将它赐予我们。

章 57　信的意志自何而来

不过我们仍有一个问题要问，就是我们藉以相信事的那信本身是上帝的恩赐呢，还是出自我们本有的自由意志？倘若我们说它不是上帝的恩赐，恐怕就会与使徒所说的话相违了。使徒斥责人说："你有什么不是领受的呢？若是领受的，为何自夸，仿佛不是

① 《以弗所书》二章 8—10 节。
② 《加拉太书》五章 6 节。
③ 《罗马书》五章 5 节。
④ 《罗马书》三章 21 节。
⑤ 《诗篇》三篇 8 节。
⑥ 《加拉太书》二章 16 节。

领受的呢?”①——他所针对的,仿佛就是这样的话:“看,我们有信的意志,这可不是领受来的。看我们有多么光荣——我们无须领受!”倘若我们说这种意志不是别的,正是上帝的恩赐呢,恐怕那些不信的、无神的人就会不无理由地找到借口了,说他们之所以不信,是因为上帝不给他们这种意志。使徒所说“你们立志行事,都是上帝在你们心里运行,为要成就他的美意”,②已是属于信仰所获得的恩典了,以使人有能力行善③——包括信仰藉着爱所达到的善行,这爱是上帝藉着赐给我们的圣灵浇灌在我们心里的。若我们相信我们可以获得这一恩典(当然是自愿地相信),那么问题就来了:我们是从哪里得到这一意志的呢——倘是来自本性,那么为什么不是上帝所造的每个人都有呢?倘是来自上帝的恩赐,既然“他愿意万人得救,明白真道”,④那么为什么这一恩赐不是人人都有呢?

章 58　人的自由意志是一种中性的能力

不妨先放下这句话,来看它是否与我们当前的问题相匹:造物主在我们的理性灵魂里赋予了自由意志,这自由意志是一种中性的能力(media vis),它既可转向信仰,也可转向不信。因此,一个人若没有得到他由以信靠上帝的意志,我们就不能说他有了这意志;因为这是出自上帝对自由意志的召唤,这自由意志本是人受造

① 《哥林多前书》四章7节。

② 《腓立比书》二章13节。

③ 故有两种恩典:信仰之前的,信仰之后的。

④ 《提摩太前书》二章4节。

时自然地得到了的。上帝无疑希望普天之下的人都得救，[①]获得真理的知识；但仍不致取消他们的自由意志，因为自由意志的善用恶用乃是他们受最公义审判的凭据。倘是这样，不信者在不信主的福音时，就实际上与上帝的意志相违了；虽然如此，他们胜不了主的意志，只不过是使自己失去了大善，不，最大的善，只不过是使自己陷入了惩罚之中，注定了要在惩罚中品尝上帝的权柄，谁叫他们从前蔑视上帝体现在恩赐中的仁慈呢。所以，上帝的意志是不可战胜的；这意志要被战胜，除非是它本身让这些人蔑视它，或这些蔑视它的人能想方设法逃脱他已为他们定下的报应。试举一例。一个主人可以对他的仆人们说，我希望你们在我的葡萄园里作工，工作完后，你们就可以自由休息了；但他同时也可以要求拒绝作工的仆人到磨坊拉磨。谁若轻视这样的命令，谁就当然是在与主人的意志为敌；但他〔指抗令的仆人〕也可以不止于此——他还可以逃出磨坊，从而战胜主人的意志。但是，这在上帝的统治里是不可能发生的。因此经上写道，“上帝曾发话——就是说，不可收回的话——尽管这也可能是指他的独生圣言。”[②]《圣经》作者补充说明了上帝不可收回地说出的话是什么：“上帝说了一次、两次，我都听见，就是能力都属乎上帝。主啊，仁慈也是属乎你，因为你照着各人所行的报应他。”[③]因此轻蔑地对待他的仁慈不信他的人，都将难逃上帝权柄的处罚。但谁若信靠他，服他，为求免罪，为求医治腐败，为求灵魂被他的光与热照亮并点燃，谁就可凭着他的

① 《提摩太前书》二章4节。
② 《约翰福音》一章1节。
③ 《诗篇》六十二篇11—12节。

恩典而拥有善功；凭着它们(ex quibus)，他甚至可以肉身得救升天，脱离死的朽坏，得戴冠冕，满有福佑——不是尘世的福佑，而是永恒的福佑——超出了我们能问能明的地步。

章 59　仁慈和怜悯在上帝的审判中

《诗篇》中注意到了一种先后顺序，是这么说的："我的心哪，你要称颂主，不可忘记他的一切报答。他赦免你的一切罪孽，医治你的一切疾病。他救赎你的命脱离死亡，以仁爱和慈悲为你的冠冕。他用美物使你所愿的得以知足。"[①]不过，我们的原有形象被破坏了，在这有死的境况之中，还能得到这些大福吗？为免有人对此绝望，《诗篇》作者马上又说："以致你如鹰返老还童"；[②]这等于说，你所听到的一切都属于新人新约。现在不妨简要地考察一下这些事，带着喜悦沉思对仁慈即对上帝恩典的称颂。"我的心哪，你要称颂主，"他说，"不可忘记他的一切报答。"看，他不说"祝福"，而说"报答"(non tributiones, sed retributiones)；这是因为他以善报恶。"他赦免你的一切罪孽"：这是在洗礼中成就的。"医治你的一切疾病"：信者在今生就可被医好，疾病是说，情欲和圣灵相争，圣灵和情欲相争，这两个彼此相敌，使我们不能作所愿意作的；[③]肢体中另有个律与我们心中的律交战；[④]立志为善由得我们，只是行

① 《诗篇》一〇三篇 2—5 节；"报答"在和合本中译为"恩惠"。

② 《诗篇》一〇三篇 5 节。

③ 《加拉太书》五章 17 节。

④ 《罗马书》七章 23 节。

出来由不得我们。[①] 这些都是人旧有本性的疾病，若是我们能够一心一意地进步的话，这些病是可以凭着新本性日复一日的成长、凭着藉爱而运作的信而得到医治的。[②] “他救赎你的命脱离死亡”：这将在末日死人复活时发生。“以仁爱和慈悲为你的冠冕”：这将在末日审判时成就；因为当正义之王坐在宝座上照着各人所行的报应各人，谁还能夸口自己的心是清净的呢？谁还能夸耀自己清洁无罪呢？人既知如此，就以为自己只有还债的份儿，且要受到上帝的严厉报应，不至于留有仁爱，但，正是在这里提及上帝的仁爱和慈悲才有必要。他用仁爱和慈悲作人的冠冕；但即便如此，根据的也是人的行为。他将被分到右边，右边的人是义人，“因为我饿了，你们给我吃”。[③] 但也会有“无怜悯的审判”；不过，只是针对那些“不怜悯人的”人。[④] 而“怜恤人的人有福了，因为他们必蒙怜恤”。[⑤] 这样，左手边的要进永火，右手边的要进永生，[⑥]因为他说：“认识你独一的真神，并且认识你所差来的耶稣基督，这就是永生。”[⑦]有了这认识、这异象、这默观，他们灵魂的愿望就满足了；只有这而非别的才会满足它——除此之外它再也不要求别的、不渴望别的、不想往别的了。正是带着对这一极乐的渴望，对主如是说的心才会容光焕发：“求主将父显给我们看，我们就知足了”；对这

① 《罗马书》七章 18 节。

② 《加拉太书》五章 6 节。

③ 《马太福音》二十五章 35 节。

④ 《雅各书》二章 13 节。

⑤ 《马太福音》五章 7 节。

⑥ 《马太福音》二十五章 46 节。

⑦ 《约翰福音》十七章 3 节。

请求的回答是："人看见了我，就是看见了父。"[①]因为他自己就是永生，为了人可以认识独一真神，你和你所派来的耶稣基督。不过，要是看见子的人也看见了父，那么看见父和子的人当然也就看见父和子的圣灵了。[②] 所以，在我们的灵魂称颂主，并且不忘记他一切的报答时，[③]我们并没有取消自由意志；它也并非不知道上帝的义，想要立自己的义；[④]但它信那称不义之人为义的上帝，[⑤]在它眼见之前，它是因信而生的——因着生发仁爱的信而生。[⑥] 这爱被浇灌在我们心里，不是由我们意志的自足，也不是由律法的条文，而是由上帝赐给我们的圣灵办成的。[⑦]

章 60　信的意志来自上帝

以上讨论能令人满意地回答我们要解决的问题，就可到此为止了。不过，可能有人会反对我们，因此我们必须小心，免得有人说，倘若在"你们有什么不是领受的呢？"[⑧]这句话里，我们由以相信事情的那意志被当作上帝的恩赐（因为这信的意志出自我们受造时得到的自由意志），那么自由意志所犯的罪就必须归到上帝头上了。但是，我们要提请反对者注意，这意志被归为神圣恩赐，不

① 《约翰福音》十四章 8—9 节。
② 这里谈到了三位一体。
③ 《诗篇》一〇三篇 2 节。
④ 《罗马书》十章 3 节。
⑤ 《罗马书》四章 5 节。
⑥ 《加拉太书》五章 6 节。
⑦ 《罗马书》五章 5 节。
⑧ 《哥林多前书》四章 7 节。

只是因为它出自我们受造时本有的自由意志，还是因为上帝藉着我们意愿与相信等等知觉的动机影响我们，他要么是外在地通过福音的规劝影响人，在这里甚至律法的命令也有一定的作用，倘使它们能令软弱的人投身于使人因信称义的恩典的话；要么是内在地影响人，在这里，什么意念将进到自己的思想里来，是没有人能控制的，尽管赞同这些意念与否属于他自己的意志。所以，既然上帝用这样的方式影响有理性的灵魂，以便它可以信靠他（若非有说服或召唤临到某人要他相信谁，在相信的自由意志里是不会有什么能力的）①，那么就可以说，既在人心里作工，唤起相信的意愿，又在一切的事上用他的仁慈引领我们。实际上，我们同意或不同意上帝的召唤，都如我所说，乃是我们自己意志的功能。这不仅不会推翻使徒所说“你们有什么不是领受的呢？”②，反倒会坚固它。因为灵魂若非表示同意，是不能领受并拥有这里所说的这些恩赐的。所以，它所拥有和领受的无论什么，都来自上帝；但领受和拥有的行为却理所当然地属于领受者和拥有者。现在，倘若有人强迫我们探问这么一个深刻的奥秘：为什么这个人得到了如此的说服以至于同意了，而那个人却没有呢？对此我只能引用经文，作为我的回答：“深哉！上帝丰富的智慧和知识”，③以及“难道上帝有什么不公平吗？”④倘若这人对这回答不满意，他就要找更有学识的好辩者了；但愿他小心为是，免得找到了专横自大的人。

---

① 似是说能力因相信的自由意志而起，而相信的自由意志又因召唤而起。

② 同上。

③ 《罗马书》十一章33节。

④ 《罗马书》九章14节。

章 61　本著终篇

最后不妨作一个总结。我难以知道这冗长的行文是否达到了我们的目的。我有此疑虑不是因为你〔马色林〕，你的信仰是我所知道的；而是因为那些人，正是为了他们的缘故你才希望我写这封信的——他们的意见与我的大为相左，不仅肯定相悖于使徒保罗的看法（我这里说得温和一点，不提藉着使徒说话的上帝本身），还相违于他强烈的、热切的、警觉的战斗，他们宁愿顽固坚持自己的见解，也不去听他说的话。他说，“我以上帝的慈悲劝你们”，并告诉他们，“我凭着所赐我的恩，对你们各人说：不要看自己过于所当看的，要照着上帝所分给各人信心的大小，看得合乎中道。”[①]

章 62　回到马色林提出的问题上来

不过，我请你回到你向我提出的问题，以及我们在冗长的讨论中谈到过的问题上来。你感到困惑的是，我怎么能够说，不缺自由意志的人在上帝帮助下过着无罪的生活乃是可能的，但同时尘世里从前、现在、将来都没有人过着如此完全义的生活。我在先前写给你的书信里曾提出这个问题。我说：“若有人问我，今世有人过着无罪的生活是否可能，我会回答说，藉着上帝的恩典和他自己的自由意志，这有可能；因为我无疑认为自由意志自身是属于上帝的恩典的——即在上帝的恩赐里有位置——不只是其存在如此，就其善来说也是如此；就是说，它使自己行上帝的诫命。所以，上帝

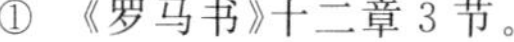

① 《罗马书》十二章 3 节。

的恩典不仅显出了什么是应当作的，还有助于实行所显之事的可能性。”[①]看来你认为我这么说是荒谬的，可能的事怎能没有实例呢？由此冒出了本书讨论的主题；因此我就转而向你显示，一件事是可能的，尽管找不到它的一个例子。于是我们就在本书开头从福音书和律法里引了一些事情——如骆驼穿过针眼；[②]一万二千个天使军团，他们可为基督而战，只要他愿意；[③]以及上帝说要从他的子民面前清除掉的列国[④]——这些可能性没有一个成了事实。这些事例之外，还可以加上《智慧书》里说到的那些人，[⑤]显示了上帝可用多少古怪的办法来折磨心中无神的人，只要他一示意，什么受造物都会受他的调遣，但在实际上，他并没有这么做。有人可能还会想到信仰移往海里的那座山，[⑥]尽管据我们所见所闻，这座山并没有被真的移走了。现在你可以看出来，说这些事上帝不可能办到的人是多么愚蠢没有头脑，他的断言又是多么地与《圣经》相悖。这类的事还有许多，只要一个人平时多读多想，就会想到的。我们不能否认这些事在上帝是可能的，尽管找不到实例。

章 63　一个反对意见

但由于有人会说我援引的例子都是神的工作，而活得公义却属人力，我就接着显示这也是神的工作。我在本书就此花费的篇

---

① 参见奥古斯丁，《论惩罚与赦罪及论婴儿受洗》，卷二，第 7 章。
② 《马太福音》十四章 24 节。
③ 《马太福音》二十六章 53 节。
④ 《申命记》三十一章 3 节。比照《士师记》二章 3 节。
⑤ 《所罗门智训》十六章。
⑥ 《马太福音》二十一章 21 节。

幅也许超过了必要的长度，尽管在我自己看来，我为反对上帝恩典的反对者所做的工作还远远不够。在这个题目上，令我最为高兴的，乃是《圣经》大大地帮助了我；乃是所讨论的问题要求“夸口的，当指着主夸口”；[1]以及我们应在一切的事上衷心感谢主我们的上帝，须知，“各样美善的恩赐和各样全备的赏赐都是从上头来的，从众光之父那里降下来的”。[2] 倘若恩赐由于乃是我们作的，或由于是我们藉着他的恩典作的，而不是上帝的恩赐，那么“叫山移往海里”的就不是上帝的作为了，因为按照主的说法，这所以成为可能乃是由于人的信仰。此外，他还将行为归与他们实际的操作：“我实在告诉你们，你们若有信心像一粒芥菜种，就是对这座山说，‘你从这边挪到那边’，它也必挪去，并且你们没有一件不能做的事了。”[3]注意他是怎么说“并且你们”而不是说“并且我”或“并且天父”的；不过，我们仍可肯定，人若没有上帝的恩赐和运作，是不能做这样的事的。请看完全的善在人间还是史无前例，但仍并非不可能。因为人若有可达如此之事的足够的意志，这仍是可能的。倘若属于义的诸多境况不对我们隐藏，我们就会有足够的意志；同时这些境况是如此地愉悦我们的心，无论发生什么喜事悲事，这一愉悦都坚立不倒，胜过别的情感反应。这没有实现，不是由于本来就不可能，而是由于上帝公正的判断。因为谁会不知道，他应该知道的东西并不是在人的权柄之内的；他若没有对可欲对象的相当

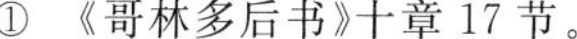

① 《哥林多后书》十章 17 节。

② 《雅各书》一章 17 节。

③ 比照《马太福音》十七章 20 节；《马可福音》十一章 23 节；《路加福音》十七章 6 节。

的愉悦之情，便不能实际得到可欲之物？这乃是属于灵魂的健康的。

章 64 爱的诫命完成之时

不过有人也许会认为，我们并不缺乏义的知识，因为主在人间曾简要地阐释他的话，他告诉我们说整个律法和先知书都归总于两大诫命；[①]他对这两大诫命为何也并不遮掩，而是用最明白的话说出来了："你要尽心、尽性、尽意，爱主你的上帝"，以及"要爱人如己"。[②] 若这两大诫命得以成就，那一切的义也就会成就，还有什么是比这更真实的呢？但沉浸于这一真理的人该仔细地注意另一个真理——当我们自以为我们所作的是我们所爱的上帝喜悦的或不悦的时，我们在诸多的事上其实都是有过失的；[③]在（藉着他默示的话，或别的某种清楚的方式）知道什么是他不悦的时，我们就祈求他宽恕我们，我们也悔改。人的生命充满了这种事例。我们何以不知道他喜悦什么？岂非是因为我们不认识他。"我们如今仿佛对着镜子观看，模糊不清，到那时，就要面对面了。"[④]谁胆敢说"到那时我就全知道，如同主知道我一样"，[⑤]以至于认为将见到上帝者对上帝的爱还比不上只是今生相信上帝的人？或者二者应该彼此相比，仿佛他们彼此差不多似的？倘若爱的增长与我们对

---

① 《马太福音》二十二章 40 节。
② 《马太福音》二十二章 37、39 节。
③ 《雅各书》三章 2 节。
④ 《哥林多前书》十三章 12 节。
⑤ 同上。

对象的认识进度成正比，我们就应当相信，我们现今对义的爱既有缺陷，成就义也就仍多有缺乏。我们可知道或相信一事，但仍可不爱它；但我们若爱一事，则说我们既不知道也不相信它，乃是不可能的。但若圣徒们在他们信仰的操练中，能够达到那伟大的、今生再无人超过的爱（主本人证实了这一点）——甚至为朋友舍命，或为弟兄舍命[①]——则在他们结束今生凭“信”而行的朝圣之旅，抵达对那终极幸福的“眼见”[②]时（这眼见是我们盼望但现在仍未见到的、只是在忍耐中等待的[③]），无疑爱本身就不仅大于我们在这里所经验的，还远高于我们所求所想的；[④]而这岂不正是“尽心、尽性、尽意”的爱么？在这总纲之外，我们没有什么可加的；若有什么可加的，也就不会是“总纲”了。所以，关于义的第一诫命，就是要我们尽心尽性尽意爱主的[⑤]（第二条是要爱人如己），我们在面对面看见上帝时就可以完全成就了。[⑥] 但在今生我们就得了这诫命，从而可以知道我们藉着信仰要作什么，在盼望中该等待什么，并且“忘记背后，努力面前的”。[⑦] 在我看来，人就由此甚至在今生也在彼世方可完全的义上大有进步，正是有了这进步，他才意识到他离义的完全还有多么的远。

① 《约翰福音》十五章 13 节。
② 《哥林多后书》五章 7 节。
③ 《罗马书》八章 23 节。
④ 《以弗所书》三章 20 节。
⑤ 《马太福音》二十二章 37 节。
⑥ 《哥林多前书》十三章 12 节。
⑦ 《腓立比书》三章 13 节。

章 65　在何种意义上可以说今生有无罪的义

不过，鉴于今生有人可以达到一种较低层次的义，即义人因之而生的那种义[①]——他们没有见到主，就是说他们不是凭着眼见而是凭着信仰而行的[②]——无疑我们可以毫不荒谬地说，这种义是没有罪的；因为它仍够不上由彼世终极、完全、至善的境况而来的上帝之爱，这算不上它的过错。在今生不能获得爱的完全是一事，不被情欲所动摇又是一事。所以，虽然一个人在今生对上帝的爱远远逊于彼世面对面时对上帝的爱，他也应该禁绝一切非法的欲望；这正如在与身体感觉相关的事上，尽管眼睛不能凝视强光，却也毫不喜欢黑暗一样。唯愿我们理解，我们可朽身体中的灵魂乃是这样的，虽然它还未在完善的上帝之爱的意义上消灭属世的冲动，却已在我们所说的较低层次的义的意义上，拒绝了上述的达到非法之事的情欲。关于那永生，诫命是这么说的："你要尽心、尽性、尽力爱主你的上帝"；[③]关于今生，经上则是这么说的："不要容罪在你们必死的身上作王，使你们顺从身子的私欲。"[④]"你不可起贪心"[⑤]属于其一；"不可顺从情欲"[⑥]则为其二。一个是保守完善的状态；一个是履行应尽的义务，以盼望将来得着彼世完全的奖赏——因此一个是义人得以稳立在他今生所向往的彼世的眼见

① 《罗马书》一章 17 节。

② 《哥林多后书》五章 7 节。

③ 《申命记》六章 5 节。

④ 《罗马书》六章 12 节。

⑤ 《出埃及记》二十章 17 节。

⑥ 《便西拉智训》十八章 30 节。

中；一个是因信得生，因信而渴望得见。（凭着信生活的人若是通过犯罪或小看错误而同意任何非法的快乐，就会是有罪的；不应听的话他若听了，不应说的话他若说了，他就是有罪的；他若在心里把玩某个念头，巴不得邪恶的快乐成为合法的，尽管他知道诫命将这念头定为非法，那么他就是有罪的，因为这等于是同意犯罪，这念头若不是因为害怕惩罚，肯定早就行出来了。）会不会有因信而生的义人不需要说“免我们的债，如同我们免了人的债”？① 经上所说的话，“在你面前，凡活着的人没有一个是义的”，②以及“我们若说自己无罪，便是自欺，真理不在我们心里了”，③以及“世上没有不犯罪的人”，④以及“世上没有一个行善不犯罪的义人”，⑤难道他们认为是错的吗？⑥ ——他们认为所有别的这类经文都是错的吗？不过，既然这些话不可能是假的，那么在我看来，不管我们将今生所能有的义归为何类，都找不到一个人是绝对无罪的；你们要给人，就必有给你们的，这乃是必要的；⑦赦免我们的罪，因为我们也赦免凡亏待我们的人；⑧不管他有什么样的义，都不要以为是他自己的，因这乃是从上帝来的（是上帝使他称义），而且他还要继续

① 《马太福音》六章 12 节。

② 《诗篇》一四三篇 2 节。

③ 《约翰一书》一章 8 节。

④ 《列王纪上》八章 46 节。

⑤ 《便西拉智训》七章 21 节。

⑥ 这些话都是用的将来时，而不是过去时。

⑦ 《路加福音》六章 30、38 节。

⑧ 《路加福音》十一章 4 节。

饥渴慕义，[①]祈求从活的面包那里得着粮食，[②]从生命的活泉那里得着水流；[③]上帝在其圣徒里面作工，使他们虽受此生的试探，他们的义却是如此，只要他们向上帝求，上帝就给他们，只要他们忏悔，上帝就赦免他们。

章66　尽管尘世找不到完全的义，却仍非不可能

反对者若是可能，就让他们去找这样的人吧：他们虽然生活在败坏的重压下，却没有什么事是值得上帝赦免的；他们必得承认这样的人之获得这样的好性情，就不只是得到了上帝所赐律法的帮助，还得到了恩典的圣灵的浇灌——否则他们就会被指责为犯了不信神的大罪，而非这种那种的小罪。当然了，他们若是在《圣经》上找根据，是根本发现不了这样的人的。不过，我们仍然不可以说，这样的事在上帝是不可能的：人的意志如此地得到了上帝的帮助，以致现在就有人可以成就一切方面的义，不只是信仰的义，[④]还有我们藉以逐渐达到直观上帝的义。因为假若上帝愿意以不朽坏取代某人的败坏，[⑤]令这人在有死之人里面如此地生活，完全地撤去了他的旧有本性，使他肢体里再没有律与心灵的律交战[⑥]——还发现上帝是全在的，就像圣徒们在末世所知所睹的那样——谁会愚蠢地认为这在上帝是不可能的呢？不过，人们要问

① 《马太福音》五章6节。
② 《约翰福音》六章51节。
③ 《诗篇》三十六篇9节。
④ 《罗马书》十章6节。
⑤ 《哥林多前书》十五章53节。
⑥ 《罗马书》七章23节。

他为何没有这么做；只是，这些问的人没有本分地想到，他们只不过是人。我十分肯定的是，在上帝那里没有事情是不可能的，[①]正如在他那里没有不公正一样。[②] 我同样肯定的是，他敌挡骄傲的人，赐恩典给谦卑的人。[③] 我也知道保罗身上被扎进了一根刺，仍是撒旦的差役要攻击他，免得他过于自高。他三次求主将这刺撤去，但主对他说："我的恩典够你用的，因为我的能力是在人的软弱上显得完全。"[④]所以，在上帝隐藏的审判深处，有某种原因使得甚至义人的口也要闭嘴不自夸，而只能开口赞美神。但谁能知道、谁能晓得、谁能探明这原因呢？所以，"深哉！上帝丰富的智慧和知识。他的判断何其难寻！谁能知道主的心？谁作过他的谋士呢？谁是先给了他，使他后来偿还呢？因为万有都是本于他，倚靠他，归于他。愿荣耀归给他，直到永远。阿门！"[⑤]

① 《路加福音》一章 37 节。

② 《罗马书》九章 14 节。

③ 《雅各书》四章 6 节。

④ 《哥林多后书》十二章 7—9 节。

⑤ 《罗马书》十一章 33—36 节。

论本性与恩典

——致提马修和雅各

《论本性与恩典》[1]写于公元415年，是写给提马修(Timasius)和雅各(Jacobus)这两个年轻人的，他们二人因受佩拉纠感召而过着禁欲生活。佩拉纠曾送给他们一本他自己的著作好教导他们，但他们接触到了奥古斯丁的著作，很快认识到佩拉纠对恩典教义的态度有问题。因此他们就将佩拉纠的著作送给奥古斯丁，并请后者给他们复一封信。《论本性与恩典》就是奥古斯丁的答复，在信里他没有直接点佩拉纠的名，而是志在驳斥佩拉纠的教义。在《更正篇》(*Retractations*)里他这样说到这封信："我辩护恩典，不是把它当作与本性对立的东西，而是当作释放并控制本性的东西。"

他在开始说，在本性与恩典一事上，什么东西是要探究的；他显示，衍生自罪人亚当肉身的本性，不再是上帝当初造它时的样子，即正确和纯洁无瑕，因此需要恩典的帮助，好从上帝的忿怒中得救，也好得到规整以达到义之完全；本性所犯过错导致了最为公义的惩罚；恩典本身不是因我们的什么功德而给，而是完全白白地赐予的；没有因恩典而得救的人，就公正地受到了谴责。然后他在好几点上怒斥佩拉纠的著作，后者站在本性一边反对恩典；后者为要表达这么一种观点，即

① 本文的翻译参考了汤毅仁的同名译文，汤译原载《基督教历代名著集成》之《奥古斯丁选集》(香港：基督教文艺出版社，1962)。

人可过着无罪的生活，说了许多话，其中有本性未曾被罪削弱和改变；因为，若罪人被削弱到这样的地步，以致犯更多的罪，罪（他认为是荒谬的）就会成为它的惩罚了。佩拉纠还列举《旧约》和《新约》中的义人，认为这些人都脱离了罪，从而提出不犯罪的可能性为人所固有；他将这归于上帝的恩典，根据就在上帝是那一本性的创造者，而这一避免犯罪的可能性与此本性不可分，为其所固有。本文临近结尾考察了佩拉纠从别的作家那里引用来支持其观点的话，其中有希拉里（Hilary）、安布罗修（Ambrose）甚至奥古斯丁本人的话。

章1　本作发表的因缘；何为上帝的义

我亲爱的儿子提马修和雅各，你们送给我的书，我已匆匆但非草草地读了一遍，略而未看的只有人所共知的极少几点；从该书看得出来，作者是个极为热忱的人，他所反对的是这样一些人：这些人犯了罪，本应严责人的意志，却怪罪人的本性，从而为自己开脱。作者对这种罪恶攻击甚烈，这种罪恶，世俗的作家们也曾严厉谴责，比如有人就说过："人类虚伪地抱怨自己的本性。"[①]你们送来的这本书的作者，也竭其所能地坚持着这同一种调子。不过，我恐怕他只是在帮那些"不知道上帝的义，想要立自己的义，就不服上帝的义"[②]的人，这些人"向上帝有热心，但不是按着真知识"。对此处所说"上帝的义"为何，他马上就作了解释："律法的总结就是

① 该语出自萨鲁斯特（Sallust）所著《朱古达》（*Jugurtha*）一书的序言。

② 《罗马书》十章2—3节。

基督,使凡信他的都得着义。”[①]可见上帝的义不在令人生畏的律法的诫命,而在由基督恩典而来的救助——对律法之畏惧正是要引导人得到基督恩典,正如学校的老师一般。[②] 明白了此点的人,也就明白了他为何是一个基督徒。因为“义若是藉着律法得的,基督就是徒然死了”,[③]若基督不是徒然死了,无神的人就唯有在他里面才得称义。信称罪人为义的基督,这种信就算作义。[④] 因为世人都犯了罪,亏缺了上帝的荣耀,只是因着他的血,就白白地称义。[⑤] 不过,人若不认为自己“犯了罪,亏缺了上帝的荣耀”,就不会感觉到有成为基督徒的必要,因为“康健的人用不着医生,有病的人才用得着”。[⑥] 所以,他来不是召义人,乃是召罪人,悔改。[⑦]

章 2 人若不信基督而仍能过义的生活,就不必因信得救了

因此,出自一个犯罪者〔始祖〕肉体的人类本性,倘能自足地完成律法并达到完全的义,那么,在还不知有基督宝血信仰这回事的国度和时代,人性也就肯定会得到它的义的报酬即永生了。因为上帝并非不公义,绝不因基督肉身所显神人二性的奥秘[⑧]还未向

① 《罗马书》十章 4 节。
② 《加拉太书》三章 24 节。
③ 《加拉太书》二章 21 节。
④ 《罗马书》四章 5 节。
⑤ 《罗马书》三章 23—24 节。
⑥ 《马太福音》九章 12 节。
⑦ 《马太福音》九章 13 节。
⑧ 《提摩太前书》三章 16 节。

他们宣扬，就剥夺义人的义所应得的报酬。因为人未曾听见，怎能信呢？没有传道的，怎能听见呢？[①]“信道是从听道来的，听道是从基督的话来的。但我说，人没有听见么？诚然听见了。他们的声音传遍天下，他们的言语传到地极。”[②]但是在这些事还未成就以前，在福音还未传到地极以前——因为有些遥远的国度（虽然据说是很少）还未有福音传到——人类的本性，既在古时未曾听到这一切事要发生，到现在也未曾知道这已成就了，请问：这本性现在可能有，或曾经有过什么办法呢？它能否只相信那创造了天地的上帝，从大自然知道它自己也是上帝所创造的，并过一种义的生活，就可以成全了上帝的旨意，而不必受教相信基督的死和复活呢？如此这在过去已办到，现在仍能做成，那么，我就得说使徒在论律法时所说的话了：“基督就是徒然死了。”[③]若使徒关于独为犹太民族接受的律法所说的话是正确的，那么关于整个人类所接受的本性之律法，就更有理由说“假若义是藉着本性来的，那么基督就是徒然死了”。若基督不是徒然死了，那么除了藉着信和基督宝血的圣礼，人的本性是不能凭着任何别的手段称义，从上帝的义怒即惩罚中得救的。

章3　本性受造完好而又整全，后来却为罪所败坏

人的本性起初受造，无辜也无罪；但人人生而即有的、传自亚当的那本性，现在却需要医生之助了，因为它已不再无辜。无疑它

① 《罗马书》十章14节。

② 《罗马书》十章17—18节。

③ 《加拉太书》二章21节。

仍拥有的一切善的品质，如构造、生命、感觉、理智，都来自至高上帝它的创造者。但缺失，即使得这些善的品质归于暗淡与衰败，从而需要光照和治疗的缺失，却非来自它无可指责的创造者——而是出自那原罪，即它凭着自由意志犯的罪。相应地，犯罪的本性就受了应得的至为公义的惩罚。即使我们是基督里新造的人，[①]我们也“本为可怒之子，和别人一样。然而上帝既有丰富的怜悯，因他爱我们的大爱，当我们死在过犯中的时候，便叫我们与基督一同活过来，我们得救是本乎恩”。[②]

章4　白白的恩典

然而，婴儿和成人没有它便不能得救的这一基督的恩典，却不是对什么功德的报答，而是“白白地”赐予的，因此才被称作“恩典”。使徒说：“因他的血就白白地称义。”[③]因此，凡未藉着恩典得救的人，无论他们是因不能听福音，还是因不愿顺服福音，甚或是因年幼未能听到福音，以至于未曾接受重生之洗（这本是他们要接受并藉以得救的）——就都公义地得到了谴责；因为他们并非无罪，无论这“罪”是指生而即有的罪，还是指他们自己犯的本罪，都是如此。“因为世人都犯了罪”——无论是在亚当里犯的还是在他们自己犯的——“亏缺了上帝的荣耀”。[④]

① 《哥林多后书》五章17节。

② 《以弗所书》二章4—5节。

③ 《罗马书》三章24节。

④ 《罗马书》三章23节。

章 5　所有人都被定罪，这是公义的

这样，全人类就都招来了处罚；倘若该得的罪罚全体都有份儿，这也无疑判得公正。藉着恩典从罪里得救的人，就不能称作他们自己功德的器皿，而应称作“怜悯的器皿”。[①] 但这怜悯是谁的呢？岂不是遣耶稣基督降世拯救罪人的上帝吗？这些得救的罪人，是他预知、预定、选召、称义并使之得荣耀的人。[②] 这样，谁能癫狂无礼到不在心里感谢这愿释放谁就释放谁的怜悯呢？凡能正确领会整个道理的人，就不可能责备上帝将整个人类都定罪这一公正的作为。

章 6　佩拉纠派有着很强大很活跃的心智

若我们只是按照《圣经》来明事理，就不会争辩反对基督的恩典，造论显示人类本性无须医生来救治——婴儿不需要，是因为它完好而又整全；成人不需要，是因为只要他愿意，凭自身就足以获得义。无疑人在这几点上似乎表现了很敏锐的思想，但这终不过是字句的智慧，[③]使基督的十字架落了空。“这样的智慧，不是从上头来的。”[④]使徒随后说的话我在这里不愿引用；因为我们最好不要得罪朋友，他们十分强大而活跃的心智若不幸走上了歪路而不是正路，是我们会感到十分遗憾的。

① 《罗马书》九章 28 节。

② 《罗马书》八章 29—30 节。

③ 《哥林多前书》一章 17 节。

④ 《雅各书》三章 15 节。

章 7　进而反驳佩拉纠的著作；但仍避而不提佩拉纠的名

你们送给我的书的作者，带着极大的热忱反对那些以本性软弱为借口推卸罪责的人；不过，我们也应带着同样的热忱防止一切使基督的十字架落空的企图。若有人说，凭着基督圣礼之外的手段获得义和永生是可能的，那基督的十字架就落了空了。而这正是我所指的这本书里所说的——我不说这是其作者故意说的，免得我断定他甚至不应算作一个基督徒，我倒宁愿相信他是无意识地这么说的。无疑他说得十分有力；我只是希望他所显示出的能力是纯正的，不那么像无头脑的人常常表现出来的。

章 8　佩拉纠如何区分可能之事与现实之事

他先是作了一个区分，他说："问一事是否可成，只涉及其可能性；问一事是否存在，则与其现实性有关——二者有异。"无人怀疑这一区分完全真实；因为现有的都曾能有；但能有的不一定现有。比如我们的主使拉撒路复活；毫无疑问他能做到这。但他没有使犹大复活，我们能否说他不能做到这？他当然能，但不愿。他若愿了，他便能。子随己意叫人得活。[①] 不过，请看看他作这区分是什么意思，有何企图。他说："我们所论只是可能性；若超越这谈到别事，除了某些事例，都可认为是严重而异乎寻常的过程。"这话他变着法子说了又说，好使人以为他所关心的除了不犯罪的可能性外，没有别的。在他谈及这一主题的许多地方，有这样的话："将我的

① 《约翰福音》五章 21 节。

观点再说一次；人没有罪，乃是可能的。你们怎么说呢？是人不可能无罪吗？但我并非说有人无罪；你们也不是说没有人无罪。我们所争论的是何为可能的，何为不可能的；不是有什么，没有什么。”然后他列举《圣经》某些话，[①]这些话本是常被用来反驳他的观点的，他坚持说，它们与所论问题毫无干系。这问题即人无罪是否可能。他是这么说的：“没有人能出污泥而不染；没有人没有犯罪；地上没有一个义人；没有一个人行善——《圣经》里有许多这样的话，但它们所证明的只是没有，而不是不可能；因为《圣经》只是用这类见证显示某人某时属哪类人，而不是显示他们不能成为别的一类人。他们也因此受到了正当的谴责。然而，他们若只是因为不可能成为别样的人才成为现在这类人的，那么他们就无须受谴责了。”

章9　即便不能称义者也受谴责

看看他都说了些什么。我本人则认为，婴儿若生在一个不可能受基督洗礼的地方，并且死了，就处在那种状态下了，就是说，他没有重生之洗就死了，因为他不可能成为别样的人。照佩拉纠的意思，是要免了他的罪，且不顾主的判决如何，为他敞开天国之门。使徒在这事上不是这么做的，使徒并不免他的罪，因为他说了：“这就如罪是从一人入了世界，死又是从罪来的，于是死就临到众人，因为众人都犯了罪。”[②]因此，由于众人都被定罪，婴儿就未得允许

① 《约伯记》十四章2节；《列王纪上》八章46节；《传道书》七章21节；《诗篇》十四篇1节。

② 《罗马书》五章12节。

进天国，尽管他非但不是基督徒，还不能够成为基督徒。

章 10　未曾听闻基督之名的人不得称义；否则基督的十字架就落了空

但他们说："他未被定罪；因为经上所说众人都在亚当里犯了罪，并不是指罪由遗传而来，而是指罪由效法亚当而来。"倘若经上说亚当是一切罪的作者，一切罪都由他的罪而来，因为他是人类的第一个罪人，那么为何不因亚伯是第一个义人而将他定为一切义人之首，反将基督定为义人之首呢？不过我这里所说的不是婴儿，而是终其一生都未听闻基督之名的年轻人或老年人。这样的人可否凭着本性和自由意志成为义人？若他们说，他可以，那么看看这怎样地使基督的十字架落了空，[①]因为他们的意思是，没有十字架人也可藉着本性的律法和意志的力量得称为义。我们在这里也可以说，基督就徒然地死了，[②]因为他即使没有死，人也可达到义；如果他们不义，也只是因为他们愿意不义，而不是因为他们不能够义。即使一个人没有基督的恩典根本就不能称义，他〔佩拉纠〕也会免他的罪的，只要他敢言行一致。他的言论是这样的："他们若只是因为不可能成为别样的人才成为现在这类人的，那么他们就无须受谴责了。"

章 11　佩拉纠狡猾地承认恩典

然后他假设有人反对他的观点："你会说'人可能〔无罪〕；但却

① 《哥林多前书》一章 1 节。

② 《加拉太书》二章 21 节。

是借着上帝恩典才如此的。'"又对此作答："我感谢你的善意，因为你不只是同意撤消反对我的意见，或仅仅是承认我的意见，你实际上还赞同它了。因为说'人可能无罪，但要借着这借着那'就等于不仅承认其可能性，还表明了其可能性的模式和条件。对一件事的可能性的赞同，没有什么是比来自同意其可能性的条件的人更大的了；因为，若没有这件事本身，条件又哪里存在呢。"此后他又自问："但你会说：'你这样似乎违反上帝恩典了，因为你对它提都不提'"；对此他又自答："到底是我还是你违反上帝恩典呢？我既已承认这事，也就必须承认做成这事的手段，你则否认这事，无疑也就否认达成这事的手段。"他忘了他是在回答一个并未否认这事的人，这人的意见是这样的："人可能无罪；但却是借着上帝恩典才如此的。"一个热切攻击佩拉纠的人，既承认"人可能无罪；但却是借着上帝恩典才如此的"，又怎能否认这事的可能性呢？已承认事情实质的人既已被打发走，他就要对付那些坚持人无罪乃是不可能的人了，但这与我们有何相干？他可以随意向反他的人提问，不过有一点他得承认，否则他的罪就大了，那就是没有上帝的恩典人不能无罪。他的话是这样的："不管他承认这可能性是靠恩典，靠帮助，还是靠怜悯，还是什么别的可借以无罪的手段实现的——他都承认这事本身。"

章 12　我们所说的恩典，不是指本性的构成，而是指本性的恢复

我向你们承认，我在读这些话时，还满心高兴，因为他没有否认人唯一可借以称义的上帝恩典；因为这种否认是我素来最畏惧

厌恶的。不过，当我读到其余部分时，我开始怀疑了，我的怀疑先是针对他所用的明喻。他说："若我说人能辩，鸟能飞，兔能跑，却没有同时提到完成这些动作的工具，即舌、翅、腿；这样一来，我岂不是在承认动作时，否认了它们的条件吗？"他在这里举的例子都是自然有效的；这里提及的身体结构的肢体即舌、翅、腿，都是受造时即有此本性的。他在这里丝毫没有提使人称义的恩典；因为恩典乃是医治而非构成本性的功能的。有了些了解后，我就接着读下去，很快发现我的怀疑并非没有道理。

章 13　律法威吓的范围和目的；"完全的旅客"

在我进一步讨论之前，先看他说了些什么。在讨论罪的差别问题时，他先提到了对他的反对意见，是这样的："有些常犯的罪该算轻罪，它们持续不断的侵袭，使得完全避免它们成为不可能。"他否认"将它们定为轻罪是恰当的，因为它们不能完全避免。"他当然没有注意到《新约圣经》里写着，律法指责人，是为了叫人因所犯的过错，逃避到上帝怜悯他们的恩典之下——"训蒙的师傅"将他们"直圈到那将来的真道显明出来"，[1]好叫人的罪得赦免，并靠着上帝恩典之助不再犯罪。路是属于所有遵行的人的；但走在先才被称为"完全的旅客"。不过那"完全"却是指一种无以复加的境地，是指一个人获得了所追求的。

① 《加拉太书》三章 23—24 节。

章 14 驳斥佩拉纠

向他提出的问题——“甚至你自己也无罪么?”——并不真的属于争论主题。他所说的“他并非无罪,乃是由于他自己的疏忽”,无疑说得很好;但他应该因此祈求上帝,不要让这种疏忽控制他——这祷告以前也有人说过:“求你用你的话,使我脚步稳当,不许什么罪孽辖制我”①——免得由于只靠自己的勤勉和力量,他就得不到真义。真义本是要靠着相当的方法获得的。

章 15 并非每事在《圣经》上都有许多话说

另有一问:“《圣经》上没有地方说人能无罪,”他很容易就反驳:“现在问题不在于教义是怎么说的。”我们只看到《圣经》说人找不到借口,没有看到它说人没有罪,当然唯有基督才是例外,经上说“他不知罪”②——这并非没有理由。与此相似,我们在论祭司的地方看到:“他也曾凡事受试探,与我们一样,只是他没有犯罪”③——当然是指他虽有罪身的形状,却没有罪;他若不是在其他方面都与罪身一样,就不能称为罪身的形状。不过,如何理解这句话:“凡从上帝生的,就不犯罪,因上帝的道存在他心里,他也不能犯罪,因为他是由上帝生的”?④ 使徒约翰本人要么是还未由上帝所生,要么是在跟未为上帝所生的说话,才说出了这样的观点:

① 《诗篇》一一九篇 133 节。
② 《哥林多后书》五章 21 节。
③ 《希伯来书》四章 15 节。
④ 《约翰一书》三章 9 节。

“我们若说自己无罪，便是自欺，真理不在我们心里了”[①]——关于这两节经文，我已尽力在写给马色林(Marcellinus)的信里作了解释。[②] 依我看，将“他也不能犯罪”理解成“他不应该犯罪”，乃是一种可接受的解释。因为谁会愚蠢到说“人应该犯罪”呢？而所谓犯罪，无非是指做不应该做的事。

章 16　佩拉纠通过加问号而歪曲使徒雅各的话

使徒雅各所说的话“唯独舌头没有人能制伏”，[③]在我看来，并不像他〔佩拉纠〕所解释的那样，他说：“这句话好像是责备人的；使徒好像是在说：‘没有人能制伏舌头吗？’他好像是在用责备的语气说：‘你能制伏野兽，难道不能制伏舌头吗？’好像制服舌头要比制伏野兽容易。”我认为这段话的意思不是这样的。因为，若他是在说制伏舌头要容易些，那么就会在后面提到制伏野兽来作对比了。但是经文是这样继续的：“舌头是不止息的恶物，满了害死人的毒气”，是说舌头比野兽和爬虫更有害；因为野兽只能吃人的肉体，舌头却能害死人的灵魂，恰如经上所言：“诽谤的嘴，害死人的灵魂。”[④]所以，雅各的意思并非制伏舌头比制伏野兽容易，而是人里面有一个厉害的坏东西即舌头难以被制伏；野兽可以被制伏，舌头却不能被制伏。他说这，不是允许我们因疏忽而让这大恶继续害我们，而是要我们寻求上帝恩典之助，使我们可以制伏舌头。他不

① 《约翰一书》一章 8 节。

② 参见奥古斯丁，《论惩罚与赦罪及论婴儿受洗》，卷二，第 8—10 章。

③ 《雅各书》三章 8 节。

④ 《所罗门智训》一章 11 节。

说“谁也不能”，而说“没有人能”，是为了在舌头被制伏时，我们可以承认这是借着上帝的怜悯、上帝的帮助和上帝的恩典成就的。所以，灵魂应该努力制伏舌头，在努力的同时也应该祈求帮助；舌头也应请求制伏舌头——主才是制伏者，他对他的门徒说：“因为不是你们自己说的，乃是你们父的灵在你们里头说的。”[①]这是警告我们要制伏舌头——就是要努力这么做，若凭着自己的力量做不到，就要祈求上帝的帮助。

章 17　继续解释这段经文

因此，在着重描述了舌头的邪恶——其中有这样的话：“我的弟兄们，这是不应当的”[②]——且就此作了一些评论后，他马上就劝告人，显示人靠什么帮助才可以不做不应做的事：“你们中间谁是有智慧有见识的呢？他就当在智慧的温柔上显出他的善行来。你们心里若怀着苦毒的嫉妒和纷争，就不可自夸，也不可说谎抵挡真道。这样的智慧，不是从上头来的，乃是属地的，属情欲的，属鬼魔的。在何处有嫉妒纷争，就在何处有扰乱和各样的坏事。唯独从上头来的智慧，先是清洁，后是和平，温良柔顺，满有怜悯，多结善果，没有偏见，没有假冒。”[③]这就是制伏舌头的智慧，是从上头来的，不是从人心来的。难道还有人敢于把这智慧与上帝的恩典分开，自高自大地把它归于人么？倘若它为人所有，我还有什么必要祈求上帝给我呢？他是不是应当反对这样的祈求，免得它有损

① 《马太福音》十章 20 节。

② 《雅各书》三章 10 节。

③ 《雅各书》三章 13—17 节。

于那有能力履行一切公义诫命的自由意志呢？如果这都可以，我们就应当反对使徒雅各本人了，因为他这样警告我们："你们中间若有缺少智慧的，应当求那厚赐与众人，也不斥责人的上帝，主就必赐给他，只要凭着信心求，一点不疑惑。"[①]这信心就是诫命驱使我们达到的，好使律法所指明的，由信心来完成(ut lex imperet et fides impetret)。人不能制伏舌头，唯有从上头来的智慧才能制伏它。由于舌头，"我们在许多事上都有过失"。[②] 这位使徒在这里所说的，无非就是后来他所说的"舌头没有人能制伏"。[③]

章 18　谁可说是属肉体的

有一段话，没有人可以为了显示不犯罪的不可能性而用来反对上引经文："属肉体的智慧，就是与上帝为仇，因为不服上帝的律法，也是不能服。而且属肉体的人，不能得上帝的喜欢"；[④]因他此处所提为属肉体的智慧，不是从上头来的智慧。此外，这段话用"属肉体的"所指的显然不是那些还没有死的人，而是那些按肉体而活的人。不过，这并非我们所讨论的问题。我想从他那里听到的，是关于那些按着圣灵生活、从而就不是按着肉体生活的人的事——他们是借着上帝的恩典，按着圣灵而生活呢，还是本性自足，靠着受造时赋予的自然能力和固有的意志就够了？律法的完

① 《雅各书》一章 5—6 节。

② 《雅各书》三章 2 节。

③ 《雅各书》三章 8 节。

④ 《罗马书》八章 7—8 节。

成不是别的，正是爱；[1]上帝的爱被浇灌在我们心里，但不是我们浇灌的，而是所赐给我们的圣灵浇灌的。[2]

章 19　无知之罪；谁若祈求智慧，就赐谁智慧

接着他谈到了无知之罪，说“人应努力避免无知；无知应受责备，理由就在于，人对他若勤奋些就必会知道的事，反因出于疏忽而不知道”；他宁可将一切事诉诸争辩，而不愿祷告说：“求你赐我悟性，可以学习你的命令。”[3]人不努力学知何为疏忽之罪，仿佛借着律法之祭就可赎罪，这是一事；人希望知道但不能够知道，因不能够知道而犯了律法，又是一事。所以《圣经》命令我们，要求上帝给我们智慧，“他厚赐与众人”；[4]他当然赐智慧给一切求的人，就是给恒切祈求的人。

章 20　佩拉纠会认为何种祷告是必要的

他承认，“已犯之罪需要上帝救赎，人要因此祈求主”——就是为了得赦免；他自己承认说：“凡已做了的事”，并不能被“人本性的力量和意志”“废掉”。由此必然可知，人须祈祷，以获赦免。不过，他却根本没有承认人需要得到帮助以不犯罪；我没有看到他这么说过；在这点上他奇怪地保持着沉默；尽管主的祷告教导我们必须既求免我们的债，亦求不受试探——前者是为了过去之罪得赎，后

① 《罗马书》十三章 10 节。
② 《罗马书》五章 5 节。
③ 《诗篇》一一九篇 73 节。
④ 《雅各书》一章 5 节。

者是为了将来之罪可免。我们的意志若非得到帮助，这是永不能成就的，单凭我们的意志是不足的；所以，为此而祈祷上帝就既非浪费，亦非忤逆主。若有一事你自己本可做到，却要求别人，那就是愚蠢了。

章 21　佩拉纠否认人的本性已被罪损毁或败坏

你们可以看到，他如何极力将人的本性展现得仿佛是全然无瑕，如何用"字句的智慧"[①]反对《圣经》最明白的道理，使基督的十字架落空。但是，那十字架断不会落空；这字句的智慧反倒会灭绝。我们既已显明这点，就愿上帝的怜悯临到他，使他为所说的这些话羞愧——他说："我们先要讨论人们所持的这种观点，即我们的本性已被罪削弱或改变了。我想，我们先要弄清楚什么是罪，是实体，还是有名无实，该名所表达的既非一物，亦非一存在者，亦非某种物体，而是在做一件错的行为。"[②]接着他补充说："我认为事情就是如此；如果真是这样，那缺乏任何实体的东西，怎可能削弱或改变人的本性呢？"我请求你们，看看他是怎样无知地要推翻下面这句《圣经》最有疗效的话的："主啊！求求你怜恤我，医治我的灵魂，因为我得罪了你。"[③]人若没有受伤，没有受损害，没有衰弱，也没有败坏，怎能说需要医治呢？现在既有某物需要医治，那么它是因何受伤的呢？你们听到了《诗篇》作者的告白；还需要什么讨

① 《哥林多前书》一章 17 节。

② 佩拉纠强调"在做一件错的行为"，从而是一个动作，而不是静止的实体或实物。

③ 《诗篇》四十一篇 4 节。

论呢？他说："医治我的灵魂。"请你问他他希望得到医治的他的灵魂是如何受伤的，然后听听他下面的话："因为我得罪了你。"就请佩拉纠向《诗篇》作者提问，问他认为应当问的，说："那位说'医治我的灵魂，因为我得罪了你'的人啊！请你告诉我，罪是什么？它是某种实体，还是某种有名无实的东西，该名所表达的既非一物，亦非一存在者，亦非某种物体，而是在做一件错的行为？"《诗篇》作者就会回答说："你说的不错；罪不是某种实体；'罪'这个名字表达的只是在做一件错的行为。"佩拉纠可以再问："那么你为什么要喊：'医治我的灵魂，因为我得罪了你？'那没有实体的东西怎可能败坏了你的灵魂呢？"这时《诗篇》作者既因受伤而痛苦不堪，为免因讨论而耽误了祷告，就会简短地回答说："请你离开我；你若能，就和主去讨论这问题吧，主曾说过，'康健的人用不着医生，有病的人才用得着。我来不是召义人，乃是召罪人'"①——这里康健的人当然是指义人，有病的人当然是指罪人。

章 22　我们的本性如何能被罪败坏，即便罪不是实体

现在，你还觉察不到这争论的趋向吗？那就是要废掉经上所说："你要给他起名叫耶稣，因他要将自己的百姓从罪恶里救出来。"②因为，若那里没有罪恶，他还救什么呢？福音书说基督的百姓要自其中被救出来的罪恶，并不是实体，按佩拉纠的说法，既非实体，就不能够败坏人了。弟兄啊，最好记着你是一个基督徒！也

① 《马太福音》九章 12—13 节。

② 《马太福音》一章 21 节。

许单是相信就够了;但既然你坚持要讨论,那么讨论之前先有坚定的信,仍不是坏事,甚至还有好处;这样我们就不要假设人的本性不能被罪所败坏,而要先根据《圣经》相信它已为罪所败坏,我们要追问的只是这是怎么可能的。我们既已得知罪不是实体,岂不认为(就不提别的例子了)不吃东西也不是实体?因为绝食,是绝那作为实体的食。绝食虽非实体,但我们身体的实体若是绝食的话,也会如此地健康受损,如此地衰弱无力,如此地无精打采,以致它即便还能活下去,却也难以恢复到进食了,这食本是它曾绝的,却造成了它如此的败坏和伤害。同样,罪不是实体;但上帝是实体,且是最高的实体,只有他才是理性受造物唯一真实的食物,人若因不服从而与他隔绝,以致无能无力,就不能接受本当欣然接受的东西,后果就是《诗篇》作者所说的:"我的心被伤,如草枯干,甚至我忘记吃饭。"[①]

章 23　亚当因基督的怜悯得蒙救赎

请看他是如何用一些可堪怀疑的论证反对《圣经》的真理。主耶稣被称为耶稣,是因为他将他的百姓从他们的罪恶里救赎出来。[②] 主耶稣因其仁慈的性格,说:"康健的人用不着医生,有病的人才用得着;我来不是召义人,乃是召罪人悔改。"[③]他的使徒也说:"基督耶稣降世,为要拯救罪人,这话是可信的,是十分可佩服

---

① 《诗篇》一〇二篇 4 节。

② 《马太福音》一章 21 节。

③ 《马太福音》九章 12 节。

的。”[①]佩拉纠所说却与“这话是可信的，是十分可佩服的”相反，他说的是：“我们不能说这病是由罪引起的，否则我们就得说，罪的刑罚是叫人犯罪更多了。”我们甚至为了婴儿也求助大医生〔指基督〕；但佩拉纠却问：“为什么寻求他呢？他们是康健的，你却为他们找医生。甚至亚当也不是因此之故才被判一死的，因他后来并没有犯罪。”他这么说，好像听说过亚当后来成就了完全的义似的，而教会只是告诉我们，亚当因基督的怜悯得蒙了救赎。佩拉纠还说：“至于他〔亚当〕的后代，不仅比他坚定，实际上还成全了更多的诫命，因为他忽略了做其中一件事”[②]——佩拉纠若定睛地看，就会知道，如此受生的后代（亚当却非如此受造），不仅不能守他们甚至根本不能理解的诫命，而且在饥饿时几乎不能吃奶！就是这样的人，必可因他的恩典，在教会母亲的怀里得救，因他要将自己的百姓从罪恶里救出来；但他们却否认他的恩典，仿佛他们对受造物的认识比造了受造物的他还要深似的，竟然武断地宣称，这些婴儿乃是完好而又整全的。

章 24　罪就是罪的刑罚

佩拉纠说：“若罪人变得衰弱，以致犯罪更多，那就等于使罪本身成了罪的刑罚。”他没有考虑到，真理之光是多么正当地离弃了那些违反律法的人。人既被真光离弃，就变瞎了，当然也就犯罪更多了；如此堕落带来困扰，既受困扰就立不起来，因此就要听到律

---

① 《提摩太前书》一章 15 节。

② 佩拉纠此处当指亚当没有守童贞。

法的声音，这声音规劝他祈求主的恩典。使徒所说的那些人，难道不该受刑罚么？使徒说："因为他们虽然知道上帝，却不当作上帝荣耀他，也不感谢他，他们的思念变为虚妄，无知的心就昏暗了。"[①]昏暗就是他们所受的刑罚，由于这刑罚——就是由于他们失却了智慧之光，心地昏暗，便陷入了更重的罪。因为他们"自称为聪明，反成了愚拙"。人若理解这话，就会知道这是更重的刑罚，对这刑罚的后果，使徒有言："他们将不能朽坏之上帝的荣耀，变为偶像，仿佛必朽坏的人，和飞禽走兽昆虫的样式。"[②]他们做这一切的事，都是由于罪之刑罚，它使得"他们愚拙的心昏暗了"。他们的这些行为，虽然是由刑罚而来，却仍算是罪，因此使徒接着说："所以上帝任凭他们，逞着心里的情欲行污秽的事。"[③]看看上帝多么严厉地处罚他们，任凭他们逞着心里的情欲行污秽的事。也看看他们由于这样的处罚而犯的罪："他们彼此玷辱自己的身体。"[④]这里说的是罪的刑罚，它本身就是罪；后面的话显明了这点："他们将上帝的真实变为虚谎，去敬拜那受造之物，不敬奉那造物的主，主乃是可称颂的，直到永远，阿门。"还有："因此上帝任凭他们，放纵可羞耻的情欲。"[⑤]看看上帝的刑罚是多么的多，由之刑罚又生出了更多更重的罪。"他们的女人，把顺性的用处，变为逆性的用处，男人也是如此，弃了女人顺性的用处，欲火攻心，彼此贪恋，男和男

① 《罗马书》一章21节。
② 《罗马书》一章23节。
③ 《罗马书》一章24节。
④ 《罗马书》一章24节。
⑤ 《罗马书》一章25—26节。

行可羞耻的事。”[①]为表明这些事都是罪，也是罪的刑罚，使徒接着说：“他们就在自己身上受这妄为当得的报应。”[②]可见刑罚愈多，所生的罪也就愈多。他又说：“他们既然故意不认识上帝，上帝就任凭他们存邪僻的心，行那些不合理的事，装满了各样不义、邪恶、恶毒，满心是嫉妒，凶杀、争竞、诡诈、毒恨，又是谗毁的、背后说人的、怨恨上帝的、侮慢人的、狂傲的、自夸的、捏造恶事的、违背父母的、无知的、背约的、无亲情的、不怜悯人的。”[③]现在，就请我们的敌手说吧：“罪不应受如此的刑罚，以致罪人因所受的惩罚就犯更多的罪。”

章 25　上帝只弃绝那些应被弃绝的人；我们能够犯罪，但不能够回到义路上；死是罪之罚而非罪之因

也许他可以回答说，上帝并不驱使人去做这些事，他只是弃绝那些该被弃绝的人。倘他这么说，就是说了最真实的事。因为正如我说过的，那些被公义之光弃绝，从而在黑暗中摸索的人，他们所能作的，除了我所列举的那些黑暗行为外，就没有别的了。唯有当听到“你们睡着的人，当醒过来，从死里复活，基督就要光照你了”[④]并遵守诫命，他们才不会如此。真理〔基督〕当他们是死的，才说“任凭死人埋葬他们的死人”。[⑤] 可见在真理眼里，佩拉纠所

① 《罗马书》一章 26—27 节。

② 《罗马书》一章 27 节。

③ 《罗马书》一章 28—31 节。

④ 《以弗所书》五章 14 节。

⑤ 《马太福音》八章 22 节。

说的由于罪不是实体故而不能够被罪败坏或损毁的那些人，只不过是些死人！没有人告诉他“人受造，可由义走到罪，但不能由罪回到义。”使人败坏其自己的自由意志，足以使他进到罪里；但他既已患病，要回到义，就需要医生；既已死了，就需要一个能够起死回生者。对这样的恩典他不置一词，仿佛他既能够毁坏自己，就可以凭着自己的意志医好自己。我们不跟他说身体的死是犯罪的原因，因为它只是罪的刑罚；没有人因为有身体的死就算犯罪的；灵魂的死才足以犯罪，这死乃是它被它的生命即上帝离弃了；若不是被基督恩典起死回生，它所作的只是死的工。上帝禁止我们说，饥渴等等身体上的苦楚必会导致罪。义人遭受些苦楚，生命才显得更光荣，他们借着忍耐克服这些苦楚，获得更大的荣耀；但那时它得到了恩典的帮助，得到了圣灵之助，得到了上帝怜悯之助；它不是自高自大地吹捧自己，而是谦卑地认罪，从而获得了克制。因为它知道了向上帝说：“你是我所盼望的，你是我所倚靠的。”[1]没有它我们就不能活的这恩典、这帮助和怜悯，他怎能对之不置一词呢？我对此感到不解；但他还进一步以最为公开的方式否认我们借以称义的上帝的恩典说，只要有意志，本性就足以称义。至于为什么罪人因着信，借着恩典从罪里得了释放之后，还保留着身体的死（这死是从罪来的），我在写给已故的马色林的信里，已尽我的能力作了解释。

① 《诗篇》七十一篇 5 节。

章 26　基督死于他自己的权柄和选择

至于他所说的“主能够死而无罪”；主生于他怜悯的能力，而不是他本性的要求；同样，他也死于自己的权柄，而这死乃是将我们从死里赎出来的代价。现在他们要推翻这真理，争辩说人的本性既有自由意志，就用不着这样的赎价，好从黑暗的权势和那掌死权的[①]将人带往主基督的国度，[②]这凭着自由意志就够了。不过，主在临近受难时，说：“看哪！世界的王将到，他在我里面毫无所有”，[③]意即世界的王在他里面找不到任何罪恶，就无权辖制他，毁灭他。他还说：“但要叫世人知道我遵行我父的旨意，起来，我们走吧”，[④]意即，我去死，并非因罪的强迫，而是因为自愿顺服上帝的旨意。

章 27　靠着上帝的怜悯，甚至恶也是有用的

佩拉纠断言：“没有恶能产生善事”；可是有许多人因刑罚而洗心革面，难道刑罚也是好事么？可见靠着上帝的奇妙的怜悯，恶也有其用处。《诗篇》作者说：“你掩了面，我就惊惶”，[⑤]他说这话时，难道情形很好么？情形肯定不好，不过这种惊惶乃是给他的骄傲的一剂良药，因为在平安顺利的时候，他曾自夸说：“我永不动

---

① 《希伯来书》二章 14 节。
② 《歌罗西书》一章 13 节。
③ 《约翰福音》十四章 30 节。
④ 《约翰福音》十四章 31 节。
⑤ 《诗篇》三十篇 7 节。

摇”;[1]将本来从主领受的,当作自己的。“你有什么不是领受的呢?”[2]上帝要教导他从何处领受,好叫他在骄傲中失去的,可在谦卑中复得。所以,他就说:“主啊!你曾施恩,将力量加在我的美上”,[3]意思是,在我富有的时候,我习惯说“我永不动摇”;但其实我所得的,都是从你,不是从我自己而来。所以,你若转面不理我,我就惊惶。

章 28　偏离正路者的意向;对某些异端,我们应做的不是争论,而是祷告

人骄傲的心根本不能领略到这;不过,上帝是伟大的,使我们找得到门径。我们犯了错误时,宁愿在指责我们错误的人面前强辩,而不想若脱离了错误,我们会如何有福。因此,解决这样的事,就不要凭争论,而要凭为他们和我们自己作的祷告。因为我们从来没有对他们说:“罪是必要的,好有上帝的怜悯”,这种话只是他们拟想出来的。但愿从来没有使得怜悯成为必要的那悲苦!罪的不义——它与避免罪的容易程度恰成正比(在人还没有陷入软弱时)[4]——与最公义的惩罚紧密相连;甚至忤逆之人在他自身之中就得了罪的报应,因他轻视主,不顺服主,所以也失去了他那原来在某种程度上所具有的肉体的顺服。我们既已生在罪的律下(它与我们心中的律交战),就永远不该抱怨上帝,也不要反对最明显

① 《诗篇》三十篇 7—8 节。

② 《哥林多前书》四章 7 节。

③ 《诗篇》三十篇 7 节。

④ 意谓人愈容易不犯罪,其罪的不义程度就愈大。

的事实，而要寻找并祈求他的怜悯，来代替我们的惩罚。

章29 以喻显明上帝恩典是任何善行所必需的；上帝从不弃绝义人，只要上帝自己不遭弃绝[①]

请观察佩拉纠是如何谨慎地说："必要的时候，上帝就向人施怜悯；这是因为人在犯罪后需要这种帮助，而不是因为上帝希望有事使这成为必要。"你们难道看不出，他不是说上帝的恩典在阻止我们犯罪上是必要的，而是说这是因为我们已犯了罪？他还说："同样，医生的责任就是准备医治已受伤的人；尽管他不应当希望一个好好的人受伤。"倘若这个比喻适用于我们现在所论的主题的话，那么人的本性就当然不能由罪而受伤了，因为罪并非实体。这样，就打个比方，正如一个因受伤而瘸了腿的人得到了医治，是为了以后走起路来又直又有劲，天上的医生也是这样治疗我们的恶症，不仅使它们不再有，而且是为了我们可以走义路——这我们即使在治疗后，若没有他的持续帮助，也是走不好的。因为医生在治疗后，为了病人以后可以得到适当的营养，并得到合适的帮助，就将他交托给上帝，因为只有上帝才能帮助一切活在世上的人，并赐予医生在医疗过程中所用的工具。须知医生所施的治疗，不是出于自己，而是出于创造了万物的上帝，上帝创造病人和健康的人都需要的一切。只是每当上帝——借着"神人之间的中保，基督耶稣其人"——从灵性上医治病人并起死回生，就是称不义者为义时，每当他使他完全康复，就是达到完全的生命和义时，只要人不弃绝

① 参见奥古斯丁，《论惩罚与赦罪及论婴儿受洗》，卷二，第22章。

上帝，上帝就不会弃绝人，好叫生命可以永驻于虔敬和公义之中。因为，正如肉眼即使完全健康，若无光亮之助，便不能见物一样，人即使享有最充分的义，若得不到永恒公义之光的帮助，也不能过圣洁的生活。所以，上帝医治我们，不仅是为了可以除掉我们犯过的罪，更是为了使我们可以避免犯罪。

章 30　以罪克罪

佩拉纠无疑显示了翻手为云覆手为雨的善辩功夫，随其喜恶反驳敌手，将敌手的话弄成这个意思："为了使人没有任何机会骄傲和夸口，人不能够活而无罪就真是必要的了。"他认定"为使罪不再存在，就应先有罪存在，这乃是荒唐愚蠢之极，因为骄傲本身当然是罪。"这就如伤处不伴有疼痛，开刀不产生疼痛，好以痛止痛一样。我们若未曾经验过这类的治疗，只是在此事从未发生的世界某处听闻过它，也许真可能会用佩拉纠的话说，以痛止痛乃是荒唐之极了。

章 31　天上医生所用的疗法，不是出自病人，而是出自他自己；是什么使义人存着畏惧之心

他们说："但上帝是可以医治万病的。"当然他行动的目的就是要医治万病；但他是按着自己的判断行事，而不是从病人那里得到医疗之方的。无疑他希望赋予他的使徒保罗以大能力大力量，但他仍然对他说："我的能力，是在人的软弱上显得完全"；[①]他也不

① 《哥林多后书》十二章 9 节。

从保罗身上取走那神秘的“肉体上的一根刺”，虽然保罗一再求他取走。关于这刺，他告诉他，它加在他身上，是“恐怕他因所得的启示甚大，就过于自高”。[①] 因为别的罪只在恶行上得势，唯独骄傲是在行善时要警防的。因此那些人得到警告，不要将上帝的恩赐归诸自己的力量，也不要自大，免得这么做就导致堕入比根本不行善还要严重的灭亡里了。对这些人，经上是这么说的：“就当恐惧战兢，作成你们得救的工夫，因为你们立志行事，都是上帝在你们心里运行，为要成就他的美意。”[②]上帝既在我们心里运行，为何还要恐惧战兢，而不是悠闲自在呢？这岂不是为了我们不骄傲么？我们行善，必须有善良意志，但这样一来，我们的灵魂就倾向于将所行善行视为自己所成就的，且在丰足时说“我永不动摇”。[③] 所以，那乐意在我们的美上面添加力量的上帝，就转过了他的脸，自夸的人就遇到了麻烦，因为唯有心里的忧伤，才能医治骄傲的病症。

章 32 上帝在某种程度上离弃我们，好使我们不要骄傲

所以经上不是对人说：“你必须犯罪，好不再犯罪”；而是对人说：“上帝多少离弃你们，你们就生骄傲的心，由此你们知道，你们不是自己的人，乃是他的人，并学会不骄傲。”[④]发生在保罗身上的事〔指保罗身上有一根刺〕，是如此奇妙，若不是他自己证明这是一

① 《哥林多后书》十二章 7—8 节。
② 《腓立比书》二章 12—13 节。
③ 《诗篇》三十篇 6 节。
④ 《哥林多前书》六章 19 节。

件不容否认的真事，岂不是难以相信么？因为有哪个信徒会不知道，鼓动第一次犯罪的是撒旦，就是所有罪的第一作者？虽然如此，还是有些人被“交给撒旦，使他们受责罚，就不再谤渎了”。[①]不过，撒旦的作为怎么被撒旦的作为阻止了呢？这样的问题，初听起来好像还有一点敏锐，可是一旦仔细考虑，就知道是愚蠢的。佩拉纠的比喻我们又该怎么说呢？他用这比喻暗示我们应该给他的答案。他问：“对此我还可以说什么呢？如果我们相信以罪克罪，也就能相信以火灭火了。”火不能灭火，确实如此；可是痛却能止痛，恰如我所说的。人若知道，还能以毒消毒。若他看到，有时热药可以治热病，说不定还不会反对说以火灭火了。

章 33　并非所有罪都是骄傲；骄傲怎么是一切罪的开端

佩拉纠问：“但我们怎样才能把骄傲本身与罪区分开来呢？”罪本身既然是一种罪，他为什么还要提出这样一个问题来呢？他说：“犯罪无疑是骄傲，正如骄傲就是犯罪；这，你只要问问罪是什么，看看是否在什么罪里找不到骄傲的踪影，就可以明白了。”他表达了这一观点，并努力证明它。他说：“如果我没有弄错的话，每件罪都是对上帝的轻视，而对上帝的轻视就是骄傲。还有什么是比轻视上帝更算得上骄傲的呢？所以，一切的罪也就是骄傲了，连《圣经》也说，骄傲是一切罪的开端。”[②]他如果勤奋点，就会知道，在律法里，骄傲之罪与其他的罪大有分别。因为许多罪是由于骄傲才

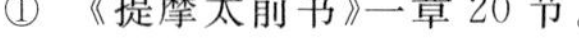

① 《提摩太前书》一章 20 节。

② 《便西拉智训》十章 13 节。

犯的；但并非所有的错事都是骄傲地犯的——无论如何，不是由无知、软弱，总之不是由哭泣悲伤犯的。尽管骄傲本身是一桩大罪，却与其他的罪大为不同，如我所说，大部分的骄傲，并不见于恶行之中，反倒见于善行里面。不过，他有一句话倒是说得没错："骄傲是所有罪的开端"；因为正是骄傲令魔鬼癫狂，而罪就发源于魔鬼；后来，当他的恶意和嫉妒盯上了其时仍算正直的人，人就变得癫狂悖逆了，正如当初他变癫狂悖逆一样。蛇说："你们便如上帝"①时，就是在寻找骄傲之门，由此进去〔进入人心使人犯罪〕。经上说得没错："骄傲是一切罪的开端"；②"骄傲的开端，就是离开上帝"。③

章 34　人犯罪是出于自己，要得医治却需要恩典

他又说："另外，人如果以为他所犯的罪不是他自己的，他又怎能对上帝认罪呢？因为，如果罪是出于必然，那就不是他自己的罪了。倘若罪是他自己的罪，就是自愿的了；倘若是自愿的，就能够避免了。"我们回答："罪毫无疑问是他自己的。但人由以犯罪的缺点，④却仍丝毫未得医治，它〔缺点〕已在我们里面变得根深蒂固，这一事实产生的原因，就在于我们没有正当地运用医治；这样，由于这一有缺陷的环境，变得愈来愈堕落的人就犯下许多的罪，或是由于软弱，或是出于盲目。因此我们须为他祷告，愿他得医治，愿

① 《创世记》三章 5 节。

② 《传道书》十章 13 节。

③ 《传道书》十章 12—13 节。

④ 此处缺点当指原罪或人的先天罪性。

他此后过一种康乐无恙的生活；他也不要骄傲，好像可借助使他败坏的力量得医治似的。”

章35 为何上帝不马上医治骄傲本身；骄傲隐伏地成长；先行与后到的恩典

不过，我倒宁愿这样谈论这些题目，就是我得承认我对上帝更深的谋略毫无所知，我不知道他为何不马上医治骄傲，这骄傲甚至在人行义时也隐伏在人心里；为了医治这骄傲，虔诚者会哭泣哀号，求他伸出他的右手，帮助他们战胜骄傲，将之击碎。人在用善行战胜了骄傲，感觉快慰时，就抬起头来，说：“看哪！我活着，你为何这样得意？是的，我活着，正因为你得意。”这句似乎已克服骄傲的话说得太早了，因为骄傲的阴影必要等到经上所说的正午，才会消灭：“他要使你的公义如先发出，使你的公平，明如正午。”不过你要按上一节所说的去行：“当将你的道路显露给主看，并倚靠他，他就必成全。”[①]可见成全的是他，而不是像有些人所想的，以为他们自己能成全。因为显然，诗人在说“他就必成全”时，心里所想的无非是那些说我们自己能成就，我们自己能使自己称义的人。在这事上，我们自己无疑也作工；但我们是与成就这事的主同工，因为他的怜悯预先临到我们。他事先临到我们，叫我们得医治；我们得医治后，他又跟随我们，使我们健康强壮。他事先临到我们，使我们蒙召；事后临到我们，我们得荣耀。他事先临到我们，使我们能过虔诚生活，事后临到我们，使我们常与他同住；因为离开了他，我

① 《诗篇》三十七篇5—6节。

们就不能做什么。[①]《圣经》提到这两种恩典的运行时，既说“我的上帝要以慈爱迎接我”，[②]又说“我一生一世必有恩惠随着我”。[③]因此，我们要用忏悔将我们的生活坦露给他看，而不要用辩护来赞扬它。因为不义的不是他的道，而是我们自己的路。就让我们向他忏悔，坦露我们的生活吧；因为不论我们怎样隐藏，都瞒不过他。向主忏悔，本是美事。

章 36　须避免行善所生的骄傲；宣讲恩典并未取消自由意志

所以，他要将他所喜悦的东西赐予我们，若有什么事是他不喜的，我们也就会不喜。正如经上所说：“他要从他的路，叫我们离开我们的路”，[④]使他自己的路成为我们的路；因为乃是他将恩惠赐给信他并盼他行这事的人。因为有一条义路乃是“向上帝有热心，但不是按着真知识”[⑤]的人所不知道的，这些人由于想立自己的义，“就不服上帝的义了”。[⑥]“律法的总结就是基督，使凡信他的都得着义”；[⑦]他也说过：“我就是道路。”[⑧]对那些已开始走这条路的人，也有上帝的声音在警告，免得他们自高自大，以为是凭着自

① 《约翰福音》十五章 5 节。
② 《诗篇》五十九篇 10 节。
③ 《诗篇》二十三篇 6 节。
④ 参见《诗篇》四十四篇 18 节。
⑤ 《罗马书》十章 2 节。
⑥ 《罗马书》十章 3 节。
⑦ 《罗马书》十章 2—4 节。
⑧ 《约翰福音》十四章 6 节。

己的力量走在这路上的。使徒意识到了这种危险，也对这些人说："当恐惧战兢，作成你们得救的工夫，因为你们立志行事，都是上帝在你们心里运行，为要成就他的美意"，[①]出于同一种原因，《诗篇》也说："当存畏惧事奉主，又当存战兢而快乐。要领教，恐怕他发怒，你们便在道中灭亡，因为他的怒气快要发作。"[②]诗人不说"恐怕他发怒，不将义路指示你们"，也不说"不引领你们走入义路"；而是甚至在人走义路之后，仍恐吓说："恐怕你们便在道中灭亡。"若非由于骄傲，怎会在道中灭亡？我常常说，也要反复地说，即使是在善事上也即义路上也要防止骄傲，免得人将上帝之工作贪为己有，从而失去了上帝的，只剩下自己的。就让我们按着诗人所说的去行吧："凡投靠他的，都是有福的。"[③]好请他自己成就这事，将他的道指给我们，经上对他说："又将你的救恩赐给我们"；[④]他就会将安全的路指给我们，达到他所应许的地方，经上如是对他说："就是在那里，你的手必引导我，你的右手，也必扶持我"；[⑤]他自己牧养与亚伯拉罕、以撒、雅各同席而坐的人，关于这些人，经上说："他必叫他们坐席，进前伺候他们。"[⑥]这么说并不是要取消自由意志，而是要宣讲上帝的恩典。因为这些白给的恩赐，除了是只给那些谦卑地运用自己的意志、不夸口自己的力与能的人，还能给谁呢？自夸的人，仿佛自己就可以达到完全的义似的，这样的人，当然不

① 《腓立比书》二章 11—12 节。
② 《诗篇》二篇 11—12 节。
③ 《诗篇》二篇 12 节。
④ 《诗篇》八十五篇 7 节。
⑤ 《诗篇》一三九篇 10 节。
⑥ 《路加福音》十二章 37 节。

会得他的恩赐。

章 37 人即使完全无罪，也不与上帝同等

佩拉纠提到反对他者的意见："若说人无罪，那就将人与上帝同等了"，仿佛天使由于是无罪就与上帝同等似的——上帝禁止我们这么说。至于我，我的看法是，受造物是永远不会变得与上帝同等的，即便我们达到了无以复加的完全圣洁。非也；凡是认为我们的进步可以如此完全，以致我们将变成上帝实体，从而成为他之所是的人，都应明白这只是他们自己的臆想；我必须承认，我自己不作如是想。

章 38 即使为了谦逊起见而说谎，也是不应该的；谦虚要出自真诚，不要出自虚假

我倒是赞成他的一个说法。有人对他说："你所主张的似乎有点道理，不过说人可以无罪，乃是自夸"，他回答说：倘若这是真实的，那么就不应当被称为自夸的说法；对此他问得甚好："谦虚应该算在哪一边呢？如果你证明自夸是在真理一边，那么谦虚无疑就算在虚假一边了。"因此他就断言，且正确地断言，谦虚应当算在真理而非虚假一边。这样，我们对经上说的"我们若说自己无罪，便是自欺，真理不在我们心里了"，[①]就可毫不迟疑地认为它道出了真理，而不是为了谦虚的缘故说出的假话。所以，他才补充"真理不在我们心里了"；他若只是说"便是自欺"，本也够了，只不过他注

① 《约翰一书》一章 8 节。

意到，有些人可能认为这里说“只是自欺”，原因乃是自夸的人虽然自夸，却也因做了好事而得到了赞扬。所以，他就补充了“真理不在我们心里了”一句，显明(甚至佩拉纠也正确地看到了这点)若我们说自己无罪，就是全不真实的，否则，谦虚就不免属于虚假，要失去真理的奖赏了。

章 39　佩拉纠荣耀上帝是创造主，但不荣耀上帝是救世主

不过，他就到此为止了。他虽自鸣得意，以为他辩护本性就辩护了上帝，实际上却在断言本性正确时，忘记了自己拒绝了医生的怜悯。创造了他〔佩拉纠〕的上帝也是他的救主。所以，我们不要夸大了创造主的一面，以致不得不说救主是不必要的。对人的本性我们可以给予适当的赞扬，并将赞扬归于创造主的荣耀；同时，我们在对他创造我们表示感谢时，不要忘了感谢他也医治我们。他所医治的我们的罪，我们当然不能说是上帝引起的，只能说是由人的任性引起的，所以该受上帝公义的惩罚；不过，正如我们承认犯不犯罪在我们能力之内一样，我们也要承认它们得不得医治是在上帝的怜悯而不是在我们自己的力量之内。但是，根据佩拉纠的说法，救主的这一怜悯的、医治人的帮助，只在于他赦免我们过去的过犯，而不在于他帮助我们避免将来的过犯。他在这点上是大错特错了；既然他在这点上坚持说，这事不发生，完全在我们控制之内，那么他所说的就不免使我们疏懒，难以祷告说“不叫我们遇见试探”了。

章 40　经上为何记着某些人的罪；人恣情纵欲，仿佛不这样就是受了损失似的

他说得不错："我们在经上念到有些人犯罪，他们的例子被记了下来，并不是为了要使他们对不犯罪感到绝望，以便在罪中感到几分安全"——而是为了我们可以学得悔改的谦卑，或者发现，甚至在这样的堕落中，也不应对得救感到绝望。因为有些人，在陷入罪里时，就绝望不已，以至于灭亡，不仅忽视了悔改的良药，而且变成了邪恶情欲的奴隶，恣情纵欲——好像不做情欲驱使他们做的事，就受了莫大的损失一样，而与此同时一直有某种惩罚等着他们。为反对这种充满了危险和毁灭的恣情纵欲，经上就记载了这些甚至义人和圣洁之人从前也犯过的罪，好叫我们得着警诫。

章 41　圣洁之人是否无罪而死

佩拉纠所提的如下问题倒是很敏锐的："那些圣人辞别此生时，我们该当何想——他们是有罪的，还是无罪的？"我们若是回答"有罪"，那么圣人就会被定罪了，这当然骇人听闻；我们若是说"无罪"，那就表明人在此生即可无罪，至少在临终时如此。不过，他是聪明一时，糊涂一世，他忽略了一件事，就是义人也要不无缘由地祷告说："免我们的债，如同我们免了人的债"；[①]主基督在解释这祷文后，最真切不过地补充说："你们饶恕人的过犯，你们的天父也

① 《马太福音》六章 12 节。

必饶恕你们的过犯。”[①]这是基督吩咐我们每日在心坛上献给上帝的圣灵的馨香——表明我们即使不能无罪地活，却能无罪地死，因为那由于无知或无能而犯的罪已被怜悯的赦免抹掉了。

章 42 唯有有福的童贞女马利亚才是无罪的；她以外的圣人没有一个是无罪的

接着他历数那些“不仅活着没有罪，而且被当作曾过着圣洁生活者来描述的人——亚伯、以诺、麦基洗德、亚伯拉罕、以撒、雅各、嫩的儿子约书亚、非尼哈、撒母耳、拿单、以利亚、约瑟、以利沙、米该雅、但以理、哈拿尼雅、亚撒利雅、米沙利、末底改、西缅、马利亚的未婚夫约瑟，以及约翰”。还加上了一些妇女的名字：“底波拉、撒母耳的母亲哈拿、犹底特、以斯帖、法内力的女儿亚、以利沙伯，还有我们救主的母亲”，他说：“我们必须说她的虔诚里是根本无罪可言的。”我们必须特别谈谈神圣处女马利亚，关于她，我不愿提出罪的问题来，以免对我们的主不敬；因为我们从主得知，用来克服一切罪的丰富的恩典，临到她身上，唯有她才配得上怀上并生下无疑无罪的他〔救主〕。[②] 倘若我们将上面点过名的所有圣人都集合起来（圣母除外），问他们在尘世时有罪还是无罪，他们会作何回答呢？是像我们的作者所说的那样呢，还是像使徒约翰所说的那样呢？我问你们，若向他们提出这样的问题，无论他们在尘世时过着多么圣洁的生活，他们岂不是要异口同声地说“我们若说自己无

① 《马太福音》六章 14 节。

② 《约翰一书》三章 5 节。

罪,便是自欺,真理不在我们心里了”?[①] 他们的回答岂是过于谦虚,以致不真么? 但佩拉纠已正确地断言:“谦虚不可虚假。”可见,他们所回答的若是事实,他们就一定是有罪的,但他们既谦虚地承认自己的罪,真理就是在他们心里了。如若他们的回答是谎言,他们就仍是有罪的,因为真理不在他们心里。

章 43　为何《圣经》没有提所有这些人的罪

他说:“也许他们要问我:《圣经》就不能提所有这些人的罪么?”无论谁向他提这样的一个问题,他们一定会说真话;虽然我觉得他不甘沉默,却没有发现他在什么地方给了他们正确的答复。请你们看看他说了些什么。他说:“向那些《圣经》既没有说是好人也没有说是坏人的人,提这个问题也许是对的;但对那些《圣经》赞许其圣洁的人,就问得不对了。因为他们若犯了罪,《圣经》就会同样地将这些罪说出来。”不妨请佩拉纠看看那些在主骑驴进城时跟随在后面的人。“前行后随的人,喊着说:和撒那归于大卫的子孙,奉主名来的,是应当称颂的”;[②]虽然有恶人问他们为什么这么做,他们也仍然不顾——请问佩拉纠,他们这么大的信心是不是达到了义? 若他能,就请他大胆地告诉我们,在那么多的群众中间,没有一个人是有罪的。倘若这么说是再荒谬不过,那么《圣经》为何不提上面说到的那些人的罪,只是仔细地记载了他们的信德呢?

① 《约翰一书》一章 8 节。

② 《马太福音》二十一章 9 节。

章 44　佩拉纠论证亚伯无罪

不过，他甚至也注意到了这点，就说："有时，可能是群众太多，《圣经》并不述说所有人的罪；不过，在世界的开始，总共只有四个人的时候，我们如何解释《圣经》不提所有人的罪呢？是因为考虑到了那时还未出生的广大的群众呢？还是因为《圣经》只能提到那些已犯罪之人的罪，而不能够记录还未犯罪的人的罪呢？"接着他补充了一些话，使其观点得到更清楚充分的说明。他说："经上记得清楚，起初世上只有亚当、夏娃和他们的儿子亚伯和该隐四个人。《圣经》明说了夏娃犯罪，也没有忘记告诉我们亚当也犯了过；还同样清楚地告诉我们该隐也犯了罪：关于这些人，它不仅提到了他们所犯的罪，还指出了他们罪的特征。若亚伯犯了罪，《圣经》无疑也会提到的。但它并没有这样说，所以他并没有犯罪；不，《圣经》甚至还显明了他是一个义人。所以，我们读到的，就当相信；没有读到的，就不可加添。"

章 45　为何有人认为该隐的儿子是由他母亲夏娃生的；义人的罪；义人本是既可义，又非无罪的

他说这番话时，忘了自己先前说过的：人口众多后，《圣经》可能忽视了注意所有人的罪。他若将这牢记在心，就会看到，甚至在一人里面，就有如此众多的小罪，要全部描述它们乃是不可能的（或不可指望的）。《圣经》所记只是其中极少的一部分，用作教育读者的例子。那时究竟有多少人、有什么人活着，《圣经》没有提及；因此，亚当和夏娃子女有多少，名字为何，我们都不知道。有些

人既没想到《圣经》上许多事略而未提，就瞎猜该隐与他母亲同居，生儿育女。他们这么猜，是因为《圣经》在这里没有提到亚当有女儿，只是在后来才补充说："亚当生儿养女"，[①]但这些儿女有多少，叫什么名字，是何时生的，都没有说明。关于亚伯，也是一样。他虽被称为"义人"，但是否也曾嬉笑无度，空虚无聊，乱开玩笑，目光贪婪，采果过多，暴饮暴食，祷告时胡思乱想，难致灵修，等等此类，均未提及。这些过失，难道都不算罪么？关于这样的事，使徒有言相劝，要我们避免："所以不要容罪在你们必死的身上作王，使你们顺从身子的私欲。"[②]故此我们每时每刻都要与不法不雅的念头作斗争。非礼勿视，否则淫念难消，就应在了身上。奸淫在心里远快过在身体上，恰如意念快过行为，无物阻挡。人若尽力止住这邪恶情欲，不依不从，也不"将他们的肢体献给罪作不义的器具"，[③]便配称为义，不过，他得以如此，靠的却是上帝的帮助。金无足赤，人无完人，义人虽算为义，但小罪无孔不入，犯过在所难免，因此义人不算无罪。总之，若在义人亚伯身上有上帝之爱，借着这爱他方真正有义人之义，借着这爱他遵从道德律令，在圣洁上有所进步，不过，他仍在某种程度上有所欠缺，因而算是有罪。真的，人若非来到大能者面前，浑身虚弱全消，谁又能没有这样的欠缺？

章 46　是遵循《圣经》，还是妄作加添？

他的结论当然甚好："我们读到的，就当相信；没有读到的，就

① 《创世记》五章 4 节。
② 《罗马书》六章 12 节。
③ 《罗马书》六章 13 节。

不可加添;这是普遍的道理。”相反,我要说,我们不应该相信所读到的一切,因有使徒的话为证:“但要凡事察验,善美的要持守。”[①]添上一些没有读到过的,也并不是恶的,因为所添上的,虽然没有记在书上,却还是我们经验过的。也许他会回答说:“我说这话,是指《圣经》而言。”但愿他永不要加上——我不说凡不在《圣经》上的话,只说——与《圣经》相反的意思;但愿他衷心听从经上所说:“这就如罪是从一人入了世界,死又是从罪来的,于是死就临到众人,因为众人都犯了罪”;[②]但愿他不因为否认人本性的败坏而轻视大医生的恩典。我多么希望他以基督徒的身份念念这句话:“除他以外,别无拯救,因为在天下人间,没有赐下别的名,我们可以靠着得救”;[③]并希望他不再坚持人本性的可能性,就是相信人不必靠救主的名,单靠自由意志就可得救。

章 47 佩拉纠因何缘故认为基督对我们是必要的

也许他认为所谓“靠基督的名”,是指我们凭着他的福音,就得知应当怎样生活,而不是得到他恩典的帮助过善良的生活。不过,甚至这样的想法,也会使他至少承认,人心有种可悲的幽暗,这幽暗使它知道如何去驯服狮子,却不知道如何去生活。要知道这,难道我们有自由意志和自然律法就够了么?这是字句的智慧,是使

① 《帖撒罗尼迦前书》五章 21 节。

② 《罗马书》五章 12 节。

③ 《使徒行传》四章 12 节。

得“基督的十字架落了空”的。[①] 主说：“我要灭绝人的智慧”，[②]因为十字架是不会落空的；他所以灭绝人的智慧，是为了坚立人所算为愚拙的福音，使信者都得着医治。倘若本性的能力借着自由意志之助，就足以发现人应当如何生活，足以过着圣洁生活，那么“基督就是徒然死了”，[③]从而“那十字架讨厌的地方就没有了”。[④] 我何不也高声指责——用基督徒的悲愤高声指责他们说——“你们这凭本性称义的，你们使基督落了空，你们与恩典隔绝了”；[⑤]因为你们“不知道上帝的义，想要立自己的义，就不服上帝的义了”。[⑥]基督乃是“律法的总结”，也同样是人之败坏本性的救主，“使凡信他的人都得着义”。[⑦]

章48 “所有人”一词当作何解

他的对手引证经文“世人都犯了罪”，[⑧]对此他回答说，“使徒显然是说当时的那代人，就是犹太人和外邦人”；但是，我所引证的经文，“这就如罪是从一人入了世界，死又是从罪来的，于是死就临到众人，因为众人都犯了罪”，[⑨]却包括了古代和当代、我们自己和我们后代所有的人。他也引用了这段话，来证明“世人”一词并非

① 《哥林多前书》一章17节。

② 《哥林多前书》一章19节。

③ 《加拉太书》二章21节。

④ 《加拉太书》五章11节。

⑤ 《加拉太书》五章4节。

⑥ 《罗马书》十章3节。

⑦ 《罗马书》十章4节。

⑧ 《罗马书》三章23节；“世人”原文为“所有人”。

⑨ 《罗马书》五章12节。

没有例外——针对经文“因一次的过犯，众人都被定罪，照样因一次的义行，众人也就被称义得生命了”，[①]他说：“并非所有人都因基督的义成为圣洁，只有那些愿意服从他并在洗礼中洗净了的人才如此。”不过，他作此引用，并没有证明他想证明的。因为“因一次的过犯，众人都被定罪”是指所有人，“因一次的义行，众人也就被称义得生命”这句话也包括了所有人——这不是因为所有人都有信且在洗礼中洗净了，而是因为人若非信基督且被洗礼洗净，就不能称义。所以“所有人”一词的用法，是说无论是谁，没有能靠着基督之外的手段得救的。就像一个城市里面，被指定的教师只有一个，我们就可以最为正确地说：那人教导那里所有的人；这并不意味着住在城里的所有人实际上都受了他的教导，而是说人若非受他教育，便不能得到教导。同样，若非基督使人称义，是没有人能够被称为义的。[②]

章 49 只有靠着恩典之助，人才能无罪；在圣徒身上，这种可能性增大，与现实同步

他说：“好，若是如此，我同意；他证明了所有人都是罪人这一事实。不过，他说的只是他们已是之人，而不是他们不可成为别样的人。所以，”他补充说：“若所有人都被证明了是罪人，也并不足以驳倒我们的论点，我们所坚持的不是人是什么，而是人可以成为什么。”活着的人，没有一个在上帝眼里为义，这点他说得对。不

① 《罗马书》五章 18 节；这里“众人”即“世人”或“所有人”。

② 比照奥古斯丁，《论惩罚与赦罪及论婴儿受洗》，卷一，第 55 章。

过，他说这并非问题所在，问题在于人有不犯罪的可能性——在这个主题上我们不必据理相争；说真的，我不大在乎明辩这点，即此生是不是曾有、正有、将有这样的人，曾、正、将完全地、无以复加地得到了上帝的爱（这样才算最真实、充分、完善的义）。我既承认并坚持人的意志能够借着上帝恩典之助成就事情，我就不必再费唇舌争辩何时、何处、谁人可以成就了。我也不就现实的可能性展开争论，因为在意志得到了治疗和帮助的圣徒身上，我们所争论的可能性是与日递增，逐步实现的；而“上帝的爱”，就我们得了治疗和洁净的本性所可能接受的程度而言，“借着所赐给我们的圣灵，浇灌在我们心里”。[①] 我们若要更好地事奉上帝（佩拉纠正是为此才热心地为本性辩护的），就当承认他既是我们的创造主，也是我们的救主，我们不要为了辩护受造物而减损救主的救助，仿佛受造物是完好而又整全的。

章 50　上帝不令人做不可能的事

他有句话倒是蛮真：“上帝既良善又公正，他把人造成这样：只要人愿意，就可以过着无罪恶的生活。”因为谁不知道人被造得完整无瑕，被赋予了过圣洁生活的自由意志和自由能力呢？不过，我们现在所讨论的，乃是在半路上被“强盗”[②]打得半死的人，他负有重伤，浑身无力，他从义路下来，却再不能攀越义山了；他现在若是安歇在店里，就正处于疗程中。[③] 所以，上帝不吩咐不可能的事；

① 《罗马书》五章 5 节。
② 《路加福音》十章 30 节。
③ 《路加福音》十章 34 节。

他若吩咐，能做的事你就自己做，不能自己做的事你就求他帮助。这样，我们就知道了可能性出自何处，不可能性出自何处。这人说："人能凭着本性做的事，出自人的意志。"我说：人若凭着本性便能成义，他便不能凭着意志成义。不过，他由于欠缺而做不到的事，他可以借着恩典的帮助办到。

章 51 佩拉纠派与公教会之间的问题；古时圣人也因我们所信的基督得救

我们何必再在一般的事上纠缠？不如进入到问题的核心，就是我们与对手唯一关心或几乎唯一关心的一个个别问题。他既说"现在的问题不是关于是否曾有或现有今生无罪的人，而是他们是否曾有或现有做无罪之人的能力"；我虽然可以承认曾有或现有这样的人，但绝不会断言他们曾有或现有能力成为无罪之人，除非是被上帝的恩典称义，借着我们的主"耶稣基督，并他钉十字架"。[①] 其实那曾医治古人的信，也正是现在医治我们的信——就是信"在上帝和人中间，只有一位中保，乃是降世为人的基督耶稣"，[②]就是信他的宝血、信他的十字架、信他的死与复活。我们既有一样的信之灵，也就相信，也就因此说话。

章 52 整个讨论都是关于恩典的

佩拉纠向自己提出了他觉得基督徒所以难以容忍他的一个问

① 《哥林多前书》二章 2 节。

② 《提摩太前书》二章 5 节。

题。问题是这样的:“但是你会告诉我,困扰了许多人的问题乃是——你不坚持说,人唯有借着上帝恩典才能无罪。”这当然是令我们困扰的地方;也是我们反对他的地方。他正触到了要害。这正是使我们如此心疼,难以忍受的地方;这也正是我们出于对别人和对他们自己的爱,不能忍受基督徒在这样的问题上争辩的原因。现在就让我们来听听他如何为自己辩解。他说:“人是多么地眼瞎无知,心思是多么地愚拙无教,竟以为它所听说的只应当归功于上帝的东西,是可以没有上帝恩典就能够持有的!”若不知道他这句话的下文,只凭这句话来作判断,我们就会以为,弟兄们中间关于他的传闻和见证,都是错误的了。他说不犯罪的可能性,不管它在人身上在何等程度上存在或将存在,只能归功于上帝——还有比这更准确、更真切的么?这也是我们所断定的。我们可以化干戈为玉帛了。

章 53 佩拉纠区分能力及其运用

还有什么可听的么?当然有;我们在听的同时,也要纠正和反对。他说:“既说能力根本不属于人的意志,而是属于本性的创造者即上帝,那么,怎可能将那〔当指能力〕理解成没有上帝恩典也能成就的呢?恩典唯有出自上帝。”现在我们开始看出他的意思了;不过为免误解,我们还是得看他进一步详细清晰的解释:“要阐明这点,不如加以充分的讨论。我们断定,任何事的可能性不是在于人意志的能力,而是在于本性的必然。”然后他举例说明:“比如我说话的能力。我能够说话,这不是出于我自己;但我说不说话,却在于我自己——就是说,在于我自己的意志。由于我说话的行为是我自己的，我就有力量做相反的事——就是说，我既可说话，也可不说话。不过，因为我说话的能力不是我自己的，即不是我自己的决断和意志的，那么我总能够说话这件事就是出于必然了；尽管我希望不能够说话，我也不能够不能说话，除非是我丧失了使我执行说话功能的那个器官。"其实，如果有人愿意的话，是不妨举出一些例子表明，人虽然没有了说话的可能性，但说话的器官还是好好的。比如，有人声音毁了，不能说话了，但发音器官还是在的；声音当然不是器官。器官可能受了内伤，但并没有真的失声。不过，我不愿在这里抠字眼；因为他们也可以反驳我说，受伤如何如何就表示失去了功能。不过，我们还是可以设想，人可以用绷带绑紧嘴巴，使它不能开口说话，不能凭着我们自己的力量开口，尽管在我们的肌肉仍有健康和力量时我们能够闭上嘴。

章 54　必然性与自由意志并非不相容

这又与我们的主题有何相干？请看他说了些什么。他说："凡受本性的必然性拘束的，就被剥夺掉了意志的决断和思考。"这里有一个问题；我们由于本性的某种微妙的强制力量，绝不可能不愿意快乐，若有人根据这点就说，我们愿意快乐这并不属于我们的意志，那却是荒唐之至了；我们也不敢坚持说，因为上帝不能意愿犯罪，故而他没有意志而只有公义之必然。

章 55　继续

注意他下面的话。他说："我们可以知道，听、嗅、视也同样如此——去听、去嗅、去看是我们自己的力量，而听、嗅、看的能力却非出自我们自己的力量，而在本性的必然性里面。”恐怕不仅是我，连他自己都不理解他所说的话。若我们愿意的话，就可以使自己眼瞎从而剥夺自己的视功能，因此不看东西的必然性出于我们自己的力量，既然如此，看东西的可能性怎么不在我们自己的力量之内呢？还有，即使我们的视觉器官健康，我们也不一定能在愿意看见的时候就看见——这要么是因为夜间没有光，要么是因为我们被关在黑暗的地方——怎能说，看东西是出于我们自己的力量呢？同样，倘若我们能否听东西都不是出于我们自己的力量，而是在于本性的必然，而我们实际的听或不听却是出于我们自己的意志，那么他为何没有注意这一事实，即许多东西都是违反我们的意志而被我们听到的，它们即使在我们的耳朵塞着时也冲进来，比如锯子的尖啸，猪的叫唤？尽管塞耳朵显明了，只要我们耳朵不聋，我们就不能不听；但是塞住耳朵，什么东西也听不见，也许证明了不听东西的能力是出于我们自己的力量的。至于他就我们的嗅觉所说的话，即“有没有嗅觉的能力，并不出自我们的力量，可是，嗅或不嗅却在于我们”——就是说，在于我们的自由意志——他这么说，岂不是太鲁莽了吗？不妨设想，有人把我们双手紧紧绑住，却未伤害我们的嗅觉器官，他们把我们放在恶臭的地方，这样，不管我们怎么不愿，也不得不失去了不嗅的力量，因为每次我们吸气时，也就吸入了我们并不愿意吸的臭气。

章 56 完善本性里的恩典之助

可见他的这些比喻都是虚假的，他打比方说的意思也是如此。他接着说：“同样，关于不犯罪的可能性，我们必须知道，不犯罪乃是出于我们，可是，不犯罪的能力却不是出于我们。”倘若他是在说人完全而至善的本性，即我们现在还未拥有的(“因为我们得救是在乎盼望，只是所见的盼望不是盼望，但我们若盼望那所不见的，就必忍耐等候”)①，他的这番话也是不正确的，他这么说就好像避免犯罪乃是单单由于我们自己似的。其实避免犯罪也必须有上帝的帮助，这帮助给予了那些愿意得到它的人，正如光被给予了健康的眼睛，好帮助它们发挥正常的视觉功能一样。不过，既然他是就我们的今生而提出问题的，而今生我们必朽的身体连累了灵魂，属地的肢体败坏了意念，那么我就惊讶于他竟能认为，若没有救主医治的帮助，我们单凭着自己的力量，也可以避免犯罪，且不犯罪的能力出自本性。其实后者看不到自己的污点，正好证明了它自己的败坏。

章 57 上帝不能犯罪，不能死，不能毁灭自己，这并不减损他的全能

他说：“既然不犯罪在于我们自己，那我们就能够犯罪或不犯罪了。”倘若有人说“既然不愿意不幸在于我们自己，那我们就既能愿也能不愿”，这成什么话呢？何况我们决不能如此愿意。因为谁可能会愿意不幸呢？虽然可能他所愿意的东西违心地导致了不幸，他当初所愿意的也不会是不幸。同样，大而言之，既然上帝不犯罪，难道我们就可以说，他既可犯罪，也可避免犯罪吗？我们断不能说他能够犯罪！因为他并不像某些愚蠢的人所设想的那样，

① 《罗马书》八章24—25节。

因为不能死，或因为不能否定自己，就不是全能的了。那么，佩拉纠这话是什么意思呢？他怎么要我们相信他自己也懒得想的东西呢？他还说了："不过，既然能够避免罪不在于我们；即使我们愿意不能够避免罪，不能够避罪也不在于我们。"这是一个极复杂的句子，因此也就极为晦涩难解。我们可以这样表达它："既然能够避免罪不在于我们，那么，不管我们愿意与否，我们都能够避免罪！"他不是说"不管我们愿意与否，都不犯罪"——因为我们如果愿意，无疑就可以犯罪——而是断言，不管我们愿意与否，我们都有能力不犯罪——这能力据他说是我们本性固有的。一个双腿健全的人，可以说是"不管他愿意与否，他都有走路的能力"；但若他的双腿摔断了，则不管他多么愿意，他都没有能力了。佩拉纠所说的本性早已败坏了。"灰尘何竟骄傲？"[①]本性既已败坏，便哀求医生治疗。它喊着："主啊，求你帮助我"；[②]它高叫："求你医治我。"[③]佩拉纠为何要借着坚持它现今的能力，来阻挡它将来的得救呢？

章 58　甚至虔诚与敬畏上帝的人也敌挡恩典

请看他补充了什么话来加强他的论点。他说："本性固有的东西，意志不能废去。"那么，使徒为何说"使你们不能做所愿意做的"？[④] 为何说"我所愿意的，我并不做，我所恨恶的，我倒去做"？[⑤]

---

① 《便西拉智训》十章 9 节。

② 《诗篇》十二篇 1 节。

③ 《诗篇》四十一篇 4 节。

④ 《加拉太书》五章 17 节。

⑤ 《罗马书》七章 15 节。

这时，所谓本性固有的能力又在哪里？请看，不做他们愿意做的事的，乃是人；使徒所说的，是不犯罪的问题——而不是不能飞的问题，因为构成他的主题的，不是鸟，而是人。请看，正是人不作他所愿意的善，倒作他所不愿意的恶的："立志为善由得他，只是行出来由不得他。"[①]那所谓本性固有的能力在哪里呢？使徒这话若不是代表他自己说的，也是代表别人说的，总之是道出了人的实情。可是佩拉纠却坚持认为，我们人类的本性有一种固有的完全不犯罪的能力。这样的话，即使说的人不知道它的后果（不过，很难说佩拉纠不知道这后果，他可是一心要使敬畏上帝但粗心大意的人接受这话），也会导致使基督的恩典"落了空"[②]的后果，因为这话的意思乃是，人类本性足使自己圣洁并称义。

章 59　在何种意义上佩拉纠将不犯罪的能力归于上帝的恩典

为了维护救恩，基督徒会质问佩拉纠："为什么你要主张，人没有上帝恩典的帮助，也能够避免犯罪？"为了避免憎恶，佩拉纠就支吾说："不犯罪的能力本身，不在于意志的力量，而在于本性的必然性。本性的必然性所固有的，无疑属于本性的创造者，就是上帝。我既显明了这能力属于上帝，怎能说我主张无须上帝的恩典呢？"纸终包不住火，他的这主张终究瞒不长久，要显露出来。他将不犯罪的能力归诸上帝，原因在于上帝是本性的创造者，而不犯罪的能

① 《罗马书》七章 18 节。

② 《哥林多前书》一章 17 节。

力是本性固有的。上帝愿意什么事，无疑就做什么事；不愿意什么事，无疑就不做。哪里有这种固有的能力，哪里就没有任何意志的软弱；或不如说，不能有既立志为善，但又“行”不出来的情景发生。[①] 事若如此，经上又为何说“立志为善”，但又“行”不出来呢？现在，倘若佩拉纠所说的人的本性是指起初受造时完善无瑕的本性，那么不管他所说的“它有一种固有的能力”（就是说不能失去的能力）该当何解，他都不会提到另一本性，就是可败坏的本性了。后者是需要医生来救治并康复的，正如瞎眼因着医生的治疗，就恢复了因瞎而失去的看的能力。我认为，瞎子会喜欢看，但不能够看；同样，人若愿意做某事但不能做，这时他就虽有意志，却失去了能力。

章 60　佩拉纠承认未受洗者“肉体为敌”

看看他要引入自己的观点，还要排除多少障碍。他向自己提了这样一个问题：“但你会照使徒的话跟我说，肉体是与我们为敌的”；[②]然后这么作答：“照使徒的话，受洗者既不属肉体，这样，肉体怎能与他为敌呢？因为他说了：‘但你们不属肉体。’”[③]很好；我们将要看看[④]在受洗者那里是否真的肉体不与他为敌；不过现在，他既不可能忘记他是一个基督徒（尽管他在这点上的记性很小），就暂时放弃了为本性辩护。他那固有的能力在哪里呢？那些还未

---

① 《罗马书》七章 18 节。

② 《加拉太书》五章 17 节；和合本译为“情欲与我们相敌”。

③ 《罗马书》八章 9 节。

④ 指《论人义的完全》一文。

受洗者就没有人类本性么？现在，在这点上，他有从迷梦中醒来的机会；他若仔细认真，就仍有这机会。他问：“受洗者那里，肉体怎能与他为敌呢？”那么肉体专与未受洗者为敌了！请他告诉我们为何如此，因为就是在这些未受洗者身上，也有他所坚决辩护的本性。这些人的本性，他似乎承认是败坏了，因为只有受洗者才可说是像那受了伤的旅客，在好撒玛利亚人带他去的店里恢复了健康，从而可离开那店，或继续留在店里。[①] 他如果承认，肉体与这些人为敌，就该告诉我们，这样的事是如何发生的。肉体与灵，既都为善的上帝所创造，无疑也就是善的。那么这样的事，岂不是人自己的意志招来的损害么？欲要修复受损的本性，也需要当初一手创造了本性的上帝。若我们承认，这位救主和他的救法，就是化身成人、住在我们中间的圣言，乃是尊者卑者、哭闹的婴儿和头发斑白的老人都需要的——那么，我们之间的一切争端就都可止息了。

章 61 保罗断言，甚至在受洗者那里肉体也为敌

现在来看经上就肉体与受洗者为敌如何说。我要问，使徒是对谁才这么说的：“因为情欲和圣灵相争，圣灵和情欲相争，这两个是彼此相敌，使你们不能作所愿意作的。”[②]据我的领会，他这是写给加拉太人的，对他们他还说过：“那赐给你们圣灵，又在你们中间行异能的，是因你们行律法呢？是因你们听信福音呢？”[③]可见他是在对基督徒说话。上帝已将他的灵赐给这些基督徒了，因此他

① 《路加福音》十章 34 节。

② 《加拉太书》五章 17 节；“情欲”即“肉体”。

③ 《加拉太书》三章 5 节。

们必是受了洗的人。由此可见，甚至在受洗者那里，也还是有肉体为敌；所以，甚至受洗者也没有他所谓本性固有的能力。这样，他的话"在一个受了洗的人那里，肉体怎能与他为敌呢？"不管是什么意思，都是不对的。其实这段经文[①]所说的并非本性的善良，而是肉体情欲的败坏。可见，就是在受洗者身上，还是有肉体为敌。肉体怎么与他为敌？就是"他们不能作所愿意的"。注意这里"立志"是有的；但"本性的能力"在哪里呢？就让我们承认，恩典是我们必须的；就让我们哭喊："我真是苦啊！谁能救我脱离这取死的身体呢？"就让我们的答案是这样的："感谢上帝，靠着我们的主耶稣基督就能脱离了。"[②]

章 62　讨论这里所论上帝恩典为何；无神的人至死都未从色欲中得解放

人很正当地对他说："你为何断言，人无上帝恩典之助便能避免罪？"不过这里所问的，不是人得以受造的恩典，而只是借我们主耶稣基督得救的恩典。虔信的人在祷告时说："叫我们不遇见试探，救我们脱离凶恶。"[③]他们若有此能力，又何须如此祷告？他们所祈求脱离的，除了是"这取死的身体"，还是什么？唯有借着我们主耶稣基督而来的上帝恩典才能救我们脱离它。这取死的身体，当然不是本性为善的身体实体；而是它肉欲的悖逆，人若非借着救主的恩典，是不能脱离这肉欲的——甚至到死也不能。倘若这是

① 《加拉太书》五章 19—21 节。

② 《罗马书》七章 24 节。

③ 《马太福音》六章 13 节。

上引使徒语录的意思，那他为何要在前面说："但我觉得肢体中另有个律，和我心中的律交战，把我掳去，叫我附从那肢体中犯罪的律"?[①] 请看，意志的悖逆给人的本性带来了多大的损害！愿他祈求自己得医治！他为何还如此相信自己本性的能力呢？它已被伤害、摧残、败坏了。它所需要的，不是对它能力的虚假辩护，而是对它软弱的真实承认。它需要上帝的恩典，不是为了可以受造，而是为了可以重造。而这是佩拉纠唯一认为没有必要的东西；因为对此他只言不语！倘若他对上帝的恩典不发一言，也不提出这个问题来加以解决，只求避免在这事上别人对自己反感，那么，也许人会以为他在这主题上的思想与真理一致，他之所以没有谈到它，只是因为它是不言而喻的。他提出了恩典问题，并以他自己的方式回答了它；问题得到了确定——但不是以我们所希望的方式，而是按我们所怀疑的意思进行。

章 63　上帝创造敌对?

接着他大量引用使徒的话（关于这些话的意思，人们毫无争议），以图显示"他常用到'肉体'一词，足可证明，该词不是指实体，而是指肉体的行为。"这又有什么关系？肉体的败坏与人的意志相敌；他的本性无须受责，肉体的败坏却需医生。他问："谁造了人的灵?"他答："岂非上帝?"他又问："谁造了肉体?"他又答："我认为是同一位上帝。"他再问："造了这二者的上帝，是善的么?"他再答："对此无可怀疑。"另外又问："既然是善的创造主造了它们，它们岂

① 《罗马书》七章 23 节。

不都是善的么?”另外又答:“必须承认它们是善的。”最后是他的结论:“所以,若灵是善的,肉体也是善的,都是善的创造主造的,那么这两个善物怎又会彼此为敌呢?”不用说,若有人问他:“谁造了热和冷?”他就得回答:“无疑是上帝”,而这就推翻了他的整个推理。我不想问他一连串的问题。请他自己想想,这些天气状况〔指热和冷〕中的任一个可否说不善,或彼此并不为敌。他可能会反驳说:“这些都不是实体,而是实体的属性。”确实如此。但它们仍是本性〔或译自然〕的属性,无疑属于上帝的受造物;实体本身并不被说成是彼此为敌的,只是它们的属性,如水和火,才相互为敌。肉体和灵若也如此,又会如何?我们并不断定就是如此;只是为了显示他的结论靠不住,才说了这些。其实相反不必相仇,倒可能相辅相成,就如我们的身体里干湿冷热相互调和,促成健康。“但肉体和圣灵相争,使我们不能作所愿意作的”,[1]这一事实乃是一种缺失败坏,而不是本性。因此我们必须寻求医生的恩典,必须结束它们之间的敌对。

章 64　佩拉纠因就未受洗者所说的话而自挖墙脚

与佩拉纠的想法相反,人们会问,在未受洗者这里,善的上帝造出的这两种善的实体,会不会彼此相敌呢?佩拉纠出于对基督教信仰的尊重,承认了这点,现在他会不会对此感到后悔呢?因为当他说“肉体怎会与已受洗的人相敌呢?”,他就是在暗示,在未受洗者那里,肉体与圣灵相敌是可能的。他插入了“已受洗的”几个

---

① 《加拉太书》五章 17 节。

字，若没有这几个字，就会是“肉体怎会与人相敌呢”了；而为了证明肉体并不与人为敌，他就会论证说，既然肉体与灵都是善的（因为它们都是善的上帝造的），它们就不能互相为敌了。未受洗者（佩拉纠承认在他们那里肉体是为敌的）很可能用他本人的论证反问他：谁造了人的灵？他就得答：上帝。假设他们再问：谁造了肉体？他答：我相信是同一位上帝。假设他们再问：造了这二者的上帝是善的么？他答：无人怀疑这点。假设他们再次问：既是善的上帝造了它们二者，它们岂非都是善的么？他就得承认这点。他既被迫如此作答，他们就用他自己的剑砍伤他的喉咙了，就说：所以，既然人的灵是善的，人的肉体是善的，都是善的上帝造的，那么，这两个善物怎会彼此为敌呢？对此，他可能会这样回答：请您原谅，我本来不应该说在受洗者那里肉体是不能与灵为敌，仿佛暗示在未受洗者那里却是相敌似的；我本来应该说得普遍点，即在任何人那里肉体都不与灵为敌。看看他拐进了什么死胡同。人若不愿与使徒一道哭喊“谁能救我脱离这取死的身体呢？感谢上帝的恩典，靠着我们的主耶稣基督就能脱离了”，[①]还能说出什么样的话来呢？但他若问：“我既已奉基督之名受了洗，为什么还要这样哭喊呢？喊叫的都是那些还没有得到这么大的好处的人，使徒也只是代他们说话而已——倘他们真的这么说的话。”他这样维护本性，甚至不让这些人说出这样的话！因为〔在他看来〕，在受洗者那里，本性不存在；在未受洗者那里，本性不是本性！但人们得要承认，在未受洗者那里，本性败坏了，以致他们并非没有缘由地呼叫说

① 《罗马书》七章 24—25 节。

"我真是苦啊！谁能救我脱离这取死的身体呢?"而在受洗者那里，他们的帮助乃是"上帝的恩典，靠着我们的主耶稣基督"；这样，他最终得要承认，人的本性需要基督来当它的医生。

章 65 保罗说"这取死的身体"，是因其败坏，而非因其实体

我问，我们的本性是什么时候失去自由的呢？这自由是保罗所切望给予他的："谁能救我?"他在表达脱离这取死的身体得解放的愿望时，也没有说肉体的实体有何缺失，因为身体和灵魂的本性都是善的上帝造出来的。他无疑是指着身体的悖逆说的。身体的死使我们脱离身体；而与身体相违的过犯仍在，对它们的公义的惩罚在等着它们，富人到地狱就是一例。[①] 因此，说"谁能救我脱离这取死的身体呢"的人，不能解放他自己。不过，他尽管失去了这种自由，却至少也保留着本性那"固有的能力"——他从本源即有这能力——他有出于自由意志的意愿。他为什么寻求受洗？是因为过去的罪，好使它们得赦免吗？它们是已经犯了。不过，你若这样释放了一个人，他也仍会呼叫不已的；因为他所需要的，不但是免掉过去之罪的惩罚，而且要得到力量，好防止将来犯罪。因为"按着他里面的意思，他是喜欢上帝的律。但他觉得肢体中另有个律，和他心中的律交战"。[②] 请注意，保罗是看到现在的事，而不是回忆过去的事。它乃是当前的压力，而不是过去的记忆。他看到

① 《路加福音》十六章 23 节。

② 《罗马书》七章 22—23 节。

另一个律不仅“交战”,甚至还“把他掳去,叫他附从那肢体中犯罪的律”,[1]就是现在运行在肢体中的律。由此他才哀告:“我真是苦啊!谁能救我脱离这取死的身体呢?”就让他祷告,让他祈求全能的医生帮助吧。为什么否认那祷告呢?为什么喝令止住那祈求呢?为什么甚至基督徒也要拦阻心里忧伤的人去求基督的怜悯呢?这正像那些陪着基督的人,企图用叫嚷阻止瞎子去求光明;可是,就在这些吵吵嚷嚷的不认者当中,主还是听见了他的哀求;[2]因此,他也可以用保罗的话,回答说:“由于上帝的恩典,靠着我们的主耶稣基督,我们就能看见了。”[3]

章 66　与“灵”相敌的是“肉体”的行为而非实体

即使我们接受他们的让步,就是未受洗者可以哀求救主的恩典,这也无济于事,他们关于本性自足和自由意志力量自足的断言,仍然同样地遭到反对。向上帝呼喊“我真是苦啊!谁能救我”的人,并非自足,也不能说有充分的自由,因为他还要祈求得自由呢!不过还是让我们来看一看,受了洗的人,是不是可以作他所愿意的善,而无须敌挡肉体的情欲。对此佩拉纠在结论中有话说:“如我们所说的,‘肉体和圣灵相争’这节经文所指的必非实体,而是肉体的行为。”我们也说了,这说的不是肉体的实体,而是肉体的行为,是发自肉体的情欲——即发自罪的,关于这情欲,保罗有所教诲:“不要

① 《罗马书》七章 23 节。
② 《马可福音》十章 46—52 节。
③ 《罗马书》七章 25 节。

容罪在你们必死的身上作王，使你们顺从身子的私欲。”[①]

章 67 谁可以说是在律法之下？

不过，甚至佩拉纠也会看出，下面的经文是对已受洗的人说的：“肉体和圣灵相争，圣灵和肉体相争，使你们不能作所愿意作的。”[②]为免他们休战，为免他们因这话而以为犯罪是不得已的事，保罗又接着说：“但你们若被圣灵引导，就不在律法之下。”[③]凡在律法之下的，只是出于对律法惩罚的怕，而非出于对义的爱，才不犯罪，同时心里并没有清除犯罪的欲念。正是因这意志，他才有罪，因为若是可能，他是巴不得没有他所怕的惩罚，好自由自在地作出他隐秘地欲求的事。所以保罗才说：“你们若被圣灵引导，就不在律法之下”，因为律法只是叫人惧怕，而不能给人爱。“爱浇灌在我们心里”，不是因为律法的字句，而是“因为所赐给我们的圣灵”。[④] 这是自由的律法，不是束缚的律法；是爱的律法，不是害怕的律法；关于它，使徒雅各有言：“那全备使人自由之律法。”[⑤]使徒保罗因此也不再感到像奴隶一样害怕上帝的律法，而是从内心感到喜悦，尽管他仍感到肢体之中另有一律与心中的律交战。这样他就说：“但你们若被圣灵引导，就不在律法以下。”真的，人一旦受到圣灵引导，就不在律法之下；因为他一旦喜悦上帝的律法，就不

① 《罗马书》六章 12 节。
② 《加拉太书》五章 17 节。
③ 《加拉太书》五章 18 节。
④ 《罗马书》五章 5 节。
⑤ 《雅各书》一章 25 节。

再害怕它了。须知,“惧怕里含着刑罚”,[①]而非喜乐。

章 68　纵使有魔鬼攻击,人也可凭着上帝之助得到完全

若我们在这件事上正确地想到,我们应该为我们已得的医治感恩,并祈求进一步的治疗,好享有充分的自由,达到那一最为绝对的、无以复加的健康状态。[②] 因为我们并不否认,人的本性可以无罪;我们也断不应否认它有成为完善的能力,因为我们是承认它有进步的能力的——但要凭着上帝的恩典,借着我们的主耶稣基督。靠着上帝的帮助,它就可以变得圣洁而幸福,它当初受造,就是为了如此。对于有人用来反对佩拉纠的一个问题:“魔鬼反对我们”,就很容易进行反驳了。在这点上我们与佩拉纠的回答完全一致:“我们必须敌挡他,他就会逃跑了。有福的使徒说过:‘务要抵挡魔鬼,魔鬼就必离开你们逃跑了。’[③]由此可见,人抵挡得愈烈,魔鬼的伤害就愈弱;人愈是不抵挡他,他就愈是得胜。”这话说得再真不过;也表达出了我的心声。不过,在我们与他们之间仍有一个区别,就是,我们不仅不否认而且还教导要在抵挡魔鬼时祈求上帝的帮助,而他们则认为意志大有能力,以致无须祷告了。显然,我们是为了抵挡魔鬼,使之逃离我们,才祷告说“不叫我们遇见试探”;[④]出于同一目的,我们的主,像元帅鼓励士兵一样,警告我们

① 《约翰一书》四篇 18 节。
② 《诗篇》十六篇 11 节。
③ 《雅各书》四章 7 节。
④ 《马太福音》六章 13 节。

说:“总要警醒祷告,免得入了迷惑。”[①]

章 69　佩拉纠以本性代恩典

对那些问他“人若有力量,谁不愿无罪”的人,他正确地回答说:“他们这么提问,就表明承认这事并非不可能;因为若非所有人,那也是许多人,想要如此。”好罢,只要他承认使这成为可能的救法,我们之间的争端就可终止。这救法就是“上帝的恩典,靠着我们的主耶稣基督”;可是他没有一处承认我们若祈求避免罪,上帝就会帮助我们。倘他已偷偷承认只是我们还未发现,那我们就请他原谅我们怀疑他了。不过这种怀疑也是他自己招来的,因为他若在因这问题而遭受许多责骂时,心里已承认我们的见解,又为何不愿公开亮开?他说出来也没有什么大不了的,何况他已经将这点说得像是敌手用来反对他的观点。他为什么只为本性辩护,说,按照上帝的创造,人若不愿意犯罪,就有避免犯罪的能力,又为什么说,人既如此受造,那使人能够避免犯罪的力量(若不愿意犯罪的话),就可称为上帝的恩典?人的本性早已败坏,唯有靠着上帝恩典,借着我们的主耶稣基督才可以得着医治,本性不能自足,必须得到帮助,这些他为什么丝毫不提呢?

章 70　是否有人今生无罪?

是否曾有、现有或将有人过着如此公义的生活,以致根本就没

---

① 《马可福音》十四章 38 节。

有罪了，这，可以在信实虔诚的基督徒中间展开讨论；[①]但谁若怀疑今生以后达到这一无罪状态的可能性，却是愚蠢的。就我自己而言，甚至不愿意就今生的问题展开争论。虽然经上的话"在你面前凡活着的人，没有一个是义的"[②]等等，意义似乎是很清楚的，但若有可能，我还是愿意把比较更好一些的意义归与这些章节，认为一种完全的、无以复加的、绝对的义，已被过去某时活着的某人实现了，或正被现在的某人实现，或将被将来的某人实现。至于绝大多数的基督徒，我们却不会怀疑他们一生都需要祷告说："免我们的债，如同我们免了人的债"，[③]同时对基督和他的应许也需要有信实、可靠、永不失败的盼望。不过，为了达到完全的义，或在真实的义上得着一点进步，唯一的方法是靠着我们被钉十字架的救主基督的恩典，和他圣灵的恩赐。我认为，凡否认这道理的，就不能算作基督徒。

章 71　佩拉纠援引大公教会作家拉克唐修（Lactantius）的话；奥古斯丁对此的反应

至于他所引用的一些话——不只是从《圣经》中，还从大公教会作家们那里——我希望加以核实，免得有人以为这些话真的坚持了他的观点。事实上，这些话是如此地完全中立，它们既不反对我们的观点，也不反对他的立场。他还引用了我的话，把我算作可以和他们平起平坐的人物。他如此抬举我，我不应当不知感激，并

① 参见奥古斯丁，《论人义的完全》。

② 《诗篇》一四三篇 2 节。

③ 《马太福音》六章 12 节。

以诚恳的友谊，希望他不至于犯了错误。至于他所引用的第一句话，既然我或是因为他没有提作者的名字，或是因为偶然的错误使你们送给我的抄本漏了提，而没有看到作者的名字，为何还要大费笔墨加以审察呢？对这些作者的作品，我觉得我可以随意作出自己的判断（只有对《圣经》，我才必须绝对服从），而且事实上，他引自这位无名作者[①]的话，没有一句是使我不安的。这位作者说："美德之主之师成为最像人的，乃是适宜的，他通过战胜罪，就向人显明了，人能够战胜罪。"[②]这话如何解释，我不敢说，只有作者本人清楚。但我们不能怀疑，在基督里面，并没有任何需要战胜的罪，因为他生来虽有罪身的"形状"，[③]却没有罪身本身。佩拉纠还引用了同一位作者的另一句话："还有，他通过制伏肉体的欲望，就教导我们，人犯罪不是由于必然，而是出于定意。"[④]在我看来，若作者此处所说的肉体的这些欲望不是指肉体的不法情欲的话，就可以理解成是指饥饿、口渴、困乏后的休息等等。这些东西虽然本身无错，有些人却因它们而堕入罪里——不过我们的救主却毫不会因它们而犯罪，尽管我们从福音见证得知，他因有罪身的形状，也有着这些情绪。

章 72　希拉里；清心的人有福了；行义与义的成全

接着他引用有福的希拉里的话："只有当我们在灵上完全了，

① 这里"无名作者"实即拉克唐修。

② 参见拉当提乌斯(Lactantius)，《圣教教义》(*Instit. Divin.*)，卷四，第 24 章。

③ 《罗马书》八章 3 节。

④ 参见拉当提乌斯，《圣教教义》，卷四，第 25 章。

成为不朽了，就是得到了唯有清心的人才得到了的福祉，我们才会看到那在上帝中的不朽之事。"我真不知道这句话与我们的话有什么相反之处，或在哪方面对我们的敌手有用，除非是它证实了人"清心"的可能性。不过谁又否认这种可能性呢？只是这种可能性唯有借助上帝的恩典，借着耶稣基督我们的主，而非单靠我们的自由意志就可实现的。他还引用了这一句话："约伯读经如此有效，以致远离一切恶行，因为他心无邪念，虔诚地敬拜上帝：如此崇拜上帝，正是义的行为。"[①]作者说的是约伯所做的事，而不是他在今生完全了什么——更非无须救主恩典就可做成或完全之事。关于救主，约伯已做过预言。[②] 谁若不让心里的罪管辖自己，在卑贱念头袭来之时加以克制，不让它形之于外，谁就可算是"离弃了一切邪恶的行为"。所以，没有罪的念头是一事，不服从罪的念头又是一事。成全"不可贪恋"[③]的诫命是一事，克己不犯经上所说"你不可放纵你的私欲"[④]又是一事。不过，人们还要完全明白，没有救主的恩典，就连这些事情也做不了。所以行义乃是指其真正敬拜上帝，在内与内心的恶欲斗争；而义的成全则是指完全没有了逆反。现在仍得斗争的人，仍然处在危险之中，有时即使没被推倒，也被动摇了；而根本就没有仇敌的人，则会完全地在平安至极中享乐。此外，真可以说无罪的人，只是罪在他里面无处安身的人——而不是虽然禁戒恶行，但仍要说"不是我作的，乃是住在我里头的

① 希拉里(Hilary)，《残篇》(*Fragments*)。

② 《约伯记》十九章25节。

③ 《出埃及记》二十章7节。

④ 《便西拉智训》十八章30节。

罪作的"[1]的人。

章 73 奥古斯丁用希拉里另一句话来驳佩拉纠

即使约伯本人,对他所犯的罪,也并没有保持沉默;你们的朋友〔指佩拉纠〕承认得对,谦虚"不可置于虚假一边",约伯既是真正敬拜上帝的,则他所承认的,无疑都是真实的。[2] 同样,对《诗篇》所说的"你藐视一切离开你法度的人",[3]希拉里是这样解释的:"上帝若藐视罪人,就一定会藐视一切的人,因为没有人是无罪的;但这里上帝所藐视的,就是那些离开他,被称为背道者的人。"请注意,他不是说过去没有人是无罪的,而是说从来没有人是无罪的;我说过了,在这点上我与他毫无争议。但若有人拒绝听从使徒约翰的话——他不是说"我们若说我们不曾犯过罪",而是说"我们若说自己无罪"[4]——他又怎会听从希拉里主教的话呢?我为了维护基督的恩典而大声疾呼(若无此恩典,便无人得称为义)——因为本性的自由意志是不够的。基督本人也说了:"离了我,你们就不能作什么。"[5]就让我们听从他的话吧。

章 74 安布罗修

不过,圣安布罗修倒真的反对那些说人今生不能无罪的人。

---

① 《罗马书》七章 20 节。

② 《约伯记》四十章 4 节;四十二章 6 节。

③ 《诗篇》一一九篇 21、118 节。

④ 《约翰一书》一章 8 节。

⑤ 《约翰福音》十五章 5 节。

他举撒迦利亚和以利沙为例证，因为经上说他们“遵行主的一切诫命礼仪，没有可指责的”。[1] 但是，他否认他们乃是凭着上帝的恩典、靠着主耶稣基督才如此的么？无疑古代的圣人也是靠着信基督而生的，即使那时他还未降世受死。正是他赐给我们圣灵，借着圣灵，爱就被浇灌在我们心里，借着爱，义人才得以成为义人。安布罗修主教在提醒我们唯有借着祷告方可接受圣灵时，明确地提到了这位圣灵（可见意志若非得到圣灵的帮助，是不足的）；他在作的一首诗里，唱道：

Votisque praestat sedulis,

Sanctum mereri Spiritum.[2]

意即：“凡是殷勤寻求的，他就叫他们得着圣灵。”

章 75 奥古斯丁在答复中引用安布罗修另外一些话

佩拉纠引用安布罗修的话，以为对他自己有利。现在我也要引用这同一位作者的同一本书里的话。他说：“路加说，‘我定意’，[3]但他定意，不单是出于自己。它不但是出自他那属人的意志，也是出自那在他里面说话的基督，因为凡是向我们显为好的，都是他促成的。他怜悯谁，也就召谁。若被问到为何希望成为基督徒，追随基督的人就可回答说：‘我定意如此。’他如此说，并不否认这也为上帝所喜；因为人的意志由神决定，上帝被他的圣徒荣

① 《路加福音》一章 6 节。

② 安布罗修（Ambrose），《赞美诗》（*Hymns*），3。

③ 《路加福音》一章 3 节。

耀，乃是出于上帝的恩典。”[①]佩拉纠若是喜欢安布罗修的话，就可从这里得知，人的意志乃是由上帝准备的，至于这准备的工作是用什么方法、在什么时候完成的，并不要紧，只是我们要确信，这工作除非有基督的恩典，是不能完成的。佩拉纠本应该注意到他从安布罗修文中引来的一句话的！安布罗修先是说：“因为教会是从世界当中聚集起来的，就是说，是从罪人当中聚集起来的，它既由这被玷污了的材料构成，又怎能未受污染呢，除非是它先借基督恩典洗净罪，然后借着它避免犯罪之本性来禁止犯罪”——他接着说的话佩拉纠未加引用，原因不言而喻。话是这么说的：“它〔当指教会〕不是来自原初未受污染的本性，因为本性未受污染是不可能的；它乃是借着上帝的恩典和本性，由于不再犯罪，才臻至似乎没有受污染的境界。”[②]谁看不出佩拉纠略过这些话的原因呢？今生的训练甚为严格，好叫圣教会最终达到所有圣人向往的至为纯洁无瑕的境地；它将在今生之后达到至洁的地步，没有任何恶人掺杂其中，也不因罪的律和心中的律交战而有不安，却要在上帝的永恒里过着一种至纯净的生活。佩拉纠还应注意到安布罗修主教混合着《圣经》经文的话：“它不是来自原初未受污染的本性，因为本性未受污染是不可能的。”他所说的“原初”，是指我们为亚当所生之时。亚当受造无疑纯洁无瑕；然而那些生来即为可怒之子的，继承的却是他里面败坏了的东西，他可是旗帜鲜明地说了，人的本性是不可能从原初起就纯洁无瑕的。

① 安布罗修，《论路加福音一章3节》。

② 安布罗修，《论路加福音一章6节》。

章 76　君士坦丁堡的约翰

他还引用了君士坦丁堡主教约翰的话:“罪不是实体,而是邪恶的行为。”谁会否认这点呢?还引用了:“因为罪不是自然就有的,而是出于人类意志的自由,所以上帝就赐下律法来反对罪。”谁又能否认这点呢?只是,我们目前所关心的是败坏了的人类本性;以及上帝的恩典,借着这恩典我们的本性就得到了大医生基督的治疗。倘若本性是整全的,就无须基督的治疗了。不过佩拉纠为本性辩护,说它能够不犯罪,仿佛它是整全的,或者说它意志的自由是自足似的。

章 77　绪斯图(Xystus)

哪个基督徒不明白佩拉纠所引用的至为有福的绪斯图(他是罗马主教和基督的殉道者)的话呢:“上帝给了人自由意志,好叫他们有纯净无罪的生活,从而与上帝相似。”[①]但是诉诸自由意志的人也应当倾听、相信并祈求上帝,帮助他,使他不去犯罪。因为他说的“与上帝相似”,是指借着上帝的爱人才能像似上帝——甚至这“浇灌在我们心里”的爱,也不是出于我们里面的本性能力或自由意志,而是出于“所赐给我们的圣灵”。[②] 至于同一位殉道者接着说的“清心乃是上帝的圣殿,清洁无罪的心乃是他最好的祭坛”,谁不知道清洁之心必须进至这一完全,而在“内在之人一天新似一

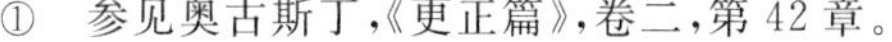

① 参见奥古斯丁,《更正篇》,卷二,第 42 章。

② 《罗马书》五章 5 节。

天”之时，[1]并不是没有上帝借耶稣基督我们的主所赐的恩典？还有，当他说“贞洁无罪的人是从上帝得到了力量成为上帝之子的”，当然是在劝诫说，一旦成为贞洁无罪（至于是在什么地方、什么时候达到这种贞洁无罪的地步，他并未提及，不过事实上，在虔诚者当中，这是一个有趣的问题，他们可说是一致认为：一方面，达到贞洁无罪的地步是可能的，另一方面，这种可能只有靠着“在上帝和人中间的一位中保，乃是降世为人的基督耶稣”[2]才能实现）——如我开头所说，绪斯图这么说是在劝诫，人若获得了这么高的品格，成了上帝的儿女，人们就不应当认为，他获得这种品格乃是他自己力量的结果。这，乃是他借着恩典从上帝那里得到的，因为他决不是从他已败坏堕落了的本性得到它的——我们甚至在福音书里读到：“凡接待他的，他就赐他们权柄，作上帝的儿女”；[3]可见他们不是借着本性得到的，也不能够自己成为，除非是通过接待上帝，他们也借着上帝的恩典得到了力量。这是那爱的力量，这爱只有所赐给我们的圣灵才能浇灌在我们心里。

章 78　哲罗姆（Jerome）

佩拉纠下一处的引文出自可尊敬的哲罗姆长老对一段经文的阐释：“‘清心的人有福了，因为他们必得见上帝。’[4]这些人乃是毫

① 《哥林多后书》四章 16 节。
② 《提摩太前书》二章 5 节。
③ 《约翰福音》一章 12 节。
④ 《马太福音》五章 8 节。

无罪念可责备的人。”他还补充说：“心清则人清；上帝的殿不容玷污。”[①]须知，我们借着努力、劳苦、祷告、祈求，才会被带至这一完全境界，即借着他的恩典、靠着我们的主耶稣基督，我们得以带着一颗清洁的心凝望上帝。至于佩拉纠所引用的这同一位长老所说的话：“上帝给我们造了自由意志；我们行善作恶都不是出于必然，若是出于必然，就没有冠冕了”——这谁不会同意呢？谁不会心悦诚服地接受它呢？谁会否认人的本性是如此受造的呢？只是，人行义之所以不是由于必然所迫，乃是因为自由来自于爱。

章 79　犯罪的某种必然性

我们还是回过来看使徒所说的话：“因为所赐给我们的圣灵，将上帝的爱浇灌在我们心里。”[②]若不是“升上高天，掳掠了仇敌，将各样的恩赐赏给人”[③]的他，还有谁能赐给我们呢？既然由于本性的败坏，而不是由于本性的构成，人有某种必然犯罪的倾向，人就应该倾听，并且为了上述的必然不再存在，还应该学着对上帝说：“求你救我脱离必然的祸患”；[④]因为在这样的祷告中，存在着我们与诱惑者的斗争，这诱惑者攻击我们，叫我们难脱这必然性；所以，凭着借我们的主耶稣基督而来的恩典之助，恶的必然性将被消除，完全的自由也将被赐予。

---

① 哲罗姆，《论马太福音》五章 8 节。

② 《罗马书》五章 5 节。

③ 《以弗所书》四章 8 节。

④ 《诗篇》二十五篇 17 节。

章 80　奥古斯丁本人的话。可用两种法子像防病一样防罪

现在要说我们自己的例子了。佩拉纠说："奥古斯丁主教也在他的著作《论自由意志》里写道：'不管决定意愿的原因为何，若意愿不能抵抗它，那么服从它就算不上有罪；然而，如果意愿可以抵抗这原因，就但愿它不服从这原因，这样就不会有罪了。'不过，它要是欺骗不谨慎的人，怎么办呢？就请不谨慎的人小心自己不要受欺骗。欺骗是不是如此隐秘，以致不可能防止呢？倘是如此，那么就不会有罪了。因为，在预防为不可能的地方，谁会犯罪呢？然而我们却犯了罪；因此预防就是可能的了。"[①]我承认这是我说过的话；但他也得承认我在前面说过的话，明白讨论是关于上帝恩典的，而不是关于义的不可能性的。上帝的恩典是借着中保来的，是作为医药帮助我们的。这样，不管意愿的原因为何，它都是可以抵抗的。这最确定不过了。正是由于这个缘故，我们祈求帮助说："不叫我们遇见试探"，[②]若是我们认为抵抗毫无可能，也就不会祈求帮助了。抵抗罪是可能的，不过得要借着永不会受欺骗的上帝的帮助。与防罪有关的一件事是，要诚心祷告说："免我们的债，如同我们免了人的债。"[③]防身体的病有两个法子：首先是预防它发生，其次是如果发生了，就赶紧求医。要预防罪恶发生，就应祷告说："不要叫我们遇见试探"；要赶紧求医，就应祷告说："免我们的

① 奥古斯丁，《论自由意志》，卷三，第 18 章。

② 《马太福音》六章 13 节。

③ 《马太福音》六章 12 节。

债。”这样，犯罪的危险，不管只是在威胁着，还是已临到我们，就都是可以抵挡的了。

章81　奥古斯丁摘引自己《论自由意志》的话

不过，为了使我在这个主题上的意思不仅为他所明，也为未读过我的《论自由意志》的人（这书无疑佩拉纠是读过了），以及不只没有读过我的书反倒读了他的书的人所晓，我必须从我书里摘引出他省略了的话，这些话他若是曾看过并在他的书中摘用，就不会引起我们之间在这主题上的任何纷争了。因为我在说了他所引用的那些话之后，马上就加以补充，道出任何人都会想到的思想，原话如下：“可是有些行为虽是由于无知，还是应受责备，被定为该得惩罚，正如我们在经上念到的。”在举了几个例子后，我进而说到人的虚弱：“有些出于必然的行为，也是应该受斥责的，有如一个人愿意行得好，却不能够。不然，何以经上说‘我所愿意的善，我反不作，我所不愿意的恶，我倒去作’[①]呢？”接着，在引用了《圣经》中类似的一些话之后，我说：“但这些话都是那些正从死的刑罚中出来的人说的。因为死若不是人的刑罚，而是人的本性，那么那些就不是罪了。”稍后些我又补充说：“因此，这刑罚乃是人所应得的。因此，我们也不应惊讶于，人要么因为无知而没有自由意志决定应做什么事，要么因为情欲习惯的阻挡（它由于有死之人的遗传，而在某种意义上嵌入了人的本性）而尽管知道应当做什么，也愿意去做，却不能够做到。一个人若是本可轻易地利用他的能力去做某

① 《罗马书》七章19节。

事却不愿意，那么让他失去这能力，就是最公正的惩罚了；这就相当于说，有意不做应该做的事的人，失去了他在愿意时拥有的做的能力。每个犯罪的灵魂，都真会得到两个惩罚性的后果——无知、无能。由无知产生了使人蒙羞的错误；由无能产生了使人撕裂的痛苦。不过，将谬误当作真理，以致有意犯错误，且由于肉体束缚的敌对和痛苦而不能禁戒情欲的行为，这却不是人当初受造时的本性，而是人被定罪后所受的惩罚。然而，我们所谓行善的自由意志，当然是指人受造时的自由。"有人马上就提出反对意见，说上帝将无知无能的罪由原人遗传给他的后代，乃是不公平的。我对这种观点的回答是："我简短地作答，告诉他们，保持沉默，不要埋怨上帝。若是没有一个人征服过错误与罪恶，也许他们的埋怨是有道理的，但既来了一位全在者，借着受造之物用种种手段召唤人事奉上帝，在人信时，教导他，在人望时，安慰他，在人爱时，勉励他，在人努力时，帮助他，在人祷告时，聆听他——不由自主地无知并不算你的错，无知时却不寻求才是你的错；不绑住受伤的肢体不算你的错，轻视愿意治好伤病的人才是你的错。"[①]我竭力用这样的话劝勉他们行义；我也没有让上帝的恩典落空，若没有这恩典，人现已暗淡无光的本性便既不能得光照，也不能得洁净。我们在这个主题上与他们的争论点就在于，我们不能用一种对本性的谬见，使显现于耶稣基督我们的主身上的上帝恩典归于徒然。在上面最后那段引语之后，我这样提到本性："〔'本性'一词二义，〕一是人受造时无瑕的那个本性；一是由罪罚而来的我们生而即有的无知的

① 奥古斯丁，《论自由意志》，卷三，第19章。

与属肉体的本性，恰如使徒所言：'我们本为可怒之子，和别人一样。'"①

章 82 怎样劝勉人相信、悔改、进步

所以，如果我们希望"用基督徒的劝勉来唤醒、鼓动冷淡和懒惰的人，度义的生活"〔该语引自佩拉纠〕，就得先劝勉他们要有那使他们成为基督徒的信，并归在那唯一能使人得救者的名下。如果他们已经是基督徒，但忽略了过圣洁生活，我们就须罚懒赏勤——既不忘敦促他们虔诚祷告、多多行善，也还要教导他们认识整全的教义，使他们知道，一旦觉得有了足以行善的能力，就归荣耀于上帝，一旦觉得无能行善，就借真诚与不断的祷告和所能的善行与上帝角力，从他得到力量。只要他们如此进步，我就不大顾虑他们何时何地完全成义；我只是庄重地断言，无论他们何时何地成为完全，都不是凭着别的，而只是借着上帝的恩典、靠着我们的主耶稣基督成就的。当他们清楚地知道他们没有罪了，就请他们不要说他们还有罪，免得真理不在他们心里了；②这就跟那些虽然有罪，但说自己没有罪的人一样〔都不合乎真相〕。

章 83 上帝没有吩咐不可能的事，因为对爱来说，万事都是可能且容易的

但"我们知道律法原是好的，只要人用得合宜"。③ "公义良善

① 《以弗所书》二章 3 节。

② 《约翰一书》一章 8 节。

③ 参见《提摩太前书》一章 8 节。

的上帝不可能吩咐了任何做不到的事”,这一事实告诉我们该在容易时作什么,该在艰难时求什么。爱能成就万事,对爱来说(唯独对它来说)“基督的担子是轻省的”[①]——或不如说,爱本身就是轻省的担子。因此经上说:“他的诫命不是难守的”;[②]谁若觉得它们是难守的,就当想到这里所谓“不是难守的”只能够有这么一种意思,即可能有一种心灵状态,在这种心灵状态里诫命毫不累人,这样他就可祈求拥有目前他还缺乏的这种心灵状态,好能够完成他得到的诫命。这就是上帝的《申命记》里对以色列人所说之话的意旨,倘若照虔诚、神圣、属灵的意义去理解的话——使徒先是引用了这句话:“这话却离你甚近,就在你口中,在你心里”[③](以及“在你手里”,因为他属灵的手在人心里),然后解释其意说:“这就是我们所传信主的道。”[④]所以,凡是遵嘱“尽心尽性归向主他的上帝”[⑤]的,都不会觉得上帝的诫命是“难守的”。它既是爱的诫命,怎会是难守的呢?所以,要么是人没有爱,它就难守;要么是人有爱,它就不难守。他若是做到了给以色列人的吩咐,尽心尽性归向主他的上帝,他就有了爱。主说:“我赐给你们一条新命令,乃是叫你们彼此相爱”;[⑥]又说:“爱人的就完全了律法”;[⑦]还说:“爱就完全了律

① 《马太福音》十一章30节。
② 《约翰一书》五章3节。
③ 《申命记》三十章14节。
④ 《罗马书》十章8节。
⑤ 《申命记》三十章2节。
⑥ 《约翰福音》十三章34节。
⑦ 《罗马书》十三章8节。

法”。[①] 与这些句子相符的还有：“他们若是行了善道，就必觉得义路是容易走的。”[②]既是如此，经上怎么又说：“因为你嘴唇的言语，我就走了难走的道路”？[③] 对此只能解释为：这两种说法都是真切的——对惧怕来说，这些路是难走的，对爱来说，这些路是容易走的。

章 84　爱与圣洁恰成正比

因此，初微的爱是初微的圣洁；成熟的爱是成熟的圣洁；伟大的爱是伟大的圣洁；“完全的爱是完全的圣洁”——但这种爱“是从清洁的心，和无亏的良心，无伪的信心生出来的”，[④]“这样，在今生中，爱就是最大的，甚至生命本身也比不上它”〔这句话引自佩拉纠〕。不过，我倒是关心这爱在脱离这有死的生命后是否就没有了成长的土壤。但是不管它将在何时何地臻至那无以复加的、绝对完全的状态，它都肯定不是由我们里面的本性或意愿的力量，而是由“所赐给我们的圣灵”“浇灌在我们心里”的，[⑤]这圣灵既帮助无能的我们，也与我们协力同工。因为它本身就是上帝借着我们的主耶稣基督赐下的恩典。愿永恒、至善都归于他与圣父圣灵，直到永远。阿门。

① 《罗马书》十三章 10 节。
② 《箴言》二章 20 节。
③ 《诗篇》十七篇 4 节。
④ 《提摩太前书》一章 5 节。
⑤ 《罗马书》五章 5 节。

论佩拉纠决议

——致迦太基主教奥勒留

本文作于公元417年。公元415年,佩拉纠在巴勒斯坦被指控为异端并受审。受审约有两次,第一次可能是在415年7月30日,会议由耶路撒冷主教约翰主持(见本文第39和第55章),该会议未留下正式的决议,只是知道最后就双方争论点致信罗马教宗英诺森(Innocent I),请求定夺。第二次是在巴勒斯坦城市"迪奥斯坡利"[Diospolis,又名"吕大"(Lydda)],是在临近圣诞节时开的。出席会议的有14位主教,奥古斯丁在其《反朱利安》(*Against Julianus*)卷一第5—7章提到过他们的名字,这些主教的首领当是凯撒尼亚的主教尤诺基(Eulogius)。不过虽然被指控者佩拉纠在场,指控者却未出席。佩拉纠在会上作了申辩,会议宣判佩拉纠无罪。会议留下了详细的记录和决议,其抄件传到奥古斯丁手里大约是417年。奥古斯丁正是据此写出了本文。关于本文的题目,奥古斯丁在《论原罪》第十五章称之为"论巴勒斯坦决议"(De Gestis Palaestinis);但在《更正篇》(Retractations)里称之为"论佩拉纠决议"(De Gestis Pelagii),后世一般称之为"论佩拉纠决议"。[①]

奥古斯丁在本文详细地分析了巴勒斯坦会议上对佩拉纠

① Gesta一词有多重含义,如"行为"、"伟业"、"决议"等等;而英译proceedings除了"决议"之外,亦有"行为"的含义。

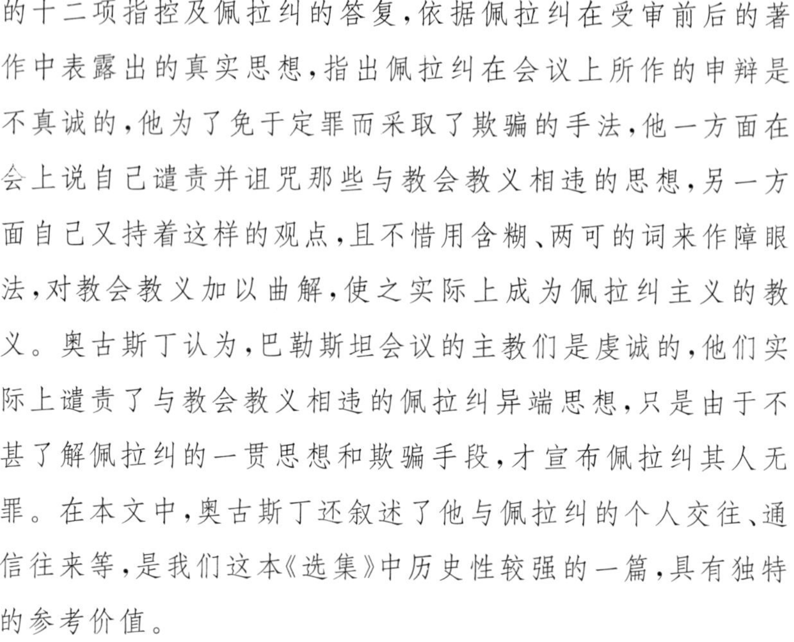

的十二项指控及佩拉纠的答复，依据佩拉纠在受审前后的著作中表露出的真实思想，指出佩拉纠在会议上所作的申辩是不真诚的，他为了免于定罪而采取了欺骗的手法，他一方面在会上说自己谴责并诅咒那些与教会教义相违的思想，另一方面自己又持着这样的观点，且不惜用含糊、两可的词来作障眼法，对教会教义加以曲解，使之实际上成为佩拉纠主义的教义。奥古斯丁认为，巴勒斯坦会议的主教们是虔诚的，他们实际上谴责了与教会教义相违的佩拉纠异端思想，只是由于不甚了解佩拉纠的一贯思想和欺骗手段，才宣布佩拉纠其人无罪。在本文中，奥古斯丁还叙述了他与佩拉纠的个人交往、通信往来等，是我们这本《选集》中历史性较强的一篇，具有独特的参考价值。

章1　导言

奥勒留(Aurelius)神父，我终于拿到了巴勒斯坦省宣布佩拉纠是公教徒的那份决议，看过以后，我不再有什么迟疑了。我原先颇不情愿就佩拉纠所做的辩护作一番长篇的或自信的声明。他的这一辩护，我已在他本人递给我的一篇文章里读过。不过，由于我没有同时得到他的信，就恐怕人发现我的声明与教会决议有所不合；佩拉纠也许会否认他曾给我什么文章(我也会难以证明他曾给我文章，因为只有一个证人)，这样一来，在那些容易听信他的有意无意的否证的人看来，倒会是我有过了。现在好了，这些决议既已公开，人们也就会看到他是否真像我所描述的那样子而无须怀疑我了。阁下您和读到我这些文字的人，无疑都能够就他的辩护和我的看法作出公正而肯定的判断。

章 2 第一项指控，佩拉纠的答复

首先我要向主我的上帝、我的盾牌和向导，致以无以言表的感谢，愿我在对待那次会议中担任判官的弟兄们和主教同僚们时不要出错。他们赞同佩拉纠的答复并非没有理由；因为他们未曾考虑到他是如何在他的著作中说着那些被指控的观点的，他们只是考虑到了他在审判中所作的答复。在信仰上不正确是一事，粗心大意说错了又是一事。我们在高卢(Gaul)、赫罗斯(Heros)和拉撒路斯(Lazarus)的圣洁的弟兄和主教同僚们，出于谨严的气质(后面可靠的消息将表明这点)，一纸状文将佩拉纠告上了教会，对他提出了各种各样的指控。不过他们自己却不能在审判中出席。这些指控的第一桩，就是他在他的某本书中写道："人若非获得了律法的知识，是不能无罪的。"会上念了这句话后，有人问："佩拉纠，你如何解释？"他回答说："我确曾说过这样的话，但不是在他们所理解的意义上说的。我不是说，获得了律法知识的人就不能够犯罪；我是说，借着律法知识的帮助，他就倾向于不犯罪，恰如经上所说：人当以训诲和法度为标准。"[①]听到这话，会议宣布："佩拉纠说过的话与教会并没有什么不同。"确实，从他所作的解释来看，它们没什么不同；不过，他书中所用的句子，却有着不同的意思。而这是说希腊语、经过翻译才听到佩拉纠的话的主教们所没有想到的。那时他们所想的只是，受考察的这人现在所说的就正是他的

① 《以赛亚书》八章 20 节。

意思——而不管他在书中所说到底是什么意思。

章 3　讨论佩拉纠的第一个答复

现在说说"借着律法知识的帮助，人就倾向于不犯罪"不同于"人若非获得了律法的知识，是不能无罪的"。我们看到，比如，稻谷可以不用脱粒机来脱粒——不管脱粒机多么有用，假如我们用的话；孩子们也可以去学校而无须教师——不管教师这一行业是多么有价值；有些人生病了无须大夫就可以康复——尽管医生的技能是大有用处的；人有时候靠吃面包之外的别的粮食为生——尽管面包也是十分有益的；无须我们提示，大家就可以想到许多别的例子。这些例子无疑提醒我们，有两种帮助。一种是必不可少的，没有它们的帮助就不可能获得想达到的结果。比如，没有船，人就不能航海；没有声音，人就不能说话；没有腿，人就不能走路；没有光，人就不能看见；等等。属于这一种帮助的还有，没有上帝的恩典，人就不能正当地生活。另一种帮助则是这样的，它们通常有助于我们达到某一目标，但缺少它们时，我们也可以用别的方法来达到这一目标。我举过的例子就是这样的——脱粒机脱壳，教师教导小孩，医术治病等等。我们可以探讨律法知识属于这两种帮助中的哪一种——就是考虑它是怎么帮助我们避免犯罪的。倘若它是必不可少的帮助，没有它就不能达到目标，那么不仅佩拉纠的答复是真切的，他在书里写的也是真切的了。但若有它时诚然有益，但没有它时也可能借着别的办法达到同一目标——那么，他对审判者的答复仍然是真切的，主教们喜欢"借着律法知识的帮助人不犯罪"也就不是没有理由的了；但他在书中所写的就不是真切

的了，即"人若非获得了律法的知识，是不能无罪的"——这句话未被讨论，原因在于审判官们不懂拉丁语，也对这人曲意奉承的告白感到满意，尤其是因为没有人站在另一立场上要求翻译对他说，请他解释他书中所写的话的意思，显明弟兄们对他的话感到困惑不解并非没有根据。因为只有极少的人谙悉律法。绝大多数的散居各地的基督徒，对律法深刻复杂的内容不甚了了，只是由于敬虔而有着单纯的信、不失的望、衷心的爱。他们既蒙这样的恩赐，就相信凭着上帝的恩典，他们可以借着我们的主耶稣基督而自他们的罪里得洁净。

章 4 继续上章所说

倘若佩拉纠对此作答说，他所谓"律法的知识，没有它人就不能够从罪里得释放"正是这个意思，就是教给刚刚归正者和基督里的婴儿的道理，以及待受洗者要初知信经时所受教的，那么这显然不是通常人们说"有律法知识"时的意思了。这句话只适用于谙悉律法的人。但是如果他坚持用这句话来描述律法知识（这句话虽然用得极少，却分量很重），并习惯按照教会的规矩来指称所有因信受洗者；如果他坚持"人若非获得了律法的知识，是不能无罪的"正是指此——必须在信者实际免罪前教给他的知识——即使这样，他也要面临无数的人要对付，这些人不是愤怒的论战者，而是哭喊着的受洗的婴儿，他们会高声叫喊——不是用话语，而是用无辜者的信实叫喊——"你所写的'人若非获得了律法的知识，是不能无罪的'是什么意思，是什么意思？看看我们吧，我们是一大群羊羔，是没有罪的，是对律法毫无所知的。"他们沉默的舌头无疑将

迫使他保持沉默，甚至迫使他承认，这纠正了他的大悖逆；或者迫使他承认，他已在某时持有他在教会审判者面前承认的观点，只是他从前没有表达清楚罢了——这样，他的信仰就会得到赞同，这本书也会得到修改和订正。这就正如经上所说："是他的舌头犯错而不是他的心犯错。"[①]现在只要他承认这点，或者准备说出来，他本是想辩护这句话所包含的观点、肯定与教会真理一致的观点，只是写的时候太粗心大意、太疏忽了——谁不愿意原谅他呢？倘若他们在理解他对会议的答复时适当地了解了他的拉丁文著作的内容（倘若该书得到了彻底的解释），倘若佩拉纠是用希腊语作答，他们听得十分明白，并认为这书并不与教会的教导相违——我们必须认为，这时虔诚的审判官们心里必定是会这么想的。下面再看另一个指控吧。

章 5　第二桩指控；佩拉纠的答复

主教会议接着说："请念第二部分。"就念了同一本书中佩拉纠所说的"所有人都受他们自己意志的统治"。念完后，佩拉纠说："我说这是为了保护自由意志。它若择善，上帝就是它的帮助者；人若犯罪呢，就是自己错了，是受了自由意志的影响。"听到这话，主教们宣布："这也没有违背教会教义。"因为谁会谴责或否认意志自由呢？上帝的帮助岂不是与它连在一起的么？因此，他在答复中所解释的观点，就不无理由地令主教们感到满意了。不过，他在书中所说的话："所有人都受他们自己意志的统治"，无疑会使弟兄

① 《便西拉智训》十九章16节。

们深受困扰,他们发现这些人〔佩拉纠派〕习惯了与上帝的恩典相违。说"所有人都受他们自己意志的统治",就仿佛是在说上帝并不统治人,经上这样的话也是空的:"求你拯救你的百姓,赐福给你的产业,牧养他们,扶持他们,直到永远。"[①]倘若他们只是受他们自己意志而不受上帝的统治,就像没有牧人的羊那样,就当然不会持久了:上帝禁止我们这样。毫无疑问,被引着是比被统治更受强迫的事。被统治者在被统治的同时自己还得做一些事——当他被上帝统治时,他自己也应当行得正;而被引着的人很难被理解为自己还做什么事的。不过,救主扶助人的恩典远比我们自己的意志和愿意好,以致使徒毫不迟疑地说:"凡被上帝的灵引导的,都是上帝的儿子。"[②]我们的自由意志,最好不过服从于上帝的引导,上帝是不会做什么错事的;它这么做之后,才不会怀疑它得到了上帝之助,《诗篇》对上帝是这么说的:"他是我的上帝,他以慈爱迎接我。"[③]

章6　考察佩拉纠的答复

在他所写的那本书里,在提出"所有人都受他们自己意志的统治,都服从于他自己的欲望"的论点之后,佩拉纠接着引用《圣经》的见证。不过实际上《圣经》倒是证明了没有人应该信任自己的指引。关于这个主题,《所罗门智训》宣称:"我自己也像所有人一样

① 《诗篇》二十八篇9节。

② 《罗马书》八章14节。

③ 《诗篇》五十九篇10节。

是一个有死之人；也是由尘土所造的原人的后代”[①]——该段还有许多类似的话，比如：“所有人都由一处进入生命，也从那里走出生命：因此我祷告上帝，悟性就给了我；我呼叫，智慧的圣灵就临到我身。”[②]这人〔所罗门〕正视到了人的可悲处境，不敢宣称自己引导自己，而是祷告上帝，悟性就给了他，并且呼叫上帝，智慧的圣灵就临到他身上，这岂不是比光本身还要明明白白么？关于这悟性，使徒说过：“但我们是有基督的心了。”[③]正是凭着这圣灵，而不是凭着他们自己意志的力量，他们这些上帝的儿女才被统治和引导。

章 7　继续

出自《诗篇》的话：“他爱咒骂，咒骂就临到他；他不喜爱福乐，福乐就与他远离”，[④]他也在同一本书中作了引用，仿佛可用来证明“所有人都受到他们自己意志的统治”似的。不过，谁会不知道这错并不出在上帝所造的本性，而是出在远离上帝的人的意志呢？事实是，即使他没有爱咒骂，并且爱福乐，他也会否认他的意志曾从上帝那里接受过帮助；由于不感恩、不虔诚，他就会选择服从自己的统治，一直到他在濒临毁灭的惩罚中发现，没有上帝统治他，他最终也不能引导他自己。同样，他在同一本书里引用了这么一句话：“他将火和水放置在你面前；伸出你的手，看你选择哪一个；

① 《所罗门智训》七章 1 节。

② 《所罗门智训》七章 6—7 节。

③ 《哥林多前书》二章 16 节；“心”即“悟性”。

④ 《诗篇》一〇九篇 17 节。

在人面前的是善和恶，生和死，他喜欢哪个，就给他哪个”，[①]显然，若他将手伸向火，若他喜欢恶和死，导致这一切的便都是他的人类意志；但若与此相反，他爱善和生命，那么不只是他的意志完成了这一有福的选择，它还得到了上帝恩典的帮助。眼若不看物，就是说，若处于黑暗中，凭它自身就够了；若要看物呢，它自己的光就不是自足的，除非它得到了外光之助。[②]“按他旨意被召的人，是他也预知的人，他预定了他们与他儿子的模样相符”，[③]上帝不让这样的人顺从他们自己的欲望从而灭亡。只有那些“可忿怒的器皿”[④]才遭此厄，上帝让他们完全顺从自己的欲望，好达到永灭〔或永狱〕；在他们的毁灭里，上帝“将他丰盛的荣耀彰显在那蒙怜悯、早预备得荣耀的器皿上”。[⑤] 由于这个缘故，在说“他是我的上帝，他以慈爱迎接我”之后，他马上就补充道：“上帝要叫我看见我仇敌遭报。”[⑥]这样就发生了经上提到的事：“上帝任凭他们逞着心里的情欲行污秽的事。”[⑦]不过，这样的事在预定者身上是不会发生的，他们受上帝圣灵的统治，他们的叫喊也不会落空：“主啊，不要让我顺着我的欲望成为罪人。”[⑧]关于攻击他们的邪恶情欲，他们的祷

① 《便西拉智训》十五章 16—17 节。

② 奥古斯丁认为，眼见物是因为眼里的光与外光相遇。这是沿袭自古希腊的思想。

③ 《罗马书》八章 29 节；此处翻译与和合本稍异。

④ 《罗马书》九章 22 节。

⑤ 《罗马书》九章 23 节。

⑥ 《诗篇》五十九篇 10 节。

⑦ 《罗马书》一章 24 节。

⑧ 《诗篇》一四〇篇 8 节。

告里是这样说的:“消除我肚腹的贪欲;不要让情欲控制我。”[①]上帝将这恩赐赐给那些他所统治的人,而不赐给那些认为自己能够统治自己,并硬着颈项只相信自己的意志,蔑视上帝、不把他当作他们的统治者的人。

章8　继续

既是如此,知道所有这些真理并欢喜受上帝圣灵统治引导的上帝儿女,当他们听到或读到佩拉纠在著作中写道“所有人都受他们自己意志的统治,每个人都服从他自己的欲望”,会作何感想呢?不过,当受到主教们的盘问时,佩拉纠充分地意识到了他的这些话在人们头脑中留下了何等恶劣的印象,就告诉他们说:“我说这是为了保护自由意志”——马上又补充道:“它若择善,上帝就是它的帮助者;人若犯罪呢,就是自己错了,是受了自由意志的影响。”尽管虔诚的判官也同意这一意见,却不愿意考虑或检查他是如何不小心这样写的,或他在书中用这样的词句到底是什么意思。他们以为他作了一个这样的关于自由意志的告白就够了,他不是承认上帝帮助择善者,而犯罪者是出于己意犯罪因此犯罪者本人该受责罚么。据此,上帝统治那些择善者,他在他们择善的行为中帮助他们。这样,他们自己治理万事,且治理得很正,因为他们自己就是受又公正又良善的上帝统治的。

① 《便西拉智训》二十三章5—6节。

章 9　第三项指控；佩拉纠的答复

会上接着读了佩拉纠书中的另一段话："在末日审判那天，无神者和罪人将毫不留情地被永火毁灭。"这话使得弟兄们以为是在暗示，无论什么样的罪人都要受到永罚，而没有考虑到那些以基督为根基，但只是在这根基上"用草木、禾秸建造"的人，[①]关于这些人，使徒写道："人的工程若被烧了，他就要受亏损，自己却要得救。虽然得救，乃像从火里经过的一样。"[②]然而，佩拉纠对此的回答是："他是按照福音书作断言的，在福音书里关于罪人是这么写的：'这些人要往永刑里去，那些义人要往永生里去。'"[③]要一个基督徒判官对福音书里写的话、对主说的话不满，那是不可能的；何况他们不知道佩拉纠书里有什么东西何等地使那些习惯了听他们的话的弟兄们受迷惑。既然那些向尤诺基主教呈上反佩拉纠条状的人[④]不在场，就没有人敦促他，说他应该区分浴火得救的罪人，和受永灭之罚的罪人。倘若判官们由此理解了反对佩拉纠的观点的原因，且他拒绝作出这一区分，他就会正当地得到谴责。

章 10　检查佩拉纠的答复；论奥利金的错误，关乎恶魔和遭谴者所受之罚的非永恒性

佩拉纠补充说的话："谁若相信与此不同的东西，谁就是奥利

---

① 《哥林多前书》三章 12 节。

② 《哥林多前书》三章 15 节。

③ 《马太福音》二十五章 46 节。

④ 指赫罗斯、拉撒路斯等地的主教；参见第 1 节。

金主义者”，得到了判官们的赞同，因为教会最正当不过地憎恶奥利金的观点。这观点是说，主所说的要受永罚者、恶魔本身〔撒旦〕及其黑天使在一段相当长的时间后，将受到净化，从他们的受罚中得释放，然后依恋于在永福中与上帝共同统治的圣徒们。所以，这一附加的句子，即会议宣判“不与教会相违”的句子——就不是与佩拉纠相符，而是与福音书相符了，即如此无神、有罪的人该被永火毁灭，就像福音书决定该得的那样；谁若断言他们所受的罚会有终结，谁就是赞同奥利金的令人憎恶的观点，因为主说了，他们要受的罚是永罚。不过，关于那些罪人，即使徒的话“人的工程若被烧了，他就要受亏损，自己却要得救。虽然得救，乃像从火里经过的一样”[①]所说的那些人，由于没有人明确地就此提出意见来反对佩拉纠，会议就什么也没有决定。凡说无神的人和罪人（真理说了，他们要受永罚）可得释放的人，都不无适当地被佩拉纠称为“奥利金主义者”。但是，认为在上帝的审判中没有罪人会得到怜悯的人，可以用佩拉纠喜欢的任何名字来称呼，不过，我们得清楚，这种错误观点并不被教会认作是真理。“因为那不怜悯人的，也要受无怜悯的审判。”[②]

章 11　继续

不过，这一审判如何成就，却不容易从《圣经》得知；因为经上用许多不同的模式描述了同一个结局。在一个地方，主宣称他将

---

① 《哥林多前书》三章 12、15 节。

② 《雅各书》二章 13 节。

“关门”谢绝那些他不许进入他国的人;他们要求说:“主啊,给我们开门……我们在你面前吃过、喝过”等等,这经上都说了,接着经上描述说:“他〔主〕要说:我告诉你们,我不晓得你们是哪里来的。你们这一切作恶的人都离开我去吧!”[①]在另一个地方,主提醒我们:“至于我那些仇敌,不要我作他们王的,把他们拉来,在我面前杀了吧!”[②]另外在一个地方,他又告诉我们,他将在尊荣里与他的天使一道降临;在他召集万国之前,他要将他们彼此分开;有一些他要站在他右手边,在数清了他们的善行后,就奖给他们永生;另一些则站在他的左手边,他们的毫无善行将得到揭露,他以永火谴责他们。[③] 在另外两段福音书里,他严待偷懒邪恶的仆人,就是拿了他的钱却没有赚更多的钱的人,[④]他也严待出席筵席却不穿礼服的人,吩咐人捆起他的手脚,将他丢在外边的黑暗里。[⑤] 在另一处,他允许五个聪明的童女进门,但将五个愚蠢的童女挡在了门外。[⑥]这些描述——我还想到了许多别的类似的描述——都是用来表现将来的审判的,那时当然不是一个五个,而是千千万万的人都要被捆绑了。因为倘若出席筵席而不穿礼服的人被抛到外面的黑暗里只是一个孤立的例子,他就不会用复数继续说了:“因为被召的人多,选上的人少”;[⑦]显然在一个人被抛到外面的黑暗里被遭谴后,

① 《路加福音》十三章 25—27 节。

② 《路加福音》十九章 27 节。

③ 《马太福音》二十五章 33 节。

④ 《路加福音》十九章 20—24 节。

⑤ 《马太福音》二十二章 11—13 节。

⑥ 《马太福音》二十五章 1—10 节。

⑦ 《马太福音》二十二章 14 节。

仍有许多人留在屋子里。我想，要充分地讨论所有这些问题会占用我们太长的时间。不过，我仍然想作这么一个简短但有待完善的评论，就是通过分散在《圣经》各处的诸多描述，《圣经》作者向我们指出了同一个模式的最后审判，这审判对我们来说乃是不可思议的——只不过奖赏和惩罚的形式各各有别而已。就说我们正在讨论的这事，指出这点就够了：如果佩拉纠确曾说过不管是什么罪人都无一例外地受永火之永罚，那么谁只要同意这一审判，谁就会用他的话来掌佩拉纠自己的嘴。“谁能说，我洁净了我的心，我脱净了我的罪？”[①]他〔佩拉纠〕不说“所有人”，也不说“某些人”，而只是用了一个不定陈述——并在其后宣称他的意思是照着福音书的话说的——他的意见就被审判官们认为是真切的；但直到现在我们都不清楚佩拉纠在这事上到底作何想，因此进一步追究教会判官们的决定也没有什么不合适。

章 12　第四项指控；佩拉纠的答复

第四项指控关乎他书中所说：“恶并不进到我们思想里。”对此他答复如下：“我们并没有这么说过。我们说的是，基督徒应该小心不要有恶念。”既是如此，主教们就赞许他。谁能怀疑人不应怀着恶念呢？倘若他在书中就“不要思恶”所说的话以这样的形式表达出来，即“恶也不要想”，这样的话的日常语的意义就会成为“甚至恶念都不应该想”了。若有人否认这，他岂不是认为恶念应该想

① 《箴言》二十章 9 节。

么？倘这是真切的，经上就不会在赞美爱时说“不计算人的恶”了。[①] 但是，关于“不进入”义人和圣洁之人的“思想”的说法，并不值得赞赏，这是因为凡是进入心灵的通常都称为一个思想（或念头），即使我们随之并没有同意它。招致责备的、被正当地禁止的思想，没有不是伴随着同意的。可能那些人有佩拉纠著作的不正确的抄本，以为反对他所说的“恶并不进到我们思想里”这样的话乃是适当的，这句话的意思就相当于说，不管恶是什么，都从不进到义人和圣洁之人的思想里。这当然是十分荒谬的说法。因为每当我们审查恶事，若非它们被我们想到了，我们是不能用话语来历数它们的。但是，正如我们前面所说，唯有伴随着同意的，才称得上是有罪的恶念。

章 13　第五项指控；佩拉纠的答复

在判官们对佩拉纠的这一答复表示赞同后，会上念了他书中的另一段话：“天国甚至在《旧约》中就被应许了。”对这句话，佩拉纠解释说：“这可用《圣经》来证明：不过，异端为了贬低《旧约》，是否认这点的。我呢，在这么说时只是遵守着《圣经》的权威；因为在先知书《但以理书》里写道：‘至高者的圣民，必要得国享受。’”[②]会议听到他的这话，就说：“这也不与教会信仰相违。”

---

① 《哥林多前书》十三章 5 节。

② 《但以理书》七章 18 节。

章 14　考察这点；“旧约”一词的两个含义；《旧约》的继承者；在《旧约》里有《新约》的继承者

这样，难道我们的弟兄就此对他提出指控就是没有理由的了么？事实上，他在两种不同的意义上使用“旧约”一词——一个是遵从《圣经》的权威；另一个是遵从最平常的说话习惯。使徒保罗在其《加拉太书》里说：“你们这愿意在律法以下的人，请告诉我，你们岂没有听见律法吗？因为律法上记着，亚伯拉罕有两个儿子：一个是使女生的，一个是自主之妇人生的……这都是比方，那两个妇人就是两约。一约是出于西乃山，生子为奴，乃是夏甲。这夏甲二字是指着阿拉伯的西乃山，与现在的耶路撒冷同类，因耶路撒冷和她的儿女都是为奴的。但那在上的耶路撒冷是自主的，她是我们的母。”[①]《旧约》是属于为奴的，对此经上写道：“把使女和她儿子赶出去，因为使女的儿子不可与自主妇人的儿子一同承受产业”，[②]而天国是属于自主妇人之子的；天国与《旧约》何干呢？不过，既然像我所说过的那样，我们在日常语言中习惯了用“旧约”一名来指称律法书和先知书（它们在主道成肉身前就赐下来了，并被奉为正典权威），那么还有哪个清楚这事的属教会的人会无知到以为，天国也像在《新约》里那样在《旧约》里被应许了呢（天国本是属于《新约》）的？古代《圣经》里最明白不过地写着：“主说，日子将到，我要与以色列家和犹大家另立《新约》。不像我拉着他们祖宗

① 《加拉太书》四章 21—26 节。

② 《加拉太书》四章 30 节。

的手,领他们出埃及地的时候,与他们所立的约。”[①]这是在西乃山立的约。那时还没有兴起先知但以理说这样的话:“至高者的圣民,必要得国享受。”[②]他说这些话,就预告了功德不是《旧约》的,而是《新约》的。同一位先知还用同样的方法预告了基督本人会来临,用他的血成就《新约》的圣礼。使徒也成为这个约的仆人,对此最为有福的保罗说过:“他叫我们能承当这新约的执事。不是凭着字句,乃是凭着精意。因为那字句是叫人死,精意是叫人活。”[③]而在被称为“旧”、赐于西乃山的约里,应许的只是尘世的福气。与此相应,《旧约》的应许是他们被引出野地后得到的土地即所谓应许之地、平安和王权、战胜敌人、生养众多、果实累累等等;而这些在《新约》里都是灵性祝福的比喻,灵性祝福乃是属于《新约》的;处于上帝律法之下、得到这些尘世福祉的人,显然是《旧约》的继承人,因为这样的奖赏是按着《旧约》的条文被应许赏赐给他的,也是他按着旧人的境况想要的。形象地表达出来的属于《新约》的福祉,不管是什么,都要求新人将它们实现出来。无疑使徒甚为了解他自己所说的,即以为奴的和自主的来描述新旧两约——将肉身所生的儿女归与《旧约》,将应许之子归与《新约》:他说,“肉身所生的儿女不是上帝的儿女,唯独那应许的儿女才算是后裔”。[④] 因此肉体的儿女属于地上的耶路撒冷,后者与她的儿女捆绑在一起;应许之子则属于天上的耶路撒冷,后者是自主的,是我们所有人天上永

① 《耶利米书》三十一章 31—32 节。

② 《但以理书》七章 18 节。

③ 《哥林多后书》三章 6 节。

④ 《罗马书》九章 8 节。

恒的母亲。[①] 由此我们很容易看出谁是属于尘世的，谁是属于天国的。但甚至在那时〔《旧约》时代〕，就有一些幸福的人借着上帝的恩典受到上帝的教训知道了现在才作出来的区别，从而成了应许之子，在上帝秘密的旨意里被算作《新约》的继承人；同时他们继续得体地将《旧约》施与属神的人们，他们所以如此，只是因为上帝将他们分到了那个时代。[②]

章 15　继续

当应许之子、天上永恒自主耶路撒冷的儿女看到，佩拉纠用这些话抹杀了使徒和公教权威划分的这一区别，将夏甲和撒拉等量齐观时，他们怎能不心中不忿呢？他带着异端的不虔诚侮辱了《旧约》，他带着不敬而渎神的表情否认《旧约》是善良、至上、独一的上帝默示的——就像马西昂(Marcion)、摩尼(Manichaeus)等等异端所作的那样。因此之故(我自己在这事上的观点如何，我将尽量简短地说明)，《新约》也受到了同等程度的侮辱，当《旧约》被否认是至善上帝的作品时，《新约》也就被置于与《旧约》同等的地步了。当佩拉纠回答说，他说甚至在《旧约》中就有了天国的应许，理由就在于先知但以理的见证时(但以理明明白白地预告了诸圣徒将得到至高的天国)，会议就公平地决定，佩拉纠的话并不与公教信仰相违，尽管他没有遵从那一区别，即西乃山的尘世应许是《旧约》的恰当特征；这一决定也不是不适当的；考虑到人们习惯于用"旧约"

① 《加拉太书》四章 25—26 节。

② 意谓《旧约》时代的一些人如亚伯拉罕其实早已信基督，从而也得到了《新约》的产业。

一词来指主化身成人之前所赐的所有正典圣经，判官们的这一决定也不是不恰当的。至高的天国当然不是别的，而正是上帝的国；否则谁都会大胆地争辩说，上帝的国是一事，天国又是一事了。

章 16　第六项指控；佩拉纠的答复

接下来的指控是针对佩拉纠在书中所写的话："人若愿意，就可以无罪"；以及他讨好地对一个寡妇写道："虔诚可在你里面找到居处，这居处是她在别的地方找不到的；公义可在你里面找到一个家，尽管他是一个陌生人；再也无人认识的真理，在你里面可以找到居所和朋友；几乎人人都藐视的上帝的律法，可能只得到你一人的荣耀。"他还写给她说："你是多么幸福而有福，我们相信只应天上有的那义，在尘世只在你心里找到了居所！"在另一部写给她的著作里，在引用了我们主人和救主耶稣基督的祷告，并教导她圣徒应如何祷告之后，他说："他可堪称道地向主举起手来，带着善良的良心道出他的祷告，他能够这么说：'主啊，你知道我伸向你的手是多么纯洁无瑕，远离伤害、不义和暴力；我向你献上这些恳求的双唇是多么正义、纯洁，远离了一切的欺诈，求你怜悯我。'"对这些指控，佩拉纠回答说："我们断言人若愿意，就可以无罪，可以谨守上帝的诫命；因为这一能力上帝已给予他了。但我们从未说过有人从婴儿期到年老任何时候都没有犯罪。我们说的是，若有人从罪里归转，就可以凭着他自己的劳作和主的恩典而无罪；甚至这也不能保证他以后就不会变。至于他们用来反对我们的别的话，并不能在我们的书里找到，我们也从没有说过这样的事。"听到他的这一辩白，会议就问他："你否认曾在书里写过这样的话；那么你是否

愿意谴责那些持这样的观点的人?”佩拉纠回答:“我诅咒他们是愚人,但不是异端,因为没有教义〔这么说〕。”主教们就作了如下宣判:“既然佩拉纠亲口诅咒这一含糊的观点,把它当作蠢话,且正当地回答说,‘人借着上帝的帮助和恩典可以无罪’,那就请他接着回答别人的指控吧。”

章 17 考察第六项指控及其答复

在指控的另一方,即指责佩拉纠曾写过他写给寡妇的话的那些人没有出席的情况下,判官有权力或权柄谴责这些含糊不辨的话吗?这样的事,若是没有证人出来证明他所否认的这些话就是他写的,而只是抄一份副本,当作他的话来读当然是不够的,但即使这样,判官们也做了他们力所能及的事,就是他们问佩拉纠他是否诅咒持有他本人宣布从未说过或写过的观点的人。当佩拉纠回答说他把他们当作愚人来诅咒时,尽管他的敌手没有出席,但判官们的这一深究做法又是何等的正当啊!

章 18 继续

不过,也许这还需作点考虑,即他所说的“我诅咒他们是愚人,但不是异端,因为没有教义〔这么说〕”是否正确。无疑,公正地看,这个问题远非不重要的——即人要怎样才算异端;不过,判官们正当地对此避而不谈。比如,如果有人说小鹰吊在父母的爪子里,暴露于阳光中,而其目光正好投在地面上,而光线因某种神秘的原因正是其真正本性的标准尺寸,那么这故事虽可能不真,这人却算不得异端。既然它写在博学的人的书里,且被人们当成了事实,那么提到它是否应该算作傻事呢(即使它不是真的)? 这也影响到我们的信(它为我们博得了可信任之名声),若故事为我们所信,就是有害的,若不为我们所信,就是有益的。再进一步举例说明,倘若有人由此观点〔即上述老鹰的例子〕论争说,鸟类有理性灵魂,因为人的灵魂由于间歇〔指轮回等〕进入到了它们里面,那我们就得心里反对这样的观点,耳里不听这样的观点了,得将它们当作最危险的异端;即使关于鹰的故事是真实的(正如关于蜜蜂有许多令人惊奇而真实的事),我们也应继续考虑并表明,像这样十分没有理性但其感官力量令人惊异的受造物,是与人和天使(而不是人和动物)共有的本性大为不同的。须知,愚蠢无知的人说了许多愚蠢的事,不过却不足以证明他们就是异端。我们可以举常常听到的有些从不知别人的追求为何物的人关于这些追求而说的蠢话为例——无论是在对那些他们所爱的人的过分赞扬上,还是在对他们憎厌的人的责备上,都是一样的轻率急躁而不可信。人们日常的谈天也是如此;每当谈到一个要求教条般的精确度但却被随意地说出来了的主题,这主题就常被愚蠢的滔滔不绝弄得乱七八糟,不管是嘴说的也好,笔写的也好。实际上许多人在其粗心大意的闲扯得到善意的提醒后,都会对自己的行为表示后悔;他们根本就想不起并非有意而只是信口雌黄胡说一气的话。不幸的是,要清除这样的错误几乎是不可能的。谁能做到"舌头不犯错"[①]、"在话语上没有过失"[②]? 一个人在因自己的错误而受到警告时,他是纠正错误

① 参见《所罗门智训》十四章16节。

② 参见《雅各书》三章2节。

呢，还是顽固地坚持它并且将当初本只是信口胡说的东西当作教条——他在何等程度上、出于什么动机、实际上是否做了，都大有差别。尽管最后证明了每个异端都是蠢货，但并不因此就可说每个蠢货也可称为异端。判官们十分正确地说佩拉纠诅咒了含糊其辞的蠢人（他们想到了它的适当指称）；因为它即是异端，无疑也就是愚蠢的闲扯。所以，不管它是什么，他们都用一个共名指称了这一冒犯。但是所引的话是用于什么明确的教义目的，还是只是在一种含糊未决的意义上说的，或者是在一种本就没有意义且很容易纠正的意义上说的，他们认为这无须在当时那种场合里讨论，因为在他们面前受审的人根本就否认那是他的话，不管它们是在哪种意义上说的。

章 19　继续

现在事情是这样的：我们在首先收到的小书中读到佩拉纠所作的这一辩护时，[①]有些圣洁的弟兄出来说，他们有某部佩拉纠写给一位未知其名的寡妇的安慰信或鼓励信，他们劝告我们检查一下这些信里是否有他公开放弃了的那些话。他们自己不清楚这些话是否有。我们就读了所谓的这些信，还真的发现了有关的话。那些有这些信的复件的人，肯定他们得到这些信几乎有四年了，知道作者就是佩拉纠，他们也没有听到有人怀疑是他写的。考虑到这些上帝之仆的诚实（这是我们很清楚的），说他们欺骗我们，真是不可能的事，那么结论是显然的了，即我们必须认为佩拉纠曾欺骗

① 参见第 57 章。

过他的判官;除非我们认为可能有些东西被以他的名义发表了,甚至有好几年了,尽管实际上并不是他自己写的;因为我们的信息提供者并没有告诉我们他们是从佩拉纠本人得到这些信的,他们也没有听到他承认是他自己写的。就我自己的经历来说,曾有弟兄告诉我,曾有些挂着我的名的著作传到了西班牙。曾读过我的真正的作品的人可辨别出它们不是我写的;而别的人则很相信是我写的。

章 20　继续;佩拉纠用欺骗性的言词承认恩典教义

无疑佩拉纠所承认的他自己写的东西仍很模糊。不过我想这会在决议详情中逐渐变得清楚起来。现在他说了:“我们断言人若愿意,就可以无罪,可以谨守上帝的诫命;因为这一能力上帝已给予他了。但我们从未说过有人从婴儿期到年老任何时候都没有犯罪。我们说的是,若有人从罪里归转,就可以凭着他自己的劳作和主的恩典而无罪;甚至这也不能保证他以后就不会变。”他这些话里所说的上帝的恩典仍很不确定;判官虽是公教徒,却不可能将这个词理解成别的,他们当然只是以为这就是使徒向我们所说的上帝的恩典。这正是我们所盼望的借着我们主耶稣基督将我们从这取死的身体里脱离出来的恩典,[1]为了得到它,我们祈求不要被试探。[2] 这恩典不是本性,而是用来帮助脆弱而败坏的本性的。这恩典不是律法的知识,而是使徒所说的“我不废掉上帝的恩,义若

① 《罗马书》七章 24—25 节。

② 《马太福音》六章 13 节。

是借着律法得的，基督就是徒然死了”[①]里的“上帝的恩”。所以它不是“叫人死的仪文，乃是叫人活的精意”。[②] 因为律法的知识若无圣灵的恩典就只在人里面造出种种的情欲；正如使徒所说：“只是非因律法，我就不知何为罪。非律法说‘不可起贪心’，我就不知何为贪心。然而罪趁着机会，就借着诫命叫诸般的贪心在我里头发动。”[③]他这么说，并不是责怪律法，倒不如是在赞美律法，因为他在后来说：“这样看来，律法是圣洁的，诫命也是圣洁、公义、良善的。”[④]接着他问：“既然如此，那良善的是叫我死吗？断乎不是！叫我死的乃是罪。但罪借着那良善的叫我死，就显出真是罪，叫罪因着诫命更显出是恶极了。”[⑤]他又赞美律法说：“我们原晓得律法是属乎灵的，但我是属乎肉体的，是已经卖给罪了。因为我所作的，我自己不明白。我所愿意的，我并不作；我所恨恶的，我倒去作。若我所作的，是我所不愿意的，我就应承律法是善的。”[⑥]请看，他是知道律法并赞美应承它的；因为律法所命令的事他也希望做到；律法所禁止所谴责的事他也恨恶；只不过他所恨恶的事他倒是作了。所以在他心里是有上帝律法的知识的，只是他心里的邪欲并没有得到抑制。他心里有善的愿望，只是他所行的仍是恶事。因此在他心里的两律交战中——“我觉得肢体中另有个律和我心

① 《加拉太书》二章 21 节。

② 《哥林多后书》三章 6 节；与和合本的译法稍异。

③ 《罗马书》七章 7—8 节。

④ 《罗马书》七章 12 节。

⑤ 《罗马书》七章 13 节。

⑥ 《罗马书》七章 14—16 节。

中的律交战，把我掳去叫我附从那肢体中犯罪的律”[1]——他承认自己的苦处，这么喊着说：“我真是苦啊！谁能救我脱离这取死的身体呢？感谢上帝！靠着我们的主耶稣基督就能脱离了。”[2]

因此，渴望救主的，并不是被卖给了罪、因忤逆而受了伤的本性；将我们从取死的身体里救度出来的也不是律法的知识——借着它我们得以发现罪而不是脱离罪；我们唯有靠着借主耶稣基督而来的主的恩典才能得救。

章 21　继续

这恩典不是叫人死的本性，也不是杀死人的仪文，而是叫人活的精意；带有自由意志的本性是他本有的，使徒说了：“立志为善由得我。”[3]不过，他的本性并非健康无瑕的，他也说了：“我也知道在我里头，就是我肉体之中，没有良善。”[4]他也已经有了上帝律法的知识，他说：“只是非因律法，我就不知何为罪”；[5]虽然如此，他却没有力量和权柄去实践并成就义，他抱怨说：“我所愿意的，我并不作；我所恨恶的，我倒去作”，[6]“立志为善由得我，只是行出来由不得我”。[7] 所以从这取死的身体得救，并不来自于人意志的自由，也不来自于律法的诫令；因为这二者他都已经有了——一个是他

① 《罗马书》七章 23 节。

② 《罗马书》七章 24—25 节。

③ 《罗马书》七章 18 节。

④ 同上。

⑤ 《罗马书》七章 7 节。

⑥ 《罗马书》七章 15 节。

⑦ 《罗马书》七章 18 节。

的本性,一个是他学到的;但他所要的一切,乃是借着我们主耶稣基督而来的上帝恩典的帮助。

章22 继续。会议以为佩拉纠所承认的恩典乃是教会所承认的恩典

当判官们听到佩拉纠说"若有人从罪里归转,就可以凭着他自己的劳作和主的恩典而无罪",就以为他承认公教会所承认的这一恩典了。不过我却记得上帝之仆送给我〔他的〕文章好驳斥他,他们曾经是佩拉纠的追随者。[①] 他们虽然对他很有感情,却明白地承认那是他写的;不过,当有人向他提到这个问题时,由于他因提倡违反恩典的见解而触犯了许多人,他就最为公开地承认:"他所谓上帝的恩典就是,我们的本性受造时,接受了不犯罪的能力,这是因为它受造时被赋予了自由意志。"由于这篇文章,我就仍忍不住地着急,许多谙悉他的讨论的人也与我一样着急,生怕在他声名狼藉的以含糊为特征的话里潜伏着某种保留,生怕他以后会跟他的追随者说,人们并不反对他这么说:"我无疑断言人能够凭着自己的力量和上帝的恩典过着无罪的生活;但你们也很清楚我所说的恩典是什么意思;你们可以回忆起来曾读过我说的话,即恩典就是我们在受造时被上帝赋予了自由意志。"这样,既然主教们以为他所谓恩典即指我们得以被拣选被造为新人的恩典,而不是我们得以受造成人的恩典(《圣经》最明白不过地教导我们,前一种意义上的恩典才是真正的恩典),既然他们不知道他是一个异端,就开

① 这里上帝之仆指提马修和雅各,奥古斯丁的《论本性与恩典》就是写给他们的。

脱了他，判定他为公教徒。[1] 我要说，我的怀疑也受到他公开说的“义人亚伯根本就没有犯过罪”这句话的激发。[2] 现在呢，他是这样表达的：“但我们从未说过有人从婴儿期到年老任何时候都没有犯罪。我们说的是，若有人从罪里归转，就可以凭着他自己的劳作和主的恩典而无罪。”在谈到义人亚伯时，他没有说亚伯是从罪里归转成为新人后才成为无罪的，而是说亚伯根本就没有犯过罪。倘若那本书是他的，就必须根据他的回答来纠正和修改。我要说，他最近的陈词是不真诚的；免得他说他已忘记了他以前在上引书里写过的话。就让我们看看随后发生的事。尽管像某些人认为的那样佩拉纠洗清了自己，最终被判官们宣布无罪（判官们终竟不过是人），但我们借着上帝的帮助，却可显明，我们最不愿看到其进一步发展或其罪孽更重的这种大异端（hanc talem haeresim），本身无疑也在会议决议程序中遭到了谴责。

章 23　第七项指控：佩拉纠门徒科勒斯蒂的话

接下来佩拉纠受指控的话，据说在其门徒科勒斯蒂（Coelestius）的观点里可以找到：即“亚当受造时就是有死的，不管他犯罪与否都终有一死；亚当的罪只害了他自己，没有害到整个人类；律法和福音一样引我们到天国；在基督降世之前存在无罪的人；新生的婴儿与亚当堕落前处境相同；整个人类既不因亚当的死或过犯而死，也不因基督的复活而复活。”这些观点如此地遭到过反对，据说

① 论佩拉纠观点之处，可参见奥古斯丁，《论本性与恩典》，第 53—54 章。

② 同上，第 37 章。

在人们听清它们后，就在迦太基受到了你们和与你们相熟的主教们的谴责。[①] 你们该记得，我那次没有出席；不过，后来我到迦太基时，读了所有的会议记录，有些我还记得极清楚，只是我不知道是否现在所提的所有这些论点那时都已有了。不过，它们之中的一些可能没有被提到，因而没有被包括在会议所谴责的内容里面，那又有何妨呢？人们还指责他有许多别的错误观点，甚至还连带着提到我本人的名字。[②] 西西里的一些弟兄早已为这种问题困惑不解，是他们告诉了我这些错误的观点；我在写给希拉里的一封短信里对此作了答复，[③]希拉里曾写信请教我这些事。我觉得我的答复够了。所提到的错误是这些："人只要愿意就能够无罪。婴儿即使未受洗时就死了也有永生。富人即使受洗，若非放弃一切，便不管做了什么好事，都是无益；也不能进上帝的国。"

章 24　佩拉纠对第七项指控名下的问题作答

下面就是会议决议所记录的佩拉纠本人对这些指控的回答："我们说过人能够无罪的话，"他说，"不过，关于在主降世之前就有人无罪这一事实，我们现在是说，在基督降临之前，有些人按着《圣经》的教导，过着圣洁而公义的生活。其余的不是我说的，即使他们的证据说是我说的，我也觉得自己无须对它们负责。但为了使神圣会议感到满意，我诅咒那些现在持有或曾经持有这些观点的人。"与会者在听到这一回答后，说："关于上面这些指控，佩拉纠当

① 比照奥古斯丁，《论原罪》，第 11 章。

② 同上。

③ 参见奥古斯丁，《致希拉里的信》，载《信札》，157。

着我们的面给了我们充分而适当的回答,令我们感到满意,他诅咒了这些并不属于他思想的观点。”这样我们就看到并坚持认为,这种异端最有害的邪恶不仅被佩拉纠本人谴责了,也被那些质问他的判官们谴责了。他们质问的是这样的问题:“亚当受造时就是有死的;(并且,为了这句话可以被更充分地理解,还补充说:‘不管他犯罪与否都是会死的’)他的罪只害了他自己而没有殃及整个人类;律法与福音一样引我们进天国;新生的婴儿与亚当堕落前处境一样;整个人类既不因亚当的死与犯过而死,也不因基督的复活而复活;婴儿即使未经受洗便死了,也会有永生;富人即使受了洗,若非弃绝一切财产,就是无益,也不能进上帝的国”——不管怎样,所有这些观点在会议上都清清楚楚地受到了谴责——佩拉纠本人宣布了他的诅咒,主教们宣布了经盘问后作出的判决。

章 25 佩拉纠派伪称东方教会站在他们一边

伴随着热烈情感的这些问题和观点,常使得许多软弱的弟兄大受迷惑。凭着对基督教会的爱,也由于已逝的有福的马色林的关怀(他曾极度受这些争论的困扰,写信征询我的意见),我们曾不得不就这些问题,尤其是婴儿受洗的问题,写过一些东西。后来我在你们的请求下,在你们祷告的帮助下,也曾就此主题尽我力之所能在公教会里作过一次恳切的布道,我手里拿着最光荣的殉道者西普里安(Cyprian)的一封信,在那里读着它,引用他的话,好将这一危险的错误从许多人心里驱散走,这些人当初被说动了采取这些观点,而这些观点在这些决议里是受谴责的,这我们已看到了。这些观点的提倡者试图威胁着让东方教会的某些弟兄接受它们,倘若他们不接受这些观点，就会遭到那些教会的正式谴责。不过，请大家瞧瞧，不少于十四位的东方教会的主教，[①]在主曾肉身降世的地方召开会议，拒绝宣判佩拉纠无罪，除非他谴责这些与公教信仰相违的观点。既然他被宣判无罪是由于他诅咒这样的观点，那么这些观点无疑就受了谴责。这，在接下来的决议里会变得愈来愈清楚，证据也会愈来愈多。

章 26　第七项指控里佩拉纠所承认的属他自己的观点

现在来看看佩拉纠不愿意诅咒，承认属于他，但是用他自己的解释来消除其冒犯处的两点。他说："我们说过人能够无罪的话。"他们无疑这么说过，我们也还记得很清楚；不过，由于他补充说了上帝的恩典，并且只字不提他在其教义原本里所说的东西，这点就被减轻了，且得到了判官们的赞同。关于第二点，我们应该注意他对指控如何作答。他说："不过，关于在主降世之前就有人无罪这一事实，我们现在是说，在基督降临之前，有些人按着《圣经》的教导，过着圣洁而公义的生活。"他不敢说："我们现在再说，在基督降世之前，有人无罪"，尽管有人用科勒斯蒂的话来指控他。他意识到了这么说有多危险，会给他带来多大的麻烦。于是就将句子缩减成这样无害的话："我们现在是说，在基督降临之前，有些人按着《圣经》的教导，过着圣洁而公义的生活。"当然有这样的人，这谁能否认呢？但这么说是与说他们过着"无罪的"生活是完全不同的。古时的那些好人正是由于过着圣洁而公义的生活，才可以坦白地

① 奥古斯丁在《反朱利安》卷一第 5 章中就提到他们的名字。

说:"我们若说自己无罪,便是自欺。"①现在也有许多人过着圣洁而公义的生活;但他们在祷告中说的话也不是不真实的:"免我们的债,如同我们免了人的债。"②判官们接受佩拉纠的信念告白,是看他说得庄严,他们并不接受科勒斯蒂意义上的这种解释。现在让我们尽力考察余下题目的详情。

章 27 第八项指控

佩拉纠为下面的话而遭到指控:"尘世的教会是无瑕的。"在这点上多纳图派也与我们相违。在与多纳图派论争时,我们强调坏人与好人是混杂在一起的,就跟谷壳和谷子混在一起一样;我们是由脱谷机的明喻想到这一点的。我们也用这同一个例子来回答现在所遇到的对手,除非他们的教会只是由纯洁无瑕的好人组成,从而教会本身也是纯洁无瑕的。倘若这是他们的意思,那么我就重复刚才引过的那些话;因为纯洁无瑕的人是没有的,正如《圣经》所说:"我们若说自己无罪,便是自欺",③有罪之人怎能成为一个纯洁无瑕的教会成员呢?倘若此世的教会是纯洁无瑕的,她还有什么必要祷告上帝说"求你免我们的债"④呢?简而言之,他们必须正视自己:他们是不是真的认为自己有罪?倘若回答说没有罪,那么我们就必须明白地告诉他们,他们是在自欺,没有真理。倘若他们承认自己犯了罪,这不是承认他们自己有污点还是承认什么呢?

① 《约翰一书》一章8节。
② 《马太福音》六章12节。
③ 《约翰一书》一章8节。
④ 《马太福音》六章12节。

但这样一来他们就不是教会的成员了，因为教会是纯洁无瑕的，而他们自己是既不纯洁也不无瑕的。

章28　佩拉纠对第八项指控的回答

不过，对此指责，他额外小心地作了回答，以致公教判官们都表示赞同。他说："我曾这么说过——但是在这种意义上说的，即教会被洗礼洗去了一切的污点和缺点，主希望她在这一洁净状态中继续下去。"听到这话，会议说："这也是我们所赞同的。"我们之中谁会否认所有人的罪都在洗礼中得到了赦免，并由重生之洗而得了洁净呢？或者说，有哪个公教徒不像他的主那样希望教会总是保持着无瑕状态呢？因为上帝以其怜悯和真理产生的每个行为，都引导着他的圣教会到达那一完美状态，即永远无瑕无污点的状态。但在洗去一切过往的污点和丑陋的洗礼，和教会将永远保持着纯洁无瑕的天国之间，存在着目前的这一居中的祷告时期，在这一时期，教会的祷告必然是这样的："免去我们的债。"这样有人反对他们说"尘世的教会是无瑕的"也就不足为奇了；因为人们怀疑他们这样一来就取消了教会现在日日夜夜都在作的免罪祷告。关于这一居中的时期（处于免罪的洗礼和天国的永远无罪状态之间），决议没有提出对佩拉纠的指控，主教们也没有作出判决。只有他想到了应该暗示说，他并不是在指控所指的意义上说话的。他说"我曾说过这话，但不是在这种意义上说的"，岂不是表明他并没有像指控他者以为的那样说这话么？但是，引得判官们表示满意的东西，只是作为洗净我们的罪的手段的洗礼；而当今教会正处于洁净过程中以求达到的天国，则将在一种无罪的状态中永远持

续：我觉得，这已由证据显明了。

章 29　第九项指控；佩拉纠的答复

下一项指控是逐章逐节针对科勒斯蒂的书而提出的，不过倒不如说是重意甚于重词。科勒斯蒂说得甚为详细；指控佩拉纠者则说当下难以全部引用。他们指责科勒斯蒂在其书第一章写了这样的话："我们所做的多于律法和福音吩咐我们做的。"对此佩拉纠回答说："他们认定这是我说的。但是我们说的乃是要遵守使徒保罗就童贞所写的话：'论到童身的人，我没有主的命令。'"[①]听了这话，会议就说："这也是教会接受的。"我自己读到过科勒斯蒂在其书中透露的意思——他并不否认那书是他写的。他这么说显然是要我们相信，我们借着自由意志的本性拥有如此大的避免罪的能力，以至于可以做比上帝吩咐我们的更多的事；许多人都保持了恒久的童贞，而这是没有吩咐过的；而要免罪，只要完成吩咐的事就够了。判官们在接受佩拉纠的答复时，并没有想到它隐含着这样的观点，即那些人遵守了律法和福音所有的诫命，还超出这做到了守贞，后者是没有吩咐的——他们所想到的只是，没有吩咐的童贞乃是有吩咐的婚姻忠贞之外的东西；这样一来，遵守一个也就是遵守另一个之外的东西了；同时，这二者若没有上帝的恩典便都不能保持，恰如使徒在论到这事时说的："我愿意众人像我一样；只是各人领受上帝的恩赐，一个是这样，一个是那样。"[②]主的门徒对主

① 《哥林多前书》七章 25 节。
② 《哥林多前书》七章 7 节。

说："人和妻子若是这样，倒不如不娶"（这句话拉丁语可能表达得更好一点："倒不如不讨老婆"），主听到后就对他们说："这话不是人都能领受的，唯独赐给谁，谁才能领受。"[①]所以，这才是主教会议上宣布为教会所接受的教义，即守到老的、本未曾吩咐过的童贞，乃是有过吩咐的婚姻生活之忠贞之外的贞洁。至于佩拉纠和科勒斯蒂是在何种意义上说这话的，判官们却没有意识到。

章 30　第十项指控；继续讲科勒斯蒂著作中更为引人注目的观点

此后我们看到科勒斯蒂的别的观点被用来指控佩拉纠——这些观点引人注目，无疑也应该受到谴责；佩拉纠若是不在会上诅咒这些观点，无疑会被卷入谴责之中。据说科勒斯蒂在其著作第三个标题下写道："上帝的恩典和帮助并不给予单个的行动，而是被赋予到了意志的自由之中，或者律法和教义之中。"还写道："上帝的恩典是按着我们的功德给的；因为他若将它给予有罪之人，似乎就会是不义的了。"由此他推论说："所以恩典本身已按着我值不值得它置于我意志中了。因为如果我们做一切事都是凭着恩典，那么无论何时我们被罪战胜，都不是我们被战胜，而是上帝的恩典被战胜了，恩典本是用来帮助我们的，但不能够帮助我们。"他还说："如果我们征服罪时靠的是上帝的恩典；那么我们被罪征服时上帝就有错误了，因为他要么是完全不能够，要么是不愿意保持我们的安全。"对这些指责佩拉纠如是作答："那些说这些观点属于科勒斯

---

① 《马太福音》十九章 10 节。

蒂的人，关心的是它们是否真是他的观点。至于我自己，我是从来没有这样的观点的；相反，我诅咒所有持这样观点的人。”会议就说：“因你谴责这些不虔诚的话，本次圣会议就接受你。”对这些观点的态度如何，在这里是毫不含糊的，无论是佩拉纠诅咒它们也好，还是主教们谴责它们也好。是佩拉纠还是科勒斯蒂，还是他们两个，还是他们两个都不，还是别的什么人，到底是谁曾持有或正持有这些观点——可能是含糊不清的；但借着主教会议的这一审判，就显明了，不管是谁持有这样的观点，都是受谴责的，佩拉纠若持有这样的观点，也会受谴责，除非他自己也谴责它们。经过这次审判，我们就可确知，以后只要在这种事上有人与我们发生争论，我们就只是在与一种早已遭谴的异端打交道。

章 31　评论第十项指控

我的下一番评论要详细些。在前面的某个部分[①]我表达了一种担忧，佩拉纠说“人借着上帝的恩典可以过无罪的生活”时，他所谓“恩典”怕是指上帝造人时人（他给了人自由意志）本性所有的一种能力，他是在我收到的他的那本书中说这个意思的，我还对此书作过反应；[②]他就是以此来欺骗判官们的，他们对这背景一无所知。现在呢，既然他诅咒那些认为“上帝的恩典和帮助并不给予单个的行动，而是被赋予到了意志的自由之中，或者律法和教义之中”的人，那他很显然真是指基督教会里所宣传的、圣灵为着帮助

① 参见第 20 章。

② 参见《论本性与恩典》，奥古斯丁曾从雅各和提马修那里收到佩拉纠的著作，为反对佩拉纠书中观点作了《论本性与恩典》。

我们每件行为而施与我们的恩典了，我们祈求主给我们这恩典，好叫我们不要受试探。我再也不害怕当他说“人若非获得了律法的知识，是不能无罪的”，并补充解释说“借着律法知识的帮助，他就倾向于不犯罪”时，[①]他是以律法的知识来充当上帝的恩典的；因为大家请看，他本人是谴责持这样观点的人的。再看看他是怎样拒绝将我们的天然的自由意志或律法和教义，与上帝的恩典相提并论的。后者在我们的每件行为里都帮助我们。这样，他岂非就是认为使徒所说的恩典乃是“出于圣灵”的了？[②] 关于圣灵主曾说过：“你们被交的时候，不要思虑怎样说话，或说什么话。到那时候，必赐给你们当说的话，因为不是你们自己说的，乃是你们父的灵在你们里头说的。”[③]我也无须担心当他说“所有人都受自己意志的统治”以及补充解释说“我说这是为了保护自由意志。它若择善，上帝就是它的帮助者”时，[④]他所谓上帝的帮助人的恩典，只不过是我们天然的自由意志和律法的教导的同义词。既然他正当地诅咒那些认为上帝的恩典或帮助并非每件行为中的帮助，而是自由意志或律法或教义的人，那么他上帝的恩典或帮助就是给予我们每件行为的了——自由意志或律法和教义就无须考虑〔成恩典〕了；这样，借着我们人生中所有的单件行为，若行得正，我们就受到上帝的统治和指导；我们的祷告也不是无用的，我们祷告说：“求你

① 参见第2章。

② 《腓立比书》一章19节。

③ 《马太福音》十章19—20节。

④ 参见第5章。

用你的话使我脚步稳当,不许什么罪孽辖制我。”[1]

章 32　第十一项指控

不过,后面出现的事却令我满是焦虑。有人举科勒斯蒂书中第五章为例,反对他〔佩拉纠〕说,“他们说每一个人都有能力拥有所有的力量和恩典,从而取消了使徒所说的‘各样的恩典’”,对此,佩拉纠作答如下:“我们确曾说过不少;不过他们反我们是出于恶意,未免言重。我们并没有取消各样的恩典;只是宣称上帝将各样的恩典赐给了证明了自己配得到这些恩典的人,他甚至将它们全部赐给了使徒保罗。”听到这话,会议就说:“你在恩典的恩赐上持着教会的教义,这些恩典使徒都有。”在此会有人说:“那他还着什么急呢?你不是否认使徒拥有所有这些力量和恩典吧?”在我看来,若所有那些恩典都是使徒自己在一处提到过的——我想,判官们在赞同佩拉纠并宣判他所说的与教会一致时心里所想的也正是这——那么无疑可以说使徒拥有它们全部;因为他是这么说的:“上帝在教会所设立的:第一是使徒,第二是先知,第三是教师,其次是行异能的,再次是得恩赐医病的、帮助人的、治理事的、说方言的。”[2]这样,我们能说使徒保罗本人没有所有这些恩典吗?谁敢这么说呢?他乃是一个使徒,这件事本身就表明了他有做使徒的恩典。他也有当先知的恩典,因为当他说:“在后来的时候,必有人离弃真道,听从那使引诱人的邪灵和鬼魔的道理”,[3]岂不是在说

① 《诗篇》一一九篇 133 节。

② 《哥林多前书》十二章 28 节。

③ 《提摩太前书》四章 1 节。

预言么？他还是“外邦人的师傅，教导他们相信，学习真道”。[①] 他行异能，也医治人；因为他把那毒蛇甩在火里，并没有受伤；[②]瘸子听到他的话就站直，康复了。[③] 我们不清楚他所谓“帮助人的”是什么意思，因为这个词用得太广；他为人类的得救出了这么多的力，谁能说他没有这种恩典呢？至于他拥有“治理事的”恩典，谁能比他治理得更好？主借着他个人的办事能力在那时治理了如此之多的教会，直到今天，他的信也还在治理我们。至于“说方言”，他还有什么缺乏的呢？他这样说他自己：“我感谢上帝！我说方言比你们众人还多。”[④]这样，判官们听到佩拉纠回答说“所有的恩典都给了他”时，就不可避免地认为他是说使徒保罗这些恩典一个也不缺，因此就对他表示赞同了。不过，除了这里提到的恩典之外，还有一些别的恩典。因为，不管使徒保罗作为基督身体的一个肢体多么地胜过别人，我们也并不认为整个身体的首领本身〔指基督〕作为人其肉体或灵魂没有接受到更多更大的恩典；上帝之言为这样一个受造的本性而化身成人，他自己的本性与它〔受造的本性〕在他的位格里合一，从而使自己成为我们的首领，也使我们成为他的身体。倘若每个成员〔或肢体〕都有所有的恩赐，那么显然，以我们身体的各个肢体为喻来说明这一主题就是不适用的；因为有些东西是所有肢体都有的，比如生命和健康，另有些东西是某个肢体单有的，比如耳朵就不能感知颜色，眼睛也不能感知声音。所以使

① 《提摩太前书》二章 7 节。

② 《使徒行传》二十八章 5 节。

③ 《使徒行传》十四章 8—10 节。

④ 《哥林多前书》十四章 18 节。

徒写道："若全身是眼，从哪里听声呢？若全身是耳，从哪里闻味呢？"[1]这当然不是说让耳看，或让眼听在上帝是不可能的。不过，大家却很清楚，上帝在基督的身体即教会里做什么，使徒所说各样的恩典为何，仿佛借着不同的肢体，乃有每人专有的恩赐。提出指控的人为什么以及根据什么如此不愿意取消恩典中的差异，还有为什么会议主教们能够赞同佩拉纠所给的回答（他提到了使徒保罗），这时就很清楚了。我们也都同意保罗本人具有他在那段话里提到的所有恩典。

章 33　继续讨论第十一项指控

那么，我有什么理由像我刚才说的那样为他的教义中的这一主题感到着急呢？这是由佩拉纠的这番话引起的："上帝将各样的恩典赐给了证明了自己配得到这些恩典的人，他甚至将它们全部赐给了使徒保罗。"佩拉纠的这一回答，若不是与我们必定要全力保卫的思想紧密相连，我是不会感到什么焦虑的。他不说上帝给他喜欢的人，而是说"上帝将各样的恩典赐给了证明了自己配得到这些恩典的人"，我在读到这样的话时就忍不住有所怀疑了。因为恩典若不是白白地给的，而只是配得到它的人才得到它，那么恩典之名和恩典之实就都被取消掉了。会不会有人说我待使徒不公，因为我不说他配得到恩典？我若拒绝相信他本人所说的，倒宁愿待他不公，并且自己受惩罚。他不是特意地定义恩典，显示它被如此称呼，只是因为它是白白地给的么？这是他的原话："既是出于

① 《哥林多前书》十二章 17 节。

恩典，就不在乎行为；不然，恩典就不是恩典了。”[①]与此相应，他还说：“作工的得工价，不算恩典，乃是该得的。”[②]所以，谁若配得到它，就是该得的；若它是他该得的，便不再是恩典；因为恩典是白给的，而该得的却是按工给的。所以，恩典被给予了那些不值的人，好使他们值得时工价可以付给他们。[③] 将不配之人以前所没有的恩赐赐给他们的他〔上帝〕，自己关心他们，使他们在成为配得者以后可以有他愿意补偿他们的所有东西。

章 34　继续上章；论不信者的行为；信乃是初始原则，由此才开始有善行；信乃上帝恩典之恩赐

也许他会如此作答：“我说使徒配得到那些给了他的大恩典，并非因为他的行为，而是他信仰的结果。是他的信仰而非他的行为配得到这一出类拔萃的赏赐，行为以前并不是善的。”我们要认为信仰不起作用么？信仰当然真真实实地起作用，因为它“借着爱起作用”。[④] 比如不信者的行为，我们就知道使徒说的话是真实而不可辩驳的：“凡不出于信心的都是罪。”[⑤]他为什么老是说义被给予我们不是因为我们的行为而是由于我们的信仰，且信仰通过爱而起作用？原因就在于没有人以为他借着行为功德达到了信仰本身；因为开始促发善功的乃是信仰；而凡不是出于信仰的，就都是

① 《罗马书》十一章 6 节。

② 《罗马书》四章 4 节。

③ 意谓上帝先白白地给人恩典，人在得到恩典的基础上方可行善，善行就是工价。

④ 《加拉太书》五章 6 节。

⑤ 《罗马书》十四章 23 节。

罪，这他已经说过了。因此，《雅歌》里对教会是这么说的："你要从信仰的开端来。"[①]所以，尽管信仰引起产生善行的恩典，我们却肯定不配由信仰而得到信仰本身；但是，它被给予我们，是为了我们可以借着它的帮助追随主，"我的上帝要以慈爱迎接我"。[②] 难道是我们自己将它给了我们自己吗？无论如何我都要在这里强调说："我们是他造的，不是我们自己造的。"[③]使徒说："我凭着所赐我的恩，对你们各人说：不要看自己过于所当看的，要照着上帝所分给各人信心的大小，看得合乎中道"，[④]正是提醒我们，我们乃是上帝造的。使徒还说了那广为人知的话："你有什么不是领受的呢？"，[⑤]可见使我们的善得由以开始的信也是领受来的。

章 35　继续上章

"那么，使徒说的'那美好的仗我已经打过了，当跑的路我已经跑尽了，所信的道我已经守住了。从此以后，有公义的冠冕为我存留，就是按着公义审判的主到了那日要赐给我的'，[⑥]倘若这些东西不是对配得之人的报答，而是白白地给不配之人的恩赐，这话是什么意思呢？"这么问话的人，没有考虑到若不是上帝先将恩典给了不配的人，冠冕是不会戴到配得者头上的。他说了："那美好的仗我已经打过了"；但又说："感谢上帝，使我们借着我们的主耶稣

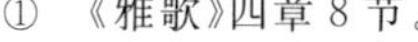

① 《雅歌》四章 8 节。

② 《诗篇》五十九篇 10 节。

③ 《诗篇》一〇〇篇 3 节；和合本为"我们是他造的，也是属他的"。

④ 《罗马书》十二章 3 节。

⑤ 《哥林多前书》四章 7 节。

⑥ 《提摩太后书》四章 7 节。

基督得胜。”[①]他也说了：“当跑的路我已经跑尽了”，但也说：“据此看来，这不在乎那定意的，也不在乎那奔跑的，只在乎发怜悯的上帝。”[②]他还说：“所信的道我已经守住了”，但又说：“知道我所信从的是谁，也深信他能保全我所交付他的，直到那日”[③]——即“我的托付”；有些抄本不是用了“交付”(depositum)而是用了“托付”(commendatum)，意思就更明白了。除了是我们祈求他为我们保全的东西，我们把什么交付给上帝保全呢？而这里面就包括了信仰。主借着自己的祷告为使徒彼得求得的东西，除了是要上帝保全他的信仰，不要因试探而跌倒外，还是什么呢？他对彼得说：“彼得，我已为你祷告了，免得你的信不会失去。”[④]因此，有福的保罗，你伟大的恩典宣讲者，我要不畏惧任何人地说——我再说一次，我要无惧地断言：他们自己的冠冕是对他们功德的报答；但你的功德是上帝的恩赐！

章 36　继续；修士佩拉纠；恩典被给予了不配得到的人

使徒得到了适当的奖赏，仿佛他本是配得到它似的；但他之作使徒，这本身却仍是出于恩典，这不是他的工价，是他本不配得到的。我会为我这么说感到抱歉么？绝对不会。因为我在他本人的见证里找到了证据来免除这样的指责；谁也不能说我放肆，除非他自己放肆到胆敢指责使徒说谎。使徒坦率地说，不，使徒坦率地宣

① 《哥林多前书》15 章 57 节。

② 《罗马书》九章 16 节。

③ 《提摩太后书》一章 12 节。

④ 《路加福音》二十二章 32 节。

称，他用自身来推荐上帝的恩赐，因此他不荣耀自己，只荣耀主；[①] 他不仅宣称他没有善功配选为使徒，还说自己的恶德，以彰显并宣扬上帝的恩典。他说："我不配称为使徒"；[②]这除了是说"我不值得"，还是指什么呢？——好几个拉丁版本就是这么译的。须知这就是我们的问题的关键所在；因为无疑所有那些恩典都被包括在这一作使徒的恩典里了。因为若说一个使徒没有先知、教导、行异能、医治人、帮助人、治理事、说方言的恩赐，不仅不合习惯，也不正确。使徒之名包含了所有这些功能。就让我们请教使徒本人吧，而不要只是听他说。我们不妨对使徒说："圣使徒保罗啊，修士佩拉纠宣称你配得到你作使徒的所有恩典。对此你有什么话说？"他回答："我不配称为使徒。"我这时要在与保罗有关的事上假装荣耀保罗，且胆敢信佩拉纠甚于信保罗么？我是不会这么做的；我若这么做，就证明了我是荣耀我自己甚于荣耀使徒。我们再来听听他为什么不配称为使徒。他说："因为我从前逼迫上帝的教会。"[③]若我们遵从这里的意思，谁不会判断他不仅不配蒙召成为使徒，反而要受基督的谴责呢？爱宣道者的人谁不会憎恨迫害者呢？所以，他看自己看得很真切："我不配称为使徒，因为我从前逼迫上帝的教会。"你既犯了如此大恶，又怎得了如此大善？请所有人听听他的回答："然而我今日成了何等人，是蒙上帝的恩才成的。"[④]除了白白地赐给本不配得的接受者之外，难道就没有更好的办法来推

① 《哥林多前书》一章 31 节。

② 《哥林多前书》十五章 9 节。

③ 同上。

④ 《哥林多前书》十五章 10 节。

荐上帝的恩典了吗？他补充说："并且他所赐给我的恩不是徒然的。"[①]他把这当作一个教训说给别人，以显明意志的自由，他说："我们与上帝同工的，也劝你们，不可徒受他的恩典。"[②]除了从他接着提到的"我比众使徒格外劳苦"[③]这一事实，他还能从哪里推出他的证据呢？所以，看来他就不是劳苦以接受恩典，而是接受恩典以劳苦了。这样，当他还不配时，他白白地得到了恩典，借此方可成为配受工价的人。他也不宣称他的劳苦是他自己的；因为在说"我比众使徒格外劳苦"之后，他马上就补充说："这原不是我，乃是上帝的恩与我同在。"[④]正义的教师、忏悔者、恩典的宣讲者啊！"我比众使徒格外劳苦，这原不是我"意味着什么呢？哪里意志荣耀自己少，哪里虔诚也就多，谦卑也就发抖，因为软弱认得它自己。

章 37 继续；耶路撒冷主教约翰及其检查

耶路撒冷教会主教约翰，在这次与会审判的主教们问到他此前的审判作出过什么判决时，也非常恰当地引证了使徒的这同一段话。他告诉他们："在那次审判里，当有人窃窃私语，评论佩拉纠的话'没有上帝的恩典人也可以获得至善'（即他先前所说的'人可以无罪'）时，他〔实应为'我'，指约翰〕审查了这句话，并提醒他们，甚至使徒保罗在如此劳苦之后——不是凭他自己的力量，而是借着上帝的恩典——也说：'我比众使徒格外劳苦，这原不是我，乃是

① 《哥林多前书》十五章 10 节。
② 《哥林多后书》六章 1 节。
③ 《哥林多前书》十五章 10 节。
④ 同上。

上帝的恩与我同在’；[①]还说：‘若不是主建造房屋，建造的人就枉然劳力。’”[②]他〔约翰〕还补充说：“我们从《圣经》里引了别的几处相似的话。不过，他们并不接受我们引自《圣经》的话，而是继续喋喋不休，在这时佩拉纠就说：‘这也是我所相信的；愿那些宣称人无须上帝的帮助就能够至善的人遭到诅咒。’”

章 38　继续

约翰主教叙述这一切时佩拉纠都听得到；但是他当然可以尊敬点说：“阁下您错了；事实您记得并不准确。我说‘这也是我所相信的’，并不是指您引用的《圣经》经文。我并不认为它们是在说，上帝的恩典如此地与人同工，以致人得以远离罪就‘不在乎那定意的，也不在乎那奔跑的，只在乎发怜悯的上帝’了。”

章 39　继续；赫罗斯和拉撒路斯；俄罗修

据说佩拉纠写过关于保罗《罗马书》的阐释文章[③]——保罗所说的“不在乎那定意的，也不在乎那奔跑的，只在乎发怜悯的上帝”，据佩拉纠解释，这“不是说保罗本人；他只是运用设问与反驳的手法罢了，这样的话本来不应说的”。约翰主教明白地承认所引经文传达了保罗的心声，并且用它来阻止佩拉纠认为人无须上帝的恩典便可避免罪，他还宣布佩拉纠回答说“这也是我所相信的”，而没有在听到这一切时反驳说“这不是我所相信的”。确实，没有

---

① 《罗马书》九章 16 节。

② 《诗篇》一二七篇 1 节。

③ 参见奥古斯丁，《论惩罚与赦罪及论婴儿受洗》，卷三，第 1 章。

什么是比说“这也是我所相信的”更安全的了。对于他为使徒的话所作的阐释，佩拉纠要么应该完全否认，要么应该毫不迟疑地纠正并修改这一悖逆的阐释，他必须说清楚，使徒不仅不应被视为持有这一观点，[①]反倒反对它。不管约翰主教关于未出席的弟兄说了些什么——不管是关于我们的弟兄赫罗斯主教、拉撒路斯主教、俄罗修(Orosius)长老还是别的未列席的人——我都肯定他不是于他们不利的。因为他们若是出席了，他们很可能会(我不敢说绝对会)说服他自己听到的东西是不真切的；无论如何他们都会提醒他忘了的某事，或他被拉丁语译者骗了——不是为了用不确之词来误导他，而至少是由于外国带来的困难，对原话的理解是不完善的；尤其是所说的问题没有在会议决议里得到处理，[②]这决议是可用来防止恶人行骗，并保留记录以助好人记忆的。不过，若是有人因为我们提到弟兄而要在此主题上提出一些问题或疑问，并在教会审判前讨论它们，他们是不会吃亏的。我们为什么要在这里追究甚至判官们自己都不追究的这点？须知，他们在听到我们的主教弟兄的叙述后，并不想要就此作出什么明确的判决。

章 40　继续

既然讨论这些《圣经》经文时佩拉纠在场，并且默认了自己曾说过他与他们持同一个见解，那么，在考虑使徒的见证并发现使徒所说“我不配称作使徒，因为我从前逼迫上帝的教会；然而我今日

① 《罗马书》九章 16 节。

② 这里指耶路撒冷会议决议，其时主席是约翰主教。

成了何等人，是蒙上帝的恩才成的"[①]之后，他难道没有觉察到，在使徒接受到的恩典的丰富程度问题上，他说使徒显示了自己是"值得接受它们的"，乃是并不合适的么？因为使徒本人不仅坦言"不配"得到它们，而且说明了"不配"的原因，从而就将恩典真正地当作了恩典。佩拉纠若是出于这个原因或那个原因而不能想到或回忆起前一阵子约翰主教的叙述，他也肯定要尊重他自己最近在会议上的回答，并回忆起刚过去不久他是如何诅咒出自科勒斯蒂但被用来指控他的观点的。科勒斯蒂说过的但被用来指控他的话还有："上帝的恩典是按着我们的功德给的。"如此一来，如果佩拉纠是真心诅咒这种观点，为什么还要说上帝赋予使徒所有这些恩典，只是因为他配得到它们呢？难道"配得到"的意思与"按着功德而得到"有所不同么？他能够用什么精妙的法子证明一个没有功德的人是"配得到"的么？但不仅科勒斯蒂，别的人也一样（他们的观点都受到他的诅咒），都没有什么地方可允许他将这个词搅浑，从而隐藏起自己的真实意图。他将事情贯彻到底，明白地说："这恩典已被置于我意志之中，而不管我配不配得它。"如果佩拉纠正当而真切地谴责了一个说法，即"上帝的恩典是按着我们的功德给的"，[②]那么他的心怎能允许他想，或他的嘴怎能允许他说"上帝将各样的恩典赐给了证明了自己配得到这些恩典的人"呢？[③] 凡是认真对待这事的人，哪个不会为他的回答或辩护忍不住地着急呢？

① 《哥林多前书》十五章 9—10 节。

② 参见第 30 章。

③ 参见第 32 章。

章41　奥古斯丁竭力显示判官们在佩拉纠一案上只是做得不小心

那么,(有人会说)为什么判官们赞同这点呢？我坦率承认,我到现在也很难理解他们为什么这样做。不过,只言片语很容易引起他们的疏忽大意,这也不足为奇;还有,他们可能认为它多少是可得到正确的译解的,受谴责者对真理的承认也很清楚,于是就认为在用词上进行讨论没什么价值了。如果我们自己也坐在审判席上的话,也很容易这样做。如果不用“配得”一词,而用“预定”一类的词,我的心也不会起什么怀疑,也不会为此替换感到不安;不过,若是有人断言,因着恩典的拣选而称义者才叫“配得者”,且此“配得者”事先毫无功德可言,只是被预定的,就像被称为“选民”者一样,那么要我看出可否这样指称他,或是至少不会引起理智的异议,就会相当地困难了。

至于我自己,若不是他在使我作答的那篇文章中说,除了我们自己的本性(它有自由意志)是白白地创造的外,没有任何别的恩典,若不是这使我对他的真实意图感到怀疑和焦虑的话,我倒是情愿跨过关于这个词的讨论的——不管他是没对这个词的词义作精确的限定就在论证中使用它,还是将它作为一个经过了仔细谋划的教义表达式。最后剩下的说法如此地影响着判官们,他们认为应该谴责它们,而无须等待佩拉纠的答复。

章 42　第十二项指控。佩拉纠弃绝科勒斯蒂的别的教义条目

人们指责科勒斯蒂在其书章六里说了这么一个论点:“人若非完全脱离了罪便不得称为上帝的儿女。”由此可以推出,甚至使徒保罗也不算上帝的孩子,因为他自己说了:“我不是已经得着了,已经完全了。”[①]在其著作的第七章,科勒斯蒂说:“赦免和无知与罪没有联系,它们并不是通过意志,而是通过必然才发生的”;不过,大卫却说:“求你不要记念我幼年的罪愆和我的过犯”;[②]在律法书里,要为无知的人献上燔祭,就跟为犯罪的人献的一样。[③] 在其著作的第十章,科勒斯蒂说:“我们的意志在是否需要上帝的帮助上是自由的;因为每个人都凭着他自己的适当意愿做某事或避免某事。”在第十二章他说:“我们的胜利不是来自上帝的帮助,而是出于我们自己的自由意志。”据说他的结论是这样的:“既然我们用作武器的是我们自己的意志,那么胜利就是我们的;另一方面,既然是我们自己的意志忽略了保卫我们自己,那么败仗也就是我们自己的。”据说他在引用了使徒彼得的话“与上帝的性情有份”[④]之后,作了这样的引申:“若是我们的灵或灵魂不能够无罪,那么甚至上帝也屈从于罪了,因为他〔上帝〕的这一部分,就是灵魂,也暴露于罪里。”在第十三章他说:“给悔改者免罪,不是出于上帝的恩典

---

① 《腓立比书》三章 12 节。
② 《诗篇》二十五篇 7 节。
③ 参见《利未记》四章。
④ 《彼得后书》一章 4 节。

和怜悯，而是照着他们自己的功德和努力，因为借着悔改，他们就配得到怜悯了。”

章 43　修士佩拉纠的回答及其信仰声言

这些句子读完后，会议问：“修士佩拉纠对刚才当面读过的所有这些观点有什么要说的？本主教会议谴责所有这些观点，上帝的公教会也谴责。”佩拉纠回答：“我再说一次，这些观点，甚至照他们自己的说法，也不是我的；我也不应该为它们负责，这我已经说过了。我承认了是我自己的那些观点，我坚持认为乃是正确的；然而那些我已说过不是我自己的观点的，我根据本次会议的判决拒绝它们，并且诅咒那些反对、捏造圣公教会的教义的人。因为我信一个实体的三位一体，信圣公教会教导的一切事。若有人持着与她不同的观点，就愿他受到诅咒。”

章 44　佩拉纠得以免罪

会议说：“现在，既然我们在与列席的修士佩拉纠有关的指控点上得到了满意的答复；既然他表示同意虔诚的教义，甚至诅咒与公教会信仰相违的一切，我们就承认，他乃是公教会团体的一员。”

章 45　佩拉纠的免罪受到怀疑

倘若这些决议使佩拉纠的朋友为他得开脱而欢呼，那么我们无疑也希望并指望他在基督里得救——他也努力证明过我们对他怀着好意，甚至在审判期间拿出我们和他的私人通信读给大家听；不过，说到他的免罪，我们却不要高兴得太早，这免罪与其说是大家都明白的，不如说是大家相信是如此而已。我这么说，并没有指责判官们粗心大意或平庸无能，或有意坚持不正确教义的意思——这他们是绝对不会的。但是，尽管借着他们的判决，佩拉纠被他最亲近的那些人认为得到了当得的免罪，佩拉纠也得到了判官们的同意和赞许，他在我看来，却并没有洗清扔在他身上的指控。判官们对他简直就毫无所知，何况那些准备了指控项目的人没有出席，判官们就更不能用功而仔细地审查他了；不过，尽管他们不能，却仍完全地毁灭了异端本身，佩拉纠的辩护者只要遵从判决，也必定会允许这样的。至于那些很清楚佩拉纠习惯于教导什么的人，那些一直反对他的做法的人，那些逃脱了他的危险教义的人，他们在看到他一方面承认过去的错误，另一方面又如此说话，仿佛他从未持有任何异议时(异于他为使判官们满意而呈辩的观点)，怎可能不怀疑他呢？

章 46　奥古斯丁是如何知道佩拉纠的；科勒斯蒂在迦太基受谴

现在，我要特地说说我自己与他的关系。我首度听到人赞扬佩拉纠之名，是在很远的地方，那时他正住在罗马。后来有人报告我们说，他是反上帝的恩典的。这使我甚为痛心，因为我不得不相信报告人的话；不过，我仍指望从他自己或从他的某些文章来证实这一点，好在和他探讨问题时有他不能否认的根据。不过，他到达非洲后，在我们的希坡海岸受到了热情的招待，那时正好我不在。他从弟兄们那里得知，希坡没有听到他在这方面上传达出的任何信息；因为他离开得比预期的时间早。在后来，据我所能想起的，我曾见过他一面或两面，其时我正为准备开反多纳图异端的大会而操劳；但他匆忙地出海远走了。与此同时与他的名字相连的教义被热烈地坚持着，在他的追随者中间口口相传——以至于达到这样的程度，科勒斯蒂在教会会议上受审，据传属于他的观点也颇与他刚愎的个性相吻合。我们觉得反对他们的更好方法是对事不对人，不提他们个人的名字，只是反驳观点本身；这样他们也许会由于害怕受谴责而转到正轨上来，不用受到真实谴责之惩罚了。所以我们就不停地用书信和大辩论来反对这种邪恶教义了。

章 47　佩拉纠的著作由提马修和雅各交给了奥古斯丁，后者在《论本性与恩典》一文中对该著作了回答

当佩拉纠论上帝恩典问题的文章，经上帝忠实的仆人和荣民提马修和雅各转到我手里的时候，他那有毒的谬论何等地敌对基督的恩典，就变得十分明显了——太明显了，以致无须任何怀疑。他对待这个主题从一开始就站在对立的立场上，仿佛出于一个敌手似的，用他自己的话反对他自己；由于他已经因他在这事上的观点而受到了大量的责骂，现在他要解决这个问题，没有别的办法，只好把上帝的恩典描述成受造时带有自由意志的本性，有时还与律法的帮助或罪之赦免相连；这里律法的帮助和罪之赦免还只是他含蓄地而不是明白地提到的。即便如此，我也还是忍住在我反驳这部著作的书信中不提佩拉纠的名字；因为我仍然认为，若我继续保持和他的友好关系，从而不伤及他的个人感情，是可以提醒他注意真理的；同时我对他的笔却毫不客气地加以反驳。这样，我就必须说，现在我感到了某种烦扰，就是在这次审讯中他在某处说

过:“我诅咒那些持这些观点,或曾在任何时候持过它们的人。”他本可以这样说的:“那些持这些观点的人”,这样我们就可以带着自我反思来考虑它了;但当他继续说:“或曾在任何时候持过它们的人”时,首先,他怎敢如此不公义地谴责那些曾从别人或从他〔佩拉纠〕本人那里得知这些观点但不再持有它们的无害的人呢?其次,有些意识到他不仅持有这些观点,还曾教导过这些观点的人,会忍不住不无道理地怀疑,他谴责那些现在持有这些观点的人,作得并不真诚,因为他也毫不犹豫地在同时、以同样的口吻谴责那些以前曾在任何时间持有它们的人,而他们准记得那时正是他佩拉纠教导他们坚持这些错误观点的。比如提马修和雅各就是这样的人,别的人就不提了。他怎能毫不脸红地望着他们,他亲爱的朋友们(他们从未减少对他的爱)和他从前的学生们?我反驳他著作中的说法的这封书信,就是写给这些人的。我想,我不应该对他们在给我的信中所表达出来的风格和调子略而不提,在这里我就附上他们的一封信,作为样本。

章 48　提马修和雅各写信给奥古斯丁说收到了他的《论本性与恩典》一文

“提马修和雅各在主内向真正有福、受人敬重的教父奥古斯丁主教问安。我的主子、我们真正有福、受人敬重的教父啊,你话里所推崇的主的恩典已令我们如此振奋和有力,使我们可以至诚而适当地说:‘他发命医治他们。’[①]我们发现阁下你是彻底地检查了

① 《诗篇》一〇七篇 20 节。

他的小书内容，你的回答令我们颇感惊讶，甚至他的最小的错误也被查出来了，不管是每个基督徒都应该驳斥、憎恨、避免的事，还是人们并不确知他做错了的事——在后面的这些事里他用不可置信的狡猾暗示他认为不应谈到上帝的恩典。有一点给我们带来了大大的好处——这一最为灿烂的上帝恩典之赐已经如此充分地照耀着我们了，虽说是很慢。恐怕有某些瞎眼的、需要得到光照的人还未受到这一最清明的真理之光的影响，不过我们仍然毫不怀疑同样的恩典将临到他们身上，虽然有些迟了。这事成就，靠的是'愿意万人得救，明白真道'[①]的上帝的恩慈。至于我们自己，感谢你之中的那爱人的灵，我们在得到你的教诲后，已于某时放弃他的错误教义了；到现在我们仍然心存感激，我们得到你的教诲，我们从前相信的虚假观点现在也愈来愈为人们所识破了——阁下极为清晰的阐释使他们得以避开这种错误。"然后是这样的话："愿我们上帝的慈爱使有福的您平安，并为着他永远的荣耀念着我们。"[②]

章 49　佩拉纠的行为与上封信的两位作者的行为恰恰相反

那人〔佩拉纠〕若也承认他一度像别人那样陷在这种错误里，但现在诅咒所有持这些观点的人了，那么从前拒绝祝贺他的人，在他拥有了真理之道后，谁不会对他表示衷心的爱呢。不过，现在事情却正好相反，他不仅不承认脱离了他那讨厌的错误；还进而仿佛

① 《提摩太前书》二章 4 节。

② 参见奥古斯丁，《信札》，168。

是小事一桩地诅咒那些达到了自由的人，这些人是如此爱他，巴不得他也获得解放。给我写信的这两位作者就是这样的人，他们在信里表达了对他〔佩拉纠〕的善意。他们说，我最终写了那封信，这对他们有多大的影响，他们这么说时，心里想着的是佩拉纠。他们说："恐怕有某些瞎眼的、需要得到光照的人还未受到这一最清明的真理之光的影响，"接着说："不过我们仍然毫不怀疑同样的恩典将临到他们身上，虽然有些迟了。"他们有意没有提任何人的名字〔指特意不提佩拉纠的名字〕，是为了朋友的好处起见，因为只要友谊尚在，就希望朋友的错误早点消失。

章 50　佩拉纠没有任何好的理由为他的名字最终在争论中被点了出来而生气；他被彻底驳倒了

但是现在，倘若佩拉纠思想上帝，倘若他感激上帝仁慈地使他受到主教们的讯问，从而可以从他后来顽固不化地辩护的这些遭诅咒的观点中释放出来，并且承认它们是应该弃绝和反对的，那么他就会感谢我们在我们的书里点他的名，揭开他的伤疤来疗他的伤——这好过因为害怕惹得他疼而反导致他发炎，我想他更应感谢我们揭他的疤而不是维护他使他发炎，后者也是我们会感到遗憾的。不过，他若是生我们的气，就请反思一下这样生气有多么不公平；为了平息怒气，请他求上帝赐予他那一恩典，即他在这次审讯中承认乃是我们每件行为所必要的，好借着这恩典获得真正的胜利。因为，主教们写给他的信里的那些恭维话又有什么用呢——他认为提及、阅读、引用这些信是合适的——仿佛听到他强烈甚至急迫地规劝人过善良生活的那些人，就不会那么容易发现他所持观点是多么地颠倒悖逆似的。

章 51　奥古斯丁写给佩拉纠的信的实质内容

至于我自己，在他所出示的我写给他的信里，不仅没有表扬他，反击甚至尽力地规劝他培养关于上帝恩典的正确观念，在那里我对所争论的问题避而不谈。我称他为“主子”[①]——按照我们的写信习惯，一个甚至常常可用于非基督徒的词——这么称呼也没什么不对，因为我们确实在某种意义上“服侍”别人，帮助他们得到基督里的拯救，只不过我们这种仆人是自由的。我加了形容词“至爱的”；我现在也这么称呼他，将来也要如此，即使他很生我的气；因为我若由于他生气而不再爱他，那么我就只会伤害我自己而不是他了。我还称他为“至想往的”，因为我确实渴望与他私下交谈；因为我早就听说他在一切提及恩典的场合都公开地努力反对恩典，即我们借以称义的恩典。信本身简短的内容显示了所有这些意思；因为，在对他告诉我他本人和他朋友的身体健康的消息所带给我的快乐表示感谢后（我们当然希望他们身体健康，但我们更希望他们别的方面无恙），我马上就表示了希望主赐给他非生理的福气，就是他过去认为、恐怕现在也认为独自就构成了意志自由及其力量的东西——因此我同时还希望他得到“永生”。然后，由于记着他在写给我的信里表达了对我的许多良好祝愿，我就继续请求他为我祷告，求主使我成为他相信我早已成为了的人；我这么写，实际上是在轻声地提醒他，与他本人所持的观点相反，他认为值得

① 接近于今日所谓“先生”，但含有“主人”、“师傅”之意。

用来表扬我的那义，实际上“不在乎那定意的，也不在乎那奔跑的，只在乎发怜悯的上帝”。[①] 这就是我的那封短信的主体，这就是我写它的目的。下面是它的复件：

章 52 信的内容

“奥古斯丁在主内向我至爱的主子、至想往的弟兄佩拉纠问安。我为你写信好意地带给我的快乐、为你告诉我你们身体健康而十分感谢你。我至爱的主子和至想往的弟兄啊，愿主报给你祝福，愿你欢享它们，并与主永远同在。至于我自己，尽管不认可你在善意的信里所表达的对我的赞誉之词，你对我贫乏的德行所持的善意的观点却仍使我不能无动于衷；同时我求你为我祷告，愿主使我成为你以为我已经成了的人。”然后是：“想着我们吧；我至爱的主子，至想往的弟兄，愿你平安，为主所喜悦。”

章 53 佩拉纠对推荐的利用

至于我在附件里所说的——愿他“为主所喜悦”——我是在暗示这出于主的恩典而不在于人自身的意志；〔之所以说是暗示〕是因为我并不是在使它成为规劝、诫命或教导的主题，而只是在表达我的愿望。我若是在规劝、命令或教导他，就会显示所有这些都属于自由意志，而又不背离上帝的恩典；与此相似，我若是在表达愿望，无疑也会肯定上帝的恩典，同时又并不消泯意志的自由。那么，他为什么在审讯时出示这封信？倘若他从一开始就持与这信

① 《罗马书》九章 16 节。

一致的观点,很可能就不会被弟兄们召到主教们前面了,这些弟兄虽是对他怀着好意,却仍不断地受到他悖逆之辞的触犯。现在好了,我既已说明了我写信的原委,倘若必要,那些被他引用过其信的人也会解释他们自己的——他们会告诉我们他们想的是什么,或忽略了什么,或写信的目的为何。这样一来,佩拉纠尽管可以夸口圣人们对他的友谊,可以援引他们对他的赞誉,可以出示证实他被免罪的无论什么会议程序——但仍有一个事实是他所不可抹杀的,就是与之较真的见证人的证据所表明的:他曾在他的书里加进与我们由以蒙召称义的上帝恩典相悖的话;如果他不在真正的忏悔之后诅咒这些话,进而在其著作和讨论中都反对它们,那么在那些充分了解他的人看来,他摆正自己的努力无疑是空忙一场。

章 54　论佩拉纠的一封信,在这封信里他夸口他的错误得到了十四位主教的赞同

对他受审结束后发生的、增加了对他的怀疑的一件事,我不想保持沉默。有一封信被传到了我们手里,这封信被归到佩拉纠名下,是他写给他的一个长老朋友的,这位长老曾善意地警告他(这都写在这封信里),不要让人因为他的缘故而将他与教会的身体分开了。这份文献内容很多,要全引是会既乏味又不必要的,我们这里只引相关的话。佩拉纠说:“借着十四位主教的裁判,我们的说法被赞同地接受了,我们说的是‘人若愿意,就能够无罪,且容易守上帝的诫命’。这一判决,堵住了那些迷惑的道听途说者的嘴,粉碎了勾结在一起作恶的整个集团。”不管这信真是佩拉纠所写,还是某人以他的名义写的,谁会看不出来,这种错误是凭借着怎样的

手段宣称自己获得了胜利，甚至在它得到反驳和谴责的司法决议中获胜了呢？现在，他用到了我们刚才按着在他所谓“章节”的著作里出现的形式引用过的话，但不是按照它们在审讯中用来指控他的样子，甚至不是按照他在回答审讯时重复它们的样子用的。因为甚至他的指控者出于某种不可解释的不精确，在其呈辞中也忘了考虑一个人们对之毫无争议的词。他们认为他是这么说的：“人若愿意，就能够无罪；人若愿意，就可以守上帝的诫命。”这里根本就见不到“容易”这个词。后来，他在回答时，说：“我们说的是，人若愿意，就能够无罪和守上帝的诫命”；那时他没有说“容易守”，而只是说“守”。在另一处，在希拉里曾请教我、我也为之作答的、佩拉纠本人的讲法中间，有这么一句被用来指控他的话：“人若愿意，就能够过无罪的生活。”对这句话，他本人曾这么回答：“上面说过人能够无罪。”在这里，我们既不能代表指控他的人也不能代表反驳它的人找到“容易”一词。在前面已部分引证过的圣洁主教约翰的叙述里，[①]约翰也说了：“当他们坚持并宣布：‘他是一个异端，因为他说，人若愿意就可以过无罪的生活乃是真的’；我们就此讯问他时，他回答说：‘我没有说过人的本性接受了不可犯罪的能力——我只是说，谁在追求自己的拯救中，只要愿意远离犯罪和谨守上帝的诫命，谁就会从上帝那里得到这么做的能力。’当有人窃窃私语，评论佩拉纠的话‘没有上帝的恩典人也可以获得至善’时，我审查了这句话，并提醒他们，甚至使徒保罗在如此劳苦之后——不是凭他自己的力量，而是借着上帝的恩典——也说：‘我比众使

① 参见第 37 章。

徒格外劳苦，这原不是我，乃是上帝的恩与我同在。'"[1]等等，等等，如我上面所说。

章 55 评论佩拉纠的信

他们这封信里的自吹自擂的话又是什么意思呢？他们夸口使得那次审讯的十四位主教相信，人不仅有能力，而且"容易"远离犯罪，照同一位佩拉纠在"章节"中的说法——而在会议决议里，尽管被指控的话被不断地重复和考虑，却没有出现这样的词。约翰主教说，佩拉纠当着他的面回答说"他希望人们这样理解，愿意为自己的得救劳苦的人能够避免罪"，而佩拉纠本人这次正式受到盘问为自己辩护时，[2]则说："人能够无罪凭的是他自己的劳作和上帝的恩典"——现在他加上了"容易"，岂不是自相矛盾了么？一个人需要"劳苦"以达成某事时，还能说是"容易"么？我想谁都会同意我们，哪里有劳苦，哪里就不能有容易。不过，一封自吹自擂、轻狂自大的世俗的信还是不胫而走，其速度远远快过了姗姗来迟的会议决议，抢先到达人们手中；它竟断言东方十四位主教不仅判定了"人能够无罪并守上帝的诫命"，而且判定了"容易"！上帝的帮助一次也没有被提起：它只是说，"若他愿意"；既然关于神圣恩典什么也没有被肯定(神圣恩典乃是这次战斗的原因)，那么我们在这封信里读到的唯一的东西只能是不幸的、自欺的——由于仿佛打了胜仗一般——人的骄傲。〔他们这么做，〕仿佛约翰主教未曾公

① 《哥林多前书》十五章 10 节。

② 参见第 39 章。

开地宣布他检查了这一说法，且借着三段经文之助，[①]像晴天霹雳一般，将这般的狂妄自大堆砌起来以与静静高耸的天国恩典相对立的大山击垮在地；仿佛在约翰会上任检查官的别的主教，只要听到佩拉纠这么说："我们说过人若愿意，就能够无罪，并且守上帝的诫命"，并且马上补上一句："因为上帝已给了他如此做的能力"，就会在心里或耳里赞同佩拉纠似的（因为他们没有意识到他是在说本性，而不是他们从使徒的教导里得知的恩典）；〔对上面的话〕他在后来还作了这样的限定："但我们从未说过有人从婴儿期到年老任何时候都没有犯罪。我们说的是，若有人从罪里归转，就可以凭着他自己的劳作和主的恩典而无罪。"现在事实是，他们在判决里是这么说的："他正确地回答了，'人在有上帝的帮助和恩典时，可以无罪'"；他们这么说，岂不是怕他在否认时，否认的是上帝的恩典而不是人的能力么？同样未确定的还有，人何时可以成为无罪的，这并没有判明；判明的只是这一结果只有通过上帝恩典的帮助才能达到；人在今生灵肉交战，他是否曾经、正在、将会借着理性和自由意志的运用，或在完全属人的社会里或在修道院的独处中，达到如此的一种状态：再也无须为自己（而不是为别人）祷告"免我们的债"；[②]以及这一恩赐是否将在"我们必要像他，因为必得见他的真体"[③]时圆成——这话不是出自那些战斗之人的口："我觉得肢体中另有个律和我心中的律交战"，[④]而是出自那些得胜之人的

① 参见第37章。

② 《马太福音》六章12节。

③ 《约翰一书》三章2节。

④ 《罗马书》七章23节。

口:“死啊,你得胜的权柄在哪里?死啊,你的毒在哪里?”[①]这也许很难成为应该在公教徒和异端之间进行讨论的一个问题,唯有在公教徒中间才可以得到和平的解决。[②]

章 56　佩拉纠真诚吗?

我们既然知道了他在信里插入了“容易”一词(这样人避免犯罪就容易了,会议对人可以避免犯罪本无疑问),看上去仿佛判官们同意接受此词似的,并且借着忏悔和随后的补充(他逃脱了这补充引来的教会的谴责),对上帝的恩典只字不提——既然如此,我们怎能相信他(倘若这信确实是他写的)在承认上帝时是真诚的呢?这恩典既非有着自由意志的本性,亦非律法知识,亦非罪之赦免,而乃我们每件行为都必要的东西;我们怎能相信他是真诚地诅咒那些持相反观点的人呢?

章 57　在佩拉纠交给奥古斯丁的为他自己辩护的一篇文章里,他在报道巴勒斯坦会议一事上行使了欺诈手段

还有一点也是我不会保持沉默的。在他通过我们共同的朋友、某位名叫卡路斯的在东方教会任执事的希坡老乡送给我的文章里(这篇文章包含了他的辩护),他作了一个不同于写在主教会议决议里的声明。这些决议就其内容而言,在捍卫大公教的真理、

① 《哥林多前书》十五章 55 节。

② 这个问题一两年之后在迦太基会议上得到了明确的解决。

反对异端的攻击上，调子更高、更坚决，也更直率。这是因为我在读他这篇文章之时，还没有拿到一份会议决议，我没有意识到他用了他曾在审判时作自我辩护时用过的那些话；这些话很少，也没有什么不符之处，所以就没有引起我的什么担忧。[1] 不过那时我仍忍不住憎恶他似乎是在辩护科勒斯蒂的许多句子，而这〔现在〕从决议看来显然正是他所谴责的。现在，这些句子中的一些他已公开宣布放弃了，"他决不应为它们负责"。然而，在他的文章里，他却拒绝诅咒这同一些观点，这些观点是这样的："亚当受造时就是有死的，不管他犯罪与否，他都会死。亚当的罪只害了他自己，而没有殃及整个人类。律法和福音一样引我们到天国。新生婴儿与亚当堕落前处境相同。人类既不因亚当的死和犯过而死，也不因基督的复活而复活。婴儿即使在未受洗时就死了，也可享永生。富人即使受过洗，若不弃绝一切所有，不管他们看来做了什么善事，都是无益；也不能得天国。"佩拉纠在其文章里对所有这些观点的答复是："所有这些说法都不是我的，他们自己的见证也表明了这一点，我也不认为我自己要为它们负责。"但是，在决议里，关于这些观点他却是这么说的："它们不是我的观点，他们的见证也表明了这点，我不认为我要对它们负什么责任。不过，为了圣会议满意起见，我诅咒那些要么现在持有，要么曾经持有它们的人。"现在他为何不在他的文章中也这么说呢？我想，他若这么说，既不会费他多少墨水，也不会花他多少时间，更不会占这篇文章多少篇幅。对教会会议决议大加删减，谁不会怀疑这么做是别有用心呢？这

---

[1] 参见第 47 章。

样，人们就会认为，他仍保持着坚持这些观点的权力，他所喜欢的这些观点并没有被消除——这是因为它们只是被用来指控他了，但并没有被他放弃，也没有得到他的诅咒和谴责。

章 58　继续

他还在这同一篇文章里拼凑了许多得到指控的观点，即出自他的"章节"和科勒斯蒂著作的观点；他也没有区别两种回答，即他在诅咒那些有悖恩典的话时所作的回答，这在会议决议里是按先后顺序作了分别的；他只是对所有这些观点作了一个笼统的答复。我若不是察觉到他作这样的安排是为了迷惑我们的话，还会以为他这么做是为了行文简洁呢。看看，他是这样结尾的："我再说一遍，这些观点，即使按照他们自己的见证，也不是我的；我也没有说过，我要为它们负责。我承认属我自己的那些观点，我认为是正当而正确的；然而那些我说过不属于我的观点，我根据圣教会的判决拒绝它们，并表示诅咒那些反对并否认圣而又公教会的教义的人；也同样地诅咒那些发明错误见解，引起对我们的愤恨的人。"最后一句话决议上面是没有的；不过，它与令我们焦虑的事项无关，可以略而不论。无论如何，就让那些发明错误见解，引起对他的愤恨的人遭到他的诅咒吧。但是，当我第一次读到："那些我说过不属于我的观点，我根据圣教会的判决拒绝它们"，由于不知道教会已在这点上有了判决（因为关于它什么也没有说，那时我也没有读到决议），我还真的以为这里没有别的什么意思，只是他在应许，关于"章节"一书他会持有与教会一致的观点，而教会还没有就此问题作出判决，将来有一天才会作出判决；他还准备拒绝教会还未拒绝

的但有朝一日会拒绝的观点；他说下面的话也是这个意思："表示诅咒那些反对并否认圣而又公教会的教义的人。"事实上，正如会议决议所证实的，在这些主题上十四位主教已作出了教会判决；他也正是根据这些判决声明拒绝所有这些观点，并诅咒那些所持观点与这些已作出的判决相违的人，这决议已显明了。因为判官已经这样问他了："修士佩拉纠对当面读过的这些观点有什么话说？圣会议谴责它们，圣公教会也谴责它们。"对这一切毫无所知，只是读了他这篇文章的人，就会被误导，以为这些观点中的一个或另一个可以合法地持有，仿佛它们并没有被判决是与公教教义相违的，也仿佛佩拉纠宣布自己准备恪守教会现在未判决但将来会判决的观点似的。所以，他并没有在我们频频谈到的这篇文章里坦白自己，坦白得让我们足以在会议决议里发现一个凭证，就是这种异端得以滋生并茁壮成长的所有那些教义，已经被坐在一次主教会议上的十四位主教谴责过了！倘若他害怕这一事实为人所知，他就更有理由纠正自己而不是憎恨我们的警觉了，这警觉虽然有些晚，却是我们用以尽力观察这场争论的。不过呢，如果说他害怕并不真切，我们只是陷入了人生性就有的多疑，那就请他原谅我们吧；但同时请他继续反对并抗拒他在决议里自我辩护时当着主教们的面诅咒过的那些观点；因为若是他现在对它们显示出了什么同情，就会看来不仅从前曾相信这些观点，而且仍旧抱持着它们了。

章 59　尽管佩拉纠被免罪，他的异端思想却得到了谴责

至于我这篇文章，也许其冗长不是没有原因，考虑到其主题的重要性和范围，我希望献给阁下您，从而即使它不为你心所喜，也

可借着你的权威推介，使我认为需要它的人都知道它，因你的权威远重于我们自己可怜的努力。这样它或许有助于粉碎那些人的虚幻不实的想法，他们认为，既然佩拉纠被免罪，那么作出这一判决的那些东方主教也就赞同那些教义了，它们正开始传播流毒，危及基督教信仰，危及我们得以蒙召称义的上帝恩典。基督教会从来就没有停止过对这些观点的谴责，十四位主教的权威判决也谴责了它们；在主教会议上，它也毫不迟疑地谴责佩拉纠，除非他诅咒他被指控犯有的异端观点。不过现在，既然我们对这人怀着兄弟之情（我们一直都在真诚地为他着急、为他的好处着想），就让我们谨记，他虽然被人宣判无罪了，但异端思想本身却永远要受神圣判决的谴责，并且实际上也被这十四位东方教会主教谴责了。

章 60　会议对他的教义的谴责

这是他们判决的结尾句。会议说："现在，既然我们在与列席的修士佩拉纠有关的指控点上得到了满意的答复，既然他表示同意属神的教义，并且反对和诅咒那些与教会敌对的人，我们就承认，他仍是教会团体的一员。"审判他的主教们的这席简短声明里包括有关于修士佩拉纠的两个事实：一个是"他表示同意属神的教义"，另一个是"他反对和诅咒那些与教会敌对的人"。因此之故，佩拉纠才被宣布为"仍是教会团体的一员"。我们在追寻时，不妨简短地重述整个事实，好发现他到底用了什么词使这两点变得如此清楚，以致人们现在就能够判断什么是显明的观点了。因为在被用来指控他的说法里面，据说他曾拒绝并诅咒所有那些他否认属他的"敌对的"观点。现在就让我们尽力总结整个案子吧。

章 61　佩拉纠异端的历史。该异端思想是由一帮喜欢修院生活的人发明出来的

使徒保罗的预言必要成就——“在你们中间未免有异端，好叫那些有经验的人显明出来”[①]——在旧的异端之后，又出现了现在的这种异端，它不是产生自主教或长老，或任何神职人员，而是某些预备修士。这种异端打着捍卫自由意志的旗帜，反对我们借着主耶稣基督而得的上帝恩典；它努力要推翻基督教信仰的基础，关于这基础经上写道：“死既是因一人而来，死人复活也是因一人而来。在亚当里众人都死了，照样，在基督里众人也都要复活”；[②]这种异端还否认我们行为中的上帝的帮助，断言“为了避免罪和完成义，人类的本性就足够了，因为它受造时是有自由意志的；上帝的恩典在于这一事实，即我们受造如此，能够凭着意志做这，更在于这一事实，即上帝给了我们律法与诫命之助，且在人转向他时免他们过去的罪”；还断言“上帝的恩典被认为就在这些事里，而不在他对我们每件行为的帮助里”——“因为人愿意，就能够无罪，并且守上帝的诫命。”

① 《哥林多前书》十一章 19 节；“异端”在和合本中译为“分门结党的事”。

② 《哥林多前书》十五章 21—22 节。

章 62 继续讲历史；科勒斯蒂在迦太基受到教会的谴责；佩拉纠被巴勒斯坦主教们宣布无罪，这是由于他使用了欺骗的手段；但他的异端思想还是受到了他们的谴责

在该异端思想欺骗了许多人，也迷惑了许多还没有受骗的人之后，有位持这些论点的科勒斯蒂，被送上了迦太基教会受审，主教们判决谴责他。[①] 过了几年，据传是此人导师的佩拉纠也受指控持这种异端思想，也在教会受审。[②] 发动指控的是迦利甘(Galican)主教赫罗斯和拉撒路斯，不过，他们二位却没有出席会议，其中一个是由于生病。在读完所有的指控，佩拉纠作答之后，巴勒斯坦省的十四位主教根据他的回答宣布他与该异端无关；但与此同时仍毫不犹豫地谴责了该异端本身。他们所赞同的实际上是他对受指控内容的回答，这些内容包括："人借着律法知识的帮助，就倾向于不犯罪，恰如经上所说：人当以训诲和法度为标准"；[③]但他们却不认为这律法就是经上这样所说的恩典，经上说："谁能将我从死里救出来呢？借着我们主耶稣基督而来的恩典。"[④]佩拉纠也没有用绝对的口气说："所有人都受他们自己意志的统治"，仿佛上帝不统治他们似的；当他在这点上受到盘问，他的回答是："我说这是为了保护自由意志。它若择善，上帝就是它的帮助者；人若犯罪

① 指公元 412 年的迦太基会议，主席即本文所致献的奥勒留主教。

② 指公元 415 年 12 月迪奥斯坡利会议。

③ 《以赛亚书》八章 20 节；参见第 2 章。

④ 《罗马书》八章 24—25 节。

呢，就是自己错了，是受了自由意志的影响。”[①]他们还赞同他的这样的说法：“在末日审判那天，无神者和罪人将毫不留情地被永火毁灭”；这是因为他在自我辩护里说：“我是按照福音书作断言的，在福音书里关于罪人是这么写的：‘这些人要往永刑里去，那些义人要往永生里去。’”[②]他没有说“所有的”罪人都要受永罚，他若这么说，就明显是与使徒相违了，因为使徒说他们中的一些人是要得救的，“乃像从火里经过一样”。[③] 当佩拉纠说“天国甚至在《旧约》里就应许了”，他们也表示赞同，原因就在于他说他有先知但以理的见证为证：“至高者的民，必得国享受。”[④]他们在听他这话时，将“旧约”理解成不仅包括了西乃山传下的律法，还包括了主降世之前上帝赐的整部《圣经》。[⑤] 佩拉纠所说的“人若愿意便能够无罪”却未在他书中所表示的意义上得到主教们的赞同[⑥]——即仿佛凭着人的自由意志就够了似的（他所谓“若他愿意”正是这个意思）——“人若愿意便能够无罪”只在他当时作答时显示的意义上得到了赞同；即，人借着上帝的帮助和恩典才能够无罪，这是主教们自己经过交谈后得出的简短而清晰的结论。不过，仍有问题留而未决：圣徒何时才可达到这一至善状态——是在今生的肉身还活着时，还是在死被吞灭战胜时。

① 参见第5章。

② 《马太福音》二十五章46节；参见第9章。

③ 《哥林多前书》三章15节。

④ 《但以理书》七章18节；参见第13章。

⑤ 即今天所说的“旧约圣经”。

⑥ 参见第16章。

章 63　继续；科勒斯蒂的教义被用来指控佩拉纠，因为后者是前者的导师，这些教义受到了谴责

论到科勒斯蒂所说所写但被用来指控他的那些观点（因为这是他的门徒的教义），佩拉纠承认其中有些是他本人也有的；但他辩解说，他是在一种异于指控的意义上持这些观点的。这些观点中的一个是这样陈述的："基督降世前有人过着圣洁而公义的生活。"[①]不过，据说科勒斯蒂是这样说的："他们过着无罪的生活。"还有人反对科勒斯蒂宣称"教会纯洁无瑕"。[②] 佩拉纠在其回答中却说："我曾这么说过——但是在这种意义上说的，即教会被洗礼洗去了一切的污点和缺点，主希望她在这一洁净状态中继续下去。"论到科勒斯蒂所说的"我们比律法和福音吩咐的做得还多"，[③]佩拉纠自我辩解说他所指是童贞，关于童贞使徒保罗说了："论到童身的人，我没有主的命令。"[④]科勒斯蒂的另一句话"每个人都有能力拥有所有力量和恩典"也遭到反对，人们认为这就取消了使徒所说的"各样的恩赐"。[⑤] 对此佩拉纠却回答说："我们并没有取消各样的恩典；只是宣称上帝将各样的恩典赐给了证明了自己配得到这些恩典的人，他甚至将它们全部赐给了使徒保罗。"

① 参见第 26 章。
② 参见第 27 章。
③ 参见第 29 章。
④ 《哥林多前书》七章 25 节。
⑤ 参见第 32 章。

章 64　主教们怎样洗去了佩拉纠身上的这些指控

所以，与科勒斯蒂此名相连的这四个教义，就并不是在科勒斯蒂所赋予的意义上，而是在佩拉纠所赋予的意义上得到了参与审判的主教们的赞同。因为主教们看得很清楚，没有罪是一事，活得圣洁而公义又是一事，《圣经》也表明有些人在基督降世之前就圣洁而公义了。尽管尘世教会并非没有缺点和污点，她也仍借着重生之洗得脱一切缺点和污点，主也将让她保守这种状态。她当然将保守下去，因为她无疑将在永福里为王，既无缺点亦无污点。未受吩咐的长期的童贞，无疑异于受吩咐的婚姻的贞洁——但尽管许多人保持了童贞，却仍不能说是无罪的。使徒保罗拥有他在一处列举的所有那些恩典；不过，在使徒配得到它们一事上，主教们要么十分明白，这不是按着使徒的行为而赐的，而是按着预定而赐的（因为使徒自己说了："我不配称为使徒"）[①]，要么他们没有注意到佩拉纠赋予这话的意义。[②] 这就是主教们宣布佩拉纠与教会真理一致的原因。

章 65　扼要重述佩拉纠所谴责的观点

再让我们注意注意主教们说他当作与教会教义"相违"的观点而拒绝和谴责的那些主题；因为该异端的整个思想在这里得到了集中体现。我们对据说是他在致某位寡妇的赞扬信里添进的奇怪

① 《哥林多前书》十五章 9 节。

② 这意义是与教会的理解不同的。

的奉承话将完全略而不提；他否认曾在著作中插进这些话或说过这些话，他还诅咒所有持这样观点的人，不过他只是将他们当作愚人，而不是异端。[①] 下面就是该异端的野灌木丛，我们很遗憾地看到，它不仅抽出了芽，还日甚一日地在长大成林——“亚当[②]受造时就是有死的；不管他犯罪与否都是会死的；他的罪只害了他自己而没有殃及整个人类；律法与福音一样引我们进天国；新生的婴儿与亚当堕落前处境一样；整个人类既不因亚当的死与犯过而死，也不因基督的复活而复活；婴儿即使未经受洗便死了，也会有永生；富人即使受了洗，若非弃绝一切财产，就是无益，也不能进上帝的国；[③]上帝的恩典和帮助并不给予单个的行动，而是被赋予到了意志的自由之中，或者律法和教义之中；上帝的恩典是按着我们的功德给的，所以恩典就真在于人的意志，看他使自己配不配它；人若不是完全免除了罪，便不能称作上帝的儿女；赦免与无知若不是借着意志发生，而是出于必然，便不处于罪之下；人人都有其做某事不做某事的适当意志，若意志需要上帝的帮助，便不是自由的；我们的胜利不是来自上帝的帮助，而是出于自由意志；从彼得所说的‘与上帝的性情有份’[④]可知灵魂有能力无罪，就像上帝自己那样。”我在没有署名但一般认为是科勒斯蒂写的一本书的第十一章读到这点——原话是这样的，作者问道：“人的条件和能力若与上帝全然相异，怎能变成与上帝的性情有份者呢？”因此，那些反对他

① 参见第16章。

② 参见第24章。

③ 参见第30章。

④ 《彼得后书》一章4节。

的弟兄们认为他的意思是说，人的灵魂和上帝属同一本性，灵魂是上帝的部分；灵魂分得了跟上帝一样的条件和能力。此外，他受指控的还有这一论点：“赦免不是按着上帝恩典和怜悯，而是按着他们自己的功德和努力赐给悔改者的，因为他们借着悔改就配得到怜悯了。”所有这些教义及其支持论证，都受到了佩拉纠的驳斥和诅咒，他这么做就得到了判官们的赞许，他们因此就宣布，他已借着他的反对和诅咒谴责了与信仰相违的上述观点。这样我们就当欢喜——不管实况如何，不管科勒斯蒂说了这些观点与否，不管佩拉纠相信它们与否——这种新异端的有害原则在教会审判中受到了谴责；就让我们为此结果感谢上帝，并高声赞美他。

章 66　佩拉纠派恶待哲罗姆教区内的修士和修女

据说佩拉纠的某些追随者，在此次判决会议后声援佩拉纠，其悖逆和无耻达到了难以置信的程度。据说他们最残酷地虐打和恶待受哲罗姆长老关照的主的仆人和侍女，杀害了他的执事，烧掉了他的修道院；他本人则由于上帝的怜悯而找到了一处堡垒作为荫庇，从而躲开了这些无信的不法之徒的猛烈攻击。不过，我觉得自己最好不要对这些事说三道四，而是要等着看我们的主教弟兄们认为他们〔佩拉纠派〕要在何等程度上为采取如此可耻的恶行负责；因为没有人认为是应该放过他们的。这样品格的人产生出来的不虔诚的教义，无疑每个公教徒（不管他住得有多远）都有义务反对和驳斥，从而阻止这些观念可能导致的伤害；但是不虔诚的行为，却是教会权威要严加控制的，当地主教或附近主教应该照着教牧的勤勉和属神的严厉对之加以惩罚。我们住在如此遥远地方的人，殷切希望那里的事态得到遏制，免得别处还要作进一步的补救。我们应做的事倒是说出真相，愿那些因报道而严重受伤的心灵得到上帝怜悯的医治。带着这一愿望，最后我要结束本文了，若它像我希望的那样能合你心意，就求主保佑我为读它的人服务——愿它借着你的名字而非我的名字到达他们面前，借着你的关怀和勤勉得到更为广泛的传布。

论基督的恩典

——致阿尔宾娜、平利安和麦娜丽

公元418年，佩拉纠异端遭谴。几个月后，奥古斯丁应一对虔诚的基督徒夫妇平利安(Pinianus)和麦娜丽(Melania)的邀请，写了《论基督的恩典》和《论原罪》二书。这对夫妇那时已离开罗马，并最终离婚，丈夫成了巴勒斯坦一个修院的头领，妻子进了一个女修院。奥古斯丁在繁忙的公务之余，抓住这个机会系统而仔细地阐述了他关于恩典和原罪的观点，同时详细批驳了佩拉纠本人及其同伙科勒斯蒂(Coelestius)的异端教义。这两部书信也许最能阐明奥古斯丁在这些重大问题上的观点。

奥古斯丁在本书显示了，佩拉纠在承认恩典时是不真诚的，因为他要么将恩典置于本性和自由意志之中，要么置于律法和教训之中；他还断言恩典只是意志和行为的“可能性”(他是这样称呼的)，而不是意志和行为自身，后二者得到神圣恩典的帮助；他甚至认为，上帝帮助它们，只是为了使人能够更容易地完成诫命。佩拉纠在他的书信中夸口，他已尽力推介了上帝的恩典，并指出它们如何可被解释为与律法和教训相关——换言之，与神圣启示和基督榜样相关(后者也被相似地包括在“教训”之中)——或与罪的赦免相关，奥古斯丁仔细考察了佩拉纠的这些说法；奥古斯丁还指出，它们并不能构成任何佩拉纠意义上的基督恩典的证据，即帮助是由最光辉灿烂的爱提供给本性的能力和教导的，其目的是为了行出正行；最

后，他请求佩拉纠认真听听他喜欢引用的安布罗修（Ambrose）的话，听听后者对上帝恩典的极为出色的颂词。

章1 导言

我的最亲密的弟兄、为上帝所爱的阿尔宾娜（Albinia）、平利安和麦娜丽啊，我们多么地为你们的身体，尤其是你们的属灵的幸福而欢喜，是难以言表的；这些话我们就不多说了，你们自己在心里必也能感到，在这里我们就直奔主题，就你们询问我们的事加以论说吧。我们的传信人急着要走，我在迦太基也有比别处更多的事急着要办，因此我们得要按着上帝赐予我们的最大能力，写出这些话。

章2 佩拉纠承认恩典是我们每一个行为所必要的，他在承认这点时的不真诚

你们在信里告诉我，你们曾请佩拉纠著书表明他对那些被用来指责他的观点的谴责；他对你们说："有人心里认为或口头说出，上帝的恩典，即'基督耶稣降世拯救罪人'[①]的恩典，不仅并非每时每刻都必要，而且并非我们每一个行为都必要，这样的人是我所诅咒的；那些竭力取消恩典的人应得永罚。"谁若听到他的这些话而又对他书信中一贯的观点毫无所知——不是那些他宣称别人从他那里不正确地剽窃过的观点，也不是那些他所驳斥的观点，而是那些他甚至在他致罗马的信中提到过的观点——谁都会以为他所持观点与真理一致。但凡是注意到了他在这些书信中的观点的人，

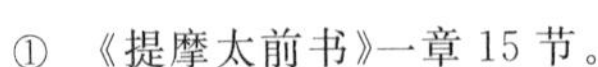

① 《提摩太前书》一章15节。

都不会不对他的这番话表示怀疑。因为，尽管他说上帝的恩典（藉此基督降世拯救罪人）只在于罪之赦免，他仍可使他的话与这种意思相调和，说，这样的恩典是每时每刻每件行为都如此地必须，以致当我们在心里回忆并坚持我们过去之罪的赦免时，我们就不再犯罪，我们得到的帮助并非来自外力，而是来自我们自己意志的力量，因为它在我们的每一个行为里都让心灵记起罪之赦免授予了我们什么好处。又鉴于他们已习惯于说，基督已给我们树立了一个正行正言的榜样，已给了我们帮助，使我们能够避免罪，他们在这里也就可以调和他们的话，说，这乃是给予我们的每时每刻每件行为都必要的恩典，即我们应该在我们的每场谈话中都重视主的谈话榜样。不过，你们自身的虔信却可使你们清楚地看出，这样的观点是如何地与真正恩典的告白相背，这恩典正是我们现在之所论。但是，它是多么容易被他们含糊其辞的声明弄得晦涩不明、面目全非啊！

章 3 佩拉纠派眼中的恩典

为什么我们要对这感到纳闷？因为，同一位佩拉纠，曾在主教会议决议中毫不犹豫地谴责那些说“上帝的恩典和帮助不是为每件行为而赐的，而就在于自由意志或律法或教训”[①]的人，其实这话里的意思我们可以认为正是他自己花了大力加以维护的；他还谴责了那些断言上帝的恩典是按着我们功德而赐的人——这同一位佩拉纠，还是在他所著论意志自由的书和他致罗马的信中，表明

① 参见奥古斯丁，《论佩拉纠决议》，第 30 章。

了他所坚持的不是别的，正是他表面上所谴责的东西。因为上帝的那恩典和帮助（我们得到它的帮助避免罪），他要么置于本性和自由意志之中，要么置于律法和教训的恩赐之中；结果当然就是这样的：每当上帝帮助一个人的时候，我们必须认为他是藉着启示他、教训他他所当行的来帮助他避恶行善，而不是用他的爱的协力和爱的感召这样的额外帮助来做到这点；他可以完成他发现乃是他义务的事。

章4　佩拉纠的职能体系

在其体系中，他设定并区分了三种职能，他说上帝的诫命是凭着这三种职能守成的——能力（possibilitas）、意愿（voluntas）和行为（actio）："能力"是指人藉之可以成义的东西；"意愿"是指人藉之希望成义的东西；"行为"是指人藉以实际成义的东西。三项中的第一个，即能力，他说是我们本性的创造者赋予我们的；不过，后两项，即意愿和行为，他却断言是我们自己的；他严格地将它们归给我们，论辩说，它们只是发自我们自己。简而言之，根据他的观点，上帝的恩典与帮助这两项职能无关，即与帮助完全属于我们自己的意愿和行为无关，而只与那不在我们自己力量之内，而是来自上帝的东西即能力有关；好像我们自己的职能即意愿和行为能够如此地向恶或行善，以致无须神的帮助了，而来自上帝的那一职能即能力却是如此之弱，以致总是得到恩典之助。

章5　引用佩拉纠自己对职能的解释

不过，未免有人说我们没有正确地理解他的意思，或恶意地曲解他的话，将他本来没有的意思强加于他，我请你们看看他的原话。他说："我们区分三样东西，将它们由低到高加以排列。我们将'能力'(posse)置于首位；其次是'意愿'(velle)；第三是'实行'(esse)。'能力'在我们本性里，'意愿'在我们意志里，'实行'则在效果里。第一个，即'能力'，只属于上帝，是他赋予他的受造物的；另外两个，即'意愿'和'实行'，则必须是指着人说的，因为它们是从意志的源泉里流出来的。由于人自己的意愿和行善，赞扬就属于人；或不如说属于人和上帝二者，因为上帝为了人的意志和工作而赋予了人'能力'，并且还藉着他的恩典帮助这一能力。人能够意愿和行出任何的善功，这只能来自上帝。所以这一个职能即使没有另外两个职能也能存在；但后面两个职能若没有前面的那个则不能存在。所以，我可以没有善意或善行，但我断不能没有善的能力。这种能力是根植于我之内的，不管我意愿与否；本性也并不每时每刻都有选择这种能力的自由。[①] 举两个例子就可讲清楚这个意思。我们能够用双眼看东西，这种能力不是来自我们自己的；但如何运用我们的双眼，是看好的东西还是看坏的东西，却是归我们自己掌握的。还有(我只用一个一般的例子来讲所有的情况)，我们能够做、说、想任一善事，这来自于给予了我们这种'能力'并帮助这种能力的他；但我们真正做善事、说善话、想善思，这却发自我们自己，因为我们也能够将所有这些一变为恶。相应地——这一点由于你们对我们的诽谤而值得反复地强调——每当我们说人可生活而无罪，我们也就因承认这能力而赞美上帝，因为这能力是

① 因为它是固有的，是不容选择的。

我们从上帝那里得来的，他将这样的‘能力’给了我们；这里没有机会赞美行事的人，因为这时只有上帝的事；这是因为，问题不是关于‘意愿’或‘效果’的，而只是关于能力的。”

章6 佩拉纠和保罗观点相左

请看，佩拉纠的这整个教义，在他辩护意志自由一文第三卷的这些话里得到了仔细而准确的表达，在这篇文章里他细心而微妙地区分了这三样东西：“能力”、“意愿”和“行为”，即“能力”、“意愿”和“实行”——每当我们读到或听到他对神圣恩典之助（以让我们避恶行善）的承认时，不管他用他所谓的恩典之助指什么，不管是律法和教训，还是任何别的什么——我们都确知他在说什么；我们也没有误解他，将他本来没有的意思强加于他。因为我们不能不认识到，根据他的信念，不是我们的“意愿”，也不是我们的“行为”得到了神圣恩典的帮助，而只是我们的意愿或行为的“能力”得到了帮助。而这“能力”乃是三者之中唯一来自上帝的东西。仿佛上帝自己置于我们本性中的那职能是不坚固的；而另外两个既是我们自己的，就是如此强有力、如此自足，无须上帝之助似的！仿佛上帝不帮助我们意愿，不帮助我们行动，而只是帮助我们有意愿和行动的可能性似的。但是，使徒的看法恰好与此相反，他说：“你们就当恐惧战兢，作成你们得救的工夫。”[①]为让他们确知，他们得到上帝的帮助，不只是在能够工作上（这他们已经在本性和教训上得到了），而且在他们实际的工作上，使徒就不是对他们说，“因为是

① 《腓立比书》二章12节。

上帝在你们里面工作，使你们能够”，仿佛他们本身已经拥有意愿和操作，无须上帝在这两方面帮助他们似的；他对他们是这样说的，“你们立志行事，都是上帝在你们心里运行”；[①]这段话在别的版本的《圣经》尤其是希腊文《圣经》里，说得更为简洁明了：“立志和行事这二者”。想想，使徒是不是没有在很久以前就藉着圣灵预见到会有上帝恩典的悖逆者；是不是没有宣称过上帝在我们里面作工行这两件事，甚至“立志”和“行事”，这两件事是这个人认为属于我们自己的，仿佛它们断不是由神圣恩典之助而来的。

章 7　佩拉纠认为上帝的帮助只是为我们的“能力”的

不过，但愿佩拉纠别如此地欺骗不谨慎的、简单的人，或者自欺；因为在说，“所以人得因他的意愿和行善事而得到赞扬”之后，仿佛是为了纠正他自己似的，他又补充说：“由于人自己的意愿和行善，赞扬就属于人；或不如说属于人和上帝二者”。然而，这不是说，他希望自己被理解为是在显示，他是在顺从正确的教义，他所说的乃是“上帝在我们里面工作，使我们立志行事”；但很清楚的是，他自己显示了他为何补充后一句，因为他马上就说：“因为上帝为了人的意志和工作而赋予了人‘能力’。”从他前面的话可以看出，他将这一能力置于我们的本性之中。但是，为免被人以为他所说与恩典全然无关，就加上这些话：“并且还藉着他的恩典帮助这一能力”——注意，是“这一能力”，不是“每一意愿”或“每一行为”；他若说了这样的话，显然就不会与使徒的教导有出入了。他在这

① 《腓立比书》二章 13 节。

里说的是“这一能力”，指的正是他置于我们本性中的三种职能中的那种能力。上帝“藉着他的恩典帮助”这一能力。结果就是，“赞扬不属于人和神”，因为人是如此地意愿的，上帝也用爱心鼓动他的意愿，或者人是如此地工作的，上帝也与他同工——没有上帝的帮助，人是什么？但他在赞扬上已与上帝这样地相联合，若不是因为上帝在创造我们时赋予我们的本性（凭着它我们能够有意愿和行为），我们是既不会意愿，也不会行动的。

章8　按照佩拉纠派的说法，恩典在于心灵内在的、多样的光照

至于他允许有上帝恩典帮助的这一本性的能力，我们断不能清楚地从他的行文看出他所指“恩典”为何，或在何种程度上他认为我们的本性得到了恩典之助。不过，和他在别处说得更清楚更明确的东西一样，这里我们也可看出，他所谓“帮助本性能力”的恩典，不是别的，正是律法和教训。因为他在一个地方说过：“十分无知的人认为我们在上帝的恩典这件事上做错了，因为我们说它若无我们的意志就绝不能使我们的圣洁完全——仿佛上帝本可将命令强加于人，而又不为他所强令的人提供帮助，使他们藉着恩典更容易完成上帝要求他们凭着他们的自由意志完成的命令似的。”然后，好像为了解释他所谓的恩典是什么意思，他接着就补充了这些句子：“我们并不允许这一恩典只在律法，像你们所认为的那样，我们也认为它也在于上帝的帮助。”现在，谁不会盼望他向我们显明他要我们理解的恩典是什么意思呢？实际上，我们最有理由希望他告诉我们，他说他不允许恩典只在于律法，这是什么意思。不

过，在我们处于期待的焦虑中时，我请你们观察一下他进而告诉了我们什么："上帝帮助我们"，他说，"用他的教导和启示，当他开了我们的心灵之眼；当他在向我们指出未来，使我们不致沉溺于现在；当他向我们揭示魔鬼的罗网；当他用天堂恩典丰富多彩、不可言喻的恩赐光照我们之时。"接着他用一种赦罪来终结全篇："说了这一切的人，在你看来是否定恩典的人吗？他没有承认人的自由意志和上帝的恩典这二者吗？"不过，说到底，他并没有超出他对律法和教训的推介；他恳切地将这算作帮助我们的恩典，因此又回到了他开头的观点上，说："然而，我们允许它在于上帝的帮助上。"上帝的帮助，他认为必须用多样的暗示推荐给我们；通过陈列教训和启示，心灵之眼的开启，未来的展示，恶魔之阴谋的发现，上帝用各种各样、难以描述的天堂恩典之恩赐对我们心灵的光照——当然了，所有这些都是为了让我们得知上帝的诫命和应许。而这除了是将上帝的恩典置于"律法和教训"中，还是什么呢？

章9 律法为一物，恩典为另一物；律法的用处

这样，显然他承认的是上帝用以向我们指出并启示我们须行之事的那恩典；而不是上帝用以赋予并帮助我们行动的那恩典，因为律法的知识若非与恩典的帮助相伴，反倒只会导致犯诫。使徒说："哪里没有律法，哪里就没有过犯"；[①]还说："非律法说'不可起贪心'，我就不知何为贪心。"[②]所以，律法与恩典是如此不同之物，

① 《罗马书》四章15节。

② 《罗马书》七章7节。

以致律法若无恩典之助便不仅无益，而且绝对有害；律法的用处可以这样显示，它迫使因犯过而罪疚者来到恩典之前寻求救度和帮助，克服他们的恶欲。因为它是命令多于帮助；它发现疾病但不医治；不，未治之恶疾倒不如说被它加重了，因此人们更加急迫焦虑地寻求恩典的治疗，这是因为“文字使人死，精神赐予生”。[①] “若曾传一个能叫人得生的律法，义就诚然本乎律法了。”[②]然而，使徒在随后的话里告诉了我们在何种程度上律法给予帮助：“但圣经把众人都圈在罪里，使所应许的福因信耶稣基督归给那信的人。”[③]所以使徒说：“律法是我们训蒙的师傅，引我们到基督那里，使我们因信称义。”[④]律法为骄傲的人服务，使他们更坚定更明显地“处于罪之中”，从而没有人能自以为是地想凭着自由意志努力成就他们自己的义(仿佛这自由意志是他们自己的似的)；反倒“我们晓得律法上的话，都是对律法以下之人说的，好塞住各人的口，叫普世的人都伏在上帝审判之下。所以凡有血气的，没有一个因行律法能在上帝面前称义，因为律法本是叫人知罪。但如今，上帝的义在律法以外已经显明出来，有律法和先知为证”。[⑤] 上帝的义若由律法见证了，又怎能没有律法便得到显明呢？因此之故，话就不是“显明而无律法”，而是“义在律法之外”；因为它是“上帝的义”；即，我们不是从律法得来的义，而是从上帝得来的义——不是由于上帝

① 《哥林多后书》三章 6 节；和合本译为“字句是叫人死，精意是叫人活”。

② 《加拉太书》三章 21 节。

③ 《加拉太书》三章 22 节。

④ 《加拉太书》三章 24 节。

⑤ 《罗马书》三章 19—21 节。

命令而使我们害怕的义（通过知道它）；而是由于上帝的赐予而被我们牢守并坚持的义（通过我们的爱）——“夸口的，当指着主夸口。”[①]

章 10　律法促进什么目的

那么，这人将律法和教训当作恩典（由之我们得到帮助行义）可达到什么目的呢？因为，为了它可以有大帮助，它必须帮助我们，使我们感到需要恩典。没有人是能够藉着律法成就律法。“爱就完全了律法。”[②]上帝的爱不是由律法洒在我们心里的，而是由圣灵赐予我们的。[③] 所以，律法指示着恩典，以被恩典成就。佩拉纠用不同的词汇宣称同样的事，叫人不要以为他是在将恩典置于律法和教训之中（他又说这恩典帮助我们本性的“能力”），这又于他何益？就我所能想到的，他害怕被人如此理解，原因就在于他谴责所有那些坚持如下观点的人：上帝的恩典和帮助不是给人的每一个单个的行为的，倒是存在于人的自由或律法或教训之中的。他以为，只要用许多不同的词句来伪装他所谓“律法和教训”的意思，就可以逃避人们的察觉了。

章 11　佩拉纠定义上帝是如何帮助我们的：“他应许我们将来的荣耀”

在另一处，在长篇大论地宣称善良意志之在我们里面，不是藉

① 《哥林多前书》一章 31 节。
② 《罗马书》十三章 10 节。
③ 《罗马书》五章 5 节。

着上帝的帮助，而是出于我们自己之后，他使自己面临了出自使徒书信的一个问题；他问："这如何与使徒的话'乃是上帝在你里面作工，使你立志并完全'[①]相一致呢？"然后，为了排除这一对立的权威，他明白看出最彻底地与他自己的教义相反对的权威，他马上补充说："他在我们里面作工，使我们意愿善事，意愿圣洁之事，当他藉着将来的荣耀和回报的应许，将我们从动物一般的对尘世欲望的献身、从对现世之物的爱中唤醒；当他藉着启示给我们智慧，在我们心中激起意志渴慕上帝；当他说服我们行一切善事（这是你们在另一处不怕否认的）。"上帝藉以在我们里面作工，使我们意愿善事的恩典，到了他这里不是别的，只是律法和教训，还有什么比这更明显的呢？因为将来的荣耀及其大奖赏是在《圣经》律法和教训中应许的。智慧的启示也属于教训，它进一步的功能是将我们的思想导向善事。倘若在教训和说服（或不如说劝诫）之间有某种差异，这也是在"教训"这个普遍的词里得到规定的，"教训"在几封信里都有；因为《圣经》既教训又劝诫，在教训和劝诫的过程中，同样有人的操作的空间。然而，我们在我们的立场上乐意看到他有时承认那一恩典，藉着它不仅将来的大荣耀得到了应许，而且这大荣耀还得到了信和望；藉着它智慧不仅被启示了，而且为人所爱；藉着它一切善事不仅得到推介，而且令我们欣然行出。因为所有的人都没有信，[②]他们听到主在《圣经》里应许天国；也不是所有的人都被说服了，他们得到规劝来到他面前，他说："凡劳苦担重担的

① 《腓立比书》二章13节。

② 《帖撒罗尼迦后书》三章2节。

人，可以到我这里来，我就使你们得安息。”[①]然而，那些有信的人也是那些被说服来到他面前的人。对此他本人说得很明白，他说：“若不是差我来的父吸引人，就没有能到我这里来的。”[②]几句话之后，当论到不信者时，他说：“若不是蒙我父的恩赐，没有人能到我这里来。”[③]这是佩拉纠应该承认的恩典，倘若他希望不仅被人称作一个基督徒，而且被称作与别的基督徒一样的基督徒的话。

章 12　继续上面的讨论：“他启示智慧”

但关于智慧的启示，我该怎么说呢？因为没有人能在今生有望获得曾给予使徒保罗的大启示；我们当然不可能设想使徒只知道启示而不知道智慧，因为智慧是属于启示的。对此他说：“又恐怕我因所得的启示甚大，就过于自高，所以有一根刺加在我肉体上，就是撒旦的差役要攻击我，免得我过于自高。为这事，我三次求过主，叫这刺离开我。他对我说：‘我的恩典够你用的，因为我的能力是在人的软弱上显得完全。’所以，我更喜欢夸自己的软弱，好叫基督的能力覆庇我。”[④]无疑，倘若使徒已有无以复加地完全的爱，不能再夸口的爱，那么就无须撒旦的使者来打击他，从而压制他由启示的丰富而来的得意洋洋了。这种得意，除了是指自大夸口外，还指什么呢？关于爱，经上说得再真切不过了：“爱是恒久忍

① 《马太福音》十一章 28 节。
② 《约翰福音》六章 44 节。
③ 《约翰福音》六章 65 节。
④ 《哥林多后书》十二章 7—9 节。

耐，又有恩慈；爱是不嫉妒，爱是不自夸，不张狂。”[1]所以，在使徒那里，这爱仍处于一日一日不断增强的过程之中，直到他的“内在之人一天一天得到更新”，[2]无疑，当他超越了一切的自吹自擂、自大自夸，他才会得到完善。但他的心灵在由爱坚定的熏陶而达到完善之前，仍处于这样的一种境况，即由于启示的丰富而得意洋洋；因为这时他还未抵达目标，获得奖赏，这奖赏正是他现在奋力前行的目标所在。

章 13　恩典促使我们去做

所以，对那些不情愿在达到最终最高的爱之完全之前忍受这一麻烦过程的人（自吹自擂的倾向正是在这一过程中得到抑制的），经上非常恰当地说：“我的恩典够你用的，因为我的能力是在人的软弱上显得完全。”[3]这里的软弱，不只是这人所想的肉体的软弱，而是肉体和心灵双重的软弱；因为与最终的完全相比，心灵也是软弱的，为了检查它的得意，撒旦的那使者，肉体里的刺，也被派来打击它；尽管它与肉体的或动物的职能相反，很是强大，却仍非上帝圣灵之物。[4] 所以，就力量是在软弱中变得完全来说，谁若不承认自己软弱，谁就难以完全。不过，使得力量在软弱中变得完全的这一恩典，引导着神意所预定蒙召的人，[5]达到最高完全和荣

① 《哥林多前书》十三章 4 节。

② 《哥林多后书》四章 6 节。

③ 《哥林多后书》十二章 9 节。

④ 《哥林多后书》十一章 14 节。

⑤ 《罗马书》八章 28、30 节。

耀的状态。不仅我们发现什么是应该做的，而且我们行出我们所发现的应该做的——不仅我们相信什么是应该爱的，而且我们爱我们所相信的，这些都受到这种恩典的作用。

章 14　上帝的义和律法的义

倘若这一恩典被称作“教训”，那么无论如何都要让它是在这种意义上被如此称呼的：我们要相信是上帝贯注了它，带着一种无以言喻的甜美，更为深刻更为内在地，不仅藉着那些从外面种植和浇灌的人，而且同样藉着他自己（他自己也秘密地掌管着他自己的增长）——以这样一种方式，他不仅展示了真理，而且同样地分予了爱。因为乃是上帝教训那些按着其旨意蒙召的人，让他们既知道他们应该做什么，又能做出他们所知道的。相应地，使徒对帖撒罗尼迦人说：“论到弟兄们相爱，不用人写信给你们，因为你们自己蒙了上帝的教训，叫你们彼此相爱。”[①]接着，为了证明他们已受教于上帝，他加了一句：“你们向马其顿全地的众弟兄已经这样行了。”[②]仿佛你已受教于上帝的最确定符号就是你已将你受教的东西付诸实践了。按着神旨意蒙召的人都有这一特征，正如先知书所说：“他们都要受耶和华的教训。”[③]不过，得知应做什么但没有做的人，却不是按着恩典被上帝所教，而是按着律法被教的——不是按着精神，而是按着文字受教的。尽管有许多人看似在做律法

① 《帖撒罗尼迦前书》四章 9 节。

② 《帖撒罗尼迦前书》四章 10 节。

③ 《以赛亚书》五十四章 13 节；《耶利米书》三十一章 34 节；《约翰福音》六章 45 节。

所令之事，他们的行为却是出于对惩罚的害怕，而不是出于对义的爱；这样的义使徒称作“他自己的义，是遵循律法的义”——它是命令的而不是赐予的。当它被赐予，它就不是被称作我们的义，而是上帝的义；因为它之变为我们的，只是由于我们是从上帝那里得到它的。使徒有言：“并且得以在他里面，不是有自己因律法而得的义，乃是有信基督的义，就是因信上帝而来的义。”[①]律法与恩典的差异是如此之大，以致尽管律法无疑是上帝的，“律法的”义却不是“上帝的”，只有恩典所完全的义才是“上帝的”。一个被称作“律法的义”，因为它是出于对律法之诅咒的害怕才被行出来的；一个被称作“上帝的义”，因为它是藉着上帝恩典的善意被赐予的，所以它不是可怕的而是可悦的诫命，恰如《诗篇》祷告所说：“你本为善，所行的也善，求你将你的律例教训我”；[②]就是说，我可以不像一个奴隶那样被强迫生活在律法之下，害怕惩罚；而是在爱的自由里欢欣喜悦地按着律法生活，将它当作我的伴侣。自由人遵守诫命纯出自然。谁若用这种精神领悟到了他的责任，谁就能行出他领悟到了应该行出的事。

章 15　受到了恩典教训的人事实上也走到了基督面前

论到这种教训，主也说：“凡听见父之教训又学习的，就到我这里来。”[③]所以，关于没有来到主面前的人，不能说：“他听到了、知道了来到他〔基督〕那里乃是他的责任，但他不愿意做他所知道

① 《腓立比书》三章 9 节。
② 《诗篇》一一九篇 68 节。
③ 《约翰福音》六章 45 节。

的。”用这样的话来说那一教训方法是绝对不合适的，这一教训方法乃是上帝凭着恩典行出来的。因为，倘若真理本身说，“凡听见父之教训的，就到我这里来”，那么当然谁若没有来，谁就不曾知道了。但谁看不出，一个人的来或不来是出于他意志的决断呢？不过，若人不来，这一决断就是独自作出的；若人来了，这一决断就不能没有得到帮助；这一帮助乃是指他不仅知道他应该行的事，而且事实上也行出了他所知的事。所以，上帝教训时，就不是凭律法的文字，而是凭圣灵的恩典。此外，他是这么教训人的，不管人学的是什么，都不仅能够用他的感知看到，还能用他的选择意欲，并用行为来完成。所以，藉着这一神圣指教的模式，意愿自身和行动自身就都得到了帮助，而不只是本性意愿和行动的“能力”得到了帮助。因为，如果只有我们的这一“能力”得到了这一恩典的帮助，别的都没有得到，上帝就会这么说了，“凡听过、知道父的人都可能来到我这里”。然而他事实上没有这么说；倒是这么说：“凡听见父之教训又学习的，就到我这里来。”[①]佩拉纠把“来的可能性”置于本性之中，或甚至——我们先前发现他在试图说[②]——置于恩典之中(不管恩典在他那里是什么意思)——他说，“因此这一能力就得到了帮助”；因此实际的来到〔主的面前〕仍在于意志和行为。不过，这并不就使可能来的人真的来了，除非他也为来到作了意愿和行动。但每个知道父的人都不仅有来的可能性，还都真的来了；能力的运动(profectus)、意志的倾向(affectus)、行动的作用(effec-

① 《约翰福音》六章 45 节。

② 参见第 7 章。

tus),都已包括在这一结果中了。

章 16 我们在运用我们的力量时需要上帝的帮助；以视觉为例

他所举的例子,若不能真地达到他向我们应许的更清楚地说明他的意思的目的,又有什么用呢;[①]这不是说我们要承认它们的意思,而是说我们可以更清楚更公开地发现他用它们为例目的何在。他说:“我们能够用双眼看东西,这种能力不是来自我们自己的;但如何运用我们的双眼,是看好的东西还是看坏的东西,却是归我们自己掌握的。”那好,《诗篇》中有一段话可以作为他的答案,《诗篇》作者是这样对上帝说的:“求你叫我转眼不看不义。”[②]尽管这是说心灵之眼的,我们却仍可用它来说明,对我们的肉体之眼也有好的运用和坏的运用:不是在字面意义上说眼睛好时视力好,眼睛模糊时视力坏,而是在道德意义上说当它被导向救援无助者时为视力好,当它的对象是欲望的放纵时是视力坏。因为尽管得到救助的叫花子和被意淫的妇女二者都是被外在的双眼看到的;前一例中的同情和后一例中的情欲却都是从内在的双眼中发出来的。这样,又为何对上帝祷告说,“求你叫我转眼下看不义”?或者,倘若上帝并不帮助意志,又为何请求那本在我们自己力量之中的东西呢?

① 参见第 5 章。

② 《诗篇》一一九篇 37 节。

章17 佩拉纠是不是有意回避公开宣称一切善行都出自上帝?

他说:“我们能够说话,这出自上帝;但我们说好说坏,却是由我们自己。”但说得最好的上帝自己却并不这样教导我们。他说:“不是你们自己说的,乃是你们父的灵在你们里头说的。”[①]佩拉纠还说:“还有(我只用一个一般的例子来讲所有的情况),我们能够做、说、想任一善事,这来自于给予了我们这种‘能力’并帮助这种能力的他。”注意他在这里又重复了他前面的意思,即能力、意愿、行为这三者中,唯有能力得到了帮助。因此,为了完全说清他想说的,他又补充说,“但我们真正做善事、说善话、想善思,这却发自我们自己。”他忘记了他在前面自我纠正时说过的话;[②]因为前面在说“人因自己的意愿和行善,赞扬就属于人”之后,他马上就修正了自己的说法:“或不如说属于人和上帝二者,因为上帝为了人的意志和工作而赋予了人‘能力’”。他在举例时为什么不记得这一供认,为什么不在引用它们后进而说:“我们能够行、说、想任何善事,这来自给了我们这一能力并帮助它的他。然而,我们实际上行了善事,或说了善话,或想了善思,却是出自我们自己和上帝二者!”不过,他并没有这么说。如果我没有弄错的话,我想我能明白他为什么害怕这么做了。

① 《马太福音》十章20节。

② 参见第5章。

章18　作者发现了佩拉纠不敢这么说的原因

因为，当希望指出为何这就在我们自己的能力之内时，他说："因为我们可将所有这些一变为恶。"这就是他不敢承认这样的行为"出自我们自己和上帝二者"的原因，免得有人这样反驳他："如果我们做、说、想善事乃是由于我们自己和上帝二者，因为他赋予了我们这一能力，那么就可以说，我们的做、想、说恶事，也是由于我们自己和上帝二者了，因为他也赋予了我们毫无二样的能力；因此之故——上帝禁止我们承认这点——正如上帝和我们该为善行而一道得到赞扬一样，上帝也应为我们作恶而与我们一道遭谴。"因为他赋予我们的那一"能力"既可使我们行善，亦可使我们作恶。

章19　行、爱和贪的两个根源；各有其果

关于这一"能力"，佩拉纠在他的《为自由意志一辩》(*Defence of Free Will*)卷一写道："上帝在我们里面种下了每种能力。我可以说，它像是一个根，这根可以根据人的意志结出各种各样的果，这根能够按着栽种者自己的选择，或开美丽的美德之花，或发多刺的邪恶之荆棘。"人们很少会注意到，他在这里说善恶二果发自同一根源，这是与福音真理和使徒教导背道而驰的。因为主是这么宣称的，"好树不能结坏果子，坏树不能结好果子"；[①]使徒保罗在说贪为"恶之根"时，[②]也就是在说爱乃善之源。所以，若好树坏树

---

① 《马太福音》七章18节。

② 《提摩太前书》六章10节。

两棵树代表好人坏人两个人，那么好人除了是有善良意志的人，即有好根的树外，还是什么呢？坏人除了是有坏意志的人，即有坏根的树外，还是什么呢？发自这样的根和树的果乃是行、话、思，它们若是善的，就发自善意志，若是恶的，就发自恶意志。

章 20　人是怎样成为好树或坏树的

人若得到上帝的恩典，就成了好树。因为他不是凭着他自己去恶成善的；而是属乎他〔上帝〕、藉着他、在他之中成善的，而上帝永远是善的。为了让他不仅是一棵好树，还可以结佳果，得到这同一恩典就是必要的了，没有它他就什么善也行不了。因为上帝自己在善树结果的过程中与树同工，他既外在地藉着他仆人之功浇灌、照管，也内在地藉着自己之力使果子增多。[①] 不过，人若堕落离那不变的善〔上帝〕远去，使自己朽坏，就成了一棵坏树；因为偏离上帝乃是恶意志的起源。这一偏离并不导致别的朽坏本性，但却朽坏了那曾被造为善之物。不过，若这一朽坏得到医治，就无恶保留了；因为，尽管本性确曾受到伤害，本性自身却不是污点。

章 21　爱为一切善事之根；贪为一切恶行之始

所以，我们所论的“能力”，就不是善恶二事的同一根源。因为一切善事之根的爱，十分不同于一切恶行之始的贪——正如美德不同于邪恶。但是，无疑这一“能力”能够属于每一个根：因为一个人不仅能够拥有爱，使树成为好树；他也可以同样地拥有贪，使树

① 《哥林多前书》三章 7 节。

成为坏树。人的这一种贪(它乃是一种邪恶)是人自己的或人的欺骗者的,而不是人的创造者的。实际上,“肉体的情欲,眼目的情欲,并今生的骄傲,都不是从父来的,乃是从世界来的。”[1]谁会不知道《圣经》的用法,不知道“世界”习惯于指那些属世的人呢?

章 22 爱是善良意志

然而,乃是美德的那善,根据《圣经》的说法,却非我们自己的,而是来自上帝的:“亲爱的弟兄啊,我们应当彼此相爱,因为爱是从上帝来的。凡有爱心的,都是由上帝而生,并且认识上帝。没有爱心的,就不认识上帝,因为上帝就是爱。”[2]只有照着这一爱的原则,人才会最好地理解这样的话,“凡从上帝生的,就不能犯罪,因上帝的道存在他心里,他也不能犯罪,因为他是由上帝生的”,[3]尤其“就不能犯罪”。[4] 因为使我们为上帝所生的这爱,“不做害羞的事,不求自己的益处,不轻易发怒,不计算人的恶”。[5] 所以,无论何时有人犯罪,他都不是根据爱而是根据贪犯罪的;他既遵循这样的倾向,他就不是上帝所生的,正如我们上面所说,我们所论的“能力”是能够属于每个根源的。所以,当《圣经》说,“爱就是上帝”,或更准确地说,“上帝是爱”;当使徒约翰如此强调地宣称,“你看父赐给我们是何等的慈爱,使我们得称为上帝的儿女”,[6]佩拉纠坚持

---

① 《约翰一书》二章 16 节。

② 《约翰一书》四章 7—8 节。

③ 《约翰一书》三章 9 节。

④ 同上。

⑤ 《哥林多前书》十三章 5 节。

⑥ 《约翰一书》三章 1 节。

他的观点，即我们只有“能力”是从上帝来的，而“善良意志”和“善良行为”却属我们自己，[①]当佩拉纠听到“上帝是爱”这样的话时，会有什么表情呢？好像这一善良意志是与爱不同的东西似的！《圣经》如此大声地宣称爱是上帝赐予我们的，是由天父给我们的，使我们可以成为他的儿女。

章 23　佩拉纠对恩典决议基础的双重做法

不过，也许是我们自己在先的功德使得这一恩赐被赋予了我们；这位作者〔佩拉纠〕在他致一位圣洁的贞女的著作里[②]（他在送给罗马的信里提到了她），在提到上帝的恩典时说了这个观点。在引用了使徒雅各的话“你们要顺服上帝。务要抵挡魔鬼，魔鬼就离开你们逃跑了”[③]之后，他接着说：“他向我们显明了我们应该如何抵挡恶魔，假如我们真的顺服上帝，藉着顺从他的意志配得他神圣的恩典，藉着圣灵的帮助更易抵抗恶的精神。”看看，他在巴勒斯坦主教会议上，对那些说上帝恩典是按着我们功德赐予我们的人，谴责得有多么真诚！我们对他仍坚持这一观点，最为公开地宣传它，还有任何的怀疑吗？他在主教们面前的认信怎能是真实的呢？他写了著作，在里面明确地宣称恩典是按功论赏——而这观点岂非他在东方主教会议上毫无保留地谴责的么？就让他坦率地承认，他一度持有这观点，但他不再坚持了；我们也就可最为坦率地为他的进步高兴。不过，当有人为我们正在讨论的事而指责他时，他答

① 参见第 4 章。

② 佩拉纠，《致德米特里的信》，第 25 章。

③ 《雅各书》四章 7 节。

复说："这些观点是不是科勒斯蒂的，乃是那些认为是科勒斯蒂观点的人所关心的。至于我本人，事实上我从未持有这样的观点；相反地，我诅咒每一个持这样观点的人。"[①]但他在编好了这一著作的时候，怎能"从未持有这样的观点"呢？倘若他随后编纂了这一著作，又怎能继续"诅咒每一个持这样观点的人"呢？

章24 佩拉纠将自由意志置于人为恩典而转向上帝这一事的基础上

但是，也许他可以这样反驳，在我们面前他说的话，即我们"由于行了上帝的意志而值得神圣恩典"，乃是说恩典是加以那些相信上帝并过着圣洁生活的人的，使他们可以大胆地敌挡撒旦；但是他们第一次接受恩典却是为了可以行上帝的意志。未免以为他是在作这样的反驳，我们再来考虑他在这事上说过的一些别的话。他说："依赖主并渴望受主指导的人，就是使自己的意志依靠上帝的意志的人，甚至如此地与上帝紧密相依，以致与上帝成为'一灵'（这是使徒的话）的人，做这一切，凭的不是别的，而正是他意志的自由。"注意他在这里说我们只是凭着自由意志就可达到多大的效果；以及他是怎样认为我们无需上帝之助就可忠于上帝的：这就是他的话的力量，"凭的不是别的，而正是他意志的自由。"所以，在我们没有上帝之助就已忠于主之后，我们由于自己的这般的忠诚，便配得到帮助。因为他接着说："谁若对这作了正确的使用（就是正确地使用了他的意志自由），都是如此完全地顺服上帝，如此完全

① 参见奥古斯丁，《论佩拉纠决议》，第30章。

地克制自己的意志，以致他能够与使徒一同说，‘我已经与基督同钉十字架，现在活着的不再是我，乃是基督在我里面活着；并且我如今在肉身活着，是因信上帝的儿子而活，他是爱我，为我舍己’；[①]以及‘王的心在耶和华手中，好像垄沟里的水随意流转’。”[②]上帝恩典的帮助是大的，他可以将我们的心转到他所喜的任何方向去。但根据这位作者愚蠢的观点，尽管这帮助是大的，我们在没有任何超出于自由意志之上的帮助的情况下，牢附于主，渴望他的引导与指导，将我们自己的意志完全依附于他，并且藉着与他紧密相连而成为一灵时，我们完全配得到恩典。现在所有这些善都仅凭我们自己的自由意志便得到了成就（根据他的说法）；由于有这样的功德在先，我们就如此地赢得了他的恩典，以致他将我们的心按着他的意思感受。那么，那种不是白白地给的恩典又如何呢？倘若它是对债务的偿还，它又怎能是恩典呢？使徒如下的话又怎能是真的呢：“你们得救是本乎恩，也因着信。这并不是出于自己，乃是上帝所赐的；也不是出于行为，免得有人自夸”；[③]以及，“既是出于恩典，就不在乎行为；不然，恩典就不是恩典了”[④]——我再说一次，如果这样的功德在先，我们获得恩典在后，使徒的这些话又怎能算是真的呢？须知，这样一来，就不会有白给的恩赐，而只会有对应得奖赏的报偿了。那么，是不是这样的，为了找到通往上帝帮助的路，人们没有帮助时就跑向上帝呢？为了我们在依附于上

① 《加拉太书》二章20节。
② 《箴言》二十一章1节。
③ 《以弗所书》二章8—9节。
④ 《罗马书》十一章6节。

帝时可以得到上帝之助，我们是不是没有他的帮助就可依附于他呢？倘若人没有恩典就已能够使自己与主成为一灵（凭着他自己的自由意志而不是别的力量），那么恩典本身得要赐予人什么更大的恩赐，或什么相似的恩赐呢？

章 25 上帝用他神妙的力量在我们心里作工，使我们意志有善的倾向

现在，我想要他告诉我们，当亚述的王（他圣洁的妻子以斯帖“憎恶他的床”）坐在他的王位上，身着锦衣华服，满缀金银珠宝，满面怒容看着他的妻子，眼中喷着野牛的怒火；王后因害怕而脸色大变晕倒，向头等宫女弯下腰时[①]——我想要他告诉我们，这位国王是否还是“依赖主并渴望受主指导的人，就是使自己的意志依靠上帝的意志的人，甚至如此地与上帝紧密相依，以致与上帝成为‘一灵’（这是使徒的话）的人，做这一切，凭的不是别的，而正是他意志的自由”。他完全顺服上帝，完全克制他自己的意志，将他的心置于上帝之手吗？我认为，谁若以为这种状态的国王仍是这样的，谁就不只是愚蠢，还简直是疯狂了。不过上帝还是归化了他，将他的怒气转化为温柔。然而，谁会看不出，将盛怒完全转变为温柔，比使平常状态下的心倾向某事（这时心灵没有受先入之见的影响，只在两个可选项之间进行平等的取舍），要伟大不知多少倍呢？就让他们阅读并理解、观察并承认，上帝在人的心里作工，启示真理，指使意志，不是藉着律法和教训从外面告诉他们，而是藉着秘密、神

① 《以斯帖记》五章1节。

妙、难以言喻的力量在他们里面运作。

章 26 佩拉纠的“能力”的恩典得到解释；《圣经》教导说人行事、说话、思想都需要上帝的帮助

所以，就请佩拉纠不要再自欺欺人，反对上帝的恩典。上帝的恩典并不只是由于这三项职能中的一项[①]——即善良意志和工作的“能力”——而应得到宣扬；而且还是由于善良“意志”和“工作”本身。根据他的定义，这一“能力”是可以有两个方向的；然而我们的罪却不可因此就归予上帝，像他说的我们的善行由于这同一种能力而归予上帝那样。所以，并不只是因为这个原因上帝恩典之助才得到保持（因为它帮助我们本性的能力）。他必须不再说：“我们能够做、说、想任一善事，这来自于给予了我们这种‘能力’并帮助这种能力的他；但我们真正做善事、说善话、想善思，这却发自我们自己。”我再说一次，他必须不再这么说。因为上帝不仅给了我们能力并帮助它，还进一步在我们里面作工，使我们“意愿和行动”。[②] 我们意愿不了善事，行不出善事，并不是因为我们不意愿或行动，而是因为我们没有他的帮助。使徒告诉我们，他为了那些人（对这些人他写道：“我们求上帝叫你们一件恶事都不做。这不是要显明我们是蒙悦纳的，是要你们行事端正，任凭人看我们是被弃绝的吧”[③]）的好处而“祷告”上帝，使徒既已如此说，佩拉纠又怎能说，“我们能够行善，这出自上帝，但我们实际上行善，这却出自

① 参见第 4 章。

② 《腓立比书》二章 13 节。

③ 参见《哥林多后书》十三章 7 节。

我们自己”呢？使徒的话不是“我们祷告你们不能够作恶”，而是“你们不作恶”。他也不是说，“你们能够行善”，而是说“你们行善”。经上说的是“因为凡被上帝的灵引导的，都是上帝的儿子”，[①]所以，为了他们可以行善，他们就必须受到善上帝的引导。既然主已宣布：“乃是你们父的灵在你们里头说的”，[②]佩拉纠又怎能说：“我们能够行善，这出自上帝，但我们实际上行善，这却出自我们自己”呢？主不是说：“给予你们说善话的力量的不是你们自己”，而是说：“不是你们自己说的。”[③]他也不是说：“给予或曾给予你们说善话力量的乃是你们天父的圣灵”，而是说：“他在你们里头说。”他不是暗示“能力”[④]的运动，而是断言同工协力的作用。这位自由意志自大的鼓吹者怎能说：“我们能够思想善念，这出自上帝，但我们实际上思想善念，这却出自我们自己？”对他的回答就是谦卑的恩典宣讲者所说的：“并不是我们凭自己能想什么，我们所能想的，乃是出于上帝。”[⑤]注意，他不是说，“能够想什么”，而是说“想什么”。

章 27　真恩典是什么，为何被赐予；功德不先于恩典

佩拉纠应该坦率地承认，《圣经》里阐明了这一恩典；他也不应再厚颜无耻地掩盖他一直在反对恩典这一事实，而应带着有益的

---

① 《罗马书》八章 14 节。

② 《马太福音》十章 20 节。

③ 《马太福音》十章 20 节。

④ 参见第 15 章。

⑤ 《哥林多后书》三章五节；“想”在和合本中译为“承担”。

后悔承认这一恩典；这样圣教会才会不再被他的顽固不化所扰，反为他真诚的归化喜悦。但愿他区分知识与爱，像它们应被区分的那样；因为“知识是叫人自高自大，唯有爱心能造就人”。[①] 爱若立人，知识就不再叫人自高自大了。既然每一个都是上帝的恩赐(尽管一个是小的，一个是大的)，他就不要赞美我们的义甚于赞美使我们义的上帝，不要看小这二者之中的上帝恩典之助，看大这二者之中的人的意志。他若同意我们是从上帝的恩典得到爱的，他就不要再设想我们自己的功德先于我们接受恩赐。因为，我们不爱上帝时，又有何功德可言呢？为了我们可以接受那爱，藉着它我们可以去爱，他就在我们还没有爱的时候爱了我们。对此使徒约翰说得再明白不过，“不是我们爱上帝，乃是上帝爱我们”；[②]以及，“我们爱他，因为他先爱我们”。[③] 说得多么好、多么真啊！因为我们若非在他先爱我们从他那里接受了爱，我们是没有手段去爱他的。若我们没有拥有爱，我们又可能行什么善呢？我们若有了爱，又会怎样地忍不住地去行善呢？因为，尽管那些不爱上帝而只是怕上帝的人似乎遵守他的诫命；但在这里没有爱和善功可言，也没有所谓善行的存在；因为“凡不是出于信的，便都是罪”，[④]以及“信藉着爱作工”。[⑤] 因此，这人就必须承认上帝的那一恩典，藉之“所赐给我们的圣灵将上帝的爱浇灌在我们心里”[⑥]的，这人必须作一

① 《哥林多前书》八章 1 节。
② 《约翰一书》四章 10 节。
③ 《约翰一书》四章 19 节。
④ 《罗马书》十四章 23 节。
⑤ 《加拉太书》五章 6 节。
⑥ 《罗马书》五章 5 节。

个真诚的告白，显示他毫无怀疑地相信，若无恩典，一切属于神圣、真圣洁的善事都不能成就。他也应放弃他向我们显明了的观点，即“恩典之被赐予，是为了上帝所命令的事可以更容易地完成”；这句话当然意味着，即使没有恩典，上帝的诫命也可以得到完成，尽管不是那么容易，但也可以在实际上做到。

章28 佩拉纠教导说，我们没有上帝恩典之助就可以敌挡撒旦

在他致一位圣洁贞女的信里，[①]有我在前面引用过的一段话，在那里他明白地显示了他在这问题上所持的观点；因为他说，“我们配得上帝的恩典，藉着圣灵之助，就更容易敌挡恶灵”。他为什么插入“更容易”这个词呢？难道“藉着圣灵之助就可敌挡恶灵”还不完整吗？但谁感觉不到他的这一插语所造成的伤害呢？他当然是想要藉此表明，他所急于赞美的我们本性的力量是如此之大，即使没有圣灵的帮助，也可敌挡恶灵——虽然没有那么容易，但仍是可以的。

章29 他所谓上帝的帮助，只是指帮助我们做没有这帮助我们也可以做的事

在他的《为自由意志一辩》卷一，他还说：“尽管我们里面已有如此强大稳固的反犯罪的自由意志，就是上帝因其无以言喻的善而赋予人类本性的自由意志，我们仍进一步得到了他日常的保

---

① 佩拉纠，《致德米特里的信》。

护。"倘若自由意志在反犯罪上是如此强大稳固,这样的帮助又有何必要?但在这里,他仍一如以往地要让人知道,所谓帮助的目的,不过是为了藉着恩典更容易地完成本可没有恩典便完成但没有那么容易完成的事。

章 30 佩拉纠认为更易行善所需要的东西,实际上却是行善所必要的

同样地,在该文另一处,他说:"为了人可以藉着恩典更容易地完成他们受命凭着意志去行的事"。这里,你若去掉"更容易地"这个词,剩下的话就不仅是完整的,还是正确的,"人可以藉着恩典完成他们受命凭着意志去行的事"。"更容易地"这个额外的词,就是在心照不宣地暗示着即使没有恩典人也有行善的可能性了。不过这样的意思,乃是主所明确地反对的,"没有我你们就不能做什么"。①

章 31 佩拉纠和科勒斯蒂没有在任何地方真正承认恩典

倘若人的软弱容易在如此深奥的主题上想错,就让他纠正他的这些观点吧,而不要错上加错,在他已经发现他永远不应相信这样错误的事之后,还要恶意地、蓄意地加以欺瞒,或者是否认他所真正相信的,或者是坚持他所轻率相信的。事实上,我们藉以称义的那恩典——换言之,藉之"所赐给我们的圣灵将上帝的爱浇灌在

① 《约翰福音》十五章 5 节。

我们心里”[1]——我在有机会读到的佩拉纠和科勒斯蒂的那些著作中，没有一处发现它像应该被承认的那样得到了承认。我根本就没有看到他们认识“应许的儿女”，关于这“应许的儿女”，使徒是这么说的：“肉身所生的儿女不是上帝的儿女，唯独那应许的儿女才算是后裔。”[2]上帝所应许的东西，我们不是凭着自己的选择或本性能力获致的，而是他藉着恩典导致的。

章 32　佩拉纠派为何认为祷告是必要的；佩拉纠送给教宗英诺森的信阐释了他的信仰

关于科勒斯蒂的著作，或他在那些教会诉讼过程中所作的小册子，我在这里不打算说什么，它们的复件我们已小心地送给了你们，还加上了我们认为必要的另一封信。倘若你们仔细地检查所有这些文件，就会发现，那帮助我们避恶行善的上帝的恩典，并没有被他置于本性的意志选择之上，而是置于律法和教训之中。因此他甚至断言，他们的祷告对于向人显示应欲求什么和爱什么是必要的。不过，所有这些文件我现在都略而不论；因为佩拉纠本人后来给罗马送了一封信和对他的信仰的一个解释，这信是送给教宗英诺森的，佩拉纠记得他，但不知道那时他已辞世了。在这封信里，他说：“有些人在几个主题上试图诽谤他。其中之一是他拒绝给婴儿行洗礼，还独立于基督的救赎向一些人应许天国。另一个是他是如此地夸大人避罪的能力，以致排除了上帝的帮助，如此强

① 《罗马书》五章5节。

② 《罗马书》九章8节。

烈地信赖自由意志,以致否定了上帝恩典的帮助。”他在婴儿受洗一事上所持的悖逆的观点(尽管他允许应给婴儿施洗),是与基督教信仰和公教真理相违的,不过这里不是对此进行详细讨论的地方,因为现在我们必须完成关于恩典帮助的文章,这乃是我们现在的主题。就让我们来看看,在这封信里他就这一件事对那些反对意见作出了什么回答。我们开门见山直入主题,略去他对敌手的诽谤;于是就会发现他持如下观点。

章 33 佩拉纠在恩典主题上,除了将其理解为律法和教训外,什么也没有说

他说:“请看这封信在有福的您面前会怎样表明我的清白;因为在这封信里,我们清楚而简要地宣称,我们拥有一种自由意志,无可怀疑它既可犯罪亦可不犯罪;这一自由意志在一切善事中总是得到了神助。”你们现在可以凭着主给予你们的理解力,看出他这番话不足以解决问题。因为我们仍不知这帮助自由意志的他所谓的帮助到底是什么;未免以为他只是偶然地坚持这帮助即指律法和教训,我们不妨继续研究。倘若你们问他为何用“总是”一词,他可能回答说:因为经上记着,“唯喜爱耶和华的律法,昼夜思想”。[①] 然后,在插入一段关于人的处境及其犯罪或不犯罪的本性能力之后,他又补充道:“这就是我们所说普天之人皆有的自由意志的力量——基督徒、犹太人和外邦人都有。在所有人里面都天生平等地有自由意志,但唯有基督徒的才得到了恩典之助。”我们

① 《诗篇》一篇 2 节。

又问:"凭什么恩典呢?"他可以如是回答:"凭着律法和基督的教训。"

章 34 佩拉纠说恩典是按照人的功德赐予的。然而，功德之始在于信；这是一种白白给予的恩赐，不是对我们功德的报偿

不过,不管他所谓"恩典"为何,他都说是根据他们的功德给的(甚至基督徒也是如此),尽管如我上面所说,[①]他在巴勒斯坦时在他值得注意的自我辩护中谴责了那些持这一观点的人。他的原话是这样的:"在一个人里,受造状态的善(conditionis bonum)是赤裸无遮蔽的";这是指那些非基督徒。然后谈到了剩下的:"不过,在这些属于基督的人里面,却有基督之助所提供的防备。"你们看,根据我们在此事上已作出的评论,这一帮助为何,仍是不确定的。他继续谈论那些非基督徒:"那些拥有自由意志的人,尽管他们可藉着这自由意志而有信仰并配得上帝恩典,但由于他们对赋予他们的自由意志作了坏的使用,就要受到审判和谴责。至于那些凭着自由意志的正确使用而配得到上帝恩典并恪守他的诫命的人,却是值得奖赏的。"这里他显然是在说,不管恩典是什么,都是按照功德给予的,但对此他并没有明确地宣称。因为当他说这些善用其自由意志的人是值得奖赏的,从而是配得上帝恩典的时,他实际上就是在断言,上帝是在还欠他们的债。这样一来,使徒的话"蒙

① 参见第 23 章。

上帝的恩典，白白地称义”，[1]就变成什么了呢？他的另一句话“你们得救是本乎恩”又如何呢？——为防有人以为凭的是功德，他明确地补充说“因着信”。[2] 进而未免有人想象信仰本身之被归予人是独立于上帝的恩典的，使徒说：“你们得救是本乎恩，也因着信。”[3]所以，我们在没有任何功德的时候就接受了信仰，这信仰乃是一切功德之始。然而，如果他们坚持否认这是白白地赐予我们的，使徒的话“照着上帝所分给各人信心的大小”[4]又是什么意思呢？若是主张信仰是作为功德的补偿而不是白给的礼物才被赐予的，那么使徒的另一句话又当何解：“照着他在我里面运用的大能尽心竭力？”[5]使徒见证了，每一种都是恩赐——信基督和为基督的缘故而受苦。然而，这些人却如此地将信仰归诸自由意志，使得看上去恩典不是作为白白的恩赐而是作为一种债务而被给予的——这样恩典就不成其为恩典了，因为凡不是白白地给的，都算不上恩典。

章 35　佩拉纠相信婴儿在受洗时无罪可赦

不过，佩拉纠可让读者略过这封信，来看他陈明其信仰的书。这书他已向你们提过了，在这书里他也就几个方面谈了许多，这些方面本来没有人向他质疑。不过，还是让我们来看看我们自己的

① 《罗马书》三章 24 节。
② 《以弗所书》一章 8 节。
③ 同上。
④ 《罗马书》十二章 3 节。
⑤ 《腓立比书》一章 29 节。

论战所关心的主题。在结束了令他心满意足的讨论——从三位一体的统一到肉体的复活,在这些题目上没有质疑他——之后,他接着说:“我们同样地坚持一洗,对婴儿如对成人一样按着同样的圣礼话语行事。”你们也说他当着你们的面承认过这一点。不过,他说圣洗礼之被施予孩子“按着施予成人的同样的话”又是什么意思呢?我们只关心问题的实质而不是词句。更重要的是,如你们信中所写,他在回答你们的提问时亲口说:“婴儿接受洗礼是为了赦罪。”这里他不是说“用赦罪的话”,而是承认婴儿受洗是为了赦免本身;然而,倘若你问他赦的是什么罪,他就会争辩说,他们什么罪也没有。

章 36　科勒斯蒂公开宣称婴儿没有原罪

倘若没有科勒斯蒂对此加以阐释,谁会相信在如此清楚的告白里,隐藏着一种截然相反的意思呢?他在他的那本书里(这本书他在罗马教会诉讼期间引用过)[①]明确承认“婴儿也为赦罪而受洗”,但又否认“他们有任何原罪”。不过现在让我们来看看,在他送交罗马的这一信仰声明里,佩拉纠关于神圣恩典之助有什么想法,我们暂且放下对婴儿受洗一事的关注。他说:“我们是这样承认自由意志的,我们宣称自己总是需要上帝的帮助的。”那好,让我们再来问问,他所说的我们需要的这帮助到底又是什么;我们又一次找到了含糊其辞,因为他可能回答说,他所指乃是律法和寻找基督,正是藉着律法和寻找基督,本性的“能力”才得到了帮助。不

---

① 参见第 32 章;比照奥古斯丁,《论原罪》,第 5—6 章。

过，我们却要求他们承认像使徒所描述过的那种恩典，即“上帝赐给我们的不是胆怯的心，乃是刚强、仁爱、谨守的心”；[1]尽管断不能由此说，有知识之恩赐的人（藉此他发现他应该去行的事），也有爱之恩典，从而可行出他知道了应该去行的事。

章 37 佩拉纠没有一处承认神圣帮助对意志和行为是必须的

我也读过他信中所提致教宗英诺森的那些书或作品，唯一例外只是他说他送给了康士坦蒂（Constantius）主教的那封短信；但在这些作品中我压根儿就看不到他承认这么一种恩典，这种恩典不仅帮助“意愿和行动的本性能力”（他认为我们拥有这种能力，即使我们既不意愿善事也不行善事），还藉着圣灵的运作来帮助意志和行动本身。

章 38 佩拉纠对基督恩典的定义

他说：“请他们读读十二年前我们写给圣洁之人主教保林（Paulinus）的信：足有三百行的主题都是承认上帝的恩典和帮助，以及我们自己若无上帝便不能够行善。”我也曾读过这封信，发现通篇除了本性的职能和能力外，没有讨论什么别的题目，而且他几乎将上帝的恩典完全放在这上面。基督的恩典他只是提到了名字，寥寥数笔便即带过，似乎他的唯一目的只在于避免有人闲话他根本不懂得这点。不过，他是认为基督的恩典在于罪之赦免，或甚

① 《提摩太后书》一章 7 节。

至在于基督的教训，包括他人生的榜样（他在文章的好几处提到过这种意义）；还是相信这恩典乃是帮人向着善的生活，是在本性和教训之外的，是藉着火热光亮的爱而起作用的，这却仍是极为不清楚的。

章 39　奥古斯丁所不知道的另一封佩拉纠的信

他说："请他们再读读我写给圣洁主教康士坦蒂的信，在那封信里我将上帝的恩典和帮助与人的自由意志结合了起来——虽然我说得简短，但仍然是明白的。"我在上面说过了，[①]这封信我没有读到过；但它与我所熟知的他提到过的别的信没有什么两样，因此即便这封信也无助于我们目前所追问的主题。

章 40　佩拉纠认为恩典的帮助只在于教训的启示

他说："请他们读读我在东方时写给圣贞女德米特里的信，[②]他们在那里会发现我们认为人的本性总是要有上帝恩典之助的。"我也读过这封信；这封信几乎使我相信他确实承认我们所说的恩典，尽管他在这封信的好几处看起来有些自相矛盾。当他其后写的几篇文章传到我手里时，我才发现了他本是在何种意义上使用恩典一词的——用一种含糊其辞的笼统性来掩盖他所相信的，用"恩典"一词来打破指斥，避免抵触。因为，该文的开头（他在那里说："让我们带着全部的热情来完成我们设定的任务，不要因我们

① 参见第 37 章。

② 参见第 23 章。

自己谦卑的能力而有任何的疑虑;因为我们相信,我们得到了母亲的信仰及其女儿的功德的帮助"[①]),令我乍一看还以为他承认恩典,即帮助我们每一件行为的恩典;我也没有马上就注意到,他可能只是认为这一恩典只在于教训的启示。

章 41 佩拉纠将本性的恢复理解为罪得到赦免

在同一篇文章的另一处,他说:"倘若连远离上帝的人都显明了上帝如何造了他们,我们就应认识到基督徒所能成就的,这些基督徒的本性已由基督恢复到了一种更好的条件里,且他们得到了神圣恩典之助。"[②]本性恢复到一种更好的状态里,他是指罪之赦免。对此他在该文另一段说得很明白:"即使那些由于长期的犯罪实践而变得顽固不化的人,也可藉着悔改而得到恢复。"[③]但在这里,他也只不过是将神圣恩典之助理解为教训的启示。

章 42 佩拉纠将恩典理解为罪之赦免和基督的榜样

同样,在该信另一处他说:"倘若甚至在律法之前,甚至远在我们的主和救主降生之前,便有一些人过着正直而圣洁的生活,如我们下面所说,我们就应该相信,在他降生之后我们只有更能做到这一点的。基督的恩典已教导我们,且已更新我们,使我们成为更好的人。他的宝血已净化并清洗我们;他的榜样激励我们成义。"[④]

---

① 佩拉纠,《致德米特里的信》,第 1 章。
② 同上,第 3 章。
③ 同上,第 17 章。
④ 同上,第 8 章。

看看在这里他是怎样用不同的语言使这恩典的帮助成为罪之赦免和基督榜样的。然后他是这样把话说完的:"我们应该比活在律法之前的人更好,应该比活在律法之下的人更好。恰如使徒所说:'罪必不能作你们的主,因你们不在律法之下。'"①他说:"我们已说得够多的了,在这点上,就让我们来描述一位完美的贞女,她将以她圣洁的行事为人见证本性之善和恩典之善,她总是具备这两种美德。"②你们应该注意到,在这些话里,他也不过是想要总结他以前所说,即他将本性的善理解为我们受造时所接受的东西;但恩典的善则被理解为我们尊敬并跟随基督榜样时所接受的东西——因此,仿佛罪在那些曾处于或正处于律法之下的人是不允许有的,因为他们要么没有基督的榜样,要么不相信他。

章 43　佩拉纠认为罪之赦免和基督榜样足以拯救最重的罪人

他说的别的话也可表明这就是他的意思——不是这封信里的,而是他的《为自由意志一辩》卷三,在那里他正在与一个敌手进行讨论,这位敌手坚持使徒所说的话,"我所作的,我自己不明白",③以及"我觉得肢体中另有个律和我心中的律交战,把我掳去叫我附从那肢体中犯罪的律"。④ 对这些话,佩拉纠是这样回答的:"现在,你希望我们理解使徒本人,所有的教会作家都断言,使

① 《罗马书》六章 14 节。

② 佩拉纠,《致德米特里的信》,第 9 章。

③ 《罗马书》七章 15 节。

④ 《罗马书》七章 23 节。

徒是在以罪人的身份、以仍处于律法之下者的身份说话——这样的人，由于长期的罪恶习惯，被犯罪的必然性所捆绑，这样的人，尽管意志向善，在实践中却只是急于作恶。"他继续说："使徒用这个人来指仍旧在古律法之下犯罪的人。他宣布这一族群将藉着基督从这一罪恶习惯中得救，基督先是在洗礼中赦免了一切信他者的罪，然后敦促他们学习他自己美德的榜样，克服罪恶的习惯。"注意看他是怎么设想在律法之下犯罪者得到帮助的：他们将因基督恩典而称义得救，仿佛只有律法而无基督之助是不足以克服他们长期的恶习似的；上帝圣灵爱的默示也是不足的，只有对福音书美德敦诲中的基督榜样的学习和跟随才是足够的。在这里，不管如何，他都有必要说清楚他所谓恩典为何，既然使徒是以这样的话结束形成了讨论基础的那段话的："我真是苦啊！谁能救我脱离这取死的身体呢？感谢上帝！靠着我们的主耶稣基督就能脱离了。"[①]当他将这一恩典不是置于基督力量的帮助上，而是置于对基督榜样的效仿上时，我们还能指望他什么呢？因为他在每一处提到"恩典"一词时都是含糊其辞的。

章 44 佩拉纠再一次为自己辩护，说他并没有反对恩典的必要性

在我们上面提到过的那封致圣贞女的信里，[②]有这么一段话："就让我们顺服上帝，藉着行他的意志而配得到神圣恩典；让我们

① 《罗马书》七章 24 节。

② 参见第 23 和第 28 章。

藉着圣灵的帮助,更容易地抵挡恶灵。”显然,他的这些话是在说,我们之所以得到圣灵恩典之助,不是因为我们没有基督便不能凭着我们本性的强大能力抵挡撒旦,而是为了我们可以“更容易地”抵挡撒旦。至于这一帮助的质和量,我们无论如何却只能相信,他认为它们构成了圣灵藉着教训启示给我们的额外的知识,是我们不能或很难凭本性便有的。这就是我能够在他致基督贞女的信里发现的个别细节,在其中他似乎承认了恩典。它意在何处,你们当然看得出来。

章 45 佩拉纠认为祷告应为何目的而献

他说:“也请他们读读我的近作,这是我们不久前不得不发行的为自由意志作的辩护,请他们承认他们谴责我们否认恩典,是多么地不公平,因为我们通篇都在充分而真诚地承认自由意志和恩典二者。”这篇文章有四卷,我都读了,注意到有如下段落需要考虑,加以讨论:我尽我所能地对它们加以检查,最后再考虑他送到罗马的那封信。但即使是在这四卷里,在他似乎看重帮助我们避恶行善的恩典的这四卷里,他也以他一贯的模棱两可的语言描述恩典,使得他的追随者不禁设想恩典的帮助不在别的(为了帮助我们本性的能力),正在律法和教训。所以,在他看来,我们的祷告(这是他在著作中最明白地肯定的)除了借助神圣启示为我们获得教训的解释外就没有别的用处了,祷告并不是为了人心获得帮助,以藉着爱和行为完成人心已获知该行之事。事实是,他一点也没有放弃他的教义体系,该体系区分了能力、意愿、行为这三样东西;他认为三者中唯有第一样即能力才持续地得到了上帝之助,而意愿和行为却无须上帝之助。他还认为，那扶持我们本性能力的帮助，只是律法和教训。他允许这一教训是由圣灵启示或解释给我们的，因此他承认祷告的必要性。不过，他仍然认为，这一律法和教训之助早在先知时代便已有了；而恩典之助呢，他认为只在于基督的榜样。而这一榜样，你们可以清楚地看出，首先只属于“教训”——甚至传给我们的福音也不过是“教训”。总的结果就是向我们指出了一条我们不得不走的路，这条路我们凭着自由意志走就够了，无须别人的帮助。甚至发现这条路也是本性自己就能做到的；来自恩典的帮助只是使发现变得“更容易”些罢了。

章 46 佩拉纠声称自己尊重公教作家

这就是佩拉纠提到恩典时我能尽我所能地获得的个别细节。你们可以看出，持有如是观点的人，正是我们认为“不知道上帝的义，想要立自己的义”[1]的人，他们远离了“因信上帝而来的义”，[2]与我们不属一类；这本是他们应该在《圣经》中发现并认识到的。但由于他们带着自己的成见来读《圣经》，当然就看不到其中最为显明的道理。他们倒是应该从公教会作家关于上帝恩典的著作中学到一些东西；因为他们出于自己的成见，坦率地承认这些作家的权威，并认为他们正确地理解了《圣经》。我们可以看到，佩拉纠其人在他最近的著作中（他在他的自我辩护，即《为自由意志一辩》第三卷中正式地提到了它），是如何赞扬圣安布罗修的。

① 《罗马书》十章 3 节。

② 《腓立比书》三章 9 节。

章 47 安布罗修得到了佩拉纠最高的赞扬

他说："有福的主教安布罗修，在他的著作中罗马的信仰闪耀得尤其光辉，拉丁人将他视为作家中的花朵和荣耀，从来没有敌人胆敢质疑他的信仰或他对《圣经》理解的纯洁性。"注意他所予赞扬的种类和数量；不管安布罗修有多么圣洁博学，他都不能与《圣经》的权威相提并论。佩拉纠之所以如此高抬安布罗修，与其处境有关，乃是为了从安布罗修那里引用一段话来证明人可以生活而无罪。[①] 不过，这不是我们当前要论的问题。我们现在讨论的乃是帮助我们避免罪恶过上圣洁生活的那一恩典之助。

章 48 安布罗修与佩拉纠并不一致

我倒是希望他好好听听，这位可尊敬的主教在他的《路加福音阐释》(*Exposition of the Gospel according to Luke*)第二卷里是怎样教导我们说，主与我们的意志同工协力的。他说："你们看，由于主与人的努力无所不在的同工协力，就没有人能够没有主便立得起的，没有人能够没有主便观看的，没有人能够没有主便从事什么事的。因此使徒才会这么说：'你们或吃或喝，无论作什么，都要为荣耀上帝而行。'"[②]你们注意一下圣洁的安布罗修是怎样避免使用他们常用的表达——如"行事在人，成事在天"——他在这里说的是"没有人能够没有主便从事什么事"。在同书卷六那里，谈

---

① 参见奥古斯丁，《论本性与恩典》，第 74 章。

② 《哥林多前书》十章 31 节。

到某位债主对他的两个借债人的不同处置时，他说了同样的话："按照人的观点，欠债最多的人也许是最大的违反者。但这种情况被主的仁慈改变了，他最爱的是欠债最多的人，倘这人获得了恩典的话。"请看公教会博士是如何最为清楚地宣称，鼓动人有更大的爱的这爱，是属于慈悲的恩典之礼的。

章 49　安布罗修教导说，基督是用什么样的眼转向彼得并望着彼得的

悔改本身无疑是意志的一个行为，是由主的仁慈和帮助转变为行动的，对此，有福的安布罗修在同书第九卷那里作了断言。他说："洗去了罪的眼泪乃是好的。主最后转向并望着的人，都将哀泣。彼得第一次不认他时没有哭泣，因为主还没有转向他并望着他。他第二次不认主时也没有哭泣，因为主还没有转向他并望着他。他第三次又不认他，耶稣就转向他，望着他，他就最为痛切地哭了。"请这些人读读福音；请他们想想那时主耶稣是如何在屋内听大祭司说话，而使徒彼得先是在外面，[①]然后进厅里，[②]一会儿与仆人一起坐在火边，[③]一会儿又站着的，[④]对此福音书作者作了最为准确、一致的叙述。所以，我们不能说主是用他的肉眼转向他，望着他，给他一种可见的、明显的警告的。经上是这样描述的："主

① 《马太福音》二十六章 69—71 节。
② 《马可福音》十四章 66 节。
③ 《路加福音》二十二章 55 节。
④ 《约翰福音》十八章 16 节。

转过身来看彼得”,[①]这是内在地达到的;它乃是做在心里,做在意志里的。主在仁慈里悄悄地、秘密地走近他,触到他的心,唤起他对过去的记忆,用他自己内在的恩典造访彼得,在他内在的人那里激发出、迸发出外在的眼泪。请看上帝是用何种方式向我们的意志和行为呈现的,带着他的帮助;请看他是如何“在我们里面作工,使我们意愿和行动”的。

章 50 安布罗修教导说,所有人都需要上帝的帮助

在同一著作中圣安布罗修又说:“彼得曾说‘所有人都会背叛,但我永不会背叛’,既然连他都会跌倒,还有谁能自以为是呢?大卫曾说过:‘我在昌盛中说,我永不会变’,但他后来又是多么痛苦地承认,他的自信证明了只不过是这样的:‘你转开了你的面,我就陷入了麻烦。’”[②]佩拉纠既然推崇他的教导和信仰,他就该好好听听这位杰出的作者的教导,并且追随他的信仰。请他谦卑地听;请他忠实地追随;请他不要再一味地陷在顽固不化的自以为是里,免得他灭亡。彼得(Petrus)被磐石(Petra)〔指基督〕从大海里救了出来,佩拉纠(Pelagius)为何还要选择沉入这大海(pelago)呢?

章 51 安布罗修教导说,是上帝做了佩拉纠归功于自由意志的事

请他侧耳倾听同一位圣洁的主教在同书第六卷里所说的:“他

① 《路加福音》二十二章 61 节。

② 《诗篇》三十篇 7 节。

们为什么没有接受他，福音书作者本人对此作了解释：'因为他的脸显得仿佛他会去耶路撒冷。'[①]但他的门徒强烈希望他在进撒马利亚城时被接受。然而，上帝召他俯就的每一个人，使他所意愿的人成为信他的。"这位属神的人从上帝恩典的源泉获得了怎样智慧的洞见啊！他说："上帝召他俯就的每一个人，使他所意愿的人成为信他的。"看看这与先知本人的话是否相符："我要恩待谁，就恩待谁；要怜悯谁，就怜悯谁"；[②]使徒正是从这里推论说："据此看来，这不在乎那定意的，也不在乎那奔跑的，只在乎发怜悯的上帝。"[③]现在，我们时代堪称楷模的人也这么说："上帝召他俯就的每一个人，使他所意愿的人成为信他的"，这样，谁还会胆敢争辩说，"牢附于主，渴望他的引导与指导，将自己的意志完全依附于他，并且藉着与他紧密相连而成为一灵的人"，还不是信上帝的呢？[④] 然而，"信神之人"的这整本著作虽然伟大，佩拉纠却仍然坚持"这只是由意志自由达到的"。但他在词语上高度赞扬的有福的安布罗修，却正好与他相反，说："主上帝召他俯就的每一个人，使他所意愿的人成为信他的。"所以，乃是上帝使他所喜的每一个人成为信神的，使这人可以"牢附于主，渴望他的引导与指导，将自己的意志完全依附于他，并且藉着与他紧密相连而成为一灵"；所有这些只有信神的人才可以做到。若不是上帝使他做，谁能做这么多呢？

① 《路加福音》九章 53 节。

② 《出埃及记》三十三章 19 节。

③ 《罗马书》九章 16 节。

④ 《哥林多前书》六章 17 节；参见本文第 24 章。

章52　倘若佩拉纠与安布罗修一致，奥古斯丁也就不会与他论战了

不过，鉴于关于自由意志和上帝恩典的讨论有着这样的困难，当自由意志得到保持时，上帝的恩典就显然被否定了；而当上帝的恩典得到肯定时，自由意志又被认为取消掉了——佩拉纠就可以匿身于这一晦涩两可中，说他与从圣安布罗修引用的话一致，声称这也曾是、正是他自己的观点；努力解释说它们都与安布罗修的完全一致。所以，就上帝的帮助和恩典问题而言，请你们观察他如此明白地区分的三样东西，即“能力”、“意志”和“实行”，或曰“能力”、“意愿”和“行为”。[1] 这样，倘若他真的已与我们一致，那么不仅人里面的“能力”，而且意愿和行动——换言之，我们意愿好事、做好事——这些事若非人有了好意和正行，是不会存在于人里面的——我重复一次，倘若他和我们一起同意，连意愿和行为都得到了上帝帮助，且是这样得到帮助的，若没有这帮助我们便既不能意愿善也不能行善；倘若他也像我们一样相信，这就是上帝藉着我们的主耶稣基督赐给我们的恩典，使我们藉着他的义而不是我们自己的义称义的恩典，从而我们的真正的义是从他那里得来的——那么，我敢说，关于我们得自上帝恩典的帮助，我们之间就不会再有任何争论了。

① 参见第4章。

章 53 在何种意义上可以说今生有人活着而无罪的

关于他极为赞许地引用的圣安布罗修的一个个别观点——因为他发现这位作者，对撒迦利亚和以利沙伯给予了赞扬，他就以为这位作者持有这么一种观点，人是可能在今生无罪地生活的——尽管我们不能否认这种可能性，因为只要上帝愿意，什么事都是可能的，但他仍应该更仔细地考虑这是在何种意义上说的。据我所见，这一说法是就某种行为标准说的，这种标准是人用来进行赞扬和谴责的。《圣经》说上帝认为撒迦利亚和他的妻子以利沙伯坚持了这样的标准，因为他们从未欺骗别人；他们对人诚恳，在上帝眼中也就为义。[①] 不过，经上这么说，却并非是指他们达到了完全义的地步，这种完全义的地步乃是我们有朝一日真实而绝对地生活时才能达到的，那时我们将处于无瑕的纯洁中。使徒保罗告诉我们说，他是"就律法上的义说，我是无可指摘的"；[②]撒迦利亚正是在同一种律法的意义上说过着一种无可指摘的生活。但是，这种义被使徒称为"粪土"和"过失"，这是因为他是在将它与作为我们盼望的对象的义作对比，[③]后者乃是我们应该"饥渴爱慕"[④]的，这样我们今生之后才能有荣福直观。而现在我们只不过是在某种程度上藉着信享受着它，可以说"义人必因信得生"。[⑤]

---

① 《路加福音》一章 6 节。

② 《腓立比书》三章 6 节。

③ 《腓立比书》三章 8 节。

④ 《马太福音》五章 6 节。

⑤ 《罗马书》一章 17 节。

章 54　安布罗修教导说无人今世无罪

最后，就请他仔细听这位可尊敬的主教的话，后者在阐释先知以赛亚时说："无人今世可以无罪。"没有人可以假装说，他所谓"今世"只是指爱这个世界。因为他在阐释使徒的话"我们却是天上的国民"[①]的意思时说："使徒是说，许多人还活在今世时相对他们自己来说是完全的，但相对于真正的完全来说他们却不可能真是完全的。因为他是这样说自己的：我们现在藉着模糊的镜子观看，那时却要面对面了：现在我只部分知道；但到那时我之知道却正如我之被知道。[②] 所以，有些人在此世是无瑕的，有些人将在上帝之国里是无瑕的；尽管你当然可以弄精确点，实际上没有人是可以无瑕的，因为没有人是没有罪的。"佩拉纠引以为证的圣安布罗修的这段话，要么是在修正的意义上说的，表达不甚精确；要么这位神圣而又谦卑的作者确实认为撒迦利亚和以利沙伯是按着最高而绝对完全、无以复加的义生活的，那么他就肯定是在经过细思后纠正它。

章 55　安布罗修见证了完全的纯洁是人的本性不可能达到的

还有，他应该认真地注意到，在他所引用的看似可达到他的目的的安布罗修的那同一段话里，安布罗修说："纯洁无瑕从一开始

---

① 《腓立比书》三章 20 节。

② 《哥林多前书》十三章 13 节。

就是人的本性不可能有的。"[①]在这句话里,可尊敬的安布罗修无疑是说那一本性的"能力"是软弱无力的,而这能力佩拉纠却拒不认为已为罪所腐败,反为之高唱赞歌。无疑,这是与这个人的意愿和倾向相反的,却与使徒的告白一致:"我们也本为可怒之子,和别人一样。"[②]因为藉着始祖的罪(这罪来自他的自由意志),我们的本性就变得败坏了;唯有上帝的恩典,藉着神人之间的中保和我们全能的医生,才能够救它。不过,关于神圣恩典在我们称义一事上的帮助,我们在本卷已谈得够多的了。上帝藉着这恩典与他先爱[③]然后爱他[④]的人在一切的善事上都同工协力——给予他们他将从他们接受的东西——不过,我们必须另写一文,就主允许的限度,就罪之主题作一个专论。罪乃是藉着一人进入世界,与死一道临到所有人的。[⑤] 我们必须充分而必要地阐述正见,反对那些陷入错误,与这里所说的真理相违背的人。

① 参见奥古斯丁,《论本性与恩典》,第 75 章。

② 《以弗所书》二章 3 节。

③ 《约翰一书》四章 19 节。

④ 《罗马书》八章 28 节。

⑤ 《罗马书》五章 12 节。

论 原 罪

本文也是应平利安(Pinianus)和麦娜丽(Melania)夫妇写的(见《论基督的恩典》一文的说明)。

奥古斯丁在这里显示,在原罪和婴儿受洗的问题上,佩拉纠和他的追随者科勒斯蒂(Coelestius)毫无区分,后者拒绝承认原罪,甚至敢在公开场合否认该教义,他在审判中受到了主教们的谴责——首先是在迦太基,随后是在罗马;因为这个问题不是像这些异端所说的那样,乃是可以错误而不危及信仰的。他们所破坏的正是基督教信仰的基础而不是别的。然后他反驳了持如下观点的人:婚姻受到原罪教义的贬损,并且伤害到了上帝自身,因为人的创造者也通过婚姻而化身成为了人。

章 1　在读佩拉纠关于婴儿受洗问题的文章时应注意的地方

我还要请求你们[①]警觉地竖起耳朵,注意在婴儿受洗的问题上,这种性格的人的所作所为。他们不敢公开否认婴儿的重生之洗和罪之赦免,因为害怕基督徒不听他们;但他们仍要固守他们的观点,即尽管他们允许婴儿受洗以免罪,却认为原罪并不沾染肉体出生的人。你们在信里已告诉我,你们听佩拉纠当面说过,在他送

① 关于这里提到的人物,参见奥古斯丁,《论基督的恩典》,第 1 章。

到罗马的那封信里他已表明，他们坚持“婴儿应该用与成人一样的圣礼语言受洗”。[①] 在听到他的这一表白之后，谁还会认为应在这个问题上质疑他呢？倘若他真要质疑，那么，在他搞清楚他们真实的断言之前（他们否认遗传的原罪，并论辩说所有人都生而无败坏），他是在质疑谁，是在不纵容谁的诽谤倾向呢？

章 2　科勒斯蒂在迦太基受审时，拒绝谴责自己的错误；他写给佐西的声明

科勒斯蒂却不那么克制地坚持这一错误教义。他自由放任到这样的程度，在迦太基主教们[②]面前受审时，拒绝谴责那些说下面话的人：“亚当的罪只是伤及亚当自己而不是人类；婴儿出生时与亚当逾矩前状态相同。”在他呈给至福的罗马教宗佐西（Zosimus）的书面声明里，他最为明白地宣布：“没有婴儿玷有原罪。”我们下面不妨引用迦太基会议记录中与他有关的部分。

章 3　反对科勒斯蒂的迦太基会议记录中的一部分

“奥勒留主教说：‘记下下面的话’。就记下了：‘亚当的罪只伤及亚当自己而不是人类。’记完后，科勒斯蒂说：‘我说过，我怀疑罪的遗传（de traduce peccati），不过我只是赞同上帝赐予了知识恩典的人而已；因为我曾从在公教会里被授予长老之职的人那里听到过不同的意见。’执事保林（Paulinus）[③]说：‘告诉我们他们叫什么

① 奥古斯丁，《论基督的恩典》，第 35 章。

② 参见奥古斯丁，《论佩拉纠决议》，第 23 章。

③ 参见奥古斯丁，《论佩拉纠决议》，第 23 章。

名字。’科勒斯蒂回答说：‘圣长老拉芬(Rufinus)，他与圣帕马楚(Pammachius)一道住在罗马。我曾听他宣称没有罪的遗传。’执事保林问：‘还有别的人吗？’科勒斯蒂答道：‘我听过多人持这同一种观点。’执事保林再问：‘告诉我们他们的名字。’科勒斯蒂说：‘一个教士还不够吗？’”在后面的另一个地方我们读到：“奥勒留主教说：‘读其余的指控。’就读了别的指控，是这样的：‘婴儿出生时与亚当逾矩前状态相同’；直到读完。奥勒留主教问：‘科勒斯蒂，你曾经在什么时候教导过保林刚才读出的教义，即婴儿在出生时与亚当逾矩前状态相同吗？’科勒斯蒂回答说：‘请他解释一下他说“逾矩前”是什么意思。’执事保林就说：‘你否认曾教导过这一教义吗？二者必居其一：他必须是要么说他从来没有这么教导过，要么现在就谴责这一观点。’科勒斯蒂回答说：‘我刚才说过，请他解释他提到的“逾矩前”这句话。’执事保林就说：‘你是在否认曾经教导过这个。’奥勒留主教说：‘这个人未免太固执；我的看法是，尽管在天堂受造的亚当起初是不死的，后来却因为违犯诫命而成为可朽坏的了。保林弟兄，你是这个意思吗？’执事保林说：‘主子啊，我正是这个意思。’奥勒留主教说：‘关于今天婴儿受洗前的状态，执事保林希望你告诉他，婴儿是像亚当逾矩前那样呢，还是从亚当那里遗传了逾矩之罪？’执事保林问：‘请他回答是不是教导过这个。’科勒斯蒂回答说：‘关于罪之逾矩的问题，我已经说过，我曾听许多在公教会有公认权威的人否定它；但也有人肯定它：我们应该公平地将它作为一种探讨，而不是一种异端邪说。我一直坚持婴儿要有洗礼，也应该受洗。他还想要什么呢？’”

章 4　科勒斯蒂同意婴儿受洗，但不承认原罪

你们当然看出，此处科勒斯蒂同意婴儿受洗，却不愿意承认始祖之罪传给了他们（这罪在重生之洗里被洗去了），尽管他没有明确否认罪之遗传；由于这种怀疑，他拒绝谴责那些坚持"亚当的罪只伤及自己而不是人类"，以及"婴儿出生时与亚当逾矩前状态相同"的人。

章 5　科勒斯蒂在罗马诉讼期间写的书

但是，在罗马诉讼期间写的一本书里，他就此问题所说的话，却显明了他确实相信他说他仍在疑惑中的观点。他的话是这样的：[①]"按照普世教会的规矩和福音书的意思，婴儿应该受洗以免罪，这，我们是承认的。因为主曾决定，天国只能给予受洗的人；[②]既然本性的资源不拥有它，就必由恩典而赐了。"倘若他就此打住，谁不会认为他是在说婴儿应该受洗以免罪，谁不会认为他承认婴儿受洗时的罪之赦免呢？你们信中所说的佩拉纠给你们的答复也与此相似，佩拉纠是这么说的："婴儿用与成人一样的圣礼规程受洗"，你们听了渴望听到的这话就欣喜，不过仍然来信征求我们的意见。

章 6　弟子科勒斯蒂在这事上比他的老师佩拉纠要大胆

那就先请仔细地看看科勒斯蒂已如此公开地亮出了的观点，然后你们就会发现佩拉纠向你们隐藏了大量的看法。科勒斯蒂接

① 参见奥古斯丁，《论基督的恩典》，第 36 章。

② 《约翰福音》三章 5 节。

着说:“婴儿必须受洗以免罪,这,我们不是在承认罪的遗传的基础上接受的。这与公教的意思大大有异,因为罪不是人生而即有的——而是后来由人作出来的:因为它显然不是本性的缺点,而是意志的缺点。所以,承认这点是合适的,免得我们似乎是在施行一种不同的洗礼;此外,预先作这么一种防卫也是必要的,免得有人乘机说神秘的恶在人作恶前就由本性传递到人身上了,从而贬损了创造主。”佩拉纠要么是害怕,要么是羞于在你们面前宣示他自己的观点;而他的弟子则在宗座面前公开宣称这是自己的观点,毫无含糊的托辞,既不觉得不安也不觉得脸红。

章 7　教宗佐西善意地原谅了他

然而,坐在教位上的主教,看到他急急陷入这般的自大,状若疯人,为了这人悔改(倘这是可能的),便对他生了同情之心,不断地让他回答他提出的问题,而不是用严厉谴责的打击将他赶到悬崖边,堕入他现在看来似要堕入的深渊。我建议性地说,“堕入他现在看来似要堕入的深渊”,而不是“堕入他实际上已堕入的深渊”,因为他在他的这同一本书里有意提到了这类问题,预告了这一主题,他说:“倘若有什么愚昧的错误潜入了我们人类,就请你们用重要的宣判来纠正吧。”

章 8　科勒斯蒂受到佐西的谴责

可尊敬的教宗佐西,仍期待着这一请求宽恕的开场白有个善终,优待着用错误教义自吹自擂的这人,指望他谴责一切可反对的观点(执事保林指控他持有这些观点),赞同宗座的解答敕令[这本是他的前任教宗英诺森(Innocent)发出的]。被指控的这人拒绝谴责执事提出的反对观点,不过仍不敢公开反对有福教宗英诺森的信;他甚至说:“发誓会谴责宗座所谴责的所有观点。”因此这人便被宽大处理,就像一个谵妄的病人得到了休息;但在此期间他却未被认为可以不再被逐出教会。人们给了他两个月的期限,直到他在疗养的地方得到了所宣布条文的温柔康复之效,即非洲方面让他重入教会。因为,倘他真的放弃了他那虚妄的顽固,从现在就开始执行他已说之事,仔细阅读他发誓要顺从的那封信,他本可以变得好些。但在解答敕令如期地从非洲主教委员会发出后,我们又发现了充分的理由对他作出最严厉的判决,他所犯之罪与他配得之判恰相对等。这些理由为何,你们可以自己读一读,因为我们将一切的细节都送给你们了。

章9　佩拉纠欺骗了巴勒斯坦主教团,但不能欺骗罗马教会

至于佩拉纠,只要他能坦白地反省他自己的观点和作品,就没有理由说他不该被判受禁。因为尽管他骗了巴勒斯坦主教团,仿佛在那里洗清了自己,却完全骗不了罗马教会(你们知道他在那里可不是一个陌生人),尽管他在那里试图这么做。但正如我所说,他在这里完全失败了。因为至福的教宗佐西回忆起了他的前任对这些决议的想法,他的前任乃是他的榜样。他也注意到诚实的罗马人对这人持有什么看法,罗马人的信仰本是值得在主内夸口的,[①]

① 《罗马书》一章8节。

他们保卫公教真理反对这一异端的持续热情也是他在他们中间看得到的。这人曾在他们那里住过很长一段时间，他的观点是不可能避开他们的眼睛的；此外，他们是如此完全地看穿了他的弟子科勒斯蒂，以致马上就能在这事上举出最为信实、不可反驳的证据。神圣教宗英诺森就巴勒斯坦主教会议决议（佩拉纠凭着它夸口已被宣判无罪）作出的庄严裁判是怎样的，你们可以在他写给我的信里看到。非洲主教会议给尊敬的教宗佐西的答复里也适当地提到了这封信，我们已将它与别的教导一道送给了你们〔阿尔宾娜、平利安、麦娜丽〕。在我看来，我现在这封信应该引用其中许多细节。

章 10　英诺森对巴勒斯坦决议的裁判

包括我在内的五位主教给他写了一封信，[①]信中提到了巴勒斯坦决议。我们早已得到了关于它的报告。我们告诉他，在这人居住的东方通过了一个教会决议，据此他被认为洗清了一切的指控。英诺森收到我们的信后复了一封信，其中有这样的话：“在这些决议中有各式各样的观点，当他被指控持有它们时，他部分地通过避免它们将它们压下去，部分地通过扭曲许多词的用法，通过模棱两可来混淆视听；另一些指称他则加以清除——但不是用他表面上看起来用的那种最诚实的方法，而是用诡辩，对一些指控矢口否认，对另一些指控加以错误的解释。然而，倘他选择了更值得选择的道路，从他自己的错误回到公教信仰的真实道路上来，他也就会想着上帝每日的恩典，承认恩典的帮助，愿意并希望通过公开宣

① 奥古斯丁，《信札》，177。

判有罪而得到真实的纠正——不是通过司法过程,而是通过真心归正公教信仰。倘若如此,我们就既不能赞扬也不能责备他们在那场审判中的决议;因为我们不能辨明决议是否真切,倘若真切,又是否不是真地显示了这人是通过找托辞而不是承认所有真理免罪的。"[①]你们可从这些话清楚地看出,至福的教宗英诺森是如何再熟悉不过地谈到这个人的。你们看到关于这人的免罪他持何看法。你们还看到他的继任者教宗佐西是怎样记起了他的看法,并毫不迟疑地在这事上持同一种裁判的。

章 11 佩拉纠是如何欺骗巴勒斯坦主教会议的

现在我请你们仔细观察,在婴儿受洗这个问题上(别的问题我们就不提了),有何证据可表明佩拉纠欺骗了巴勒斯坦审判者,免得有人在我们说佩拉纠所隐藏的正是科勒斯蒂所坦率地宣称时,以为我们任意武断疑神疑鬼而不是实事求是。由上所述可清楚地看出,科勒斯蒂拒绝谴责如下观点,"亚当的罪只伤及他自己而不是人类,婴儿出生时与亚当逾矩前状态相同",因为他看到,倘若他谴责这些观点,他就得要断定在婴儿那里有遗传自亚当的罪。不过,在佩拉纠那里,当有人指责他在这点上与科勒斯蒂没有两样时,他就毫不迟疑地谴责这些话。我肯定你们以前都读过这些话。不过,既然我们并不只是为了你们而写这信,我们就要进而转抄巴勒斯坦会议决议于此,免得读者不愿意自己找这份复件,或若他并没有复件的话,还要劳神去抄。下面就是原话:——

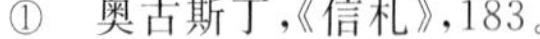

① 奥古斯丁,《信札》,183。

章 12　巴勒斯坦主教会议关于佩拉纠的决议的一部分

“会议说：[①]现在，既然佩拉纠已宣布了他对这一愚蠢说法的诅咒，正确地回答说一个人藉着上帝的帮助和恩典能够ἀναμάρτητος（希腊文，“无罪”）地生活即无罪地生活，那么就请他给我们在别的事情上的答复。在佩拉纠弟子科勒斯蒂的教导中，有一个说法，根据在迦太基主教奥勒留和别的主教面前所宣称的，是这样的：‘亚当受造，无论犯罪与否，都终有一死；亚当的罪只伤及他自己而不是人类；律法和福音一样引领我们进天国；基督降世之前有人是无罪的；新生的婴儿与亚当逾矩之前状态相同；一方面整个人类并不因亚当的死与逾矩而死，另一方面整个人类也不因基督的复活而复活；圣洁的主教奥古斯丁为答复他在西西里的追随者，就后面所附的问题写了一本书，并将这书送给了希拉里，书里包括这样的内容：人能够无罪地生活，只要他愿意；婴儿即便未受洗也有永生；富人即便受了洗，倘不放弃所有的财产，不管看上去做了什么好事，都是无益的，也不能得进天国。’佩拉纠就说：关于人无罪地生活的能力，我的意见已经讲过了。至于主降世前便已有人无罪地生活过，我们也说了，根据传到我们手里的《圣经》记载，在基督降世之前确实有人过着圣洁而公义的生活。至于别的一些观点，我想它们自己也显明了不是我必须要回答的；不过，为了满足会上各位，我诅咒那些现在持有或曾经持有这些观点的人。”

① 比照奥古斯丁，《论佩拉纠决议》，第 16 和第 23 章。

章 13　科勒斯蒂是更为大胆的异端；佩拉纠则更为狡猾

不提别的观点，你们可以看到，佩拉纠是怎样宣布他对持如下观点的人的诅咒的：“亚当的罪只伤及他自己而不是人类；婴儿出生时与亚当逾矩前状态相同。”那些坐在那里审判他的主教们，除了以为他是在说亚当的罪遗传给了婴儿之外，还会怎么想呢？科勒斯蒂所拒绝谴责的，这个人则相反地加以诅咒。所以，如果我能显明，在婴儿一事上他真实持有的观点不是别的，正是他们生而无瑕，那么在这事上，他与科勒斯蒂除了一个更为公开，一个更有保留；一个更为固执，一个更为虚假；一个更为坦白，一个更为狡猾外，就毫无二致了。这是因为，他们之中一个在迦太基教会前拒绝谴责他后来在罗马教会公开承认属于他自己的观点，同时承认“由于自己不过是一个人，因此准备着在犯错时得到纠正”；另一个则既谴责这一教义，说它与真理相违，免得自己被公教审判谴责，但同时又加以保留，以便将来为之辩护，这样，要么他的谴责是谎言，要么他的解释是诡计。

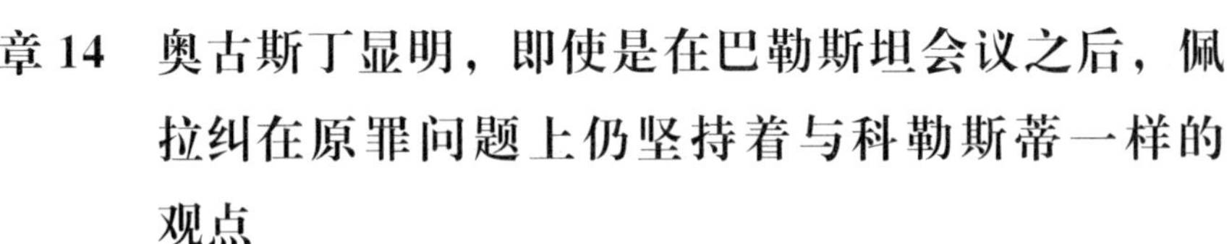

章 14　奥古斯丁显明，即使是在巴勒斯坦会议之后，佩拉纠在原罪问题上仍坚持着与科勒斯蒂一样的观点

不过，你们可以最为正当地要求我不要推迟我许诺要显示的，即实际上他在这事上所持观点与科勒斯蒂毫无二致。在他更为晚近的为自由意志所作辩护的第一卷里（他在送给罗马的信里提到了这部著作），他说：“我们由以得到称赞和责备的一切善事和一切

恶事,都不是我们生来就有的,而是我们做出来的:因为我们出生时并未充分完全,只是有一种能力可行二者;我们被生出来时并无美德,因此也并没有邪恶;在我们自己专有的意志行动之前,只有上帝已造的东西〔指能力〕。"你们可以看到,在佩拉纠的这些话里这两个人的教义都有了,即婴儿生时并无遗传自亚当的罪。所以,不要惊奇于科勒斯蒂拒绝谴责那些说亚当的罪只伤及自身而不伤及人类,以及婴儿出生时与亚当逾矩前状态相同的人。但最令人惊讶的是,佩拉纠厚颜无耻地谴责这些观点。因为假如像他所声称的那样,"我们并不生而有恶,我们被生时并无过错,在人凭着自己的意志行动之前,唯一的东西只是上帝所造之物〔能力〕",那么亚当的罪当然就只会伤及他自己,而不会遗传给他的后代了。因为没有罪不是恶;或没有罪不是过错;否则罪就是上帝造出来的了。但他说:"我们并不生而有恶,我们被生时并无过错,人出生时唯一有的东西只是上帝造的东西。"既然根据他那句有名的话,"亚当的罪只伤及他自己而不是人类",他认为这是最真的,那么佩拉纠为何对此加以谴责呢,他这么做,岂不是为了欺骗审判他的人吗?根据同样的推理,还可以论证说:"假如我们并不生而有恶,假如我们被生时并无过错,人出生时唯一有的东西只是上帝造的东西",那么无疑"婴儿在出生时就处于与亚当逾矩前一样的状态了",在婴儿那里没有任何遗传的恶或过错,在婴儿那里只存在着上帝所造的东西。然而佩拉纠宣布谴责所有这些"现在持有,或曾经持有这样的观点的人,即新生的婴儿处于与亚当逾矩前一样的状态"——换言之,婴儿没有任何恶,没有任何过错,唯有上帝造它时赋予的东西。倘若不是为了欺骗公教会议,为了将自己从异端

创始人的指控中救出来，佩拉纠怎会再次谴责这一观点呢？

章15　佩拉纠用撒谎和欺骗从巴勒斯坦主教会议获得免罪

正像你们十分清楚的那样，也正如我在致我们尊敬而年迈的奥勒留主教的那封信里所说（这封信是讨论巴勒斯坦决议的），我这方面真的为佩拉纠在他的答复里阐尽了整个问题感到快乐。[①]在我看来，通过诅咒那些认为亚当的罪只伤及他自己而不是人类的人，以及那些认为婴儿与亚当逾矩前状态相同的人，他似乎最为清楚地承认了婴儿有原罪。然而，当我读了他的四卷书（我刚才引用的话就是从其第一卷里取来的），发现他在婴儿问题上仍坚持与公教信仰相悖的思想，我对他在如此重要的问题上、在教会主教会议上厚颜无耻地搞欺诈行为大为吃惊。因为，他若早已写下这些书，又怎能出来诅咒那些从未持有所说观点的人呢？倘若他是后来想要发行这样的著作，又怎能诅咒那些在那时持这些观点的人呢？除非他是通过某种可笑的托辞，说他诅咒的对象是这样一些人，这些人曾在以前某时或在那时正持有这些观点；至于将来，即至于那些将要持有这样的观点的人——他却感到要预先判断他自己或别人是不可能的，这样，当他以后被人发现持有同样的错误时，他就没有撒谎之罪了。不过，他却没有道出这一借口，不仅是因为它是那么可笑，还是因为它不可能是真实的；因为在他的这些书里，他既反对罪从亚当遗传给了婴儿，也赞扬巴勒斯坦会议决

① 奥古斯丁，《论佩拉纠决议》，第24章。

议，在那里他被认为已诚恳地诅咒了持有争议观点的人，在那里他通过欺骗行径获得了免罪。

章 16 佩拉纠欺诈性的、狡猾的借口

他对他的追随者说："他谴责那些被用来指控他的观点，原因在于他本人坚持原罪不仅伤及始祖，还危及整个人类，但不是通过遗传，而是通过效仿"；就是说，不是因为那些源出自他的人从他那里获得了什么过错，而是因为所有其后出生的人都效仿犯罪的始祖从而犯了罪，对他的这番话当作何处理，有何意义呢？或者，当他说，"婴儿为何与亚当逾矩前状态不同，原因在于他们还不能够接受诫命，而亚当却能够；在于他们还不能够运用理性意志选择的自由，而亚当却能够，他若不能够，诫命也就不会颁布给他了"，这又有何意？这样的阐发是怎样有助于他认为他正当地谴责了"亚当的罪只伤及他自己而不是人类"和"婴儿出生时与亚当逾矩前状态相同"的，使他显得合理的？他是怎样通过所谓的诫命，就不再为自己持有这样的观点感到罪疚（这样的观点在他后来的著作中仍可以发现）；婴儿又是怎样"生来并没有恶或过错，只有上帝造的东西"的——简言之，没有受到任何敌人导致的伤害？对所有这些，我们都要如何处理，又有何意义？

章 17 佩拉纠是如何欺骗他的审判者的

他是不是试图通过这样的声明，用此种解释来回答彼种指控，向我们表明他并没有欺骗坐在那里审判他的人？倘是如此，那他就完全失败了。他的解释有多狡猾，他就有多么掩人耳目。正因

为他们是公教会的主教，当他们听到他对那些持“亚当的罪只伤及他自己而不是人类”和“婴儿出生时与亚当逾矩前状态相同”的人大发诅咒时，就以为他所断言的不是别的，而正是公教会一贯宣称的，公教会正是在此基础上给婴儿施洗免罪的——这罪不是他们因为仿效第一个罪人的榜样而来，而是生而就有的，是由于他们起源的败坏而来的。当他们听到他诅咒那些持“婴儿出生时与亚当逾矩前状态相同”观点的人，就以为他所指是那些“认为婴儿没有从亚当遗传罪，相应地处于与亚当犯罪前一样的状态”的人。因为除了这点之外没有别的反对他的意见。所以，当他这样地解释这种反对意见，说婴儿之所以并不与亚当犯罪前状态相同，只是因为他们还没有达到与亚当一样的成熟的心智或身体，而不是因为遗传到他们身上的任何先天过错，人就必须这样回答他：“当有人提出谴责你的反对意见时，公教会主教们并不在这种意义上理解这些反对意见；所以，当你谴责它们时，他们相信你是一个公教徒。因此他们以为你持有的观点应免予审查；而你真实地持有的观点却应受谴责。所以，并不是你应该免罪，因为你持有的观点应该是受谴责的；但你本该持有的观点却应免受审查。你只能因为有人认为你已相信持有应得到赞扬的观点而免罪；因为你的审判者们没想到你隐藏了值得谴责的观点。你被正当地判为科勒斯蒂的帮凶，你表明了自己与他享有同样的观点。尽管你在受审期间合上了你的书，却在审判过后全世界发行。”

章 18　佩拉纠的谴责

事实上，你们当然感到了，教团、教宗、整个罗马教会和罗马帝国本身(藉着上帝的恩典,它已成为基督教的了),都最为正当地起而反对这一错谬的作者了,直到他们悔改并避开撒旦的罗网为止。因为谁能说上帝就不会赐予他们悔改,使他们发现、承认甚至宣扬他的真理,[①]谴责他们自己可诅咒的错误呢?但不管他们自己意志的倾向为何,我们都不能怀疑仁慈怜悯的主已为跟随他的人找到了好处,原因不是别的,正是因为他们看到他们是与公教会相连的。

章 19　佩拉纠试图欺骗教宗;他插说争论的意义

不过我想请你们仔细观察佩拉纠在婴儿受洗问题上甚至想用来欺骗教宗的手法。他送了一封信到罗马,给已故的教宗英诺森;由于英诺森肉体已逝,信就被交到了教宗佐西的手上,通过他传到了我们这里。在这封信里,佩拉纠抱怨"受到了一些人的诽谤,说他拒绝婴儿洗礼,并在基督救赎之外应许天国"。但是,这种反对意见却不是用他所说的那种方式提出来的。因为他们既未否认婴儿洗礼,也未在基督救赎之外应许天国。所以,他之抱怨受到诽谤,是为了好回答他所谓受到的指控,而又不伤及他自己的教义。对他们的真正的反对意见是,他们拒绝承认未受洗的婴儿应受始祖的诅咒,且原罪已传到他们身上,要通过重生得到洁净;他们的论点乃是,婴儿必须受洗只是为了得允进天国,仿佛他们离了天国只能进永死,若不分享主的身体和血,就不能得永生。我想请你们知道,这就是在婴儿受洗一事上对他们的真正的反对意见;并不像

① 《提摩太后书》二章 25—26 节。

他所说的那样，他那么说是为了能够在应答实际上是他自己的观点时，以回答反对意见的形式，来救他自己的教义。

章20 佩拉纠用含糊的托词为他自己的错误找到了避风港

再来看看他是怎样作答的，怎样用他晦涩歧义的词之迷宫掩蔽他的错误教义的，怎样在他黑暗的错误之雾里消灭真理的；我们在头次读到他的话时，甚至也为他们的得体和正确而欢欣不已。但他在书中被迫充分展开的讨论（对他的论点加以解释）甚至使他最佳的陈述也令人疑心，不管他如何掩盖，都会被我们发现，因此他大力使用模棱两可的词。在说“他从未听过有不虔的异端说这样的关于婴儿的话”（即他所认为的反对意见）之后，他接着说，“谁能够这样地毫不熟悉福音教道，不仅试图作这样的断言，还轻率地这么说，让它进入他的思想？谁能如此地不虔，甚至希望通过禁止婴儿受洗和在基督里重生而将他们排除在天国之外？”

章21 佩拉纠回避了为何婴儿必须受洗的问题

他说这些并非没有目的。他并不用这来澄清自己。他们甚至从未否认没有受洗的婴儿不可能进入天国。但这不是问题所在；我们所说的问题乃是婴儿原罪的消除（purgatione）。既然他拒绝承认在婴儿那里有什么是需要重生洁净的，那就请他在这点上澄清自己。因此我们应该仔细地考虑在这个问题上他后来说了些什么。他先是引用了福音的这段经文“人若不借着水和圣灵重生，就不能进上帝的国"[①]（在这事上，我们已说过，他们没有提出疑问），然后问："谁能如此地不虔诚，以致硬着心肠拒绝将人类共有的救赎扩及各个年龄层的婴儿？"但这是两可的语言；因为他所谓"救赎"是指什么呢？是由恶迁善？或由善到更善？甚至科勒斯蒂在迦太基也在他的书中允许婴儿的救赎；尽管与此同时他并不允许罪从亚当遗传给他们。

章 22　佩拉纠模棱两可的另一个例子

再来看看他在最后是怎么说的："谁能禁止已出生，拥有这现在不确定生命的人，有第二次的生，进入永远而确定的生命呢？"换言之："谁能如此地不虔诚，以致禁止已生于这不确定此生的人重生，有确定而永恒的生命？"当我们首次读到这些话时，以为"不确定的生命"他是指目前的尘世生涯；尽管在我们看来他不如用"有死的"来替代"不确定的"，因为这生命最终会由于死亡而终结。但总的来说，我们只是认为他不过显示了一种偏爱，喜欢用"不确定的"来称呼"有死的"，因为人们一般认为我们无疑每时每刻都不离这种不确定性。这样我们对他的焦虑就因如下考虑而在某种程度上减轻了，它甚至快要成了一种证据，尽管他不愿公开承认未受洗就夭折的婴儿只有永死。我们论证说："倘若像他所承认的那样，永生只能给予那些受了洗的，那么当然未受洗就夭折者只能有永死了。不过，这一命运却断不能落到那些在此生从未犯过罪的人身上，除非是由于原罪。"

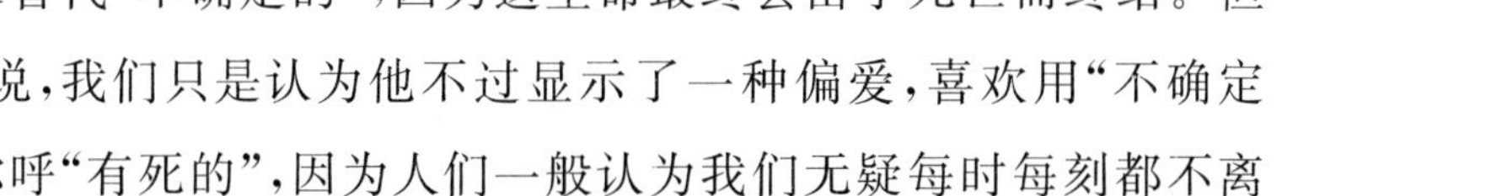

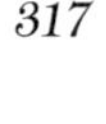

① 《约翰福音》三章 5 节。

章 23　他说我们出生时有一种“不确定的”生命，这是什么意思

不过，有些弟兄后来却没有忘了提醒我们，佩拉纠可能用这种方式表达他的意见，因为在这个问题上他显得随时可以应付所有的追问者，他的这种方式达到了这样的效果：“关于未受洗便夭折了的婴儿，我只知道他们没有去哪儿；他们去了哪儿，乃是我不知道的”；就是说，我知道他们没有进天国。但关于他们去了哪儿，他习惯于（现在仍是如此）说他不知道，因为他不敢说那些他认为今生没有犯罪的人和他认为没有遗传原罪的人去了永死。所以，他的那些被送到罗马使他得以免罪的话，就是如此地晦涩模糊，终于为他们的教义提供了庇护所，从那里可以发出一种异端的含义，陷捕不留心的落后者；因为在身边无人可给予答案时，任何孤独的人都发现自己是虚弱的。

章 24　佩拉纠长期住在罗马

真相是这样的，在他与这封信[①]一道送到罗马、送给前面提到的教宗英诺森的信仰书里，他只是更加明显地用掩盖来阐述他的意见。他说：[②]“我们坚持只有一洗，我们认为婴儿应该用与成人一样的圣礼语言受洗。”他不是说，“一样的圣礼”（尽管他如此说了也仍有含糊之处），而是说“用一样的圣礼语言”——仿佛婴儿的免

① 参见第 19 章。

② 参见第 1 章；以及奥古斯丁，《论基督的恩典》，第 35 章。

罪是由词语的声音宣布的，而不是由行为的效果导致的。他这么说好像是与公教信仰一致的；但他并不能长久地欺骗人们。在非洲主教会议之后（这种烦人的教义在非洲偷偷地传了起来，但还没有传得那么广、那么深）——这人别的观点也被一些虔信的弟兄发现了，并在罗马曝了光，罗马本是他住了很长时间，进行过各种讨论和争辩的地方。为了获得对这些观点的谴责，教宗佐西如你们将读到的那样，将它们与他的信合在一起，这信本是他写来在公教世界发行的。在这些声明里，佩拉纠假装阐发使徒保罗的《罗马书》，然后这样论证说："倘若亚当的罪伤及那些并未犯罪的人，那么基督的义也利于那些并未相信的人"。他还说了同样意思的别的话；我在主的帮助下在我写的《论婴儿的受洗》(*On the Baptism of Infants*)一文里对它们作了驳斥和回答。他没有勇气亲自在前面所说的阐发里作出这些可反对的陈述。不过，他在人所共知的某处阐明了这个个别的问题，他的话和它们的意思是他无法伪装的。在那些书里，从我前面已引用过的第一卷开始，[①]他就毫不掩饰地谈到了这点。他用他所能有的一切能量，最为明白地断言，婴儿身上的人类本性断不能被认为由遗传而被败坏了；他认为他们有自己的救赎而无须救主。

章 25　佩拉纠和科勒斯蒂的谴责

我说的这些事表明，兴起了一种致死的异端，对这种异端，教会这次是更为直接地对抗了——这两个人，佩拉纠和科勒斯蒂，要

① 参见第 14 章。

么被命悔改,要么因其拒绝而得到重谴。人们报告或实际上证实了他们就是这一悖逆教义的作者;在所有的事件中,即使他们不是作者(他们是从别人那里听来的),也是它的夸口的教唆犯和教师,正是通过他们这种异端思想才大范围地传播开来。这种夸口在他们自己的声明和作品中都有,也有确认无疑的现实表现,他们的名声也在这样的环境中大振。这样,还能做什么呢?每个公教徒,不是都应该用主赋予他的所有能量,驳斥这一有害烦人的教义,警觉地反对它吗?这样,每当我们为真理而辩论,被迫作答,但不喜欢辩论本身时,未受过教导的人就可得到指教,教会也可从敌人设计害她的异端教义获益良多;这正好应了使徒的话:"在你们中间不免有分门结党的事。"[①]

章 26　佩拉纠派说在原罪上提出问题并不危及信仰

所以,在尽我们所能地反驳他们的这一错误(这错误与上帝藉着我们主耶稣基督程度不等地赋予每个人的恩典为敌),对之加以充分讨论之后,现在我们就该深入探讨他们的那一断言,这断言是他们用来避免异端罪名的,他们狡猾地提出这一断言,即是说"在这主题上提出问题并不能危及信仰"——这样,他们若与正确教义相违,就会显得不是在犯大错,而只是在犯小过了(non criminaliter,sed quasi civiliter errasse videantur)。科勒斯蒂在迦太基主教会议诉讼期间就是这么说的:[②]"关于罪之逾矩的问题,我已经说

---

① 《哥林多前书》十一章 19 节。

② 参见第 3 章。

过，我曾听许多在公教会有公认权威的人否定它；但也有人肯定它：我们应该公平地将它作为一种探讨，而不是一种异端邪说。我一直坚持婴儿要有洗礼，也应该受洗。他还想要什么呢?”他这么说，好像是想暗示，只有在他断言婴儿不应受洗时，他才能被指责为异端。他现在既然承认他们应当受洗，他就不应当被当作异端了，即使他坚持认为他们受洗的原因不是公教信仰所说的那样。在送往罗马的信里，他按照这同一原则，先是解释了他的信仰，尽其所喜地从三位一体谈到未来的身体复活；不过在所有这些点上都没有人质问他，他自己也没有提问。但当他谈到我们现在所谈的这个主题时，他说：“若有问题超出了信仰的范围，在这问题上就可能千人千见，意见分歧，我也就绝不是在假装在任何教义上做了断言，仿佛我在这事上拥有决定性的权威似的；不管我从先知和使徒源泉推导出了什么，我都对诸位教会人士的判断和认可表示欢迎；所以，我们之中若是有什么错误(这是由于我们是人，总有愚昧无知)，就可以得到你们判决的纠正。”[①]你们当然可以清楚地看出，他作出这一举动，用所有这些恳求性的辞令，只是为了在人们发现他犯错误时，显得他所犯错误与信仰无关，而只是与信仰之外的可质疑之事有关；这样，当这错误有必要加以纠正时，就不是被当作异端纠正了；被纠正的人也就只是在犯小错，而不是犯异端之罪了。

章 27　何为信仰外的问题，几个例子

在这点上他是十分错误的。信仰外的问题是十分不同于信仰

① 参见第 6 章。

问题的,信仰外的问题无损于使我们成为基督徒的那信仰。这类问题的产生,要么是由于对事实不甚了了,从而对相关意见悬疑不定,要么是出于人类思想的软弱性而对事实妄加揣测,与真相有所出入:比如有人问,上帝用尘土造人,将他安置在天堂里,那么这天堂到底是什么样子,位于何处呢——虽然这里有问题提出,但丝毫无损于基督教的这一信念:无疑还是有这么一个天堂的;又有人问,现在以利亚和以诺在何处——是在这个天堂里呢,还是某个别的地方,但我们都不怀疑他们仍有他们以前所有的身体;还有人问,使徒被提到三重天上,是身体被提呢,还是身体没被提呢——这个问题显示了那些提问者的不虚心,他们想要知道当事人自己都说不知道的事,[①]不过这无损于他自己的信念;再有人问,天到底有几重(使徒是被提到了其中第三重);或者这个有形的世界是四重呢还是更多;导致日食月食的原因到底是什么(天文学家根据它们来定季节);还有人问,古时的人为何按着《圣经》分给他们的岁数生活;他们生第一个孩子的青春期是不是被推迟到了与他们的长寿相应的年龄;玛土撒拉既度过了洪水之厄(根据绝大多数《圣经》抄本的历代记载,包括希腊语的和拉丁语的),[②]又不在诺亚方舟里,那么他可能是在哪里呢;或者,我们是不是得要听从少数抄本的顺序——它们当真是非常的少——这些抄本说他在洪水前就死了。我们感觉到,在或与上帝最隐秘的运行,或与《圣经》最隐晦的段落相连的这一类无数的问题上,无知在许多点上是可以

① 《哥林多后书》十二章 2 节。

② 参见《创世记》五章 22—27 节。

与正确的基督教信仰相容的，有时人们还可以持有错误的意见而无须背异端教义的罪名。

章 28　佩拉纠和科勒斯蒂异端邪说志在毁坏我们信仰的基础

不过，这得看所论主题的性质而定。我们因一人而被卖给了罪，[①]因一人又从罪里得赎——因一人陷入了死，又因一人得释，得了生命；前者因行他自己的意志而不行创造他者的意志，就在他自己之中败坏了我们；后者因不行他自己的意志而行派他来者的意志，就在他自己之中拯救了我们：[②]基督教信仰就在与这两个人相关的事上。这是因为"只有一位上帝，在上帝和人中间，只有一位中保"，[③]既然"在天下人间，没有赐下别的名，我们可以靠着得救"，[④]以及"上帝要藉着他所设立的人按公义审判天下，并且叫他从死里复活"，[⑤]那就"在上帝和人中间，只有一位中保，乃是降世为人的基督耶稣"。[⑥] 现在，倘若没有这一信仰，就是说，不信神人之间的中保基督耶稣；不信他复活（上帝藉他的复活保证人人都将复活，且没有他的道成肉身和死亡便没有人真正地相信复活）；不信基督的道成肉身、死亡和死而复活，那么基督教真理就会毫不踌躇地宣布，古代的圣徒是不可能洗净自己的罪，不可能藉着上帝的

① 《罗马书》七章 14 节。
② 《约翰福音》四章 34 节；五章 30 节。
③ 《提摩太前书》二章 5 节。
④ 《使徒行传》四章 12 节。
⑤ 《使徒行传》十七章 31 节。
⑥ 《提摩太前书》二章 5 节。

恩典变得圣洁并称义了。这无论对《圣经》提到过的圣徒还是对《圣经》没有提到过但人们仍相信曾存在过的圣徒都是如此——不管是在洪水之前的，还是在洪水和赐予律法之间的，还是在律法时期的——不只是在以色列的子民之中，像先知那样，还是在以色列之外，如约伯其人。因为这些人的心都是藉着信那唯一的神人之间的中保才得洁净的，同时还有“所赐给我们的圣灵将上帝的爱浇灌在我们心里”，[①]“风随着意思吹”，[②]不是随着人的功德赐，而是他自己就赐予人功德。因为上帝的恩典若不是白白给的，就根本不会存在。

章 29　生活在律法时代的义人并不是处于律法之下，而是处于恩典之下；《新约》的恩典隐藏在《旧约》之下

死亡主宰着从亚当到摩西的时代，[③]因为通过摩西赐予的律法也不可能克服它：律法不是作为某种可以赐予生命的东西赐予的；[④]而是作为某种东西向那些处于死亡之中的、需要恩典赐予其生命的人显示，他们不仅处于罪的繁殖和主宰之下，还因触犯律法本身而更加有罪：不是为了使那些在古代就藉着上帝的怜悯理解到了这点的人灭亡；而是为了，尽管由于死的主宰和触犯律法注定了要受惩罚，他却可以寻求上帝的帮助，使得哪里的罪多，哪里的

① 《罗马书》五章 5 节。

② 《约翰福音》三章 8 节；“风”喻圣灵。

③ 《罗马书》五章 14 节。

④ 《加拉太书》三章 21 节。

恩典也就愈多,[①]甚至唯有恩典能救人脱离这取死的身体。[②] 不过,尽管摩西所赐的律法也不能够将人从死的权柄下救出来,在律法的时代,也仍有些属神的人不是生活在律法的恐怖、定罪和惩罚之下,而是生活在恩典的欢欣、疗治和释放之中。曾有人说:“我是在罪孽里生的,在我母亲怀胎的时候就有了罪”;[③]以及,“因我的罪过,我的骨头也不安宁”;[④]以及,“上帝啊,求你为我造清洁的心,使我里面重新有正直的灵”;[⑤]以及,“求你使我仍得救恩之乐,赐我乐意的灵扶持我”;[⑥]以及,“不要从我收回你的灵”。[⑦] 又有人说:“我信,因之我开口说话。”[⑧]他们也像我们一样,藉着这同一种信得了洁净。因此使徒说:“我因信,所以如此说话。”[⑨]出于这同一种信,经上说,“必有童女生子,给他起名叫以马内利”;[⑩]“必有童女怀孕生子,人要称他的名为以马内利。”[⑪]也是出于这同一种信,经上论到他说:“太阳如同新郎出洞房,又如勇士欢然奔路。它从天这边出来,绕到天那边,没有一物被隐藏不得它的热气。”[⑫]正是出于这同一种信,经上对他说:“上帝啊,你的宝座是永永远远

① 《罗马书》五章 20 节。
② 《罗马书》七章 24—25 节
③ 《诗篇》五十一篇 5 节。
④ 《诗篇》三十八篇 3 节。
⑤ 《诗篇》五十一篇 10 节。
⑥ 《诗篇》五十一篇 12 节。
⑦ 《诗篇》五十一篇 11 节。
⑧ 《诗篇》一一六篇 10 节。
⑨ 《哥林多后书》四章 13 节。
⑩ 《以赛亚书》七章 14 节。
⑪ 《马太福音》一章 23 节。
⑫ 《诗篇》十九篇 5—6 节。

的，你的国权是正直的。你喜爱公义，恨恶罪恶，所以上帝，就是你的上帝，用喜乐油膏你，胜过膏你的同伴。”[①]藉着同样的信仰之圣灵，他们预见到了所有这些事都将发生，这些事我们相信都已真的发生了。不过，向我们预告了这些事的他们自己却未参与到里面。使徒彼得说：“现在为什么试探上帝，要把我们祖宗和我们所不能负的轭放在门徒的颈项上呢？我们得救乃是因主耶稣的恩，和他们一样，这是我们所信的。”[②]倘若不是因为他们是藉着主耶稣基督的恩典得救，而不是藉着摩西律法得救的（律法只能带来罪的知识而不是医治），[③]彼得怎能这么说呢？但是现在，律法之外的上帝的义已经显明，这义本是律法和先知们见证过的。[④] 倘若它现在是显明的，那么在那时它也早就存在了，只不过是隐蔽地存在。这种隐藏《圣经》是用圣殿里的帘幕象征的。基督死时，帘幕就被撕裂了，[⑤]这是指他启示的完全。所以，甚至在古代，在属神的人里面，就有了神人之间的中保基督耶稣的恩典；但就像上帝为承受他国的人降下羊毛雨一样（他这么做不是为了还债而是因他喜欢），[⑥]那时它乃是隐隐约约的，但是现在，它在作它“地面”的万邦之中却是显明可见的了，羊毛干了——就是说，犹太人变得堕落了。[⑦]

① 《诗篇》四十五篇 6—7 节。
② 《使徒行传》十五章 10—11 节。
③ 《罗马书》三章 20 节。
④ 《罗马书》三章 21 节。
⑤ 《马太福音》二十七章 51 节。
⑥ 《诗篇》六十八篇 9 节。
⑦ 《士师记》六章 36—40 节。

章 30 佩拉纠和科勒斯蒂否认古代圣徒是因基督得救的

所以,我们不要将不同时代分开来看,像佩拉纠和他的门徒所做的那样,他们说,人过着公义的生活,先是凭着本性,后是凭着律法,最后是处于恩典之下——本性是指从亚当到赐予律法这段漫长的时期。他们说:"因为那时人凭着理性的引导认识上帝;公义生活的准则铭刻在人的心里,不是文字的律法而是本性的律法。但人的样式变得败坏了";他们说:"这样,当失去光泽的本性变得不足时,律法就被加了上来,就像加了一个月亮似的,本性在其光芒受损后又恢复到了原先的地步。但在犯罪习惯在人间变得如此盛行,律法不足以抑制它后,基督就来了;这位良医本人,藉着他自己而不是藉着他的门徒,给发展到绝望地步的疾病带来了疗救的希望。"

章 31 基督道成肉身在古时虽未发生,却已为祖先们所知

通过这种争辩,他们试图将古时的圣徒排除在中保恩典之外,仿佛基督耶稣其人不是上帝与那些人之间的中保似的;他们这么说的理由就是,那些义人生活时,基督还未为童贞女所孕,还未化身为人。但是,倘若这是真的,那么使徒所说就会成空:"死既是因一人而来,死人复活也是因一人而来。在亚当里众人都死了,照样,在基督里众人也都要复活。"[1]按照这些人虚妄的想法,那些古

---

① 《哥林多前书》十五章 21—22 节。

时的圣徒，本性自足，无须基督其人来作他们与神和好的中保，因此也不必活在他〔基督〕之中，不成其为他的肢体。然而，倘若正如真理藉其使徒所说，所有人在亚当里死了，所有人也当在基督里活着；死由一人而来，复活也由一人而来；有哪个基督徒胆敢怀疑，人类远古时期那些为神所喜的义人，注定了要获得永生的复活而不是永死，因为他们将在基督里活着？有谁胆敢怀疑，他们在基督里活着，是因为他们属于基督的身体？他们属于基督的身体，是因为基督甚至也是他们的头？[①] 基督甚至是他们的头，是因为神人之间只有一个中保，那就是基督耶稣其人？但若非藉着他的恩典他们早已相信他的复活，这是不可能的。他们若是不知道他要降世成人，若非凭着这信过着公义而虔诚的生活，又怎能做到这一点呢？倘若因为基督道成肉身在那时还未成就，就说与他们无关，那么我们也可以说基督的审判与我们无关了，因为这也还未发生。但若我们将因相信他的审判而坐在他的右边，这审判还未发生，但将来定要发生，那么那些古时的圣徒也就因相信他的复活而成了基督的肢体，这复活在他们的时代还未发生，但有一日必要发生。

章 32　举亚伯拉罕为例，说明古时的圣徒相信基督道成肉身

不要以为那些古时的圣徒只得到永存的基督神性的好处，而未从他人性的启示中获得益处，这人性还未成就。主耶稣所说，

① 《哥林多前书》十一章 3 节。

"你们的祖宗亚伯拉罕欢欢喜喜地仰望我的日子，既看见了，就快乐"，[1]是用"他的日子"指"他的时间"，提供了一个清楚的证据，表明亚伯拉罕被充分赋予了对基督道成肉身的信仰。正是在道成肉身的意义上，才可以说他有一个"时间"；因为他的神性是超越一切时间的，因为一切时间都是由它而造的。若有人认为，"他的日子"须被理解为那永恒的"日子"，没有明天在后，没有昨天在前——总之，是他与圣父共永恒的那种永恒的日子——亚伯拉罕若非意识到他所渴望的永恒者将有朝一日成为肉身，又怎能真正地渴望这日子呢？也许有人会对这句子的意义加以限制，说主所谓"他渴望看到我的日子"无非是指"他渴望看到我"，看到那永不终止的日子〔指基督〕，或永不减弱的光，正如在提到圣子的生命时，福音书里是这么说的："父怎样在自己有生命，就赐给他儿子也照样在自己有生命。"[2]这里生命不是别的，正是他自己。所以在子说"我是道路、真理和生命"[3]，在经上说"这是真神，也是永生"[4]时，我们就将子自己理解成生命。假设亚伯拉罕渴望看到子与父同等的这一神性，而毫不知道他将要降世成人——就像某些毫不了解道成肉身的哲学家那样寻求他——亚伯拉罕的如下动作又当何解？他令仆人将〔仆人的〕手放在〔亚伯拉罕〕大腿下，指着天主发誓。[5] 这岂不是在表示，亚伯拉罕很清楚，天主将取的肉身乃是由那大腿而出

① 《约翰福音》八章 56 节。

② 《约翰福音》五章 26 节。

③ 《约翰福音》十四章 6 节。

④ 《约翰一书》五章 20 节。

⑤ 《创世记》二十四章 2—3 节。

的后代么？

章 33　基督如何是我们的中保

关于这身体和血，麦基洗德在祝福亚伯拉罕时也提供了见证，这是基督徒众所周知的，所以很久以后在《诗篇》里对基督是怎么说的："你是照着麦基洗德的等次永远为祭司。"[①]那时这事还未成就，仍是将来之事；但祖先们的那一信仰，与我们一样的那一信仰，却早已在称颂它了。今天，对所有在亚当里死了的人来说，基督都是生命的中保。不过，他却不是一个中保，因为他是与父同等的；就此而论，他与我们的距离之远恰如父与我们的距离之远；在这么远的距离之间，怎能有什么中介呢？所以，使徒不是说："神人之间有一个中保耶稣基督"；而是说："基督耶稣其人"。[②] 所以，他之为中保，是在他是人的意义上说的——他低于父，因与我们自己更近；他高于我们，因与父更近。这么表达更为清楚，"反倒虚己，取了奴仆的形象"，[③]他高于我们，是因为没有罪的瑕疵。

章 34　基督之外无人得救

谁若坚持认为，人的本性在任何时期无须第二亚当救治，因为它并未在第一亚当那里败坏，谁就被判为上帝恩典的敌人；这不是一个怀疑或错误可与正确信念相容的问题，而是一个使基督徒成其为基督徒的信仰准则的问题。那么，在先存在的人的本性，被这

---

① 《诗篇》一一〇篇 4 节。
② 《提摩太前书》二章 5 节。
③ 《腓立比书》二章 7 节。

些人赞扬成未为恶习所染的，这事是如何发生的？他们怎能忽略这一事实，人在那时甚至也沉溺于如此之多不可容忍的罪，以致除了一个属神的人和他的妻子，他的三个儿子和他们的妻子外，整个世界都被上帝公义的审判毁于洪水，连小城所多玛也为火所焚？[①]所以，从第一个罪人起，“罪是从一人入了世界，死又是从罪来的；于是死就临到众人，因为众人都犯了罪”，[②]我们的整个本性无疑就被破坏了，落到了破坏者的手里。从他开始，没有一个人——真的，一个都没有——曾得到拯救，或正被拯救，或将得到拯救，除了藉着拯救者的恩典。

章 35　为何命令婴儿受割礼

《圣经》没有告诉我们，亚伯拉罕之前的义人及其孩子是否有什么身体的或有形的标志（sacramento）。亚伯拉罕本人接受了割礼的记号，信义的标志。[③] 他接受它时得到了这样的命令：他家里所有的男婴从那时起都要在出生后的第八天受割礼；[④]所以，即使是那些还不能凭心因信称义的婴儿，也仍得接受信义的记号。这个命令若不执行，就会有可怕的处罚，上帝说：“谁的包皮肉若未在第八日割除，谁的灵魂就必从民中剪除。”[⑤]倘我们探究这种可怕处罚的公义所在，这些人关于自由意志、关于本性的正确和纯净的

① 参见《创世记》七章和十四章。

② 《罗马书》五章 12 节。

③ 《罗马书》四章 11 节。

④ 《创世记》十七章 10 节。

⑤ 《创世记》十七章 14 节；和合本译为“但不受割礼的男子，必从民中剪除”。

整个论证，不是就要被击得粉碎吗？因为，请告诉我，婴儿凭着自由意志作了什么恶，若有人一时疏忽忘了给他行割礼，他就要受诅咒，而且诅咒是如此严重，他的灵魂必须被从他的族人那里除灭？这可不是什么暂时的死，因为义人死时，经上是这么说的："归到他列祖那里"；[①]或者说："归到他祖先那里"；[②]因为，当一个人的族人是上帝的子民时，就没有什么是比将他从他的族人那里隔开更为可怕的了。

章 36 驳柏拉图派灵魂前世存在的观点

有意的犯罪既没有作，如此严厉的责罚又是为何？因为，并非如柏拉图派所想，每个婴儿都因前世意志所为而今生灵魂受报，他在前世本作过或好或坏的自由选择；这是因为使徒保罗说得再明白不过，他们出生之前既未行善亦未作恶。[③] 那么，若不是因为婴儿属于永灭的种族，被恰当地视为由亚当所生，因与古时的债相连而受到谴责（除非他从这联结中得到释放，不是根据债务，而是根据恩典），他怎能被如此正当地处以毁灭的重罚呢？除了上帝藉着我们主耶稣基督赐予的恩典，还有什么恩典？古时犹太人的圣训（sacramenta）无疑预告了他的到来，他们割礼的习俗也同样预告了。因为第八天即另一周之始成了主的日子，在那天主从死里复

① 《创世记》二十五章 17 节。

② 《玛加比传上卷》二章 69 节。

③ 《罗马书》九章 11 节。

活了;基督是磐石,[1]由它制成了行割礼的刀;[2]而包皮肉乃是罪的身体。

章 37 基督在何种意义上被称为“罪”

他们所预表的他〔基督〕到了之后,圣礼发生了改变;但中保的帮助毫无改变,这中保甚至在降世之前,在古代,便已使那时他的肢体藉着相信他将要道成肉身而得救;至于我们自己,尽管我们在罪里、在我们身体的未受割礼里乃是死的,却在基督里成长了,在他里面我们受了不是手作的割礼,[3]而是手作割礼所预表的割礼,使我们遗传自亚当的身体的罪得以清除。[4] 我们若不是藉着罪之身体的样式得到洁净(他化身为这罪的样式但他本身无罪,他是为遣罪而来,为了我们而被造成罪人),我们可诅咒的起源便会使我们受到诅咒。[5] 因此使徒说:“我们作基督的使者,就好像上帝藉我们劝你们一般。我们替基督求你们与上帝和好。上帝使那无罪的,替我们成为罪,好叫我们在他里面成为上帝的义。”[6]我们与之和好的上帝,为了我们就使他成为罪——就是说,使他成为一个祭品(牺牲),藉着他我们的罪得赦免;因为罪的祭品代表罪。他为了我们的罪而牺牲,他乃是人中间唯一无罪的人,甚至还在古时人们就开始在羊群中寻找一只羊来作罪的牺牲,这只羊就预表着将来

① 《哥林多前书》十章 4 节。

② 《出埃及记》四章 25 节。

③ 《歌罗西书》二章 11—13 节。

④ 《罗马书》六章 6 节。

⑤ 《罗马书》八章 3 节;《加拉太书》三章 13 节。

⑥ 《哥林多后书》五章 20—21 节。

医治我们过犯的无瑕的那位。所以，不管一个婴儿是在出生后的哪天受洗，都仿佛是在第八天受割礼；婴儿是在基督之中受割礼的，基督被钉死后第三天复活了，这天按照周来算正好是第八天。婴儿受割礼是为了洁净罪的身体；换言之，属灵重生的恩典可以清除肉体重生所沾染的罪的债。“没有谁是洁净的，没有谁是远离了污秽的(污秽除了是罪的污秽外还是什么?)，连只在世上生出来一天的婴儿也不例外。”[①]

章 38　原罪并不使得婚姻成为罪恶

但他们论辩说：“这样一来，婚姻岂不成了罪恶，婚姻所生的人也算不上上帝的作品了?”这样一来，仿佛婚姻生活这种好处就成了色欲这种疾病，那些不认识上帝的人正是带着这色欲爱他们的妻子的——这种说法是使徒禁止的；[②]仿佛婚姻生活也不再是夫妇间的忠贞，肉欲正是因这忠贞才被正当地引上了生育孩子的目的。仿佛一个人不管是婚生子女，还是乱伦或通奸的产儿，都算不上上帝的作品似的。然而，在目前的探讨里，当问题不是为了什么事上帝是必要的，而是为了什么事救主是必要的，我们就不要考虑在本性的繁殖里有什么善，而要考虑在罪里面有什么恶，我们的本性正是由于这罪才败坏了。无疑这二者——本性和本性的败坏——是同时产生的；它们之中一个是好的，一个是恶的。一个是从创造主的慷慨施舍而来，一个则由我们起源的谴责而受到沾染；

① 《约伯记》十四章 4—5 节；与和合本翻译有异。

② 《帖撒罗尼迦前书》四章 5 节。

一个起因于至高上帝的善良意志，一个出自人类始祖的堕落意志；一个宣扬上帝为宇宙的创造主，一个显出上帝是不顺服者的惩罚者：简而言之，同一位基督为了创造其中之一而成为人的创造者，为了医治其中另一个又被造为人。

章 39 婚姻的三大好处

所以，结婚乃是一件好事。结婚有三大好处：首先它是生育的合法方式，其次它是忠贞的保证（fides），最后它是合一的纽带（connubii sacramentum）。关于生育的合法性，《圣经》有言："我愿意年轻的女人嫁人，生养儿女，治理家务"；[①]关于忠贞的保证，经上说："妻子没有权柄主张自己的身子，乃在丈夫；丈夫也没有权柄主张自己的身子，乃在妻子"；[②]关于合一的纽带，又说："上帝配合的，人不可分开。"[③]关于这几点，我们不要忘记，我们曾凭着上帝给予我们的能力，在别的著作中作过充分的讨论，这些著作你们也不是不知道。[④]《圣经》对所有这些好处作了总结性的赞美："婚姻，人人都当尊重，床也不可污秽。"[⑤]因为，婚姻状态是好的，它产生了大量的善，来抵抗色欲的恶；它不是情欲，而是理性，后者对色欲作了善的运用。情欲藏在使徒所说"与心灵的律交战"的那"不顺服的"肢体的律里；[⑥]理性则在婚姻的律里，后者对色欲作了善

① 《提摩太前书》五章 14 节。

② 《哥林多前书》七章 4 节。

③ 《马太福音》十九章 6 节。

④ 参见《论婚姻的好处》(*De Bono Conjugali*)。

⑤ 《希伯来书》十三章 4 节。

⑥ 《罗马书》七章 23 节。

的运用。倘若恶中生善是不可能的，上帝也就不会允许通奸者产子了。所以，通奸这种可谴责的恶在上帝并非不可利用(通奸也会生子)，上帝确实在人的恶行里产生了善功；与此相似，在肢体的反叛中导致羞耻感的东西(它们使犯罪后用无花果叶子遮住羞处的始祖脸红不已)，[①]并不能被用来指责婚姻，这是由于婚姻的交合不仅是允许的，还是有益的、可荣耀的；罪乃在那一不顺服，这一不顺服导致了处罚，处罚就是人发现他自己的肢体不服从自己，一如他之不服从上帝。由于他们不再遵从理性意志的吩咐，而是一任情欲的发动，妄作选择，当他为自己的行为发窘，他就设计了遮羞物，用来掩盖他认为羞耻之物。人作为上帝的杰作，本来没有什么值得脸红的；上帝为他造出的肢体也本各有其用，无须羞愧。因此他们原先的赤裸既不令神亦不令人不悦：本来没什么是可羞耻的，因为最初产生的东西没有什么是值得惩罚的。

章 40　始祖犯罪前便已结婚；上帝对他们婚姻的祝福如何起作用

不过，无疑在罪还没有出现之前，就已有婚姻了；正是由于这个原因，是女人而非第二个男人受造，做了亚当的帮手。此外，上帝的那些话，“你们要生养众多”，[②]不是在预告要受谴责的罪，而是对婚姻生育的祝福。因为，藉着他的这些无比美妙的话，即藉着他智慧〔基督〕的真理固有的神圣方法(万物是藉着这智慧受造

① 《创世记》三章 7 节。

② 《创世记》一章 28 节。

的)，上帝赋予了始祖夫妇生育的能力。假设本性未曾受到罪的破坏，上帝就会禁止我们认为天堂里的婚姻是如此这般的：生殖器官仅受情欲的爱火刺激，而不是由生育后代这一意志的命令引发——就像脚是用来走路，手是用来劳动，舌是用来说话一样。那时也不会像现在这样，处女的贞洁被肮脏的狂热败坏怀孕，而是服从于最温柔之爱的力量；因此那时首次交合时就会没有疼痛，没有处女之血，分娩产子时也不会有呻吟之声。不过，现在的人不相信这种境况，因为这从来没有在我们有死状态的实际情况中得到证实。被罪损害了的本性，从来没有过这种原始纯洁的事例。但我们对虔信的人这么说，因为他们知道相信《圣经》，即便没有实际的例子可以援引。因为，现在我怎可能证实亚当是出自尘土而不是出自父母，夏娃是出自亚当的肋骨[①]呢？然而信仰令我们相信眼所不能见的。

章 41　情欲和产痛自罪而来；由此我们的肢体成了羞耻的原因

假如我们没有办法显示，始祖在履行婚姻行为时毫无情欲，他们生殖器官的运动也和别的身体器官一样，不是由欲火发动，而是受意志选择的引导(若不是婚姻受到了罪的玷污，现在仍会如此)；从《圣经》的记载来看，我们有合理的根据相信，这是婚姻生活的原本状态。确实，尽管它没有告诉我，那时婚姻的交合毫无淫欲；我也没有找到经文说，那时妇人分娩毫无呻吟和痛苦，出生的人将来

① 《创世记》二章 7、22 节。

不会死；但是，若我忠实于《圣经》的真理，我就可以说，母亲的产痛和后代的死亡，若不是因为罪的缘故，本来是不会有的。使男人和女人感到羞愧的事也不会发生（那时他们就遮住了腰）；因为《圣经》里明白地记载着，先是犯罪，随后才是掩盖他们的羞耻。[①] 因为若非有某种粗鄙不堪的运动引起了他们眼睛的注意——眼睛那时当然不是闭着的，但一开始还没有注意到这一运动——若非这些特定的器官应该得到纠正，他们本是不会感到他们自己身上有什么东西是需要引以为耻或遮掩的。他们的身体本是上帝造的，配得一切的赞美。倘若不是因不顺服而先犯了罪，他们本来是不会丢脸的，现在他们只好竭力对此加以掩盖了。

章 42　情欲之恶不应归于婚姻；婚姻的三大好处：生育后代、忠贞、圣仪的结合

显然这都不能归罪于婚姻，因为即使没有它们婚姻也仍会存在。婚姻的善是恶无法消除的，恶却被婚姻作了好的使用。不过，有死之人当前的处境，却是夫妇的交合与情欲同时存在；因此就发生了这样的事，那些不愿或不能区分这二者的人们在指责情欲时，也认为婚姻事务是应该受到责备的（尽管它们是合法的、可荣耀的）。这些人没有注意到婚姻生活的善，这善也是婚姻的荣耀；我指的是生育后代、忠贞和结合的圣礼（sacramentum）。[②] 婚姻因之而羞耻的那恶，不是婚姻的错，而是肉欲的错。不过，由于没有这

① 《创世记》三章 7 节。

② 参见第 39 章。

恶就不可能达到婚姻的善的目的，包括孩子的生育，所以每干这事时，夫妇就转入秘密状态，避人耳目，甚至不让由这事而生但已达到懂事年龄的孩子看到。所以可以说，婚姻若能遮掩不雅之事，就允许行合法之事。所以，婴儿尽管不能犯罪，却非生而无罪的——不是由于合法之事，而是因为不雅之事：因为本性生自合法之事，罪却出自不雅之事。如此而来的本性乃是上帝所为，他造了人，用婚姻的律结合男人和女人；如此而来的罪却是撒旦所做，是他行欺诈，而人的意志对他表示了同意。

章 43 人类的子孙甚至在出生前便已从根本上处于谴责之下；婚姻若只为快乐便算过错

上帝谴责任着其意犯罪的始祖和他的整个种族，这乃是公义的判决；在这里，甚至连还未出生的人，也因它的有罪根源而公义地受到了谴责。在这遭谴的种族里，每个人都是从肉体出生的；在这里唯有属灵的重生才能解放他。在重生了的父母那里，倘若他们继续处于恩典状态中，这罪无疑已不再伤害他们，因为上帝已免了他们的罪，除非他们不正当地使用它——这不只是指种种非法的腐败，还指在婚姻状态自身中，丈夫和妻子不是出于繁殖种类的欲望，而是为了满足淫乐之需，才辛辛苦苦地致力于生育后代。至于使徒给予丈夫和妻子的准许，“夫妻不可彼此亏负，除非两相情愿，暂时分房，为要专心祷告方可”，[①]他也只是作为一种宽容而不是作为一个命令来让步的；这种让步显然暗示着某种程度的过错。

① 《哥林多前书》七章 5 节。

然而，缔结婚姻本是为了产生后代，婚姻内的交合就其本身而不涉及乱伦来说，是善而正当的；因为，尽管正是由于这个原因，有死的身体（它还没有由复活而得到新生）才不能不有诸多动物的运动令人脸红，但婚姻内的交合本身毕竟不是一桩罪，只要理性能够将色欲用于善的目的，并且不反过来行恶。

章 44　重生者所生子女一样生而有罪；洗礼的效用

倘若罪的赦免还没有达到如此有益的地步，以致当身体的色欲出现在人里面时，即出现在第一次出生者和重生者里面时，它在前者里面既出现了又有害，在后者里面却虽出现了但不足为害——身体的色欲只要出现在我们里面，就是有害的。实际上，在未重生者那里它有害到如此的程度，只要他们没有重生，他们由父母生出来后便一点好处也没有增加。我们本性的污点在我们孩子那里印得如此之深，即使在父母身上同样过错的污点因免罪而得到清洗，在他们也仍然保留着——直到最后的重生，一切通过人类意志的赞同而导致人犯罪的缺点，才会彻底完结。这也就是上帝应许的身体将来复活时的更新，那时我们不仅不犯罪，连现在使得我们通过赞同而犯罪的腐朽欲望也没有了。我们现在就已在藉着沿用的圣洗恩典，一步一步地向着那一完全境界进发了。现在就更新着我们的灵、免除我们一切过去的罪的这一重生，将使我们渐渐地达到复活时身体永生的更新，那时我们本性中一切的罪之动机都被清除一空，那时我们处于一种不可朽坏的状态里。但这样的拯救还未成就，目前只是处于盼望之中；它还没有实现；我们现在还没有拥有它，而只是耐心地盼着它。所以，在同样的洗礼之洗

里，存在着一种完全的、完美的大清洗，不仅洗去了我们现在在受洗时免去的罪，即由于我们赞同错误的欲望、按邪欲行事而使我们有罪疚感的罪〔指本罪〕；而且洗去了这些错误的欲望本身，对它们，我们若不赞同，是本可以没有罪疚感的，它们在今生虽然消除不了，在那时却将彻底地不复存。

章 45 人的得救恰与他的被掳相宜

我们所说的那种败坏所引起的罪疚感，将在从肉体出生的后代们身上保留，直到重生之洗洗去了它。按着肉体，重生者不是重生而是生出子女；因此他遗传给他的后代的不是重生的境况而是出生的境况。所以，一个人是不信者也好，是虔信者也好，他所生的都不是虔诚的孩子，而是罪人；同理，不仅野橄榄的种，而且家橄榄的种，都不是结家橄榄，而是结野橄榄。人第一次的出生使他处于捆绑之中，他的重生则将他从这捆绑中解救了出来。撒旦捆绑他，基督解救他；欺骗夏娃者捆绑他，马利亚的儿子解救他；藉着女人接近男人的那位捆绑他，为从未接近男人的女人所生的那位解救他；在女人心里注入情欲的那位捆绑他，毫无情欲地为女人所孕的那位解救他。前者能够通过掌握一个人而控制所有人，没有谁能从他手里解放他们，除了他不能够控制的那唯一的一位。教会根据古老的传统施行的圣礼(这些人虽然说给婴儿施洗更多地是效仿而不是真情，却仍不敢公开否定它)——我说，圣教会的这一圣礼充分显明了，即使是刚出娘胎的婴儿也藉着基督的恩典从撒旦的捆绑里得了释放。因为，先别提他们通过真实无妄的奥秘受洗免罪，给他们施洗者嘴里所说的话，就将敌对势力赶了出去。藉

着隐藏实在的所有这些或隐或显的符号，婴儿就显然被从最糟糕的压迫者救度到了最了不起的拯救者那里，后者为了我们的好处而披上我们的软弱，捆绑了最强者，从而可以抢夺他的家财；[①]这是因为上帝的软弱不仅要比人，还要比天使强大。所以，上帝在救度大人小孩时，都显示了使徒在真理的指示下所说的。因为不只是成人，还有幼婴，他都将之从黑暗的权柄下救了出来，将他们迁往上帝圣子的国度。[②]

章 46　相信原罪的困难；人的邪恶是一种动物的本性

没有人会感到惊奇，问："为什么上帝善意地造就的东西反为恶魔恶意地占有了呢？"真相在于，上帝的恩赐之赋予他的受造物的种子，其方式同于他慷慨地"叫日头照好人，也照歹人；降雨给义人，也给不义的人。"[③]上帝正是以如此的慷慨祝福了种子，并藉着祝福构成了它们。这种祝福也并没有因为我们该遭诅咒的缺点而从我们本性中消失了。实际上，由于上帝公义的惩罚，这一致命的污点已是如此得势，以致人生来就带有原罪的缺点；不过，它的影响仍不足以使人的生育停止。成年之人情形是这样的：不管他们犯了什么罪，都不能使他们不成其为人；不是的，上帝的工作仍然是好的，尽管恶乃是不虔诚者的行为。因为尽管"但人居尊贵中不能长久，如同死亡的畜类一样"，[④]这种相似却仍没有绝对到他成

① 《马太福音》十二章 29 节。

② 《歌罗西书》一章 13 节。

③ 《马太福音》五章 45 节。

④ 《诗篇》四十九篇 12 节。

了动物。无疑在这二者之间作了一个比较；但并不是因为本性，而是通过邪恶——不是动物中的邪恶，而是本性中的邪恶。因为与动物相比，人是如此地灵秀，人的邪恶可说是动物的本性；但人的本性却并不因此就变成了动物的本性。所以，上帝之谴责人，是因为人的缺点使人的本性受到玷污，而不是因为人的本性自身，这本性并不因自己的缺点就被毁灭了。老天禁止我们认为动物有害于谴责的判决！我们只能认为，由于它们不能分享我们的祝福，它们也就没有分受我们的不幸。这样，人屈从于不洁的灵——不是因为本性，而是由于他生来即有的、不是通过神工而是通过人的意志而来的那一不洁——又有什么可奇怪或不公正的呢？因为不洁的灵本身就其属灵来说，仍是善的，它的恶只是就它的不洁而言的。这是由于一个是上帝的，是上帝的作品，另一个却出于人自己的意志。所以，更强的本性，即天使的本性，凌驾于较低的本性即人的本性之上，原因只在于后者沾染了邪恶。相应地，本比天使强的中保，为了人的缘故变弱了。[①] 这样毁灭者的骄傲就被拯救者的谦卑毁灭了；在人子前夸耀其天使之能的那位，就被披上了人的软弱的上帝之子战胜了。

章 47 安布罗修说过的赞成原罪的话

我们认为，在结束本书之时，在原罪这个题目上作我们前面在《论基督的恩典》时一样的事是恰当的[②]——举证反对这些人对上

① 《哥林多后书》八章 9 节。

② 参见奥古斯丁，《论基督的恩典》，第 49—51 章。

帝的仆人大主教安布罗修的中伤，这位大主教的信仰是佩拉纠认为拉丁教会作家中最为完全的；因为恩典若能除去原罪，就更能得着荣耀。在圣安布罗修所写《论复活》(*Concerning the Resurrection*)一文里，说道："我在亚当里跌倒，我在亚当里被驱逐出天堂，我在亚当里死了；他若不是发现我在亚当里，他是不会唤回我的——这样，正如我在他之中是有罪的、有害的，是服从于死亡的，我也在基督里得以称义。"在反对诺斯替派时，他也说："我们所有人都生在罪里；我们的起源便在罪里；正如你们听到大卫所说的：'我是在罪孽里生的，在我母亲怀胎的时候就有了罪。'[①]所以保罗的肉身是'死的身体'；[②]他这样说自己：'谁能将我从这死的身体里救出来？'然而，基督的身体却已谴责了罪，这罪他并不生而有之，但他藉着死钉死了这罪，以便我们的身体里可以有藉着恩典而来的称义，本来在这里只有藉着罪而来的不洁的。"同一位作者还在他的《以赛亚书阐释》(*Exposition of Isaiah*)里论到基督说："所以，作为人，他经受了一切的事，在人的样式里，他忍受了一切的事；但他既为圣灵所生，就没有罪。因为所有人都是撒谎者，除了上帝外没有人是没有罪的。所以，这乃是一个铁定的事实，即为男人和女人所生的人，由于他们肉体的交合而生的人，没有一个是与罪无涉的。真的，谁若没有罪，谁便也没有同样的受孕和出生。"此外，在阐发《路加福音》时，他说："开启了处女子宫秘密的不是与一位丈夫的同居，倒是圣灵，后者将完美的种子洒入了她未受破坏的

① 《诗篇》五十一篇5节。

② 《罗马书》七章24节。

子宫。因为妇人所生的中间，唯有主耶稣是圣洁的，这是由于他藉着完美无瑕的出生，没有受到尘世败坏的沾染；不，他以他天国的威严击退了它。”①

章 48 佩拉纠受到了安布罗修正当的谴责和真实的反对

这位属神之人的这些话，尽管受到了佩拉纠的高度赞赏，却与佩拉纠所说的“我们生时既无美德亦无邪恶”正相反对。佩拉纠除了谴责并放弃他的这种错误，或者承认他滥引了安布罗修的话外，还能做什么呢？有福的公教会主教安布罗修在上引话句里既已明示了与公教信仰的一致，那么佩拉纠及其门徒科勒斯蒂就正当地受到了公教会权威的谴责，因为他们偏离了真实的信仰之路，并不为一方面赞赏安布罗修，另一方面却持与他相反的观点表示悔改。我很了解你们是带着怎样难以满足的热望阅读可以起到教化作用，并且可以坚定信仰的读物的；不过，尽管这篇文章有助于达到这一目的，我在这里却不得不终篇了。

① 参见安布罗修，《路加福音阐释》，卷二，第 56 章。

论恩典与自由意志

——致瓦伦廷和阿德荣敦的修士

公元426至427年，已是奥古斯丁人生的暮年，发生了一件事，表明了他的思想对教会的有力影响。数年前，他曾写过一封论恩典和预定问题的长信。由于这封信所论问题的主题和重要性，它被广为传抄，传到了阿德荣敦(Adrumetum)一间修院的修士手里。修士们为该信所提出的神学争论产生了激烈的分歧，有人采取了完全佩拉纠派的立场，反对奥古斯丁显而易见的对恩典的过度强调。最后，为了解决这一争论，名为克利斯康(Cresconius)和腓力斯(Felix)的两个修士，来到希坡(Hippo)接受奥古斯丁本人的当面指导。他不仅给了他们他就该问题所写的几份文献，还请求他们研读现在的这篇文章，即《论恩典与自由意志》。在这篇论文里，他试图显示，对恩典的强调绝不会否定自由意志的有效性。

在本篇，奥古斯丁教导我们，不要因坚持恩典而否定自由意志，也不要因坚持自由意志而否定恩典；因为从《圣经》的见证可清楚地看到，人确实是有意志的自由选择的；同时，《圣经》也证明了我们若无上帝的恩典，便不能行善。此后，与佩拉纠相对立，奥古斯丁证明恩典并非是根据我们的功德才赐予我们的。他解释了永生如何真的是上帝给的恩典。接着他显示了，借主耶稣基督给予我们的恩典，既非律法的知识，亦非本性，亦不只是罪的赦免；恩典乃是使我们成就律法，并使本性自罪的统治中得释放的恩典。他推翻了佩拉纠派空幻的

托词,结论是:“恩典,尽管不是根据善功之功德给的,却也仍是根据相信并祷告者先前的善良意志之功德给的。”他顺便谈到了这么一个问题:为什么上帝要命令只有他自己才能给予的事,上帝是否将我们不能执行的命令强加于我们。他明白地指出,完成诫命所必不可少的爱,就在我们里面,是从上帝自己那里来的。他反映出,上帝在人的心里作工,使他们向他的意愿之所向,不管是根据他的仁慈向着行善,还是回到他们所当得的来作恶;上帝的判断有时显明,有时隐晦,但总是公义的。最后,奥古斯丁教导我们,恩典是白白地赐予我们的,而不是我们行为的回报,这可以用那些得救的婴儿作为例子来说明。

章 1　写作本书的原因,本书的论证

本书写给那样一些人,他们如此地高扬人的自由意志,为之辩护,竟然胆敢否认且力图取消上帝的恩典,这恩典本是上帝召唤我们向着他,将我们从恶罚里救度出来,使我们凭着他得获善赏,迈入永生的:对这样一些人,我们已经在讨论里谈了不少,还把它写了下来,在主允许我们能做的范围内。但既然又有一些人这样地维护上帝的恩典,以致否认人的自由意志,或者以为恩典若要维护,便须否定自由意志,我就作出决定,就这点写一封信给阁下你,我的弟兄瓦伦廷(Valentinus),以及你们余下的人,在互爱的动机里团结一致事奉上帝的。弟兄啊,你们之中有人来看访我,并愿意充当我们这次交流的传信人,他们谈到了你们的一些情况,说关于这个主题你们那里存在着纷争。亲爱的弟兄啊,倘若你确实没有

为这个问题的晦涩难明而困惑受扰，我就先要请求你为你所理解的这般的事情而感谢上帝；但至于超出我们心灵能力的事，就祈求主给你们理解力吧，同时在你们自己中间要恪守平安和爱；直到上帝自己引导你感知到目前所论超出了你们的领悟力，坚定地走在你们所确知的基础上。这乃是使徒保罗的劝告，他在说他还未完全[①]之后，跟着说："我们中间凡是完全人，总要存这样的心"[②]——这指的是完全到一定的程度，但不是已经获得了充分的完全；之后他马上又补充说："若在什么事上存别样的心。"[③]因为凭着行在我们已获得的东西里，我们就能够进至我们还未获得的——上帝将它启示给了我们，若在什么事上我们存着别样的心——使我们不致放弃他已经启示了的。

章 2　从上帝给人的诫条证明人的自由意志的存在

现在，他已借着他的《圣经》启示我们，人是有意志的自由选择的。但他是如何启示这点的，我不是用人类的语言重述的，而是用神圣的语言重述的。先从头说来。存在着这么一个事实，上帝给人的诫条，若没有人意志的自由选择，便是全无用处的，如此人才可以通过执行它们获得上帝应许的奖赏。因为它们被赐予后，就没有人能够找借口说自己不知道了，正如主在福音书里就犹太人说道："我若没有来教训他们，他们就没有罪；但如今他们的罪无可

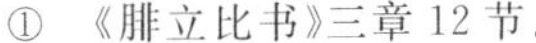

① 《腓立比书》三章 12 节。
② 《腓立比书》三章 15 节。
③ 《腓立比书》三章 16 节。

推诿了。”[①]他所说的，除了是他预先就知道了的大罪外，还是什么罪呢——他在预知的同时，说他们会犯他们自己的罪——那就是，他们将加于他身上的死。因为他们在基督降生成人来到他们中间之前并非“没有罪”。使徒还说：“原来，上帝的忿怒，从天上显明在一切不虔不义的人身上，就是那些行不义阻挡真理的人。上帝的事情，人所能知道的，原显明在人心里，因为上帝已经向他们显明。自从造天地以来，上帝的永能和神性是明明可知的，虽是眼不能见，但借着所造之物就可以晓得，叫人无可推诿。”[②]除了是指人类的骄傲惯于寻找的借口，如“只要我知道，我就会做的；但因为我不知道，所以怎能说我没有做它呢？”或，“我如果知道，我就会做的；但我不知道，所以我不做”？——除了是指这些借口外，他还能在什么意义上说他们“无可推诿”呢？当诫条被赐予他们，或如何避免犯罪的知识已向他们显明，所有这般的借口他们就都没有了。

章3　罪人若埋怨上帝，为自己开脱，便被判有罪，因为他们有自由意志

然而，有些人试图从上帝那里为他们自己找借口。使徒雅各论到过这种人：“人被试探，不可说：‘我是被上帝试探’；因为上帝不能被恶试探，他也不试探人。但各人被试探，乃是被自己的私欲牵引、诱惑的。私欲既怀了胎，就生出罪来；罪既长成，就生出死来。”[③]所罗门在他的书《箴言》里，也为这类希望从上帝自己那里

① 《约翰福音》十五章22节。
② 《罗马书》一章18—20节。
③ 《雅各书》一章13—15节。

为他们自己找到借口的人得出了这一答案:“人的愚昧倾败他的道,他的心也抱怨耶和华。”[①]在《便西拉智训》我们读到:“你不要说:是上主使我没有智慧。因为,上主不做自己憎恶的事。”[②]请看,人的意志的自由选择在这里是多么清楚地呈现在我们眼前。

章 4　最适合于意志自身的诫命说明了意志的自由

如此之多的段落要求恪守和完成他的诫命,这一事实有何重要性?倘若没有自由意志,他怎能作出这一要求?《诗篇》作者所说的“快乐人,他的意志已是主的律”[③]是什么意思?他不是足够清楚地显示了,人可凭着自己的意志立稳于上帝的律法中吗?还有,存在着如此之多的诫命,它们在某种意义上显然是适合于人的意志的;比如,有这样的经文:“弟兄们,我以上帝的慈悲劝你们,将身体献上,当作活祭,是圣洁的,是上帝所喜悦的,你们如此事奉,乃是理所当然的”;[④]“你不可像那无知的骡马,必用嚼环辔头勒住它,不然,就不能驯服”;[⑤]以及,“我儿,要听你父亲的教诲,不可离弃你母亲的法则”;[⑥]还有,“不要自以为有智慧,要敬畏耶和华,远离恶事”;[⑦]“我儿,你不可轻看耶和华的管教,也不可厌烦他的责

① 《箴言》十九章 3 节。

② 《便西拉智训》十五章 11—17 节。

③ 《诗篇》一篇 2 节。

④ 《罗马书》十二章 1 节。

⑤ 《诗篇》三十二篇 9 节。

⑥ 《箴言》一章 8 节。

⑦ 《箴言》三章 7 节。

备”;[①]“我儿,不要忘记我的法则,你心要谨守我的诫命”;[②]“你手若有行善的力量,不可推辞,就当向那应得的人施行”;[③]“你的邻舍既在你附近安居,你不可设计害他”;[④]“我儿,要留心我智慧的话语。侧耳听我聪明的言词,为要使你谨守谋略,嘴唇保存知识”;[⑤]“他口中的言语尽是罪孽诡诈,他与智慧善行已经断绝”;[⑥]这类经文在《旧约圣经》中数目是数不清的。它们除了向我们显明了人类意志的自由选择外,还显明了什么?那么,在《新约》的福音书和使徒书信里,又教给了我们一些什么呢?当经上说:“不要为自己积攒财宝在地上,地上有虫子咬,能锈坏,也有贼挖窟窿来偷”;[⑦]以及,“那杀身体不能杀灵魂的,不要怕他们;唯有能把身体和灵魂都灭在地狱里的,正要怕他”;[⑧]以及,“若有人要跟从我,就当舍己,背起他的十字架,来跟从我”;[⑨]还有,“在至高之处荣耀归与上帝,在地上平安归与他所喜悦的人”。[⑩] 使徒保罗也说:“若有人以为自己待他的女儿不合宜,女儿也过了年岁,事又当行,他就可随意办理,不算有罪,叫二人成亲就是了。倘若人心里坚定,没有不得已的事,并且由得自己做主,心里又决定了留下女儿不出

① 《箴言》三章 11 节。
② 《箴言》三章 1 节。
③ 《箴言》三章 27 节。
④ 《箴言》三章 29 节。
⑤ 《箴言》五章 2 节。
⑥ 《诗篇》三十六篇 3 节。
⑦ 《马太福音》六章 19 节。
⑧ 《马太福音》十章 28 节。
⑨ 《马太福音》十六章 24 节。
⑩ 《路加福音》二章 14 节。

嫁，如此行也好”；[①]又说：“我若甘心做这事，就有赏赐；若不甘心，责任却已经托付我了”；[②]而在另一段话里他又说：“你们要醒悟为善，不要犯罪，因为有人不认识上帝。我说这话是要叫你们羞愧”；[③]以及：“如今就当办成这事。既有愿作的心，也当照你们所有的去办成”；[④]然后他就年轻的寡妇而对提摩太说：“若他们欲火难忍，以致敌对基督，他们不如结婚的好。”所以在另一段话里：“不但如此，凡立志在基督耶稣里敬虔度日的，也都要受逼迫”；[⑤]而对提摩太本人他是这么说的：“你不要轻忽所得的恩赐，就是从前借着预言、在众长老按手的时候赐给你的。”[⑥]对腓利门他作了这样的解释：“但不知道你的意思，我就不愿意这样行，叫你的善行不是出于勉强，乃是出于甘心。”[⑦]他也规劝为奴的“以善意”服从为主的。[⑧] 与此严格地对应，雅各说：“我的弟兄们，你们信奉我们荣耀的主耶稣基督，便不可按着外貌待人”；[⑨]以及，“你们贪恋，还是得不着；你们杀害嫉妒，又斗殴争战，也不能得。你们得不着，是因为你们不求”。[⑩] 约翰也在他的书信里写道：“不要爱世界和世界上

① 《哥林多前书》七章 36—37 节。

② 《哥林多前书》九章 17 节。

③ 《哥林多前书》十五章 34 节。

④ 《哥林多后书》八章 11 节。

⑤ 《提摩太后书》三章 12 节。

⑥ 《提摩太前书》四章 14 节。

⑦ 《腓利门书》14 节。

⑧ 《以弗所书》六章 7 节。

⑨ 《雅各书》一章 16 节；二章 1 节。

⑩ 《雅各书》四章 2 节。

的事。人若爱世界,爱父的心就不要他里面了”,[1]还说了一些意思与此相同的话。凡在说“不要做这”和“不要做那”的地方,凡在神意对意志提出要求做什么事或禁止做什么事的地方,都有充分的证据显明了自由意志的存在。所以,没有人在犯罪时能在心里责备上帝的,每个人都必须将过错归到自己身上。它也根本不会在人行出合乎上帝心意的事时减损人自己的意志。实际上,若一个人自愿地做某事,该事就被宣称为善事;也就可指望从他那里得到善事的奖赏,关于他,经上有言:“人子要在他父的荣耀里,同着众使者降临,那时候,他要照各人的行为报应各人。”[2]

章5　作者显示,无知并不能为悖逆者提供借口使他免受惩罚;不过,明知故犯要比因无知而犯罪情节严重

人们习惯找的一个借口是他们不知道,从而想与那些明知故犯的人区分开来,从轻发落。但是,即使是那些不知道上帝律法的人也难免一罚。“凡没有律法犯了罪的,也必不按律法灭亡;凡在律法以下犯了罪的,也必按律法受审判。”[3]在我看来,使徒这么说,并非指无知者要遭受比明知故犯者更糟的惩罚。无疑“灭亡”要比“受审”糟;他在运用这些词时是在谈论外邦人和犹太人,前者没有律法,后者则受了律法,就其而言,谁能进一步说,因为使徒说“他们必按律法受审判”,所以虽然他们拒绝相信基督,但在律法里

---

① 《约翰一书》二章15节。

② 《马太福音》十六章27节。

③ 《罗马书》二章12节。

犯罪的犹太人却不会灭亡呢？因为人若不信基督，就不能得救；故而他们将被如此受审：将要灭亡。假如那些不知上帝律法者的处境真要糟过明知故犯者的，那么主在福音书里说的这句话怎能是真的呢："仆人知道主人的意思，却不预备，又不顺他的意思行，那仆人必多受责打；唯有那不知道的，做了当受责打的事，必少受责打。因为多给谁，就向谁多取；多托谁，就向谁多要"[①]？请看，这里他说得多清楚，明知故犯者要比不知者严重得多。不过我们可别因此就想躲在无知的庇护下借无知而寻找借口。须知无知是一事，不愿意知又是一事。因为经上说到的这种人，"他与智慧善行已经断绝"，[②]其意志是错误的。但甚至无知者的无知(而非拒绝去知者的无知)也并不能使无知者免除永火之罚，尽管他之不信乃是由于他根本未曾听闻他本该信的东西；他的无知只是稍微减轻他的惩罚。因为这么说并不是没有理由的："将你的忿怒泼在不认识你的异教徒身上"，[③]也不是根据使徒所说的："想要作教法师，却不明白自己所讲说的、所论定的。我们知道律法原是好的，只要人用得合宜。"[④]不过，为了我们可以拥有知识防止我们每个人都说"我不知道""我未听过""我不明白"，人的意志就受到如此的招呼："你不可像那无知的骡马，必用嚼环辔头勒住它，不然，就不能驯服"；[⑤]尽管它显示了自己甚至比这还要差，关于它经上是这么

① 《路加福音》十二章 47—48 节。

② 《诗篇》三十六篇 3 节。

③ 《诗篇》六十九篇 6 节。

④ 《帖撒罗尼迦后书》一章 7—8 节。

⑤ 《诗篇》三十二篇 9 节。

说的:"只用言语,仆人不肯受管教,他虽然明白,也不留意。"[①]但是当一个人说:"我不能做我得令去做的事,因为我被情欲控制住了",他就再不能以无知作借口,也没有理由来责备他心中的上帝,倒是应该认识到并悲叹他自身之内的恶;对这样的人使徒还说:"你不可为恶所胜,反要以善胜恶";[②]"不可为恶所胜"这一禁令当然是说给他的,无疑,这一事实唤起了他意志的决断。因为同意和拒绝都是意志专有的功能。

章 6 坚持上帝的恩典,反对佩拉纠派;佩拉纠异端并不是一种旧有的异端

不过,为免这类有利于保持自由意志的《圣经》见证(无疑它们有很多)被歪曲地理解,以致在对圣洁生活和美好交谈的追求(永恒的奖赏即由此而来)中不给上帝的帮助和恩典留下地盘;为免可悲复可怜的人在过着好生活并行善时(或不如说认为他过着好生活并行善)胆敢将荣耀归诸自己而不是主,指望单靠自己就能过上公义的生活;先知耶利米因此才有话说:"耶和华如此说:'倚靠人血肉的膀臂,心中离弃耶和华的,那人有祸了!'"[③]——为了免得这样,人们才常常害怕谈到意志的自由。弟兄啊,我祈求你理解先知的这段话。因为先知不是说,"受诅的是指望他自己的人"。在某些人看来,上帝说"受诅的是指望人的人",是为了防止人指望自己之外的其他人。所以,为了显明他对人的警告不是指望他自己,

① 《箴言》二十九章 19 节。
② 《罗马书》十二章 21 节。
③ 《耶利米书》十七章 5 节。

在说“受诅的是指望人的人”之后，他马上就补充说：“倚靠人血肉的膀臂。”他用“膀臂”一词来指“行动的力量”。至于“血肉”一词呢，则须理解为“人类的脆弱”。所以他使他膀臂的血肉强壮，(他的手臂)认为一种脆弱而软弱的力量〔即人类〕足以为他执行善工，从而不指望上帝的帮助。这就是为何他加上如下句子：“心中离弃耶和华。”这说的正是佩拉纠派异端这样的人，该异端并不是古已有之的，而是新近才出现的。为反对这种错误的体系，首先出现了大量的讨论；然后，作为最后的办法，它被提交给了各式各样的主教团，它们的记录，有一些(不是所有的)我已派给了你们，供你们精读。这样，为了我们能够行善功，就让我们不指望人，使我们膀臂的血肉强壮；也不要让我们的心与主相离，而要让它对他说：“不要发怒赶逐仆人，你向来是帮助我的。救我的上帝啊，不要丢弃我，也不要离弃我。”[1]

章 7　在导向善的生活上，恩典和自由意志都是必要的

所以，亲爱的弟兄啊，正如我们前面已用《圣经》见证证明了的，在人里面有着为求活得公义、行得公义而作出的意志的自由决断；现在就让我们看看，关于上帝的恩典，什么是神圣见证，没有这恩典我们就不能行出任何善事。首先，我要说一些关于你们在修会里所从事的职业的事。若非你们鄙视婚姻之乐，你们的修会(你们在这里过着禁欲的生活)就不可能聚合为一。主曾谈到这个问题，因为他的门徒有一次问他：“人和妻子既是这样，倒不如不娶”，

① 《诗篇》二十七篇 9 节。

他回答他们说，“这话不是人都能领受的，唯独赐给谁，谁才能领受。”[①]当使徒规劝提摩太说：“要保守自己的清洁”，[②]他所求诸的不也是提摩太的自由意志么？他在说“倘若人心里坚定，没有不得已的事，并且由得自己做主，保守自己的贞洁”[③]时，也在这事上解释了意志的力量。不过“这话不是人都能领受的，唯独赐给谁，谁才能领受”。[④] 那些没被赐予这一力量的人，要么是不愿意，要么是不能完成他们所愿的；那些被赐予了这一力量的人则如此地意愿，以致成就了他们所愿的。所以，为了这一说法（不是所有人都接受了它）仍可被某些人接受，就既有上帝的恩赐，又有自由意志。

章 8　婚姻的贞洁本身乃是上帝的恩赐

使徒说：“他就可随意办理，若是结婚，不算有罪”，[⑤]他这么说时，是在论婚姻的贞洁；不过婚姻的贞洁仍然是上帝的恩赐，因为经上说：“女人与男人结合，乃是出于主。”与此相应，外邦人的教师〔指保罗〕在他的一封信里，既令人保持婚姻的贞洁，不得通奸，又令人追求更完全的禁欲，这优先于任何同居——他显明了二者如何都是上帝的恩赐。他致信哥林多人，警告已婚的夫妻不要彼此欺骗；作出警告后，他又说：“我愿意众人像我一样”[⑥]——这当然是指，他禁止一切的同居；然后他又说：“只是各人领受上帝的恩

① 《马太福音》十九章 10 节。
② 《提摩太前书》五章 22 节。
③ 《哥林多前书》七章 37 节。
④ 《马太福音》十九章 10 节。
⑤ 《哥林多前书》七章 36 节。
⑥ 《哥林多前书》七章 7 节。

赐，一个是这样，一个是那样。”[①]写在上帝的律法里的许多诫条，禁止人乱伦和通奸，它们除了是在显示自由意志外，还在显示什么呢？显然人若没有自己的意志(有了意志才可服从神圣的诫命)，这样的诫条是不会颁布的。不过要遵守贞洁的诫令，上帝的恩赐仍是必不可少的。与此相应，《所罗门智训》里写道：“我知道上帝若不赐予清洁，无人可以清洁，连知道这是谁的恩赐，也是一种智慧。”[②]然而，“但各人被试探，乃是被自己的私欲牵引、诱惑的”，[③]并不恪守坚持这些神圣的贞洁诫令。倘若他就这些诫命而说：“我希望遵守它们，但被我的色欲控制了”，《圣经》就会对他的自由意志作出回应，正如我已说过的：“你既是教导别人，还不教导自己吗？你讲说人不可偷窃，自己还偷窃吗？”[④]为了得到这一胜利，恩典就给人帮助；倘若没有给予这一帮助，律法就什么也不是，而只会是罪的力量。因为若无恩典之灵的帮助，律法的禁止只会增强色欲，给予它更多的能量。这可以用来解释外邦人的教师的话：“死的毒钩就是罪，罪的权势就是律法。”[⑤]我请你们看看这一软弱的忏悔源于何处：“我想坚持律法所命令的，但被我色欲的力量战胜了。”当他谈到他的意志时，经上说：“不可被恶战胜”，要完成这些诫命，除了上帝恩典可起到帮助的作用外，还有什么能起作用呢？使徒本人在随后提到了这点；因为在说“罪的权势就是律法”

① 《哥林多前书》七章 7 节。
② 《所罗门智训》八章 21 节。
③ 《雅各书》一章 14 节。
④ 《罗马书》十二章 21 节。
⑤ 《哥林多前书》十五章 56 节。

之后，他马上补充说："感谢上帝，使我们借着我们的主耶稣基督得胜。"[①]这样就可看出，人能征服罪，这一胜利不是别的，正是上帝的恩赐，是他在这场战斗里帮助了自由意志。

章9　论到试探；祷告是恩典的证明

为此，我们在天上的主也说："总要警醒祷告，免得入了迷惑，你们心灵固然愿意，肉体却软弱了。"[②]所以，就让每个人在与自己的色欲搏斗时，祷告不要进入试探吧；就是说，他不要被导入歧途，为试探所引诱。但他若能用善良意志战胜自己的罪恶色欲，他就不会进入试探。不过，人类意志的决断是不足够的，除非主在听到他的"不要让我进入迷惑（试探）"的祷告后准许他胜利。还有什么是比主接受人的祷求更堪称上帝恩典的明证呢？倘若我们的救主只是说："总要警醒，免得入了迷惑"，他所做的就只会是警告人的意志；但既然他加了这句话："和祷告"，他就显明了上帝帮助我们不进入试探。下面这句话针对的正是人的自由意志："我儿，不要忘记我的法则，你心要谨守我的诫命。"[③]主也说："我已经为你祈求，叫你不至于失了信心，你回头以后，要坚固你的弟兄。"[④]所以人得到了恩典之助，以免他的意志得到命令而无结果。

---

① 《哥林多前书》十五章57节。

② 《马太福音》二十六章41节。

③ 《箴言》三章11节。

④ 《路加福音》二十二章32节。

章 10 自由意志与上帝恩典是同时共有的

当上帝说:“你们要转向我,我就转向你们”,[①]该句中有一个词——要求我们转向上帝的词——显然是属于我们的意志的;而别的词,即应许他转向我们的词,则属于他的恩典。佩拉纠派很可能在这里找到支持他们观点的东西,认为他们的观点是合理的。被他们显著地发展了的观点就是,上帝的恩典是按着我们的功德而赐予的。事实上,在东方,即在耶路撒冷城所在的巴勒斯坦省,佩拉纠本人在受到主教的审理时,[②]并不进一步坚持这一点。因为事情是这样的,在人们所反对的他的诸多意见中,这一点尤其被人反对,即上帝的恩典是根据我们的功德赐予的——这一观点是如此地与公教教义相违,如此地敌对基督的恩典,以致他若不是诅咒它,他自己就要受诅咒被革出教门。他确实宣布了所要求的对该意见的诅咒,但他后来的著作又明显地显露了他的不诚实;在这些著作里,他绝对地坚持着的不是别的,而正是这么一种观点,即上帝的恩典是根据我们的功德而赐予的。他们从《圣经》中选了这样的经文——像我刚才引用过的:“你们要转向我,我就转向你们”——仿佛是由于我们转向上帝,上帝的恩典才被赐予我们,上帝才转向我们似的。持这种观点的人,没有看到,除非我们转向上帝这一事件本身是上帝的恩赐,经上是不会向他祷告说:“万军之上帝啊,求你使我们回转”;[③]以及:“上帝啊,你要使我们回转,救

① 《撒加利亚书》一章 3 节。

② 参见奥古斯丁,《论佩拉纠决议》,第 14 章。

③ 《诗篇》八十篇 7 节。

活我们”；[①]以及：“拯救我们的上帝啊，求你使我们回转”[②]——相同意思的经文还有无数。至于我们来到基督面前，这除了指我们的存在借着信而被转向他外，还指什么呢？不过他仍然说：“我对你们说过，若不是蒙我父的恩赐，没有人能到我这里来。”[③]

章11 佩拉纠派歪曲利用的别的经文

还有《历代志下》里的这样的经文：“你们若顺从耶和华，耶和华必与你们同在；你们若寻求他，就必寻见；你们若离弃他，他必离弃你们。”[④]无疑，这段经文显明了意志的选择。但那些坚持上帝的恩典是按着我们的功德而给的人，是这样地理解这段经文的：他们相信，我们的功德在于我们“与上帝同在”的状况，而他的恩典是根据这一功德而赐予的，于是他也可与我们同在。同样地，我们的功德在于“我们寻求上帝”这一事实，他的恩典就是根据这一功德而赐予的，以便我们也可找到他。《历代志上》还有一段话宣明了意志的选择：“我儿所罗门哪，你当认识耶和华你父的上帝，诚心乐意地事奉他；因为他鉴察众人的心，知道一切心思意念。你若寻求他，他必使你寻见；你若离弃他，他必永远丢弃你。”[⑤]但这些人在“你若寻求他”这个子句里为人类功德找到了一点地盘，然后就以为下一子句中所说的“他必使你寻见”，是说上帝的恩典是根据这

① 《诗篇》八十五篇6节。
② 《诗篇》八十五篇4节。
③ 《约翰福音》六章65节。
④ 《历代志下》十五章2节。
⑤ 《历代志上》二十八章9节。

一功德而赐予的。于是他们就致力于显示,上帝的恩典是根据我们的功德而赐予的——换言之,恩典不是恩典。因为,正如使徒对那些按劳得酬的人明明白白地说过的:“作工的得工价,不算恩典,乃是该得的。”[①]

章12 作者证明,圣保罗的意思是,恩典不是按着人的功德给的

圣保罗无疑具备一种显要的功德,但在他迫害教会时,它不过是一种恶德,对此他是这么说的:“我原是使徒中最小的,不配称为使徒,因为我从前逼迫上帝的教会。”[②]还在他有这一恶德时,上帝给了他善德,使它取代了恶德;所以,他马上又说,“然而我今日成了何等人,是蒙上帝的恩才成的。”[③]然后,为了也展示他的自由意志,他在下一句补充说,“并且他所赐我的恩不是徒然的,我比众使徒格外劳苦”。他在对别人说话时,也求诸人的这一自由意志:“我们与上帝同工的,也劝你们,不可徒受他的恩典。”[④]倘若他们接受上帝恩典时失去了他们自己的意志,他怎能如此地吩咐他们呢?虽然如此,为免意志自身无须上帝恩典便可凭着行善而得救,他在说“他所赐我的恩典不是徒然的,我比众使徒格外劳苦”之后,马上加以限定说:“这原不是我,乃是上帝的恩与我同在。”[⑤]换言之,不

① 《罗马书》四章4节。
② 《哥林多前书》十五章9节。
③ 《哥林多前书》十五章10节。
④ 《哥林多后书》六章1节。
⑤ 《哥林多前书》十五章10节。

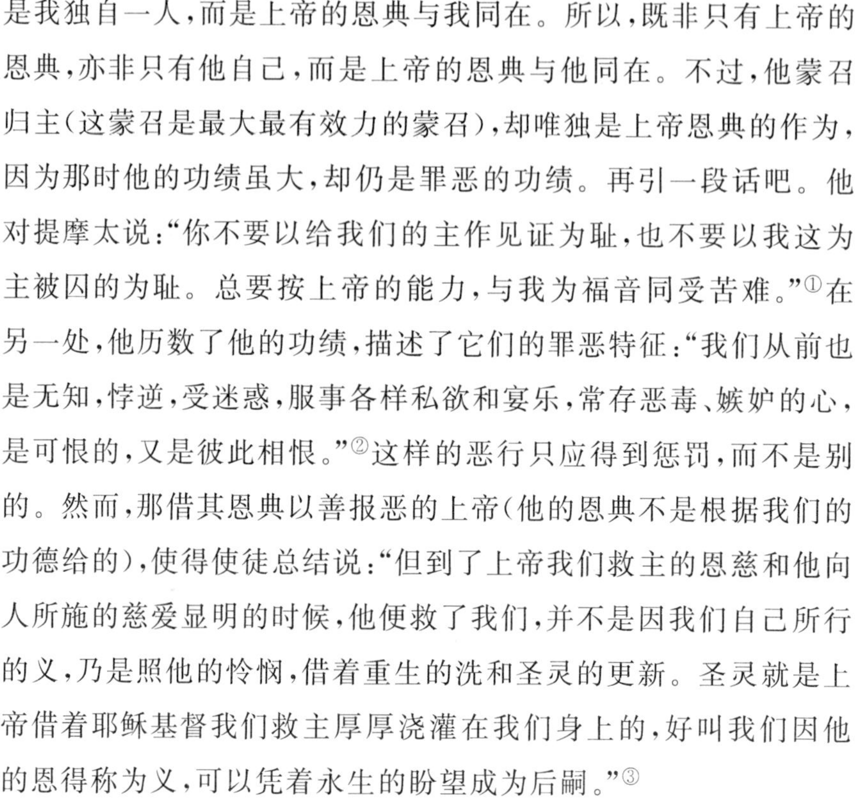

是我独自一人，而是上帝的恩典与我同在。所以，既非只有上帝的恩典，亦非只有他自己，而是上帝的恩典与他同在。不过，他蒙召归主（这蒙召是最大最有效力的蒙召），却唯独是上帝恩典的作为，因为那时他的功绩虽大，却仍是罪恶的功绩。再引一段话吧。他对提摩太说：“你不要以给我们的主作见证为耻，也不要以我这为主被囚的为耻。总要按上帝的能力，与我为福音同受苦难。”①在另一处，他历数了他的功绩，描述了它们的罪恶特征：“我们从前也是无知，悖逆，受迷惑，服事各样私欲和宴乐，常存恶毒、嫉妒的心，是可恨的，又是彼此相恨。”②这样的恶行只应得到惩罚，而不是别的。然而，那借其恩典以善报恶的上帝（他的恩典不是根据我们的功德给的），使得使徒总结说：“但到了上帝我们救主的恩慈和他向人所施的慈爱显明的时候，他便救了我们，并不是因我们自己所行的义，乃是照他的怜悯，借着重生的洗和圣灵的更新。圣灵就是上帝借着耶稣基督我们救主厚厚浇灌在我们身上的，好叫我们因他的恩得称为义，可以凭着永生的盼望成为后嗣。”③

章 13　上帝恩典不是按功而给，它本身倒使得一切善成为应得的奖赏

从《圣经》这类相似的段落，我们得到了证明，上帝恩典不是按着我们的功德而赐予的。我们看到的真相是，恩典不仅在无善可言的地方被赐予了，而且在罪恶横行的地方被赐予了：我们每天都

① 《提摩太后书》一章 8—9 节。

② 《提多书》三章 3 节。

③ 《提多书》三章 4—7 节。

看到它被如此地赐予。显然，它被赐予后，我们的善功就开始出现——不过只是借着它才出现的；因为，倘若恩典不给予人，人就只会在堕落的路上愈走愈远，自由意志不仅不能抬升他们，反而会加速他们的堕落。因此即使人开始拥有善功，也不应将之归诸自己，而要归诸上帝，对上帝，《诗篇》作者是这么说的："求你成为我的帮助者，不要离弃我。"[①]通过说"不要离弃我"，他就显明了，若他被上帝离弃，他就不能够凭着自己做任何善事。因此他还说："至于我，我凡事平顺，便说，我永不动摇"，[②]这是由于他认为他有如此之丰富的善，可称为他自己的善，他不会动摇。但为了让他明白到底是谁的，为了让他明白他曾夸口是自己的东西到底是谁的，上帝就以逐渐地减少对他的恩典来警告他，他只好说："耶和华啊，你曾施恩，叫我的江山稳固；你掩了面我就惊惶。"[③]所以，不仅人在不义时凭着上帝的恩典称义是必要的——就是说，从不义转变为义——以善迁恶；而且在他因信称义之后，恩典也会一路伴随着他，他也应依靠它，免得跌倒。由于这个原因，《雅歌》里关于教会本身是这样说的："那靠着良人从旷野上来的是谁呢？"[④]她一变为白，但凭着她自己她是变不白的。除了上帝，还有谁能使她变白呢？正是上帝对先知说："你们的罪虽像朱红，必变成雪白；虽红如丹颜，必白如羊毛。"[⑤]在她被变白的时候，她一点好也没有；但现

① 《诗篇》二十七篇 9 节。
② 《诗篇》三十篇 6 节。
③ 《诗篇》三十篇 7 节。
④ 《雅歌》八章 5 节。
⑤ 《以赛亚书》一章 18 章。

在她被变白了，她行好了——但她要行得好，唯有继续依靠使她一变为白的他。因此，耶稣本人（他正是变白者所依靠的）对他的门徒说："我是葡萄树，你们是枝子；常在我里面的，我也常在他里面，这人就多结果子；因为离了我，你们就不能做什么。"[①]

章 14 保罗接受恩典在先，赢得桂冠在后

现在让我们谈谈使徒保罗，我们早已发现，他已获得了上帝的恩典（这恩典是以善报恶的），虽然他本身毫无善功，但是有诸多恶德。让我们来看看在最后的苦难临到时，他对提摩太说了些什么："我现在被浇奠，我离世的时候到了。那美好的仗我已经打过了，当跑的路我已经跑尽了，所信的道我已经守住了。"[②]此时，他将这些事算作他的善功；所以，正如他在行恶后得到了恩典，此时他在行善后，可以得到桂冠。再来看看随后所说的："从此以后，有公义的冠冕为我存留，就是按着公义审判的主到了那日要赐给我的，不但赐给我，也赐给凡爱慕他显现的人。"[③]这里，公义的法官除了将桂冠赏给仁慈的父已赐予恩典的那人外，还能赏给谁呢？若非那使"不信者称义"的恩典早已降下，桂冠怎能是"义"的呢？此外，若非其中之一〔指恩典〕先前已白白地给予了他，这些事现在怎能像还债一样被回报呢？[④]

---

① 《约翰福音》十五章 5 节。

② 《提摩太后书》四章 6—7 节。

③ 《提摩太后书》四章 8 节。

④ 意谓恩典是白给的，恩典之后的善功则是有回报的。

章15　佩拉纠派声称，唯一不是根据我们的功德而赐的恩典是恕罪的恩典

然而，当佩拉纠派说，唯一不是根据我们的功德而赐的恩典是罪的赦免，但是最终被赐予的恩典即永生，却是对我们从前功德的报偿：它们不可能得不到回报。假如他们这样地理解我们的功德，承认它们是上帝的恩赐，那么他们的观点就不值得斥责了。但他们却宣扬，人的功德是人自己具备的，因此使徒最为正当地回答他们说："我们有这宝贝放在瓦器里，要显明这莫大的能力，是出于上帝，不是出于我们。"[①]对一个持有如是观点的人，这么说再真切不过了：上帝所表彰的，正是他自己的恩赐，而不是你的功德——若你的功德是你自己的而不是他的，事情起码就是这样的。倘若他们真是如此，他们就是邪恶的；上帝并不表彰他们；但假如他们是善的，他们就是上帝的恩赐，这是因为如使徒雅各所说："各样美善的恩赐和各样全备的赏赐都是从上头来的，从众光之父那里降下来的，在他并没有改变，也没有转动的影儿。"[②]与此相符，主的先驱施洗约翰也宣布："若不是从天上赐的，人就不能得什么"[③]——当然是从天堂来了，因为当耶稣升上高天，使掳掠者被掳掠〔指撒旦被他战胜〕，将恩赐赐予人时，圣灵也是从那里降下来。[④] 那时，倘若你的善功是上帝的恩赐，上帝就并不将你的功德作为你的功

① 《哥林多后书》四章7节。

② 《雅各书》一章17节。

③ 《约翰福音》三章27节。

④ 参见《诗篇》六十八篇18节；《以弗所书》四章8节。

德来表彰，而是作为他自己的恩赐来表彰。

章 16　保罗战斗，但上帝赐予胜利；保罗赛跑，但上帝显示仁慈

就让我们来想想使徒保罗的这些功德，即他所谓公义的法官将报以义之桂冠的那些功德；让我们看看，他的这些功德是不是真是他的——我是说，他是把它们当作他自己的来获得的呢，还是当作上帝的恩赐获得的。“那美好的仗我已经打过了，”他说，“当跑的路我已经跑尽了，所信的道我已经守住了。”[①]首先，这些善事若不是由善念而来，就算不了什么。那么就来看看，关于这些善念他说了些什么。他在致信哥林多人时，是这么写的：“并不是我们凭自己能承担什么事，我们所能承担的，乃是出于上帝。”[②]再来依次打量几件功德。“那美好的仗我已经打过了。”我想要知道，他是凭着什么力量战斗的。是凭着他自己具备的力量，还是凭着从上面赐予他的力量？不可设想如使徒这么伟大的教师竟不知道上帝的律法，在《申命记》里上帝宣称：“恐怕你心里说：‘这货财是我力量、我能力得来的。’你要记念耶和华你的上帝，因为得货财的力量是他给你的，为要坚定他向你列祖起誓所立的约，像今日一样。”[③]“美好的战斗”若不能打赢，又有什么用呢？除了上帝之外，还有谁赐予胜利呢？关于上帝，使徒是这么说的：“感谢上帝，使我们借着

① 《提摩太后书》四章 7 节。

② 《哥林多后书》三章 5 节。

③ 《申命记》八章 17 节。

我们的主耶稣基督得胜。”[①]在另一段，引用了《诗篇》所说“我们为你的缘故终日被杀，人看我们如将宰的羊”[②]之后，他宣称：“然而，靠着爱我们的主，在这一切的事上已经得胜有余了。”[③]所以，胜利不是凭着我们自己得来的，而是凭着那爱我们的他得到的。在第二个子句里，他说：“当跑的路我已经跑尽了。”说这话的不是别人，正是在另一处说“据此看来，这不在乎那定意的，也不在乎那奔跑的，只在乎发怜悯的上帝”的。[④] 这个句子千万不能顺序颠倒，成为这样：它不是显示仁慈的上帝的，而是意愿并赛跑的人的。假如有人胆大到这么说，他就是在明明地与使徒为敌了。

章 17　他所守的信乃是上帝的恩赐

他的最后一个子句是这样的：“所信的道我已经守住了。”但说这话的人也在另一处说：“论到童身的人，我没有主的命令，但我既蒙主怜恤能作忠心的人，就把自己的意见告诉你们。”[⑤]他不是说：“我得了怜悯是因为我是忠心的”，而是说：“为了我可以成为忠心的”，这样就显示了若没有上帝的怜悯，甚至信仰本身都不会有，信仰仍是上帝的恩赐。对此，他教导得清清楚楚：“你们得救是本乎恩，也因着信。”[⑥]他们可能会说：“我们得恩典，是因为我们信”；好像他们可将信仰归诸自己，将恩典归诸上帝似的。所以，使徒就在

① 《哥林多前书》十五章 57 节。

② 《诗篇》四十四篇 22 节。

③ 《罗马书》八章 37 节。

④ 《罗马书》九章 16 节。

⑤ 《哥林多前书》七章 25 节。

⑥ 《以弗所书》二章 8 节。

说“你们得救是本乎恩，也因着信”之后，加了一句：“这并不是出于自己，乃是上帝所赐的。”为免他们说他们可凭着事功而得到如此大的恩赐，他马上又补充说：“也不是出于行为，免得有人自夸。”[①]他在说上帝按每个人的行为奖赏时，他也不否认善功，或看空它们的价值；[②]但这是因为行为发自信仰，而不是信仰发自行为。所以，我们是从他那里得到义的工作的，信仰也是从他那里出来的，关于这经上记着说：“义人将因信得生。”[③]

章 18　有信而无善行，不足以得救

然而，不智的人们，误解了使徒的话，“所以我们看定了，人称义是因着信，不在乎遵行律法”，[④]以为他是指一个人单有信就够了，即使这人过着坏的生活，毫无善行可言。这样的人被使徒当作“拣选的器皿”，乃是根本不可能的。使徒在宣告“原来在基督耶稣里，受割礼不受割礼全无功效”后，[⑤]马上就加了一句，“唯独使人生发仁爱的信心才有功效”。正是这般的信将忠实于上帝者与不洁的魔鬼判然两分——因为正如使徒雅各所说，连魔鬼也“信，并且战惊”；[⑥]但他们并不行善。所以他们并不具备义人借以生活的信——这信如此地在这些智慧的人里面借着爱而工作，以致上帝根据它的工作而报以永生。但就我们的善行甚至也是来自上帝的

① 《以弗所书》二章 9 节。
② 《罗马书》二章 6 节。
③ 《哈该书》二章 4 节。
④ 《罗马书》三章 28 节。
⑤ 《加拉太书》五章 6 节。
⑥ 《雅各书》二章 19 节。

而言，我们的信和我们的爱也同样出自他，所以，同一位外邦人的伟大教师将“永生”本身视为上帝白白地赐给的“恩赐”。[①]

章 19　永生如何既是事奉上帝的回报，又是白白赐予的恩典？

由此产生了不小的问题，必须凭借主的恩赐来解决。假如永生是依善功而赐的，如《圣经》开诚布公地说的，“人子要在他父的荣耀里，同着众使者降临，那时候，他要照各人的行为报应各人”，[②]那么永生怎能是一桩恩典呢？——因为恩典不是依事功而给的，而是白白地赐予的，正如使徒自己告诉我们的那样：“作工的得工价，不算恩典，乃是该得的”；[③]以及：“照着拣选的恩典，还有所留的余数”；随后紧跟着：“既是出于恩典，就不在乎行为；不然，恩典就不是恩典了。”[④]若永生是从行为得来的，那么怎能是由恩典赐下的呢？是使徒偶然地没有说永生是恩典吗？不，他确曾如此清清楚楚地称呼过它，对此没有人能够否认。发现这点并不需要敏锐的理智，而只需要加以留心。因为在说“罪的工价是死”之后，他马上就补充说：“唯有上帝的恩赐，在我们的主基督耶稣里，乃是永生。”[⑤]

① 《罗马书》六章 23 节。
② 《马太福音》十六章 27 节。
③ 《罗马书》四章 4 节。
④ 《罗马书》十一章 5—6 节。
⑤ 《罗马书》六章 23 节。

章 20　问题得到回答。称义纯粹而完全地是恩典。永生是回报和恩典

在我看来，这个问题是断不能解决的，除非我们明白了，即便我们那些最好的行为（永生是它们的报偿），也属于上帝的恩典，这只是因为主耶稣的这番话："离了我，你们就不能作什么。"[①]使徒本人先是说："你们得救是本乎恩，也因着信，这并不是出于自己，乃是上帝所赐的；也不是出于行为，免得有人自夸"；[②]他这么说，当然是看到了如下可能：有人会从这句话以为善功对那些信的人不是必要的，唯独信就足够了；他这么说，还看到了另一个可能：有人夸口他们自己的善行，仿佛是他们自己能够行出它们似的。所以，为了矫正这两种观点，他马上插了一句："我们原是他的工作，在基督耶稣里造成的，为要叫我们行善，就是上帝所预备叫我们行的。"[③]他在评论上帝的恩典时说"也不是出于行为，免得有人自夸"，这么做主旨何在？其后，在他解释为何使用这样的词时，他为何说"我们原是他的工作，在基督耶稣里造成的"？为何随后又说"不是出于行为，免得有人自夸"？现在请你们听一听，想一想。"不是出于行为"说的是你以为只出自于你自己的行为；但你得要想到上帝塑造（即形成并创造）你的作为。因为关于这些作为，他是这么说的："我们原是他的工作，在基督耶稣里造成的。"这里他所说的不是将我们创造成人的创造，而是将我们塑造成一个完全

① 《约翰福音》十五章 5 节。

② 《以弗所书》二章 8—9 节。

③ 《以弗所书》二章 10 节。

的人的创造,“上帝啊,在我里面造一颗清洁的心”;[①]关于这种创造,使徒也说:“若有人在基督里,他就是新造的人,旧事已过,都变成新的了。一切都是出于上帝,他借着基督使我们与他和好,又将劝人与他和好的职分赐给我们。”[②]所以,我们被塑造,或被形成,是按着“佳作”进行的,而这佳作并不是我们自己准备的,而是“上帝预备叫我们行的”。亲爱的弟兄啊,无可怀疑的结果就是,正如你的善的生活不是别的而正是上帝的恩典,作为对善生活的报答的永生,也是上帝的恩典;此外,它是白白地赐予的,正如白白地给接受者一样。但接受它者只是纯粹而完全的恩典;所以这也是被赐予者,因为它是它的报答——恩典是为恩典的,正如报酬是为公义的;为了它可以是真的(因为它是真的),上帝就“那时候,他要照各人的行为报应各人”。[③]

章 21　永生是“恩上加恩”

也许你会问,我们是否在《圣经》里读到过“恩上加恩”。你有《约翰福音》的话,就会看到它将这显明了。在这里施洗约翰说到了基督:“从他丰满的恩典里,我们都领受了,甚至恩上加恩。”[④]所以我们按着我们卑微的尺度从他的丰满接受了我们的一份能力,使得我们可以过着善的生活——“要照着上帝所分给各人信心的

① 《诗篇》五十一篇 12 节。

② 《哥林多后书》五章 17—18 节。

③ 《马太福音》十六章 27 节;《诗篇》六十二篇 12 节;《启示录》二十二章 12 节。

④ 《约翰福音》一章 16 节。

大小，看得合乎中道”；[①]因为“我愿意众人像我一样；只是各人领受上帝的恩赐，一个是这样，一个是那样”。[②] 这是恩典。但在此之上，我们还接受“恩上之恩”，那时上帝将赏给我们永生，关于这使徒有言：“唯有上帝的恩赐，在我们的主基督耶稣里，乃是永生”，[③]在此之前他刚说过：“罪的工价是死。”他很相称地叫它“工价”，因为永死乃是事奉恶魔的恰当的报酬。他本有权在这里正当地说：“但义的工价是永生”，却选择了说：“上帝的恩赐乃是永生”；为了我们可由此明白，上帝并不因我们自己的任何功德将我们的生存延长到永生，他这么做只是出于他自己神圣的怜悯。正如《诗篇》作者对他的灵魂说：“他以仁爱和慈悲为你的冠冕。”[④]这里桂冠不是被当作善行的回报赐予了吗？然而，这只是因为他在好人里面作好功，对此经上说：“因为你们立志行事，都是上帝在你们心里运行，为要成就他的美意”，[⑤]《诗篇》也谈到了它，像刚才引用过的，“他以仁爱和慈悲为你的冠冕”，因为我们乃是借着他的仁慈行出配得桂冠的善行的。不过，我们一刻也不要因为他说“你们立志行事，都是上帝在你们心里运行”就以为，自由意志被抛弃了。假如这就是他的意思，那么他就不会在前面这么说了：“你们既是顺服的，就当恐惧战兢，作成你们得救的工夫。”[⑥]因为“作成”的命令是下给他们的自由意志的；“恐惧战兢”则是在警告他们，不要夸

① 《罗马书》十二章 3 节。

② 《哥林多前书》七章 7 节。

③ 《罗马书》六章 23 节。

④ 《诗篇》一〇三篇 4 节。

⑤ 《腓立比书》二章 13 节。

⑥ 《腓立比书》二章 12 节。

口,不要以为这些善功是他们自己的,不要将行善归功于他们自己。仿佛是为了回答有些人这样的提问:“你为何用‘恐惧战兢’这个短句呢?”他跟他们说:“因为是上帝在你们心里运行。”因为你若畏惧战兢,就不会夸口你自己的善功了——就不会仿佛它们是你自己的了,因为乃是上帝在你里面工作。

章 22 谁是律法的违犯者? 其文字的旧与其精神的新

所以,弟兄们啊,你们应该凭着自由意志,不作恶,只行善;这就是《圣经》新旧两约上帝的律法所教导我们的。不过,先让我们来读一读,并在上帝的帮助下来理解使徒所说:“凡有血气的,没有一个因行律法能在上帝面前称义,因为律法本是叫人知罪。”[①]注意,他是说罪的“知识”,而不是罪的“毁坏”。但当一个人知道罪,同时恩典没有帮助他避免他所知时,无疑地,律法就引起忿怒。对此使徒在另一段有明确的说法。他的话是这样的:“律法是惹动忿怒的。”[②]这么说,原因就在于,上帝的忿怒在明知罪而故犯者那里是更大的;这样的人就是律法的违犯者,正如使徒在另一句话里所说:“哪里没有律法,哪里就没有过犯。”[③]与此相符,他在别处说:“我们既然在捆我们的律法上死了,现今就脱离了律法,叫我们服事主,要按着心灵的新样,不按着仪文的旧样”;[④]这里“仪文的旧样”既应理解为“律法”,“心灵的新样”除了应理解为“恩典”之外,

① 《罗马书》三章20节。

② 《罗马书》四章15节。

③ 同上。

④ 《罗马书》七章6节。

还能理解为什么？然后，为了不被人误以为他是在指责律法，他马上就开始回答这么一个问题："这样，我们可说什么呢？律法是罪吗？断乎不是！只是非因律法，我就不知何为罪。[①] 非律法说'不可起贪心'，我就不知何为贪心。[②] 然而罪趁着机会，就借着诫命叫诸般的贪心在我里头发动，因为没有律法，罪是死的。我以前没有律法，是活着的；但是诫命来到，罪又活了，我就死了。那本来叫人活的诫命，反倒叫我死，因为罪趁着机会，就借着诫命引诱我，并且杀了我。这样看来，律法是圣洁的，诫命也是圣洁、公义、良善的。既然如此，那良善的叫我死吗？断乎不是！叫我死的乃是罪。但罪借着那良善的叫我死，就显出真是罪，叫罪因着诫命更显出是恶极了。"[③]对加拉太人他是这么写的："既知道人称义不是因行律法，乃是因信耶稣基督，连我们也信了基督耶稣，使我们因信基督称义，不因行律法称义，因为凡有血气的，没有一人因行律法称义。"[④]

章 23 佩拉纠派坚持，律法是上帝的恩典，是帮助我们不犯罪的

那么，为什么那些虚妄而乖张的佩拉纠派说，律法乃是上帝的恩典，它帮助我们不犯罪？他们在如此宣称时，不是不幸而无疑地与使徒相违吗？使徒说过，罪借着律法得了力量反对人；诫命虽是

① 《罗马书》七章 6—7 节。
② 《出埃及记》二十章 17 节。
③ 《罗马书》七章 7—13 节。
④ 《加拉太书》二章 16 节。

圣洁、公义、良善的，人却借着它死了，死借着那良善的在他那里作工，除非是圣灵救活那被文字杀死了的他，没有谁能救他出来——正如他在另一处所说："他叫我们能承当这新约的执事。不是凭着字句，乃是凭着精意。因为那字句是叫人死，精意是叫人活（精意又可译为圣灵）。"[①]不过这些顽固的家伙，瞎了眼见不到上帝的光，聋了耳听不到他的声音，坚持杀生命的文字，否认救活人的圣灵。"所以，弟兄们啊"（我愿借使徒本人的话来警醒你们），"这样看来，我们并不是欠肉体的债，去顺从肉体活着。你们若顺从肉体活着必要死，若靠着圣灵治死身体的恶行必要活着"。[②] 我说这是为了阻止你们的自由意志作恶，用使徒的话规劝它行善；但你们却不要因此就归荣耀于人——就是说，于你们的自我——也不要归给主，当你不是循着肉体生活，而是借着圣灵克服肉体的行为。因为，为了让听使徒说话的这些人不要赞美他们自己，以为他们自己（而不是凭着上帝的圣灵）能够使自己的精神行出如此的善来，使徒在说"你们若顺从肉体活着必要死，若靠着圣灵治死身体的恶行必要活着"之后，马上就加了一句："因为凡被上帝的灵引导的，都是上帝的儿子。"[③]所以，当你借着圣灵克服肉体的行为时，你就可以得享生命，荣耀他，赞美他，感谢他，正是借着他的圣灵你被引上正途，能够行出善功，显明你是上帝的儿女；"凡被上帝的灵引导的，都是上帝的儿子。"

① 《哥林多后书》三章 6 节。

② 《罗马书》八章 12—13 节。

③ 《罗马书》八章 14 节。

章24 什么人可以说是想要立他们自己的主。所谓“上帝的义”乃是人从上帝得来的义

许多人只为他们自己的精神所引导，信任他们自己的美德，此外只加上律的帮助，而无恩典的扶持，这些人算不上上帝的儿女。使徒的这段话正是说给他们的：“因为不知道上帝的义，想要立自己的义，就不服上帝的义了。”[①]他这是说犹太人的，他们自以为是，拒绝恩典，不信基督。他说，他们希望建立他们自己的义；这种义是律法的义——不是说律法是他们自己建立起来的，而是说他们在上帝的律法里构造他们自己的义，当他们自以为能够凭己力完成这律法而不知道有上帝的义——这种义不是上帝自身借以为义的义，而是人得自上帝的义。你可能会在听到他下面这段论基督的话后，知道他将律法的义称为“他们的”义，而将人得自上帝的义称为“上帝的”义：“不但如此，我也将万事当作有损的，因我以认识我主基督耶稣为至宝。我为他已经丢弃万事，看作粪土，为要得着基督，并且得以在他里面，不是有自己因律法而得的义，乃是有信基督的义，就是因信上帝而来的义。”[②]他说：“不是有自己因律法而得的义”，若律法确实根本就不是他的而是上帝的，他说这话是什么意思呢——除非是指，尽管它是律法的义，他称它为他自己的义，却是因为他以为他能够凭着他自己的意志完成律法，而无须恩典之助，这恩典是借着信基督来的。因此，在说“不是有自己因

---

① 《罗马者》十章3节。

② 《腓立比书》三章8—9节。

律法而得的义”之后，他马上就补了一句：“乃是有信基督的义，就是因信上帝而来的义。”这正是他们所不知的，他是这么说他们的，“不知道上帝的义”——上帝的义不是由使人死的文字赐予人的，而是由给予生命的圣灵赐予人的——“想要立自己的义”，这种义他在说“不是有自己因律法而得的义”时明显地描述为律法的义；他们不服从上帝的义——换言之，他们不让自己服从上帝的恩典。因为他们处于律法之下，而不是处于恩典之下，所以罪就主宰了他们，而一个人要从罪里得释放，是不能凭律法而只能凭恩典的。因此他在别处又说：“罪必不能作你们的主，因你们不在律法之下，乃在恩典之下。”[①]不是说律法是罪恶的；而是因为他们处于它〔律法〕的势力之下，律法只是通过强令而不是扶助来使他们知罪。人成为律法的践行者乃是凭着恩典；没有这恩典，处于律法之下的人就只是律法的听众。对这样的人，他是这么说的：“你们这要靠律法称义的，是与基督隔绝，从恩典中坠落了”。[②]

章 25 律法不是恩典，我们的本性自身也不是恩典，正是借着这恩典我们得以成为基督徒

使徒十分清楚他在说什么，他强调说，“你们这靠律法称义的，是与基督隔绝，从恩典中坠落了”，谁能麻木不仁，谁能愚蠢到，不，癫狂到认识不到他这句话的旨意，甚至进而断言律法即恩典的呢？但是，如果律法不是恩典，如果要让律法本身得到遵行，给予帮助

① 《罗马书》六章 14 节。

② 《加拉太书》五章 4 节。

的就不能是律法而只能是恩典——我们能不能说，本性就是恩典呢？因为，佩拉纠派狂妄大胆地断言，恩典就是本性，我们是照着这本性受造的，因此而有理性的心灵，借着这心灵我们能够理解——我们是照着上帝的形象造的，因此管理着海里的鱼、空中的鸟、地上爬行的一切活物。但是，这并不是使徒向我们推荐的借着信基督而来的恩典。因为我们肯定和不虔者、不信者一样拥有这一本性；而借着信耶稣基督而来的恩典则只属于有这信的人。"因为人不都是有信心。"[①]使徒对那些希望凭律法称义反而从恩典中坠落了的人所说的话是没错的："义若是借着律法得的，基督就是徒然死了"；[②]与此相似，对那些以为恩典乃是本性的人，这句话也同样有效：如果义来自于本性，那么基督就白白地死了。但律法那时早就有了，却并未使人称义；本性也存在，也未使人称义。所以，基督的死不致成空，是为了律法可借着说"我来不是要废掉乃是要成全律法"者得到完成；[③]我们那本已由于亚当而丧失了的本性，便可以借着他得到恢复，他说："人子来，为要寻找、拯救失丧的人"；[④]那些热爱上帝的昔日先祖们，也早已相信他会来临。

章 26　佩拉纠派论辩说，既非律法亦非本性的恩典，只于赦免过去的罪有用，对避免将来的罪却无效力

他们还坚持，借着信耶稣基督而赐、既非律法亦非本性的上帝

① 《帖撒罗尼迦后书》三章 2 节。

② 《加拉太书》二章 21 节。

③ 《马太福音》五章 17 节。

④ 《马太福音》十八章 11 节;《路加福音》十九章 10 节。

恩典，只在赦免已犯之罪上是有效的，对避免将来的罪或平息现在困扰我们的罪则是无效的。倘若真是如此，则我们在说出主的祷求“免我们的债，如同我们免了人的债”之后，就几乎不能继续说：“不叫我们遇见试探”了。[①] 前一个请求是要让我们的罪得赦免；后一个请求则是要避免它们或平息它们——倘若我们凭着我们人的意志便能够做到，我们就根本不必乞求在天之父眷顾了。现在我强烈地建议并热切地要求你们认真阅读有福的西普里安(Cyprian)的著作《论主的祷告》(*On the Lord's Prayer*)。在主的帮助下，请理解它，记住它。在这部著作中你将看到，他是这样地诉之于他的写作对象的自由意志，他向他们显示，不管他们得完成律法所要求的什么，他们都得祷告请求。但是，倘若人的自由意志就足以完成而无须上帝的帮助，这就会归于一空了。

章 27 恩典影响律法的完成、本性的得救和罪的统治的结束

不过，我们已显明，他们并没有真正地坚持自由，只不过是给它吹出了一番理论，这种理论毫无稳定性可言，最后又落到了地上。上帝的律法、本性、罪的赦免，都不是借着我们主耶稣基督赐予我们的那种恩典。而正是这种恩典成就了律法的完成、本性的解放，并推翻了罪的统治。所以，在这点上被人说服后，他们就诉诸另一个手段，努力这样那样地显示，上帝的恩典是按照我们的功德赐予我们的。他们说：“假设恩典不是按我们的功德赐予我们

① 《马太福音》六章12—13节。

的,但就我们是借着它行善而言,它仍是根据善良意志的功德赐予的;因为祷告者的善良意志先行于他的祷告,正如相信者的意志先行于他的信仰,所以,听到了这些〔善良意志〕的上帝,就根据这些〔善良意志的〕功德赐予他恩典。”

章 28 信仰是上帝的恩赐

我已讨论过关于信仰,就是关于相信者的意志的要点所在,[①]甚至显示了它属于恩典——所以使徒不是告诉我们:“我已获得了怜悯,因为我是忠心的”,而是说:“我既蒙主怜恤能作忠心的人。”[②]同样意思的经文还有许多——其中有劝勉我们的:“不要看自己过于所当看的,要照着上帝所分给各人信心的大小,看得合乎中道”;[③]有我前面引用过的:“你们得救是本乎恩,也因着信。这并不是出于自己,乃是上帝所赐的”;[④]有同一封《以弗所书》里的另一句:“愿平安、仁爱、信心从父上帝和主耶稣基督归与弟兄们”;[⑤]有效果与此一样的话:“因为你们蒙恩,不但得以信服基督,并要为他受苦”。[⑥] 相信者的信仰,受苦者的忍耐——二者都是由于上帝的恩典,因为使徒说二者都是“被赐予的”。此外还有尤其值得注意的一段话,在这里他说:“我们也有同样的信之精神”,[⑦]

---

① 参见第 16 至第 18 章。
② 《哥林多前书》七章 25 节。
③ 《罗马者》十二章 3 节。
④ 《以弗所书》二章 8 节。
⑤ 《以弗所书》六章 23 节。
⑥ 《腓立比书》一章 29 节。
⑦ 《哥林多后书》四章 13 节;和合本译为“我们也信”。

因为他不是说“信仰的知识”，而是说“信仰的精神”；他这么表达自己，是为了让我们理解，那信仰是如何赐予我们的，即使人没有寻求它，〔它也赐予人，〕以便别的祝福可以应它的要求给予它。他说：“人未曾信他，怎能求他呢。”[①]所以，恩典的精神使得我们有了信仰，以便我们可以借着信仰、凭着祷告获得能力来做我们被命令做的事。因此使徒本人总是将信仰置于律法之前；这是因为，我们若非凭着信仰的祷告获得力量，律法所要求的事我们就什么也做不了。

章 29　上帝能够使悖逆的意志皈依，并从心里消除它的刚硬

倘若信仰只是自由，不是由上帝赐予的，我们为什么要为那些不愿相信的祷告，要他们信呢？若非我们极为恰当地相信，全能的上帝能够使那些颠倒悖逆不信的意志转为相信，这么做就会绝对无用了。经上说“唯愿你们今天听他的话，你们不可硬着心”，[②]是说给人的自由意志的。但若上帝不能够消除人心里的顽固刚硬，他就不会借着先知之口说“我要使他们有合一的心，也要将新灵放在他们里面，又从他们肉体中除掉石心，赐给他们肉心”[③]了。所有这些话都是指着《新约》说的，使徒下面的话显明了这一点：“你们就是我们的荐信，写在我们的心里，被众人所知道、所念诵的。你们明显是基督的信，借着我们修成的。不是用墨写的，乃是用永

① 《罗马书》十章 14 节。
② 《诗篇》九十五篇 7—8 节。
③ 《以西结书》十一章 19 节。

生上帝的灵写的。不是写在石版上，乃是写在心版上。”[①]当然，我们不要以为，这样的句子意思仿佛是这样的：那些应该过着属灵生活的人可以过着属肉体的生活。石头没有感觉，经上用它来与人的硬心肠作比较，这样，若要用什么来与人的理智作比较，除了肉体（它有感觉）外，还有什么呢？因为这正是先知以西结所说的："我要使他们有合一的心，也要将新灵放在他们里面，又从他们肉体中除掉石心，赐给他们肉心，使他们顺从我的律例，谨守遵行我的典章。他们要作我的子民，我要作他们的上帝。”[②]我们也不可能不带荒谬地坚持说，早先有过一些人，他们有善良意志之善良功德，使得他们可以移去石头心肠，而这石头心肠除了指最硬的那种意志、绝对顽固地反上帝的意志之外，还能指什么呢？因为在已有善良意志存在的地方，也就不再有石头心肠了。

章 30　搬走石头心肠的恩典，在它之先的不是善行，而是恶行

在另一段经文里，上帝借同一位先知之口，用最为清楚的语言向我们显明了，他做这些事，不是由于人这一边有什么善功，而是为了他自己的荣名。他是这么说的："以色列家啊，我行这事不是为你们，乃是为我的圣名，就是在你们到的列国中所亵渎的。我要使我的大名显为圣；这名在列国中已被亵渎，就是你们在他们中间所亵渎的。我在他们眼前，在你们身上显为圣的时候，他们就知道

① 《哥林多后书》三章 2—3 节。

② 《以西结书》十一章 19—20 节。

我是耶和华。这是主耶和华说的。我必从各国收取你们,从列邦众集你们,引导你们归回本地。我必用清水洒在你们身上,你们就洁净了。我要洁净你们,使你们脱离一切的污秽,弃掉一切的偶像。我也要赐给你们一个新心,将新灵放在你们里面,又从你们的肉体中除掉石心,赐给你们肉心。我必将我的灵放在你们里面,使你们顺从我的律例,谨守遵行我的典章。"[①]谁会瞎眼瞎到看不出,谁会如石头一般感觉不到,主在宣布并证实"以色列家啊,我行这事不是为你们,乃是为我的圣名"时,显明了这种恩典不是按着善良意志的功德赐予的?他为什么说"我行这事不是为你们,乃是为我的圣名",还不是为了让他们不要以为这些事之所以发生是由于他们自己的善功,像佩拉纠派那样?但是,他们不仅没有任何善功可言,主还显明了在此之前到处都是恶行;因为他说:"乃是为我的圣名,就是在你们到的列国中所亵渎的。"谁会注意不到亵渎上帝自身圣名的罪恶是多么的大呢?然而,他说,为了被你们亵渎的我的这名的缘故,我反将使你成善,但不是为你自己的缘故;他还补充说:"我要使我的大名显为圣,这名在列国中已被亵渎,就是你们在他们中间所亵渎的。"他说,他圣化(sanctificare)他的名,他已宣布它为圣洁的(sanctum)。所以,这正是我们在主的祷告里所祈求的——"愿人都尊你的名为圣(sanctificatur)"。[②] 我们在人们中间祈求那本身无疑总是被尊为圣的神圣者。经文接着说,"我在他们眼前、在你们身上显为圣的时候,他们就知道我是耶和华。这是耶

① 《以西结书》三十六章 22—27 节。

② 《马太福音》六章 9 节。

和华说的”。尽管他本身总是圣洁的，他却仍在那些得他恩典之赐的人中间得圣洁，他是借着从他们心中消除石头心肠(他们凭着这石头心肠亵渎主的圣名)做到这一点的。

章31 自由意志在心的皈依中有它的作用；但恩典也有它的作用

为了免得人以为，人在这事上凭着自由意志什么也做不了，《诗篇》说：“不要硬着你的心肠”；[①]以西结本人也说：“你们要将所犯的一切罪过尽行抛弃，自作一个新心和新灵。以色列家啊，你们何必死亡呢？主耶和华说：我不喜悦那死人之死，所以你们当回头而存活。”[②]我们应该记得，说“你们当回头而存活”的乃是他，祷告“上帝啊使我们回转”所致献的也是他。[③] 我们应该记得，正是他使不信的人称义，他说：“废掉了你一切的罪过。”我们应该记得，他说，“我给你们造一个新心，一个新灵”，他还应许：“我也要赐给你们一个新心，将新灵放在你们里面。”[④]那么，说“给你们造”的他，又怎能说“我要赐给你们”？他若要给，为何还命令？然而，我们总是有自由意志的——但它不总是善的；因为它或者为罪服务，无义可言，从而是恶的——或者为义服务，远离了罪，从而是善的。但上帝的恩典永远是善的；凭着它，人就会有善良意志，尽管在此之前他只有罪恶意志。也是凭着它，现在开始存在的善良意志被发

① 《诗篇》九十五篇8节。

② 《以西结书》十八章31—32节。

③ 《诗篇》八十篇3节。

④ 《以西结书》三十六章26节。

扬光大，被扩而充之，以至于它可以心想事成地完成他所意愿的神圣诫命。经上说的“你若愿意，便可遵行诫命”，[1]正是这个意思；所以意愿而不能的人，知道他还未充分地意愿，祈求上帝赐予他充分的意愿，使他足以遵行诫命。这样，他就得到了帮助来完成他得到的命令。我们有能力时就有使用的意愿；正如在我们有意愿时，能力也是使用的能力。倘若我们意愿我们不能办到的事，或不意愿我们能够办到的事，又有何益呢？

章 32　在何种意义上可以正当地说，若我们愿意，我们就可以遵守上帝的诫命

佩拉纠派认为，当他们断言“上帝不会命令人去做他知道人做不到的事的”，他们就知道了一件了不起的事。谁会不知道这点呢？但上帝命令我们去做我们办不到的一些事，是为了让我们知道我们应该请求他。因为这是信仰本身，正是这信仰借着祷告取得了律法所命令的事。事实上，说了“你若愿意，便可遵行诫命”的他，在《便西拉智训》同一章里接着说：“谁能在我的口上派一个守卫，在我的唇上贴上一张稳妥的封条，免得我因口过而跌倒，因我的唇舌而自取灭亡。”[2]他当然曾听到过并接受过这些诫命，“要禁止舌头不出恶言，嘴唇不说诡诈的话。”[3]倘若他所说“你若愿意，便能遵行诫命”是真的，他为何想要监视他的嘴，像在《诗篇》里说

① 《便西拉智训》十五章 15 节。

② 《便西拉智训》二十二章 33 节。

③ 《诗篇》三十四篇 13 节。

"主啊,求你禁止我的口,把守我的嘴"[①]的人那样呢?既然他若有意志,他就该遵守诫命,那么他为何还不满意于上帝的诫命和他自己的意志呢?上帝多少的诫命是用来反对骄傲的啊!他十分清楚它们;倘若他愿,他就可以遵守它们。倘若如此,他为何在不久之后就说:"上帝啊,我生命的父和上帝,不要使我眼目高傲"?[②]律法在很久以前就对他说了:"不可起贪心";[③]这样,就让他只是愿,并且行他所令之事吧,因为,若他有意志,他就会遵行诫命的。那么,他为何在后面还要说"使我不要顺从情欲"?[④]上帝也给了多少诫命反对奢侈啊!就让人谨守它们吧;因为,只要他愿,他就可坚持诫命。但是,向上帝的那声呼喊:"不要让肚腹的食欲和肉欲的烈火统治着我",[⑤]又是什么意思呢?现在,倘若我们单独地问他本人这个问题,他就会十分正确地回答我们说,从我特别地请求上帝的那一祷告里,你就可以理解我是在何种意义上说:"你若愿意,就可遵行诫命。"因为大家都确定的是,只要我们愿意,我们就可遵守诫命;但是,因为意愿[⑥]是上帝准备的,我们就必须请求他给我们这样的一种意志力量,足以使我们凭着意愿而行。大家也确知,在我们意愿时,乃是我们自己在意愿,但使得我们意愿善事的乃是他,对他,经上是这么说的(正如他前不久才表达的):"意志

① 《诗篇》一四一篇3节。
② 《便西拉智训》二十三章4节。
③ 《出埃及记》二十章17节。
④ 《便西拉智训》二十三章5节。
⑤ 《便西拉智训》二十三章6节。
⑥ "意愿"和"意志"在原文中是同一个词。

是主准备的。”[①]对同一位主，经上还说：“义人的脚步被耶和华立定；他的道路，耶和华也喜爱。”[②]对这同一位主，经上又说：“你们立志行事，都是上帝在你们心里运行！”[③]大家也确知，我们行动时，行动的正是我们自己；但使我们行动的乃是他，他通过对我们的意愿施加有效的影响来使我们行动，他曾说：“我必使你们顺从我的律例，谨守遵行我的典章。”[④]当他说“我必使你们顺从我的律例，谨守我的典章”，他所说的不正是“从你们的肉体中除掉石心”[⑤]么？正是这石头心肠使得你不能够行动，“赐给你们肉心”，[⑥]为了使得你可以行动。这个应许，不正是这样的么：我将搬去那使你不能行动的硬心肠，我将给你一颗顺服的心肠，有了它你就可以行动。正是他使我们行动，对他，哀求的人是这样求的：“主啊，求你禁止我的口，把守我的嘴。”[⑦]这就是说：主啊，使我能够在我嘴前安置一个看守——这好处他已从上帝那里得到了，于是这样描述它的影响：“我在嘴上派了一个看守。”[⑧]

章 33　善良意志可能又小又弱，强大的意志则有着博大的爱；独立起作用的恩典和协力起作用的恩典

所以，愿意遵行上帝诫命但是不能的人，已经拥有了一个善良

① 《箴言》八章 35 节。

② 《诗篇》三十七篇 22 节；“喜爱”原文为“意愿”。

③ 《腓立比书》二章 13 节。

④ 《以西结书》三十六章 27 节。

⑤ 《以西结书》十一章 19 节；三十六章 26 节。

⑥ 《以西结书》三十六章 26 节。

⑦ 《诗篇》一四一篇 3 节。

⑧ 《诗篇》三十九篇 1 节。

意志，但这意志仍是小而又弱的；不过，他若获得了一个强而又大的意志，他就会变得有能力了。当殉道者行出了他们顺服的大诫命时，他们是凭着强大的意志行的——就是说，带着博大的爱行的。对这爱，主本人是这么说的："人为朋友舍命，人的爱心没有比这个大的。"[①]与此相符，使徒也说："凡事都不可亏欠人，唯有彼此相爱，要常以为亏欠，因为爱人的就完全了律法。像那不可奸淫，不可杀人，不可偷盗，不可贪婪，或有别的诫命，都包在'爱人如己'[②]这一句话之内了。爱是不加害于人，所以爱就完全了律法。"[③]使徒彼得三次不认主的时候，还没有具备这爱。[④] 福音书作者约翰在他的第一封书信里说："爱里没有惧怕；爱既完全，就把惧怕除去。因为惧怕里含着刑罚，惧怕的人在爱里未得完全。"[⑤]不过，不管他的爱有多么弱小、多么不完善，在他〔彼得〕对主说"主啊，我为什么现在不能跟你去？我愿意为你舍命"[⑥]时，却不是完全缺乏的；因为他认为自己能够做到他感觉到自己愿意去做的事。给予他这爱（尽管这爱是小的），除了是准备了这意愿并凭着他的协作使他〔上帝〕凭着他〔上帝〕的独立运作发动起来的这意愿得以完全的上帝外，还能是谁呢？在开头，他在我们里面作工，使我们可以有意愿，在我们有了这意愿后，他又与我们同在，使我们的行动得以完全。因此使徒说："我深信那在你们心里动了善工的，必

① 《约翰福音》十五章13节。
② 《利未记》十九章18节。
③ 《罗马书》十三章8—10节。
④ 《马太福音》二十六章69—75节。
⑤ 《约翰一书》四章18节。
⑥ 《约翰福音》十三章37节。

成全这工，直到耶稣基督的日子。”[①]所以，他是在我们外面作工，以使我们可以意愿；当我们意愿，且我们意愿行出所愿之事时，他与我们协力作工。我们若无他作工使我们可以愿，或同工使我们愿，我们自己就什么可导致虔诚善功的事也做不了。关于他那使我们可以愿的作工，经上如是说：“你们立志行事，都是上帝在你们心里运行。”[②]关于他与我们同工，即我们凭着意愿来意愿和行动时上帝与我们同在，使徒是这么说的：“我们晓得万事都互相效力，叫爱上帝的人得益处，就是按他旨意被召的人。”[③]“万事”是什么意思，除了是影响我们处境的可怕而残酷的苦难？基督的负担在我们虚弱时是重的，现在就因爱而变轻了。因为对这样的人，主确曾说过，他的担子是轻省的，[④]彼得否认主时没有感受到这一点，当他为基督而受难时，就感受到了。

章 34 使徒对爱的颂词；矫正人时要带着爱心

对这种仁爱，就是随着强烈的爱而变得愈来愈炽热的仁爱，使徒用了这样的词句来赞美它：“谁能使我们与基督的爱隔绝呢？难道是患难吗？是困苦吗？是逼迫吗？是饥饿吗？是赤身露体吗？是危险吗？是刀剑吗？如经上所记：‘我们为你的缘故终日被杀；人看我们如将宰的羊。’然而，靠着爱我们的主，在这一切的事上已经得胜有余了。因为我深信无论是死，是生，是天使，是掌权的，是

① 《腓立比书》一章6节。
② 《腓立比书》二章13节。
③ 《罗马书》八章28节。
④ 《马太福音》十一章30节。

有能的，是现在的事，是将来的事，是高处的，是低处的，是别的受造之物，都不能叫我们与上帝的爱隔绝；这爱是在我们的主基督耶稣里的。”[①]在另一段话里，他还说：“你们要切切地求那更大的恩赐。我现今把最妙的道指示你们。我若能说万人的方言，并天使的话语，却没有爱，我就成了鸣的锣，响的钹一般。我若有先知讲道之能，也明白各样的奥秘，各样的知识，而且有全备的信，叫我能够移山，却没有爱，我就算不得什么。我若将所有的赒济穷人，又舍己身叫人焚烧，却没有爱，仍然与我无益。爱是恒久忍耐，又有恩慈；爱是不嫉妒；爱是不自夸，不张狂，不做害羞的事，不求自己的益处，不轻易发怒，不计算人的恶，不喜欢不义，只喜欢真理；凡事包容，凡事相信，凡事盼望，凡事忍耐。爱是永不止息。”[②]稍后又说：“如今常存的有信，有望，有爱这三样，其中最大的是爱。”[③]他还对加拉太人说：“弟兄们，你们蒙召是要得自由，只是不可将你们的自由当作放纵情欲的机会，总要用爱心互相服事。因为全律法都包在‘爱人如己’这一句话之内了。”[④]这与他写给罗马人的话是一个意思：“凡事都不可亏欠人，唯有彼此相爱要常以为亏欠，因为爱人的就完全了律法。”[⑤]他用同样的方式对歌罗西人说：“在这一切之外，要存着爱心，爱心就是联络全德的。”[⑥]对提摩太他写道：“命令的总归就是爱”；并进一步描述这种恩典的品质，说：“这

① 《罗马书》八章 33—39 节。

② 《哥林多前书》十二章 31 节；十三章 8 节。

③ 《哥林多前书》十三章 13 节；十四章 1 节。

④ 《加拉太书》五章 13—14 节；《利未记》十九章 18 节。

⑤ 《罗马书》十三章 8 节。

⑥ 《歌罗西书》三章 14 节。

爱是从清洁的心和无亏的良心、无伪的信心生出来的。”[①]还有，当他对哥林多人说“凡你们所作的，都要凭爱心而作”，[②]就充分显明了，甚至我们在惩罚人时，也要带着爱。这惩罚被那些受矫正的人视为艰苦难受。与此相应，在另一段，使徒在说“要警戒不守规矩的人，勉励灰心的人，扶助软弱的人，也要向众人忍耐”之后，马上就补充说：“无论是谁都不可以恶报恶。”[③]所以，即便是在纠正蛮横难教之人时，也不要以恶对恶，而要以善正恶。这，除了爱，又有什么能成就呢？

章 35　对爱的解说

相似地，使徒彼得说：“最要紧的是彼此切实相爱，因为爱能遮掩许多的罪。”[④]使徒雅各也说：“经上记着说：‘要爱人如己’，你们若全守这至尊的律法才是好的。”[⑤]使徒约翰也说：“爱弟兄的，就是住在光明中，在他并没有绊跌的缘由”；[⑥]在另一段，还说，“从此就显出谁是上帝的儿女，谁是魔鬼的儿女。凡不行义的就不属上帝，不爱弟兄的也是如此。我们应当彼此相爱。这就是你们从起初所听见的命令。”[⑦]又说：“上帝的命令就是叫我们信他儿子耶稣

① 《提摩太前书》一章 5 节。
② 《哥林多前书》十六章 14 节。
③ 《帖撒罗尼迦前书》五章 14—15 节。
④ 《彼得前书》四章 8 节。
⑤ 《雅各书》二章 8 节。
⑥ 《约翰一书》二章 10 节。
⑦ 《约翰一书》三章 10—11 节。

基督的名，且照他所赐给我们的命令彼此相爱。”[①]以及：“爱上帝的，也当爱弟兄，这是我们从上帝所受的命令。”[②]此后马上又补充说：“我们若爱上帝，又遵守他的诫命，从此就知道我们爱上帝的儿女。我们遵守上帝的诫命，这就是爱他了，并且他的诫命不是难守的。”[③]同时在他的第二封信里，写道：“我现在劝你，我们大家要彼此相爱。这并不是我写一条新命令给你，乃是我们从起初所受的命令。”[④]

章 36　主本人对爱的解说

主耶稣本人教导我们说，整个律法和先知书的总纲，就在于爱神爱人这两条诫命。关于这两条诫命，《马可福音》写道：“第一要紧的就是说：‘以色列啊，你要听，主我们上帝，是独一的主。你要尽心、尽性、尽意、尽力爱主你的上帝。’其次就是说：‘要爱人如己。’再没有比这两条诫命更大的了。”[⑤]在《约翰福音》里，他是这么说的：“我赐给你们一条新命令，乃是叫你们彼此相爱；我怎样爱你们，你们也要怎样相爱。你们若有彼此相爱的心，众人因此就认出你们是我的门徒了。”[⑥]

---

① 《约翰一书》三章 23 节。
② 《约翰一书》四章 21 节。
③ 《约翰一书》五章 2—3 节。
④ 《约翰二书》5 节。
⑤ 《马可福音》十二章 28—31 节。
⑥ 《约翰福音》十三章 34—35 节。

章 37　完成诫命的爱，不是我们自己的，而是上帝的

关系到爱或仁爱(它们是如此之大,以致一个人行事若不是带着爱,不管他认为自己有多么成功,实际上他都不是成功的)的所有这些诫命,倘若没有人的自由意志,上帝赐予颁布它们也就成空了。但既然这些诫条已在新旧两约里颁布(尽管《新约》里出现了早已在《旧约》里得到应许的恩典,但没有恩典的律法乃是使人死的文字,而在恩典里的精神却是使人生的),那么人里面的对神对人的爱,除了是从上帝自己来的,还能是从哪里来的呢?倘若它不是上帝的而是人的,佩拉纠派就赢了;但若它来自上帝,那么我们就胜了佩拉纠派。就让使徒约翰在审判中与我们坐在一起吧;就让他对我们说:"我们应当彼此相爱。"[①]当他们开始沾沾自喜,并问为什么这个诫命给予我们时仿佛不是我们自己彼此相爱似的,使徒就马上为他们解疑说:"因为爱是从上帝来的。"[②]所以,它不是我们自己的,而是上帝的。若非这是一个给我们自由意志的诫命,警告它寻求上帝的恩典,经上为何说"我们应当彼此相爱,因为爱是从上帝来的"?倘若意志不是先前接受到了某种爱的捐助(这爱要得到增强以完成得到的命令),这就会是一个完全无效的警告了。当经上说,"我们应当彼此相爱",乃是律法;当经上说,"因为爱是从上帝来的",乃是恩典。因为上帝的"智慧所说的满有律法

① 《约翰一书》四章 7 节。

② 同上。

和仁慈”。[①] 相应地,《诗篇》写道:“赐予律法者也会赐予祝福。”[②]

章 38 若非上帝先爱我们，我们是不会爱上帝的；使徒选择基督，是因为他们被选择；他们被选择，不是因为他们选择基督

弟兄们啊,但愿无人欺骗你们,因为若非上帝先爱我们,我们是不会爱上帝的。约翰最明白地显示了这一点,他说:“我们爱,因为上帝先爱我们。”[③]恩典使我们成为律法的热爱者;但律法本身若无恩典就不能成就我们,只会使我们成为律法的破坏者。主对他的门徒说的话正显明了这点:“不是你们拣选了我,是我拣选了你们。”[④]因为,倘若我们先爱他,好凭着这功德让他来爱我们,那么就会是我们先选择他,好让我们值得被他选择了。然而那乃是真理本身的他,说法却与此不同,直截了当地粉碎了人的这一妄想。他说:“不是你们拣选了我。”所以,倘若你未曾选择我,你无疑也就未曾爱我(因为他们怎能选择他们并不爱的对象呢?)。他说:“是我拣选了你们。”这样他们还能不选择他,优先于此世一切的福佑来选择他吗?但这是由于他们被选择了,才来选择他;而不是因为他们选择了他,才被选择。人对基督的选择,若无基督选择他们在先,就不会有任何功德。由此使徒保罗才在《帖撒罗尼迦书》里说:“又愿主叫你们彼此相爱的心,并爱众人的心都能增长,充足,

---

① 《箴言》三章 16 节。

② 《诗篇》八十四篇 6 节。

③ 《约翰一书》四章 19 节。

④ 《约翰福音》十五章 16 节。

如同我们爱你们一样。”[①]他祝祷我们彼此相爱，也命令我们彼此相爱。在另一段说给同一教会的话里，由于看到其成员中有了一些他希望他们加以培养的品质，他说：“弟兄们，我们该为你们常常感谢上帝，这本是合宜的；因你们的信心格外增长，并且你们众人彼此相爱的心也都充足。”[②]他说这话，是为了免得他们贪上帝的工作以为己有。你们的信大有增长（这是他的话的意旨），你们彼此的爱如此丰盈，但我们要为你们的这些成就感谢上帝而不是你们自己，因为并不是你们自己拥有这些恩赐。

章 39　敬畏之灵乃是上帝的大恩赐

使徒还对提摩太说：“上帝赐给我们不是胆怯的心，乃是刚强、仁爱、谨守的心。”[③]关于使徒这段话，我们必须反对这么一种理解：我们没有得到敬畏上帝的精神，这精神无疑是上帝的大恩赐，关于它，先知以赛亚说过：“耶和华的灵必住在他身上，就是使他有智慧和聪明的灵，谋略和能力的灵，知识和敬畏耶和华的灵。”[④]我们所得的精神不是彼得不认基督的那种害怕的精神，而是基督本人所说的：“我要指示你们当怕的是谁：当怕那杀了以后又有权柄丢在地狱里的。我实在告诉你们，正要怕他。”[⑤]他这么说，是为了免得我们因有彼得那样的害怕而不认他；他显然希望消除我们的

① 《帖撒罗尼迦前书》三章 12 节。

② 《帖撒罗尼迦后书》一章 3 节。

③ 《提摩太后书》一章 7 节。

④ 《以赛亚书》十一章 2 节。

⑤ 《路加福音》十二章 5 节。

这种胆怯，因此在稍前些的地方，他说："我的朋友，我对你们说，那杀身体以后不能再作什么的，不要怕他们。"[①]我们所得到的不是这种害怕，而是能力、爱和公义的精神。使徒保罗在对罗马人说话时谈到这同一种精神："不但如此，就是在患难中也是欢欢喜喜的，因为知道患难生忍耐，忍耐生老练，老练生盼望；盼望不至于羞耻，因为所赐给我们的圣灵将上帝的爱浇灌在我们心里。"[②]所以，不是凭着我们自己，而是凭着赐给我们的圣灵，才有这样的结果：借着爱（这爱他已显明了是上帝恩赐），苦难才不废除忍耐，反倒产生它。他还对以弗所人说："愿平安、仁爱、信心归与弟兄们。"[③]这是多大的祝福啊！但愿他告诉我们它们是从哪里来的。他在随后就说了："从父上帝和主耶稣基督归与弟兄们。"[④]所以，这些祝福不是别的，正是上帝给我们的恩赐。

章 40　佩拉纠派坚持律法的知识来自上帝，但爱来自我们自己，这种想法的无知

毫不奇怪，光照在黑暗里，黑暗却不接受光。[⑤] 在约翰书信里，这光宣布："你看父赐给我们是何等的慈爱，使我们得称为上帝的儿女。"[⑥]而在佩拉纠派的著作里，这黑暗宣布："爱来自我们自己，来到我们这里。"倘若他们只拥有真实的即基督的爱，他们就会

---

① 《路加福音》十二章 4 节。

② 《罗马书》五章 3—5 节。

③ 《以弗所书》六章 23 节。

④ 《约翰福音》一章 5 节。

⑤ 同上。

⑥ 《约翰一书》三章 1 节。

知道，他们是从哪里得到它的；正如使徒所知的："我们所领受的，并不是世上的灵，乃是从上帝来的灵，叫我们能知道上帝开恩赐给我们的事。"[①]约翰说："上帝是爱。"[②]这样一来，佩拉纠派就等于是在断言，他们确实拥有上帝自身，不是从上帝那里，而是从他们的自我那里拥有的！他们也没有仔细听听使徒的话："知识是叫人自高自大，唯有爱心能造就人。"[③]竟然认为不带有爱而只是使我们自高自大的知识出自上帝，而防止知识自大可能性的这爱却是出自我们自己，还有什么是比这更荒谬，不，更癫狂，更与爱本身的圣洁性相背的呢？当使徒说"基督的爱是过于人所能测度的"，[④]若有人认为那须服从于爱的知识来自上帝，而那胜过知识的爱却来自人，还有什么比这更癫狂的呢？然而，真实的信仰和正确的教义都显明，两种恩典都来自上帝；经上说："知识和聪明都由他口而出"；[⑤]另一处说："爱就是上帝。"[⑥]我们读到"智慧和聪明的灵"；[⑦]还读到"谋略和能力的灵、知识和敬畏的心。"[⑧]但爱乃是比知识更大的恩赐；因为只要一个有知识的恩赐，就必须要伴随有爱，这样他才不会自高自大。因为"爱是不嫉妒，爱是不自夸，不张狂"。[⑨]

① 《哥林多前书》二章 12 节。

② 《约翰一书》四章 16 节。

③ 《哥林多前书》八章 1 节。

④ 《以弗所书》三章 19 节。

⑤ 《箴言》二章 6 节。

⑥ 《约翰一书》四章 7 节。

⑦ 《以赛亚书》十一章 2 节。

⑧ 《提摩太后书》一章 7 节。

⑨ 《哥林多前书》十三章 4 节。

章 41　人的意志是如此地处于上帝的能力之下，无论何时，只要他喜欢，就可以转变他们

我觉得，我们已充分讨论了与那些猛烈地反对上帝恩典的人相反的观点，这恩典不是消除人的意志，而是将他们由坏变好，当它善时则扶助它。我还觉得，我已如此地讨论了这个主题，是《圣经》本身而不是我向你们说话，用了最清楚的真理的证据；倘若我们认真地考察《圣经》，就会知道，不仅人的善良意志（它乃是上帝自己使之由恶迁善，且在将它归顺后又将它导向善行和永生），而且那些跟从世俗样式的人的意志都如此完全地服从上帝的安排，他随心所欲地在任何时间任何地点都转变他们——赐予一些人善意，给予一些人惩罚，他凭着己见正当地审判，这审判无疑是最为正当的。因为我们发现一些罪甚至是另一些罪的惩罚，比如那些“可怒的器皿”，使徒说它们是“预备遭毁灭的器皿”；[①]法老的刚硬也是如此，这事的目的据说是好让他手里有上帝的权柄；[②]以色列人在艾城时在敌人面前飞逃也是如此，因为他们心中害怕，就逃跑了，这事如此，是为了他们的罪可以得到应得的惩罚；为此之故主对嫩的儿子约书亚说：“以色列之子在仇敌面前站立不住。”[③]“他们将站立不住”是什么意思？他们为什么不能凭着自由意志站稳，为什么意志因害怕而困惑，飞逃不已，倘若不是上帝主宰着人的意志，当他忿怒时，岂不是可以让他们害怕

---

① 《罗马书》九章 22 节。

② 参见《出埃及记》七章 3 节；十章 1 节。

③ 参见《约书亚记》七章 4—12 节。

随便什么人？以色列子民的敌人，不是出于自己的意志，与嫩的儿子约书亚所领导的上帝的子民为敌的吗？不过《圣经》说："耶和华的意思是要使他们心里刚硬，来与以色列人争战，好叫他们尽被杀灭，不蒙怜悯，正如耶和华所吩咐摩西的。"[①]基拉邪恶的儿子，不也同样地出于他自己的意志诅咒大卫王吗？那满有真实、深刻、虔诚、智慧的大卫，又说了些什么？他对想要重击辱骂者的人是怎么说的？他说："我与你们有何关涉呢？他咒骂，是因耶和华吩咐他说：'你要咒骂大卫。'如此，谁敢说你为什么这样行呢？"[②]《圣经》仿佛是为了确认大卫王深刻的话似的，将这句话重复了一遍，告诉我们说："我亲生的儿子尚且寻索我的性命，何况这便雅悯人呢？由他咒骂吧！因为这是耶和华吩咐他的。或者耶和华见我遭难，为我今日被这人咒骂，就施恩与我。"[③]细心的读者谁会看不出主是怎样吩咐这个亵渎的人诅咒大卫的呢？他不是通过命令来吩咐他的，否则他的服从就会是可称颂的了；上帝是使这个人的意志有所倾向（这意志因这人自己的颠倒而变得卑下），使这意志犯这个罪，上帝这么做是出于上帝自己公义而秘密的判断。所以经上说："耶和华吩咐他。"倘若这人是在服从上帝的命令，那么他就值得赞扬而不是惩罚了，但我们知道他在后来受到了惩罚。主为何告诉他诅咒大卫的方式，这也不是不清楚的。谦卑的王说："或者耶和华见我遭难，为我今日被这人咒骂，就施恩与我。"看，这就是证据，显明了上帝甚至利用恶人之心来赞扬好人、帮助好人。在犹大出

① 《约书亚记》十一章20节。

② 《撒母耳记下》十六章9—10节。

③ 《撒母耳记下》十六章11—12节。

卖基督时，他也是这样利用犹大的；当犹太人钉基督上十字架时，他也是这样利用犹太人的。从这些事例可见，他给予将信靠他的民族的祝福有多么的大！他还用最好的方式利用我们最坏的敌人，即撒旦自己，以锻炼并实践好人的信仰和虔敬——不是为了他自己（他在万物出现之前便已知道它们），而是为了我们，这样的训导是我们成长所必需的。押沙龙不是凭着他自己的意志选择了于他有害的计谋吗？但事情如此成就，乃是因为上帝听到了他父亲的祷告，让事如此发生。因此《圣经》说，“押沙龙和以色列众人说：‘亚基人户筛的计谋，比亚希多弗的计谋更好！’这是因耶和华定意破坏亚希多弗的良谋，为要降祸与押沙龙。”[①]它说亚希多弗的计谋为“良谋”，因为这时它对他的计划是有用的。它有利于儿子反他的父亲，反他所反的；上帝若不击败亚希多弗所献的计谋，通过作用于押沙龙的心，使他拒绝这一劝告，并选择另一个于他有益的劝告，他早就被击溃了。

章 42　上帝甚至在恶人心中也做他所意愿的一切

上帝凭着这些判断，甚至在恶人心里行出他所愿之事，同时给予他们当得的份儿，谁看到这点而不战兢呢？所罗门的儿子罗波安，拒绝了老人们有益的忠告，即不要搞严政的忠告，而听取了与他年纪相仿的年轻人的话，对那些他本应温和地说话的人给予粗暴的回答。这样的行为自何而来，若非自他自己的意志？然而，以色列的十个支派都为此反了他，并另立耶罗波安为王，以使上帝忿

① 《撒母耳记下》十七章 14 节。

怒的意志得以成就，这事本是他已预言将要成就的。[①]《圣经》怎么说？“这事乃出于耶和华，为要应验他借示罗人亚希雅对尼八的儿子耶罗波安所说的话。”[②]尽管转变来自上帝，所有这些却都是由人的意志做的。读一下《历代志》，你将在下卷读到如下段落：“以后，耶和华激动非利士人和靠近古实的阿拉伯人来攻击约兰。他们上来攻击犹大，侵入境内，掳掠了王宫里所有的财货和他的妻子、儿女，除了他小儿子约哈斯之外，没有留下一个儿子。”[③]这里显明了，上帝兴起仇敌，来毁灭他认为应该毁灭的列国。但，这些非利士人和阿拉伯人侵入犹大国土，就没有他们自己的意志吗？或者，他们的行动是如此地被他们自己的意志引导的，以致《圣经》说“耶和华激动”他们来做这一切？这两个说法都是真的，因为他们既是凭着他们自己的意志来的，也是上帝激动起来的；这也可以等真地用另一种方式说：主兴起了他们的精神，但他们也是凭着他们自己的意志来的。因为全能者甚至在人心最内在的地方也作工，运动他们的意志，以借着他们的作用成就他愿意借着他们达到的事——即便是不知道怎么公义地意愿的人〔指恶人〕也是如此。上帝的人对亚玛谢王所说的话，又是什么意思呢：“王啊，不要使以色列的军兵与你同去，因为耶和华不与以色列人以法莲的后裔同在。你若一定要去，就奋勇争战吧！但上帝必使你败在敌人面前；因为上帝能助人得胜，也能使人倾败。”[④]倘若不是造了天地万物

① 《列王纪上》十二章 8—14 节。

② 《列王纪上》十二章 15 节。

③ 《历代志下》二十一章 16—17 节。

④ 《历代志下》二十五章 7—8 节。

的上帝也在人心里作工,他的力量怎能在战争中帮助一些人使他们自信,又使另一些人因害怕而飞逃呢?我们也在经上读到以色列王约阿施传给犹大王亚玛谢的信,后者想要跟他打仗。在说了一些话后,他补充说:"你打败了以东人就心高气傲,你以此为荣耀,在家里安居就罢了,为何要惹祸,使自己和犹大国一同败亡呢?"①随后《圣经》说了如下结局:"亚玛谢却不肯听从。这是出乎上帝,好将他们交在敌人手里,因为他们寻求以东的神。"②看看,希望惩罚拜偶像者的上帝,是怎样在这人心里做了这件事的(这人是他极为忿怒的),使他不听取正确的劝告,反倒轻视它,并去打仗,以致全军溃灭。上帝借先知以西结之口说:"先知若被迷惑说一句预言,是我耶和华任那先知受迷惑,我也必向他伸手,将他从我民以色列中除灭。"③还有《以斯帖记》,以斯帖乃是一个以色列女人,在国土被占时成了外国的王亚哈随鲁的妻子。据该书记载,王要杀死国内所有的犹太人,以斯帖为了拯救他们,向主祷求。她是如此地心急火燎,甚至没有王的命令就闯入内室,这也打破了她自己的常规。看看经上在这时是怎么说的:"他像一只盛怒的公牛看着她;王后发抖了,面容变色;她的头碰到了走在她前面的宫女身上。但上帝使王回转,忿怒一变为柔和。"④在所罗门的《箴言》里有言:"王的心在耶和华手中,好像垄沟的水随意流转。"⑤《诗

① 《列王纪下》十四章10节。

② 《历代志下》二十五章20节。

③ 《以西结书》十四章9节。

④ 《以斯帖记》五章,根据七十贤士本。

⑤ 《箴言》二十一章1节。

篇》一〇四篇提到埃及人,上帝是这样对待他们的:"使敌人的心转去恨他的百姓,并用诡计待他的仆人。"[①]再来看看使徒书信里都写了些什么。保罗在《罗马书》里写道:"上帝任凭他们逞着心里的情欲行污秽的事,以致彼此玷辱自己的身体";[②]紧跟着是:"上帝任凭他们放纵可羞耻的情欲";[③]在下一段又说:"他们既然故意不认识上帝,上帝就任凭他们存邪僻的心,行那些不合理的事。"[④]在《帖撒罗尼迦后书》里,使徒说到各色人等,"因他们不领受爱真理的心,使他们得救。故此,上帝就给他们一个生发错误的心,叫他们信从虚谎,使一切不信真理、倒喜爱不义的人都被定罪"。[⑤]

章 43 上帝在人心作工,使他们意欲他所喜的无论何事

我想,从《圣经》这些话以及相似的其他段落(要全部引用那真是太长了),我们可以清楚地看出,上帝在人心作工,使他们动心意欲他所喜的无论何事,不管是按着他的仁慈让他们行善功,还是按他们所当得的作恶事;上帝自己的判断有时显明,有时隐秘,但永远是公义的。你心里该牢牢记着,上帝是没有任何的不义的。所以,无论何时你在真理的《圣经》中读到,人被引入歧路,或他们的心被上帝变得迟钝刚硬,你都永不要怀疑,是他们自己行恶在先,罪有应得地受苦在后。这样你才不至与所罗门箴言相违,这箴言

① 《诗篇》一〇五篇 25 节。

② 《罗马书》一章 24 节。

③ 《罗马书》一章 26 节。

④ 《罗马书》一章 28 节。

⑤ 《帖撒罗尼迦后书》二章 10—12 节。

是："人的愚昧倾败他的道，他的心也抱怨耶和华。"[①]然而，恩典不是按着人的功德给的；否则恩典也就不是恩典了。[②] 恩典之为恩典，乃是因为它是白白地(gratis)给的。倘若上帝能够或者通过天使之功(无论善天使还是恶天使)，或者通过别的什么方式，在人心中作工，甚至在恶人心中作工，作为他们行为的报答——他们的邪恶不是他造的，而是或者源出于亚当，或者由他们自己的意志增加的——那么，倘若他借着圣灵在选民心中行善功，使他们的心由恶迁善，又有什么可惊奇的呢？

章44　举婴儿为例说明恩典是白给的

然而，人可能以为，存在着一定的善功，先于借上帝而来的称义；他们却看不到，他们这么说时，却正好是否定了恩典。不过，如我所说，就让他们坚持他们之所想，比如他们在成人例子上所持的观点好了。不过，关于婴儿的例子，其困难却是佩拉纠派断不能回答的。因为这些婴儿在接受恩典时还没有意志，还不能凭着意志的影响来假装有什么在先的善功。我们还看到，他们在受洗时是怎样地哭叫、挣扎，接触圣礼。当然，他们若有自由意志，做这样的事就可被指责为不虔敬；不过，尽管如此，恩典却仍然在他们奋力抗拒挣扎时给予了他们。我们最确知的是，这时他们没有任何在先的功德，否则的话恩典就不会是恩典了。有时，这恩典被赋予不信者的孩子，当他们出于上帝秘密的旨意，碰巧落入了虔信者之

① 《箴言》十九章3节。

② 《罗马书》十一章6节。

手；不过，另一方面，信徒的孩子也可能得不到恩典，有某些东西妨碍他们得到帮助，将他们从危险中拯救出来。无疑，这些事是借着上帝秘密的旨意发生的，他的判断是不可测度的，他的道路是找寻不到的。这些都是使徒的话；你应该考察在此之前他说过什么，使他加上这么一句。他是在给罗马人写信，在讨论犹太人和外邦人——罗马人本是外邦人——结论如下："你们从前不顺服上帝，如今因他们的不顺服，你们倒蒙了怜恤；这样，他们也是不顺服，叫他们因着施给你们的怜恤，现在也就蒙怜恤。因为上帝将众人都圈在不顺服之中，特意要怜恤众人。"①在深思他所说，对他自己话的真实性感到惊奇，实际上是对其深刻性（即上帝怎样将所有人都圈定在不顺服之中，特意要怜恤众人）感到惊异之后——他马上叫道："深哉！上帝丰富的智慧和知识。他的判断何其难测！他的踪迹何其难寻！"②颠倒的人，即从不思忖这些不可测量的判断、不可追寻的道路，但总是倾向于指责的人，他们既不能够理解，就希望使徒这么说："让我们作恶吧，好让善出来！"但上帝禁止使徒这么说！但人既不理解，他们在听见使徒说"只是罪在哪里显多，恩典就更显多了"③时，就以为使徒说的真是这个意思。但在实际上呢，恩典是影响这一目的的——那些先前作恶的人现在就应行善；而不是继续作恶，将来可用善来补偿。所以，他们的话不应该是"让我们作恶吧，好让善出来"，而应该是"我们曾作恶，善却来了；因此就让我们行善，好在将来的世界里为善而接受善，在现在的世

① 《罗马书》十一章30—32节。

② 《罗马书》十一章33节。

③ 《罗马书》五章20节。

界里，我们只不过是在为恶而接受善”。因此《诗篇》有言：“我要歌唱慈爱和公平；耶和华啊，我要向你歌颂。”[①]所以，当人子首度入了世界，不是为了审判世界，而是为了世界可以借着他得救。[②] 这神意是为着怜悯而来的；但他会渐渐地为着审判而来——来审判活人和死人。但即使是在现在，拯救本身也不是没有审判就发生的——尽管它乃是隐藏着的审判；所以他说：“我为审判到这世上来，叫不能看见的，可以看见；能看见的，反瞎了眼。”[③]

章 45　为何一人得到恩典的帮助，另一人却没有得到，原因必须追溯到上帝的秘密审判

这样，你就必须将事情追溯到上帝隐秘的决定，当你看到：在同一处境里，比如无疑所有的婴儿都有的处境里——他们遗传的恶源出于亚当——一人得了帮助可以受洗，另一人却未得到帮助，只好在捆绑中死去；或者，一人虽受洗过，但现在却走上了歧路，为上帝所弃（上帝早已预知他将不信神），另一个受过洗的人却在此生被提，“免得恶改变了他的悟性”；[④]在这样的事情上你也必须不把不义和不智归到上帝身上（他乃是义与智的源泉），而是要如我在本书里借用诫命对你们规劝的那样，“我们到了什么地步，就当照着什么地步行”；[⑤]并且“我们中间凡是完全人，总要存这样的

① 《诗篇》一〇一篇 1 节。
② 《约翰福音》三章 17 节。
③ 《约翰福音》九章 39 节。
④ 《所罗门智训》四章 11 节。
⑤ 《腓立比书》三章 16 节。

心”[①]——倘若不是在此生，也必定是在来世，“掩盖的事，没有不露出来的”。[②] 所以，当你听到主说，“是我耶和华任那先知受迷惑”，[③]当你听到使徒说，“上帝要怜悯谁，就怜悯谁；要叫谁刚硬，就叫谁刚硬”，[④]就要相信，在受欺骗、被变得刚硬的人那里（他们这样是得到了上帝的允许的），他们的恶行是要得到审判的；而在上帝显示了怜悯的人那里，你可以忠实而毫不迟疑地认出上帝的恩典，上帝“不以恶报恶，倒要祝福”。[⑤] 你也不应从法老那里取消掉自由意志，因为上帝在几个段落里说，“我使法老刚硬”，或，“我已使法老的心刚硬”，或，“我要使法老的心刚硬”；[⑥]因为这断不意味着，法老因此就没有硬着他自己的心肠。因为在蝗灾从埃及消除后，经上这么说到他：“这一次法老又硬着心。”[⑦]所以，既有上帝凭着他正义的审判使他刚硬，也有法老凭着他自己的自由意志使自己刚硬。须知，若你有善的目的且自始至终行善，你的劳作就不会成空。因为上帝并不只是给予他释放的那些人按功行赏，到那时他还要“照各人的行为报应各人”。[⑧] 所以，上帝必定会以恶还恶，因为他是公义的；也会以善还恶，因为他是善良的；还会以善还善，因为他是善良而公义的；只是以恶还善他是永远不会做

① 《腓立比书》三章 15 节。
② 《马太福音》十章 26 节。
③ 《以西结书》十四章 9 节。
④ 《罗马书》九章 18 节。
⑤ 《彼得前书》三章 9 节。
⑥ 参见《出埃及记》四章 21 节；七章 3 节；十四章 4 节。
⑦ 《出埃及记》八章 32 节。
⑧ 《马太福音》十六章 27 节。

的，因为他不是不义的。所以，他将以恶报恶——以惩罚报不义；他将以善报恶——以恩典报不义；他也将以善报善——以恩典报恩典。

章 46　理解和智慧必须从上帝那里寻

请细读这篇文章，若你们能够读懂，就请赞美上帝；若你们不能读懂，就祈求上帝让你们懂，因为上帝会给你们理解力的。记住经上所说："你们当中若有缺少智慧的，应当求那厚赐与众人，也不斥责人的上帝，主就必赐给他。"[①]智慧本身由上而来，这是使徒雅各告诉我们的。[②] 然而，还有另一种智慧，是你必须赶跑的，是你必须祈求上帝不让它在你里面停留的；对这种智慧，同一位使徒也表达了他的嫌恶："你们心里若怀着苦毒的嫉妒和纷争，就不可自夸，也不可说谎话抵挡真道。这样的智慧不是从上头来的，乃是属地的、属情欲的、属鬼魔的。在何处有嫉妒纷争，就在何处有扰乱和各样的坏事。唯独从上头来的智慧，先是清洁，后是和平，温良柔顺，满有怜悯，多结善果，没有偏见，没有假冒。"[③]没有上帝智慧的人，若祈求这一智慧并从上帝那里获得这一智慧，那该是多么大的祝福啊！由此你可以理解何为恩典；因为，倘若这智慧是我们自己的，它就不会是从上面来的了，也不会是可以从创造了我们的上帝那里求来的了。弟兄们啊，也请为我们祷告，让我们能够"在今世自守、公义、敬虔度日，等候所盼望的福，并等候至大的上帝和我

① 《雅各书》一章 5 节。

② 《雅各书》一章 17 节；三章 17 节。

③ 《雅各书》三章 14—17 节。

们救主耶稣基督的荣耀显现”,[①]荣耀、荣光、国度归于圣父、圣子、圣灵,直到永远。阿门。

① 《提多书》二章12节。

论圣徒的预定

——致普洛斯柏和希拉里

《论圣徒的预定》写于公元428/429年,几乎是奥古斯丁最后一篇完成了的作品。他写这篇文章是为了阻止半佩拉纠主义的兴起,这篇反对精妙的佩拉纠主义变种的文章,也许比别的作品更能显示圣奥古斯丁平稳成熟的智慧。佩拉纠主义本是他过去不留余地地攻击过的。半佩拉纠主义在后来天主教教会里影响巨大,在这里选入奥古斯丁的这篇文章也许不是没有意义的。路德的"预定论"和加尔文的"双重预定论"都与奥古斯丁有着不解之缘,现在译出这篇文章,也可看出基督教思想的连续性。

这篇文章是用来辩护预定和恩典的真理,反对半佩拉纠主义者的——半佩拉纠主义者未完全脱离佩拉纠主义,认为拯救和信仰的开端出自我们自己所行的功德,由于有了这一在先的功德,我们就可以得到上帝的别的恩赐。奥古斯丁表明,不仅信仰的长进,而且信仰的开端,都是上帝的恩赐。在这点上,他并不否认他曾有不同的想法,也不否认在他出任主教之前写的某些小册子里有些错误的想法,比如他关于《罗马书》的几个句子的阐释(这在后来被人用来反对他自己)。他指出,他后来主要深信了这一见证:"你们有什么不是领受的呢?"他证明了造句话也应被看作关于信仰自身的一个见证。他说,信仰也应与别的工作算在一起,上帝在说"不是立功之法"时,也就否认了信仰预示着上帝的恩典了。他宣称,心之

刚硬是由恩典消除的，所有受到圣父的教导的人，都会来到基督面前；他教导他所教导的人是出于怜悯，他不教导他所不教导的人则是出于审判。他的第一百零二封信里的“关于基督宗教的时间”的第二个问题，其中一些话被半佩拉纠主义者利用了，奥古斯丁认为这些话可以得到正确的解释而不损害恩典和预定教义。他道出了恩典与预定的不同。他还说，上帝在其预定中预先知道他有意要做的事。他对那些反对预定的人感到很是吃惊，这些人据说是不愿依赖上帝意志的不确定性，他们宁愿依赖他们自己的软弱，也不愿依靠上帝应许的力量。他明白地指出，他们滥用了这一权威，“你们若信，就会得救”。恩典与保守的真理在得救的婴儿的例子里显示了出来，他们之被与灭亡者区分开来，并不是凭着他们自己的功德。因为在他们那里并没有倘若他们长大成人才有的功德。有一见证被反恩典者错误地反驳成没有经典根据的说法，这一见证是他为了“他被召走，免得邪恶改变了他的心智”这一讨论而作出的。预定和恩典的最光辉榜样是救主本人，在他之中是人获得了成为救主和上帝独生子的特权，与父共永恒的圣言取用了他，二者合为一个位格，事情如此成就，却并不是因为先有功德，也不是因为工作或信仰。被预定者蒙召成为选民，他们远在世界创立以前便被拣选了；上帝不是因为预先知道他们会相信并成为圣洁才拣选他们，而是为了通过拣选让他们成为信众和圣洁的。正好倒了过来。

章1 导言

我们知道，使徒在《腓立比书》里说："我把这话再写给你们，于我并不为难，于你们却是妥当"；[①]这同一位使徒，在《加拉太书》里看到自己在加拉太人中间做了他认为应该做的，就是宣道之后，却说，"人都不要令我工作"，这句话在许多手抄件里是这样的："人都不要搅扰我。"[②]尽管我承认，有人还没有服从使上帝恩典得到宣扬和显明的圣洁话语(恩典若是按着我们的功德给的，就绝对不是恩典了)，使我感到烦扰，不过，我最亲爱的儿子普洛斯柏(Prosper)和希拉里(Hilary)啊，你们的热心和兄弟情谊却使我感到高兴——正是由于这热心和情谊使得你们如此地不愿看到有弟兄走错，以至于希望我在写了如此之多的关于这个问题的书信后，再修书一封——尽管我不敢说我对恩典的爱像我应爱的一样多，我的爱却胜过了我所表达的。这样，我就又给你们写信了。尽管我不是和你们一道做的，我却是通过你们才继续在做我认为我已经充分地做了的事的。

章2 马西里派[③]从佩拉纠派后退到了什么程度

你们的信表现了对那些弟兄的关怀，你们为他们的好处着想，

---

① 《腓立比书》三章1节。

② 《加拉太书》六章17节。

③ 奥古斯丁这里所反对的人，一般称为"半佩拉纠派"(Semi-Pelagians)，他们活跃于马西里(Marseilles)，因而也称为"马西里派"(Massilians)。

愿他们不要持着诗人的观点:“每个人都是自己的希望”,[1]愿他们不要堕入不是诗人而是先知宣示过的谴责:“倚靠人血肉的膀臂的人有祸了。”[2]读了你们的信,我觉得这些弟兄必须用使徒的方法来对待。使徒是这么说的:“若在什么事上存别样的心,上帝也必以此指示你们。”[3]尽管他们在圣徒的预定这件事上是走在黑暗中,却“若在什么事上存别样的心,上帝也必以此指示他们”,倘若他们走在他们业已达到的道上。因此使徒在说“若在什么事上存别样的心,上帝也必以此指示你们”的时候,也说:“然而我们到了什么地步,就当照着什么地步行。”[4]你们所惦记的这些弟兄业已在教会里获得了这样的信念:人生来就沾染了始祖的罪,除了借着第二人〔指基督〕的义,没有人能够得救。他们还承认,人的意志早就被上帝预料到了;并且同意,没有人足以凭着己力开始行善或完成善事。他们已获得的这些信念,足以使他们与佩拉纠派的错误区分开来。此外,倘若他们照着这些信念行事,即便在关于预定的事上他们存着别样的心,上帝也会将此启示给他们的。就让我们用我们的爱影响他们,按着上帝的恩赐与他们谈心,我们在这些信里请求上帝让我们说对他们适合有益的话。因为我们哪里知道我们凭着基督白白的爱为他们这么做,就不会使得上帝也来帮助他们呢?

① 维吉尔(Virgil),《埃涅伊德》(*Aeneid*),卷十一,309。

② 《耶利米书》十七章5节。

③ 《腓立比书》三章15节。

④ 《腓立比书》三章16节。

章3 甚至信仰的开端也是上帝的恩赐

所以,倘若我能比我以前在如此之多如此之长的书信里所做的做得更彻底的话,我就应该先显示使我们成为基督徒的信仰本身就是上帝的恩赐。但我看到,现在我必须答复那样一些人,他们说我在这事上引证的《圣经》经文就够用了,他们要我们相信,我们的信仰本身是我们自己的,只是其长进却是上帝的;仿佛信仰不是上帝给我们的,上帝只是增进了这一信仰,这增进只是在我们的功德业已开始的基础上进行的。因此这并没有区分于佩拉纠本人在巴勒斯坦主教审判会上被迫谴责的观点:"上帝的恩典是根据我们的功德赐予的",仿佛我们之开始相信,这并不是上帝的恩典,倒是由于我们自己已经相信,上帝的恩典才额外地给了我们,使我们有更充分完全的信;所以,我们首先得要将我们信仰的开端归给上帝,后来的东西也是他给的,我们虔诚地祈求的东西也是他给的。

章4 继续上章的讨论

我们为什么不听与此相反的话呢?经上说:"谁是先给了他,使他后来偿还呢?因为万有都是本于他,倚靠他,归于他。"[①]我们信仰的开端若不是出自他,还出自谁呢?因为当经上说"万有都是本于他,倚靠他,归于他"时,并没有将信仰排除在外。但是,谁能说,已开始相信的人,不配从他所信的上帝那里得到什么呢?这样,对已配得的人,别的东西就被说成是偿还给他〔已配之人〕的

① 《罗马书》十一章35节。

了，因此上帝的恩典是按着我们的功德给我们的。当这一断言被置于佩拉纠面前时，他就作了谴责，以使自己不被谴责。谁若希望避免这种可谴责的观点，就让他明白使徒所说是全然信实的："你们蒙恩，不但得以信服基督，并要为他受苦。"[①]他显明了，二者都是上帝的恩赐，因为他说这二者都是蒙的恩。他不是说"得以更充分完全地信服基督"，而是说"信服基督"。他也不是说他本人得了怜悯更加忠心，而是说"蒙主怜恤能作忠心的人"，[②]因为他知道，并不是他先开始信上帝，然后上帝才反过来给他信仰之增长；他说的是，是上帝使他忠心，又使他成为使徒。因为他的信仰的开端被记在经文上，这些事迹在特定的场合也广为传诵：[③]他是如何地迫害教会，反对基督信仰，但猛然被更为强大的恩典归化，正是基督使他皈依了，关于基督，先知曾说道："你将归转我们，使我们得生命"；[④]所以，他不仅将一个拒绝相信的人变成了一个心甘情愿的信徒，还将一个迫害者变成了一个捍卫者，使他为曾受他迫害的信仰遭受迫害。这是因为乃是基督使他"不但得以信服基督，并要为他受苦"。

章5　信就是赞同地思

所以，他在论到恩典不是按着功德而给，反为一切善功的原因时说："并不是我们凭自己能承担什么，我们所能承担的，乃是出于

① 《腓立比书》一章29节。
② 《哥林多前书》七章25节。
③ 复活节期间要读《使徒行传》。
④ 《诗篇》八十五篇6节。

上帝。”[①]请那些认为信仰之始出于我们自己，信仰之完全出于上帝的人注意这话，掂量掂量其分量。因为谁看不出思想先于相信呢？因为若不是先已想到要相信什么，是没有人能相信什么的。因为尽管有些思想是突然地、迅速地飞到意志面前要它相信，从而意志对它们的注意是与它们的到来紧密接合在一起的，但我们相信被信之物，是因为已有了在先的思想，这仍是必然的。尽管信念本身甚至也不是别的，而正是带着赞同地思想。因为并非每个思想的人都相信，因为许多人思想是为了可以不相信；但每个相信的人却都思想——既在相信中思想，又在思想中相信。所以，在属于宗教和虔诚的事上(即使徒所说的事)，如果我们的思想不能够出自自己，我们所承担的都是出于上帝，那我们所相信的就确实不出自自己了，因为我们不能够没有思想就做这事；但我们所承担的，我们借此开始相信的，乃是出于上帝。没有谁在无论什么善功的开始或完全上是自足的——这，你们的那些弟兄都已承认是真的，所以，在任何开端，在任何善功的履行里，我们所承担的都出自上帝——所以无论是在开始信仰上还是在完善信仰上，都没有一个人是自足的；我们所承担的都来自上帝。因为信仰若非思想的事，就没有道理；但我们不足以自己思想，仿佛出自我们自己，我们所承担的其实都出自上帝。

章6 要避免的假想和自夸

为神所爱的弟兄们啊，你们必须注意，人不要说他做了上帝所

① 《哥林多后书》三章5节。

应许的事，从而就抬高自己与上帝敌对。上帝不是应许给亚伯拉罕后裔吗？“他就将荣耀归给上帝，且满心相信上帝所应许的必能作成。”[①]他就这样信了应许他后裔的上帝，上帝是能够做成他所应许之事的。倘若上帝作用于我们的信，以一种神妙的方式在我们心里运行，使我们相信，那还有什么理由害怕他不能做完这整件事呢；还有人能够因此夸耀自己是这事的第一因素，因为他自己信了就配得到上帝给的补偿吗？考虑一下，倘若上帝的恩典是根据我们的功德而给的，那么恩典就不再是恩典了。因为按这种说法，它就会被当作还债而不是白白给的了；因为是由于信者的原因，主才必得增进他的信仰的，增进的信仰只不过是他自己开始的信仰的工价而已；倘若上帝是按人的功德才给人增进信仰，那么，这工价给予人就不是白白给的了，而是还债了。我看不出为什么不干脆把整个事都归功于人——他既然能自己产生他从前没有的信仰，他也就能自己增进他已产生的信仰——只是这不可能与最明白的神圣见证一致，这见证显明了，虔敬由以开始的信仰也是出自上帝的恩赐：比如，“上帝所分给各人信心的大小”，[②]以及“愿平安、仁爱、信心从父上帝和主基督归与弟兄们”，[③]等等类似的见证。人不愿意敌对这么明白的见证，但又想自己拥有信德，于是就宣称一部分信是他自己的，另一部分是上帝的；更为自大的是，他将第一部分归给自己，而将其后的部分归给上帝；这样在他所谓二者都有份儿的事上，他就使自己成了第一位的，使上帝成了第二

① 《罗马书》四章20节。

② 《罗马书》十二章3节。

③ 《以弗所书》六章23节。

位的！

章 7　奥古斯丁承认，在上帝恩典一事上他从前的说法有错

因此，以上所说就与那位虔诚谦卑的导师所想的不同——我是说最有福的西普里安（Cyprian）——他说："我们什么也不能夸口，因为没有什么是我们自己的。"为了显明这一点，他引使徒的话为证，使徒说："使你与人不同的是谁呢？你有什么不是领受的呢？若是领受的，为何自夸，仿佛不是领受的呢？"[①]这段话也曾说服我，当时我正处于错误之中。当时我错误地以为我们由以信上帝的信仰并不是上帝的恩赐，而是我们自己之内的，是出自我们自己的，我们正是凭着这信才获得上帝的恩赐，借着它我们才可得到所求的东西，除非我们没有事先听道（信道是由听道来的）；当时我认为，我们在听道时同意道，这一行为乃是我们做的，是从我们自己发出的。我的这一错误在我上任主教之前写的小册子中有着充分的表示。你们信中也提到了其中的一册，在那里我对《罗马书》作了一些阐释。最终，当我收回所有的小册子，并加以订正时——在我开始写给你们的这封长信之前，已经完成了两卷——我在第一卷里是这么说的：

也是在讨论中，我说"他还未出生，上帝便已选了他，说大的要服事小的；大的虽还未出生，他却已拒绝了；关于大的，先知后来的

① 《哥林多前书》四章 7 节。

见证有记载，‘雅各是我所爱的，以扫是我所恶的’”，[①]我接着推论说：“所以，上帝并不因预先知道他会给谁什么就选择谁的事功，他所选的只是信仰，他预知到他会选他预知到会相信他的人——他会给这人圣灵，这样借着行善他就可获得永生”。我没有十分小心地寻找，也未曾找到，拣选的恩典本性为何，对这种拣选的恩典使徒有言：“照着拣选的恩典，还有所留的余数。”[②]若有任何在先的功德，那这就肯定不是恩典了；这样现在所给的就不是按着恩典给而是按着债务给了，与其说是白给的，不如说是付给功德的报酬了。我在后面又补充说：“因为同一位使徒说，‘上帝在众人里面运行一切的事’；[③]经上从来没有说，上帝在众人里面使他们相信一切的事”；然后又说，“所以我们信什么是我们自己的，但我们做什么善事却出自上帝，是他将圣灵给了那些相信的人”：我若知道信仰本身也是上帝借着同一位圣灵赐予人的恩赐，那我本是不会这么说的。所以，二者都由于意志的选择而是我们自己的，二者都是被信仰和爱的灵赐予的。因为信心不是单独的，而是如经上所说：“平安、仁爱、信心从父上帝和主耶稣基督归与弟兄们。”[④]我在随后说的话——“相信和愿意发自我们，但给予那些相信并愿意的人行善事的力量的乃是上帝，他借着圣灵帮我们，借着圣灵，爱就浇灌在我们心里了”——乃是真切的；但凭着同一规则，二者也都是出自上帝的，因为是上帝准备了意愿；二者也都是发自我们的，因

① 《罗马书》九章 13 节。

② 《玛拉基书》一章 2—3 节；比照《罗马书》十一章 5 节。

③ 《哥林多前书》十二章 6 节。

④ 《以弗所书》六章 23 节。

为它们都是从我们的善良意志产生出来的。这样，我在随后说的："因为我们若非蒙召，便不能够愿意；既已蒙召，若我们愿意，我们的愿意若无上帝给予我们力量进步，且引领我们去他所召之地，我们的意愿便不完全，我们的进步也不完全"；以及"所以，意愿并不出自他，进步也不出自他，但唯有上帝显示怜悯时，我们才行善，这是明明白白的"——这绝对是最为真实的。但我几乎没有发现蒙召本身乃是按着上帝的目的进行的；因为被如愿的人并不是随便什么人，而是被拣选者。因此我在稍后些说，"在上帝拣选的那些人里面，不是行为而是信仰使功德得以开始，凭着上帝的恩赐行善，所以在那些他谴责的人里面，不信和不诚使恶德开始，他们就凭着惩罚之道而作恶"——我这说得再真不过了。但甚至信德本身也是上帝的恩赐，这我既未想探究，也没有说。在另一处我说："对他所怜悯的人，他使之行善，对他所狠心的人，他就任由他们去作恶；但那怜悯是在先前的信德的基础上赐予的，狠心则是因先前人的不义而施行的。"这实际上也是真的；但我们仍然得问，信德是否就不是来自上帝的怜悯——就是，那怜悯显在人身上只是因为这人是一个信徒呢，还是显在他身上是为了他可以成为一个信徒？因为我们在使徒那里读到这样的话："我既蒙主怜恤能作忠心的人。"[①]他不是说，"因为我是一个信徒"。所以，尽管它被给予了信徒，它之被给予却是为了他可以成为一个信徒。所以，我在同一卷另一处最信实不过地说："因为，如果我们蒙召信主乃是出自上帝的怜悯，不是出自行为，如果上帝准许我们这些信的人行善事，那

① 《哥林多前书》七章 25 节。

么怜悯就不能不给外邦人了”——尽管我关于蒙召是上帝随着他的意给的谈得不够仔细。[①]

章 8　奥古斯丁给米兰主教、安布罗修的继任者辛普里西安写了些什么

你们可明白地看出那时我在信仰和立功一事上的观点为何，尽管当时我是在谈论上帝的恩典；我觉得，我们的那些弟兄现在就处在我当初的立场上，因为他们没有仔细地读我的这些作品，没有与我一道前进。倘若他们细心读过，就会发现在我上任主教之初写给已故的米兰主教、安布罗修的继任者辛普里西安（Simplicianus）的两卷书信的第一卷里，早已按着《圣经》的真理解决了这个问题。倘若他们还不知道有这两卷书信，那就尽力使他们知道吧。关于那两卷书信里的第一卷，我在《更正篇》的第二卷首先谈到过；我是这么说的：

关于我作为主教写的书信，头两封是写给米兰教会的首脑辛普里西安的，他是至为有福的安布罗修的继任者——谈了许多问题，其中两个问题收入了第一卷，这两个问题是从《罗马书》里得来的。前一个问题的出处，来自书中所写的“这样，我们可说什么呢？律法是罪吗？断乎不是！”[②]直到后面的“谁能救我脱离这取死的身体呢？感谢上帝！靠着我们的主耶稣基督就能脱离了”。[③] 在

① 奥古斯丁，《更正篇》，卷一，第 23 章。

② 《罗马书》七章 7 节。

③ 《罗马书》七章 24 节。

那封信里，我阐释了使徒的这些话："我们原晓得律法是属乎灵的，但我是属乎肉体的"，[①]以及别的说肉体与灵敌对的地方，在这些地方，人被描写得仿佛还是处于律法之下，还未在恩典之中立起来。只是在很久以后，我才觉悟到这些话也许是（可能是）一个属灵的人的话。这封信的后一个问题是从使徒下面的话里得来的，就是从"不但如此，还有利百加，既从一个人，就是从我们的祖宗以撒怀了孕"，[②]到"若不是万军之主给我们存留余种，我们早已像所多玛、蛾摩拉的样子了"。[③] 在解决这些问题的过程中，我实际上站在人类意志的自由选择这一边，而忘记了上帝的恩典，我只能达到使徒说得最为明明白白的这么一点："使你与人不同的是谁呢？你有什么不是领受的呢？若是领受的，为何自夸，仿佛不是领受的呢？"[④]这也是殉道者西普里安想说的话，他将这个意思用一句话浓缩成："我们什么也不要夸口，因为没有什么是我们自己的。"这就是我在先前说正是使徒的这一见证令我转变了想法，原先我在这事上本来是存着别样的想法的；我在给辛普里西安主教写信寻求解决这一问题时，上帝给了我启示，这我已说过了。所以，使徒在为了压抑人的妄想而说"你有什么不是领受的呢？"时所作的见证，并不允许任何信徒说，我拥有并不是领受来的信。所有这种自大的答案都被使徒的这些话粉碎了。另外，甚至不能说："尽管我没有完美的信，我却有信之开始，我由以开始信基督。"因为这里也

① 《罗马书》七章 14 节。
② 《罗马书》九章 10 节。
③ 《罗马书》九章 29 节。
④ 《哥林多前书》四章 7 节。

有答案:“但你有什么不是领受的呢?若是领受的,为何自夸,仿佛不是领受的呢?”

章9 使徒说这些话用心何在

他们持有如下观念,“这些话,‘你有什么不是领受的呢?’,并不能用来说这种信仰,因为它保留在同一种本性里,这本性尽管败坏了,起初却被赋予过健康和完善”,[①]倘若我们考虑到使徒说这些话的原因,便可知道,这观念并不能用来达到他们想达到的目的。因为他关心的是,人不应该荣耀人。因为在那时,哥林多的教会里出现了纷争,人都在说:“我是属保罗的,我是属亚波罗的,我是属矶法的”;[②]使徒接着说:“上帝却拣选了世上愚拙的,叫有智慧的羞愧;又拣选了世上软弱的,叫那强壮的羞愧。上帝也拣选了世上卑贱的,被人厌恶的,以及那无有的,为要废掉那有的,使一切有血气的,在上帝面前一个也不能自夸。”[③]显然使徒这么说的目的是为了反对人的骄傲,叫他们不要荣耀人;因此也不要荣耀自己。最后,他在说过“在上帝面前一个也不能自夸”之后,为了显出人应该荣耀的是什么,就马上补充说:“但你们得在基督耶稣里是本乎上帝,上帝又使他成为我们的智慧、公义、圣洁、救赎。如经上所记:‘夸口的,当指着主夸口。’”[④]他的这一目的在后来有进一步的呈露,他在斥责他们时说:“你们仍是属肉体的,因为在你们中间

① 希拉里的信,参见奥古斯丁,《信札》,226。

② 《哥林多前书》一章12节。

③ 《哥林多前书》一章27节。

④ 《哥林多前书》一章30节

有嫉妒、纷争,这岂不是属乎肉体、照着世人的样子行吗?有说,我是属保罗的,有说,我是属亚波罗的,这岂不是你们和世人一样吗?亚波罗算什么?保罗算什么?无非是执事,照主所赐给他们各人的,引导你们相信。我栽种了,亚波罗浇灌了,唯有上帝叫他生长。可见栽种的算不得什么,浇灌的也算不得什么,只在那叫他生长的上帝。”[①]你们看不出使徒的唯一意图只是要人谦卑,唯独荣耀上帝么?关于这些栽种浇灌的事,他说过了,栽种者和浇灌者算不得什么,只有上帝才叫人生长:虽是一人栽种,一人浇灌,但他不归功于人,而是归功于上帝。他说:“我栽种了,亚波罗浇灌了,唯有上帝叫他生长。”他的这一意图还体现在下面的话里:“夸口的,当指着主夸口。”[②]在说过一些与此相关的话之后,他又说了同样意思的话:“弟兄们,我为你们的缘故,拿这些事转比自己和亚波罗,叫你们效法我们不可过于《圣经》所记,免得你们自高自大,贵重这个,轻看那个。使你与人不同的是谁呢?你有什么不是领受的呢?若是领受的,为何自夸,仿佛不是领受的呢?”[③]

章 10　使一人与另一人不同的乃是上帝的恩典

既已知道使徒的这一最明白不过的意图,即反对人的骄傲,因而人不应荣耀人而只当荣耀上帝,我想,再有人认为是上帝赋予人的天然礼物使人与人不同,就是荒谬的了。不管这礼物是人当初受造时给予他的整个的、完善的本性也好,还是他堕落后余下的本

① 《哥林多前书》三章 3—7 节。
② 《哥林多前书》三章 21 节。
③ 《哥林多前书》四章 6 节。

性也好。难道是这些人所共有的本性使得一人不同于另一人么？使徒在这里先是说："使你与人不同的是谁呢？"然后补充说："你有什么不是领受的呢？"因为人在自夸以贬低他人时，会这样说："我的信使我与众不同"，或"我的义使我与众不同"等等。作为对这种想法的答复，良师说："你有什么不是领受的呢？"除了是上帝使你与众不同外，还有谁使你与众不同呢？是上帝赋予了你他没有赋予别人的东西。他说："若是领受的，为何自夸，仿佛不是领受的呢？"我问，他这么说，除了是想表明夸口的当指着主夸口，还表明什么呢？人若以功劳自夸，仿佛是他自己的功劳，而不是出于上帝的恩典，那就与使徒之意相背而驰了——正是上帝的恩典使好人不同于恶人。这可不是好人和恶人共有的东西。这样，我们就要把那使我们与动物区别开来的恩典，即使我们成为活灵和有理性受造物的恩典，归入到本性里面；将人世间使得长得俊的人区别于长得丑的人、聪明的人区别于愚蠢的人等等的那种恩典，也归入到本性里面。使徒所斥责的人并不夸口自己与禽兽有别，也不在天然的禀赋上夸口自己与别人不同，因为这些天然禀赋甚至最坏的人也是有的。他所夸口的、归功于他自己而不是上帝的，只是属于圣洁生活的那类恩赐，因此他就应该听使徒的斥责："使你与人不同的是谁呢？你有什么不是领受的呢？"因为，虽然拥有信仰的能力出自本性，拥有信仰本身却岂是出自本性么？"因为人都没有信心"，[①]尽管人都有能力拥有信仰。使徒不是说："你拥有信仰的能力有什么不是领受的呢？"而是说："你有什么不是领受的呢？"相应

① 《帖撒罗尼迦后书》三章2节；和合本译为"人不都是有信心"。

地，拥有信仰的能力，和拥有爱的能力一样，都属于人的本性；但拥有信仰，甚至拥有爱，却都属于信者的恩典。所以，那包含了信仰能力的本性，就并不使人与人不同，而是信仰本身使信者不同于不信者。所以，当经上说："使你与人不同的是谁呢？你有什么不是领受的呢？"若有人敢说："我是自己有信仰的，我不是领受的"，他就与最为显明的真理相悖了——不是因为信或不信不在人的意志选择范围之内，而是因为在选民这里，意志由主作好了准备。所以，经上所说"使你与人不同的是谁呢？你有什么不是领受的呢？"指的就是在人意志中的信仰。

章 11　有些人被拣选，这是出于上帝的怜悯

"听到真理的道的人有许多；但有些人信了，有些人却不信。可见，前者愿意信，后者不愿意。"谁不知道这点呢？但既然在有些人里面意志由主预备了，在另一些人里面却没有，我们就必能分别什么是出自上帝的怜悯，什么是出自上帝的审判。使徒说："以色列人所求的，他们没有得着，唯有蒙拣选的人得着了，其余的就成了顽梗不化的。如经上所记：'上帝给他们昏迷的心，眼睛不能看见，耳朵不能听见，直到今日。'大卫也说：愿他们的筵席变为网罗，变为机槛，变为绊脚石，作他们的报应；愿他们的眼睛昏蒙，不得看见；愿你时常弯下他们的腰。"[①]这里有怜悯与审判——怜悯给选民，他们获得了上帝的义，审判给余下的眼睛昏蒙的人。前者由于愿意就信了；后者因为不愿意就不信。所以怜悯与审判都显在意

① 《罗马书》十一章7节。

志自身里。这般的拣选当然是出于恩典,而根本不是出于功德。因为他在前面说过:“如今也是这样,照着拣选的恩典,还有所留的余数。既是出于恩典,就不在乎行为。”[①]所以蒙拣选者获得了白白地得到的东西;在获得这些东西之前他们没有任何功劳值得赏给他们这些东西,作为他们的报酬。他什么也不欠他们的。对余下的眼睛昏蒙的人,经上说得明白,乃是出于报应。“主的道全是怜悯与真理。”[②]但他的道是不可探寻的。因此他由以白白地救人的怜悯和他由以公义地审判人的真理都同样地是不可探寻的。

章 12 使徒为何说我们是因信称义,不是因功称义

不过,也许应该这样说:“使徒将信仰和行为区分了开来;他的意思乃是说,恩典不是出自行为,但他并没有说,恩典不是出自信仰。”确实如此。但是耶稣说了,信仰本身也是上帝的工作,他还命令我们作这工。因为犹太人对他说:“我们当行什么,才算作上帝的工呢?”耶稣回答说:“信上帝所差来的,这就是作上帝的工。”[③]所以,使徒之区分信仰和行为,正如希伯来的两个王国中犹大之区别于以色列一样,尽管犹大就是以色列本身。他说人是因信称义,不是因功称义,是因为信仰本身是先赐的,别的算作行为的事是在此基础上才获得的,人这样才可以活得公义。因为他自己也说了:“你们得救是本乎恩,也因着信。这并不是出于自己,乃是上帝所

① 《罗马书》十一章 5 节。

② 《诗篇》二十五篇 10 节。

③ 《约翰福音》六章 28 节。

赐的”[①]——等于说:“我说‘本乎恩’,是说甚至信仰本身也不是出于你们自己,而是上帝的恩赐。”他说:“也不是出于行为,免得有人自夸。”因为人常说:“他配得到信,因为他在信之前就已是一个好人。”这可以用来说哥尼流,[②]在相信基督前他的祷告和赒济就已蒙记念了;不过,若没有某种信仰,他是既不会赒济也不会祷告的。因为他怎能祷告他还未信的呢?但他若是未信基督便得救,使徒彼得也就不会被遣来作为建筑师树立他了;尽管,“若不是主建房子,他们建也是枉然”。[③] 有人告诉我们,信仰是出于我们自己的;别的属于义行的事都是出于主的;仿佛信仰不属于建筑——在我听来,仿佛基础不属于建筑一样。但若这(基础)是原本地、尤其地属于它(建筑)的,试图通过传道建立信仰的人就是枉然作工了,除非是主出于怜悯而在他内部建立起信仰。所以,不管哥尼流在信基督之前之时之后做了什么好事,都要归功于上帝,免得有人自夸。

章 13　神圣恩典之效果

因此,我们独一的导师和主本人在说了上引的那句话——“信上帝所差来的,这就是作上帝的工”——之后,接着又说:“只是我对你们说过,你们已经看见我,还是不信。凡父所赐给我的人,必到这里来。”[④]“必到这里来”除了是“必要信我”,还能是什么意思

① 《以弗所书》二章8节。

② 《使徒行传》十章。

③ 《诗篇》一二七篇1节,

④ 《约翰福音》六章36节。

呢？但这也是父的恩赐。一会儿之后，他又说："你们不要大家议论。若不是差我来的父吸引人，就没有能到我这里来的；到我这里来的，在末日我要叫他复活。在先知书上写着说：他们都要蒙上帝的教训。凡听见父之教训又学习的，就到我这里来。"①"凡听见父之教训又学习的，就到我这里来"这句话，除了是说凡听见父之教训又学习的，没有一个不来到我这里的，还有什么意思呢？因为，凡听见了父又学习了的就来了，那么凡没有来的就当然没有听见父了；因为若他曾听见并学习过，他就会来的。没有人听见并学习了但未曾来的；但凡是听见了父并学习过的人就都来了，正如真理〔基督〕所说的。这里教训人来到子这里来的父之教训，远不是肉体的感觉可以得知的。在这得知的过程里子本身也牵涉进来了，因为他乃是父教训人的圣言；他〔圣言〕不是通过〔人的〕肉耳而是通过〔人的〕心教训人的。这里父的圣灵也牵涉进来了；他也教训人，但不是单独地教〔而是与父、子一起教〕，因为我们知道，三位一体的行为是不可分的。② 使徒的话，"但我们既有同一个信仰的圣灵"，③说的也是同一位圣灵。但这尤其应该归与父，原因就在于独生子是从他那里生出来的，圣灵也是从他那里发出来的，关于这我们就不花费精力去讨论了，否则一时间会是说不完的；我想我的论上帝之所是的三位一体的十五卷的作品④你们也都看到了。我要说的是，我们之听见上帝的教训、上帝之教训我们，都远不是通

① 《约翰福音》六章 43—45 节。

② 奥古斯丁在这里是从三位一体的角度来谈事情。

③ 《哥林多后书》四章 13 节；和合本译为"但我们既有信心"。

④ 指《论三位一体》一书。

过肉体的感觉进行的。我们看到许多人来到子面前，因为我们看到许多人信基督，但他们何时、如何自父听到并学习这点，我们却看不到。确实那恩典极为秘密，但谁会怀疑它是恩典呢？因此，被圣灵隐秘地赐在人心的这恩典，不会遭到不刚硬的心的拒绝，因为它之被赐予，就是为了首先除掉人心的刚硬。所以，当人在内心听见父的教训，当父在人的内心教训人，使人得以来到子那里，他就除掉了人的石心，为人换上了肉心，正如他借先知之口应许过的。他就这样使他们成了怜悯的子女和容器，为着荣耀作了预备。

章 14　为何父不教训所有人，使他们都来到子面前

他为什么不教训所有人，使他们都来到基督面前，这除了是因为他是出于怜悯才教训某些人，出于审判才不教训某些人，还有什么原因呢？“上帝要怜悯谁，就怜悯谁；要叫谁刚硬，就叫谁刚硬。”[①]他将好东西给人，就是怜悯。他给人当得的报应，就是叫人刚硬。使徒对一些人说，“上帝要怜悯谁，就怜悯谁；要叫谁刚硬，就叫谁刚硬”，他又预见到这些人会这样对他说：“他为什么还指责人呢？有谁抗拒他的旨意呢？”他对他们作什么回答呢？他不是说，“你说的都是错的”，而是说，“你这个人哪，你是谁，竟敢向上帝强嘴呢？受造之物岂能对造他的说：‘你为什么这样造我呢？’窑匠难道没有权柄从一团泥里拿一块作成贵重的器皿，又拿一块作成卑贱的器皿吗？”[②]这句话后面的话，你们也是十分清楚的。不过，

① 《罗马书》九章 18 节。

② 《罗马书》九章 18—21 节。

我们仍可以说，父在某种意义上教训了所有的人都来到他的子面前。先知书所写并不是枉然的："他们都要蒙上帝的教训。"[①]他〔基督〕在引用这句话后，又说："凡听见父之教训又学习的，就到我这里来。"这正像一个城里只有一个文学老师，他教导那里所有的人——不是说所有的人都学习了，而是说人要学习文学，没有不从他那里学习的——与此相似，我们也说上帝教导所有的人到基督这里来，不是因为所有的人都来，而是因为没有人能从别的路来。他为何不教所有的人，对此使徒已尽力作了解释，他说，这是因为"倘若上帝要显明他的忿怒，彰显他的权能，就多多忍耐那可怒、预备遭毁灭的器皿；又要将他丰盛的荣耀彰显在那蒙怜悯、早预备得荣耀的器皿上"。[②] 因此"十字架的道理，在那灭亡的人为愚拙，在我们得救的人却为上帝的大能"。[③] 上帝教训所有的人来到基督面前，因为他愿意所有的人都得救，来到真理的知识面前。倘若他愿意，甚至那些以十字架为愚拙的人也会来到基督面前，无疑这些人也会来的。因为当他说如下话的时候既未骗人也未被骗："凡听见父之教训又学习的，就到我这里来。"但愿你们不要有这样的想法：那些听见并学习父的教训的人不到他那里去。

章 15　受上帝教训的是信徒

他们说："为什么他不教训所有人呢？"如果我们说他没有教导的人是不愿意学习的，我们就会遇到这么一个问题：《诗篇》里对上

---

① 《约翰福音》六章 45 节。

② 《罗马书》九章 22—23 节。

③ 《哥林多前书》一章 18 节。

帝说的话，“上帝啊，你将使我们回转，使我们得以活命”，[①]又是什么意思呢？倘若上帝并不使不愿意的人愿意，教会又是根据什么原则听从主的吩咐，为她的逼迫者祷告的呢？有福的西普里安为了使我们理解这，说：“在天堂的和在地上的，都将成就”——就是说，那些已经信的和已经在天上的，以及那些没有信因此还在地上的，都将成就。我们为那些不愿意信的人祷告的内容是什么呢，岂不是希望上帝在他们里面作工，使他们也愿意？使徒当然说了：“弟兄们，我心里所愿的，向上帝所求的，就是要以色列人得救。”[②]他为那些不信的人祷告——他这么做，岂不是为了他们可以信么？因为他们不能凭着别的法子得救。如果恳求者的信在先于上帝的恩典，那么他们的信（我们祷告本是为了使他们可以信）不是在先于上帝的恩典了吗？——因为这〔信〕正是我们为他们求的东西，就是为那些不信者即没有信仰的人求的东西——我们求上帝将这信赐予他们。所以，当福音得到宣扬，有些人信了，有些人不信；但那些相信宣道者的声音的人是从外面信的，听到了父的教训的人则是从里面信和学习的；那些不信的人是从外面听的，他们里面却既未听也未学习——就是说，福音给了可以信的前者，却没有给予不信者。原因正如他所说的：“若不是差我来的父吸引人，就没有能到我这里来的。”[③]这意思在后面说得更明白。因为过了一会儿，他在谈吃他的肉喝他的血的时候，门徒中有好些人听见了，就说：“这话甚难，谁能听呢？”耶稣心里知道门徒为这话议论，就对他

① 《诗篇》八十篇 7 节。

② 《罗马书》十章 1 节。

③ 《约翰福音》六章 44 节。

们说："这话是叫你们厌弃吗？"[1]过了一会儿他又说："我对你们所说的话就是灵，就是生命。只是你们中间有不信的人。"[2]紧接着福音书作者说："耶稣从起头就知道谁不信他，谁要卖他。耶稣又说：'所以我对你们说过，若不是蒙我父的恩赐，没有人能到我这里来。'"[3]所以，被父吸引到基督这里来，听到并且学习父的教训以来到基督这里，这不是别的，乃正是从父那里接受由以信基督的恩赐。因为并不是听福音者区分于不听者，而是信者区分于不信者，作出区分的上帝说了："若不是差我来的父吸引人，就没有能到我这里来的。"

章 16　为何信仰的恩赐没有给所有人

因此，信仰的开端和终结都是上帝的恩赐；但愿没有人怀疑（除非他想不认最明白不过的《圣经》）这一恩赐给了某些人，又没有给另一些人。不过，为何没有给所有的人，这不应当引起信者的困惑，因为这些信者相信谴责由一人而来，这本是最公义的；因此即便没有人被救度出来，也不应找上帝的不是。显然，有一些人得了救乃是出于恩典，另外的人未得救则是由于他们自己，这得要承认；所以，那些荣耀的人不要荣耀自己的功德，而要荣耀上帝，因为他的功德与那些遭谴的人的并没有什么两样。但上帝为什么救一个而不救另一个——"他的判断何其难测！他的踪迹何其难

① 《约翰福音》六章 60 节。

② 《约翰福音》六章 63 节。

③ 《约翰福音》六章 64 节。

寻!”[①]在这点上我们最好听或说这句话:“你这个人哪,你是谁,竟敢向上帝强嘴呢?”[②]而不要狂言,仿佛我们知道他的秘密似的。因为他的意念毫无不公。

章17　他在信中所作的反波菲利的论证,关乎福音为何这么迟才传到世界

你该记得,我在过去写的一本反对波菲利(Porphyry)的、名为《基督宗教的时间》(*The Time of the Chistian Religion*)的小册子里,曾经为了逃避关于恩典的更为仔细精致的论证也说过这样的话;它的意思我在那时不愿意加以解释,尽管它的意义可以在别处或由别人来作阐释,并不能完全被省略掉。在那里,除了别的事外,我回答了别人提出来的一个问题,即为什么基督来得这么迟:“与此相应,我说,既然他们不反对基督,也都不跟从他的教导(因为甚至他们自己也感觉到这是不能公义地反对的,无论是对哲学家的智慧而言,还是对他们自己的神祇而言),他们会怎样答复呢?——倘若——先放下上帝的智慧和知识的问题(那里也许有一些别的神圣计划藏得更深,是不以别的原因为前提的,是智慧人猜想不到的)——我们为了论证的简短起见,只是对他们这么说,基督愿意那时向人显现,在他所知的时间和地点,向他们宣扬他的教义,会有人信靠他。因为在他的福音还未传扬的那些时代和地方,他已预知到在他福音传扬之处,有些人虽然看到了他的肉身,

① 《罗马书》十一章33节。

② 《罗马书》九章20节。

却仍不信他，哪怕他使死人复活了；这样的人我们现在也看到许多，尽管先知对他的预言已经借着这样的显现成就了，他们却仍不愿意信，倒是用人的鲁钝来敌挡真理，而不是服从如此清楚醒目、如此崇高精妙地为人所知的神圣权威，只要人的理解力在接近神圣真理上总是这么弱小，就必定如此。这样，倘若基督在很久以前就知道了世界将充满如此之多的不信者，从而合理地拒绝显现，或向他们宣道，那又有什么值得奇怪的呢？这些人他本来早已预见到既不会信他的话也不会信他的神迹的。那时有许多人远离他、不信他，这并非不可信的，我们直到今天也还是惊奇如此之多的人不信。不过，从人类的起头，有时更隐蔽些，有时更明显些，按着神意认为合宜的时机，一直没有缺少先知预言，也不缺少信他的人；在他化身成人之前，从亚当到摩西，在以色列民本身中间如此（以色列由于某种奥秘而成为先知之民）；在别的民族中也是如此。因为正如在希伯来《圣经》里提到的那些人那样，早在亚伯拉罕时代——就有一些既非亚伯拉罕的肉身的后裔，亦非以色列民，亦非以色列人中间的外国人的人——这些人和他们一样做圣礼，既然如此，我们为什么不相信在别的地方，在别的人民中间，在这儿或那儿，也有一些这样的人呢？虽然我们没有看到《圣经》提到他们。因此，这种宗教的拯救（唯一真实的真拯救借着它才得到了真实的应许），从未漏掉值得拯救的人；谁被它漏掉了，谁就本来不值得拯救。从人开始繁衍直至终结，福音都被宣扬，传给一些人是为了奖赏，传给另一些人是为了审判；由此也可知道，根本就没有被宣告信仰的人，早被〔上帝〕预知为不会信的人了；被宣告信仰的一些人，尽管他们未达到信，却仍被宣告了信仰，成为前者的先例；而那

些被宣告了又信了的人，却是为天国而准备的，他们将成为天使的伴侣。”①

章 18　将上述论证应用到现时代

你们看不出来我的愿望是不带先入之见地妄测上帝的秘旨，只说说关于基督预知的事，好说服提出这个问题的不信的异教徒么？基督预知谁会信靠他，在何时何地信靠他，还有比这更真的么？但他们是靠着向他们传来的福音自己就有了信，还是只是借着上帝的恩赐接受了信——就是说，上帝是只是预知他们呢，还是也预定了他们，我在那时认为不必探究或讨论。因此我所说的话：“基督愿意那时向人显现，在他所知的时间和地点，向他们宣扬他的教义，会有人信靠他”，就应当这样说：“基督愿意在那时向人显现，他的福音要向他所知道的人传扬，要传到他所知的地方，也有些人是在世界创立之先就已在他之中被拣选了。”不过，既然读者想问被佩拉纠派的错误搞得令人有必要详细而小心地加以讨论的问题，我就觉得那时就说够了的事现在应简短点，而不要去妄测上帝的智慧和知识，也不要妄测别的原因，对这些原因我认为我们不应在那时，而应在别的时机加以更为适当的论证。

章 19　在什么方面预定与恩典不同

此外，对于我说的“这种宗教的拯救（唯一真实的真拯救借着它才得到了真实的应许），从未漏掉值得拯救的人；谁被它漏掉了，

① 奥古斯丁，《信札》，102，第 14—15 章。

谁就本来不值得拯救”——若讨论并询问到人怎样才值得拯救，就会有人说这凭的是人的意志。但我们说，这乃是出于神圣恩典或预定。还有，在恩典与预定之间只有这个差别：预定是恩典的准备，而恩典是赐予本身。当使徒说：“也不是出于行为，免得有人自夸。我们原是他的工作，在基督耶稣里造成的”，[①]他说的是恩典；但接下来的——“为要叫我们行善，就是上帝所预备叫我们行的”——说的却是预定，若无预知它就不能存在，尽管没有预定预知也可存在；因为上帝借着预定预知到了他要做的那些事，由此经上说：“他命定将来的事。”[②]不只如此，他还能够预知那些并非他自己做的事——比如无论什么样的罪。有些罪是这样的罪，它们同时也是罪的处罚，对这样的罪经上有言：“他们既然故意不认识上帝，上帝就任凭他们存邪僻的心，行那些不合理的事”，[③]虽然如此，我们却不可说，这里的罪出自上帝，只能说，它们出自审判。所以，上帝的善的预定，正如我上面所说，乃是恩典的准备；恩典则是那一预定的效果。因此，当上帝应许亚伯拉罕他将成为信仰之国的父，说：“我已立你做多国的父”，[④]使徒就说：“所以人得为后嗣是本乎信，因此就属乎恩，叫应许定然归给一切后裔”，[⑤]上帝不是从我们意志的权柄应许，而是从他自己的预定应许。因为他应许的是他自己会做到的，而不是人会做到的。因为，尽管人做那些荣

① 《以弗所书》二章 9—10 节。
② 《以赛亚书》四十五章 11 节。
③ 《罗马书》一章 28 节。
④ 《创世纪》十七章 5 节。
⑤ 《罗马书》四章 16 节。

耀上帝的好事，却是上帝自己使他们做他吩咐的事；并不是他们使得他〔上帝〕去做他已应许了的事。否则上帝应许的完成就不是出于上帝的权柄，而是出于人的权柄了；上帝向亚伯拉罕所应许的东西，也就会是人自己给予亚伯拉罕的了。但是，亚伯拉罕却不相信这点，反倒“将荣耀归给上帝，且满心相信上帝所应许的必能作成”。[①] 他不说“必能预告”——他不说“必能预知”——上帝确实是能预告并预知陌生人的行为——而是说“他必能作成”；所以他所说不是别人的行为，而正是上帝自己的。

章 20　上帝只将多国的善功而非信仰应许给了亚伯拉罕吗

也许，上帝只应许了亚伯拉罕成为多国善功之祖，从而应许他自己会作成这事，而没有应许外邦人的信仰（这信仰是人自己作成的）；他既应许他自己将作成这事，是否也预知到了人会达到那信仰？使徒并没有这么说，因为上帝应许给亚伯拉罕后代，这后代将追随他的足迹，对此他说得很明白。若上帝应许的只是事功，而非外邦人的信，同时如果人非有信这些事便算不上善功（因为“义人因信而生”，[②]“凡不出于信心的都是罪”，[③]“人非有信，就不能得到上帝的喜悦”[④]），那么，上帝作成他所应许之事，也就会是出于人的权柄了。因为除非人无须上帝恩赐作成了人本已的事，人是不

① 《罗马书》四章 21 节。
② 《哈巴谷书》二章 4 节。
③ 《罗马书》十四章 23 节。
④ 《希伯来书》十一章 6 节。

能使得上帝赐予恩典的——即，人得先自己有信。上帝并不作成他所应许之事，义行乃是上帝赐予的。这样一来，上帝之能作成他的应许，就不是在上帝的权柄之内，而是在人的权柄之内了。倘若真理和虔诚并不禁止我们相信这点，那就让我们与亚伯拉罕一道相信，上帝所应许的事上帝也能够作成。上帝应许给亚伯拉罕后代；人若非有信是不能这样的，因此上帝也赐予了信。

章 21　惊诧于人宁愿相信自己的软弱也不愿相信上帝的能力

当使徒说："应许定然归给一切后裔是本乎信，因此就属乎恩"，[①]我惊诧于人们宁愿相信他们自己的软弱，也不愿相信上帝应许的力量。但你们会说，上帝关于我的意志是我所不能确定的。那又如何？难道你们关于你们自己的意志就是你们所确定的么？你们就不害怕——"自己以为站得稳的，须要谨慎，免得跌倒"[②]——么？这样，既然二者都是不确定的，人为什么不将信、望、爱交给更强的意志，反倒交给软弱的呢？

章 22　上帝的应许是确实的

"但是，"他们说，"有人说：'你若信了，就会得救'，这些事当中的一个要求有；另一个是给的。被要求的东西是在人的力量之内的；被给的东西是在上帝的力量之内的。"[③]为什么二者不都是处

① 《罗马书》四章 16 节。

② 《哥林多前书》十章 12 节。

③ 普洛斯柏的信，参见奥古斯丁，《信札》，225。

于上帝力量之内，就像他既吩咐也给予呢？因为他被请求赐予他所吩咐的。信者请求他们的信得到长进；他们为那些不信的人请求，求上帝将信给予他们；因此信仰的长进和开端都是上帝的恩赐。说“你若信了，就会得救”，就相当于说：“你们若靠着圣灵治死身体的恶行，必要活着。”[①]这里有两件事，也是一个被要求，一个被给予。经上说的是：“你们若靠着圣灵治死身体的恶行，必要活着。”所以，我们治死身体的恶行，这件事乃是被要求的，但我们可以活着却是赐予的。倘若说，治死身体的恶行不是上帝的恩赐，并且由于我们听到上帝吩咐我们这么做，若我们做了，就把活着当作一种回报给予我们，因此就不承认它是上帝的恩赐——这么说是否适当呢？但愿享有恩典并当了标兵的人远离这种观点！这是佩拉纠派可谴责的错误观点，使徒为了堵住这种人的嘴，马上就补充说：“因为凡被上帝的灵引导的，都是上帝的儿子”；[②]免得我们相信我们之治死身体的恶行不是凭着上帝圣灵之功，而是凭着己力。关于这上帝的圣灵，他还说：“这一切都是这位圣灵所运行，随己意分给各人的”；[③]你们知道，这些恩赐中他提到了信心。尽管治死身体的恶行乃是上帝的恩赐，上帝却仍要求我们这么做了，且将活命摆在我们面前作为一种回报；信仰也与此相似，乃是上帝的恩赐，尽管当人说，“你若信了，就会得救”时，信仰是一种要求，得救是一种回报。这两件事我们都得到吩咐要做，这两件事都显为上帝的恩赐，为了我们可以理解我们既做它们，上帝也使我们去做它

① 《罗马书》八章 13 节。
② 《罗马书》八章 14 节。
③ 《哥林多前书》十二章 11 节。

们，这他借先知以西结之口说得再明白不过了。因为还有什么比他说"使你们顺从我的律例，谨守遵行我的典章"[①]更明白的呢？注意《圣经》那段话，你会看到，上帝应许了将使他们做他所吩咐要做的事。功德与他有关，但恶行与他丝毫无关，他以善报恶，使那些行恶的人此后行善事，遵守神圣诫命。

章 23　婴儿和基督身上显示出来的恩典和预定

不过，我们由以坚持上帝借着耶稣基督我们的主而赐的恩典乃是真恩典，即不是按着我们的功德给予的（这《圣经》早已显明了）——所有这些推理，在那些认为若没有什么东西属于自己，自己就没有虔敬的热情的人那里（他们认为信仰是作为对他们的回报才赐予的），会在与成人有关的事上多多少少过到一些困难，这些成人已经运用意志的选择了。但当我们考察婴儿的例子，以及神人之间的中保基督耶稣其人的例子时，就会看到，这里没有提到人的功德在先于上帝的恩典，因为前者并不因什么在先的善功而区别于其他的人，从而属于救世主；基督本身作为一个人也并不由于任何在先的人类功德而区别于其他人，从而成了救世主。

章 24　没有人是根据他若活得长一点便可能会做的事受审判的

因为，谁会听人说，在非常幼小时就受过洗但夭折了的婴儿，是由于他们未来的功德而离开这个世界的，而另一些未受洗的婴

---

① 《以西结书》三十六章 27 节。

儿则是由于他们未来的恶德被预知了而死的？因此在他们身上上帝并没有奖赏或谴责他们的善恶，而是根本就没有生命可以奖惩。[①] 使徒实际上为人们划了一个不可轻易逾越的界限，他说："我们众人必要在基督台前显露出来，叫各人按着身体所行的，或善或恶受报。"[②]他说"所行的"，而没有补充说"或本来会行的"。不过，我不知道他这样的人是否有过这样的念头，即婴儿将来的功德(这实际上是不会有的)应该受罚或得荣耀。但经上为何只说各人要按着身体所行的受报，而实际上许多事只是心灵做了而身体或四肢并没有做，对大部分如此重要的事来说，最公义的惩罚应该是针对这样的思想的，比如——就不提别的了——"愚人心里说没有上帝"[③]？"按着身体所行的受报"，这句话除了是说，按着他在肉身活在世上时所行的事受报，还是什么意思呢？因此我们就可以理解，"按着身体"是指"在肉身活着的整个时期"了。但今生的身体死了之后，没有人会再在身体里了，除非是在末日复活时——不是为了建树所谓的什么功德，而是为了接受对善功的报偿，对恶功的惩罚。但在脱下身体和重新穿上身体的中间时期，灵魂要么是在受折磨，要么是在休息，按着他们在此世活着时所行的事受报。为佩拉纠派所否认的但为基督的教会所承认的原罪，就属于还有身体的今世的人；根据上帝是出于恩典免了它，还是出于审判而不免除，当婴儿夭折时，就可能有的因着重生的功德而由恶到善，有的则因着遗传而由恶到恶。公教信仰承认这点，甚至一些异

① 希拉里的信，参见奥古斯丁，《信札》，226。

② 《哥林多后书》五章10节；"身体"原为"本身"。

③ 《诗篇》十四篇1节。

端也毫无异议地同意这点。但最令我惊诧的是，我想不到那些其智力断不可轻视的人竟然会认为，人不是按着他在世时的功德受审，而是按着假如他在世上活得长点可能会做的事来受审；倘若不是你们说有这样的人，我还真的不敢相信确实有这样的人。但是我希望上帝会介入此事，当他们得到警告时就会马上领悟到，若这些罪（所谓本来可能会有的罪）在那些未受洗的婴儿身上可正义地受到上帝审判的惩罚的话，那么它们在那些受了洗的婴儿身上也可正义地得到上帝恩典的赦免。因为谁若说将来的罪只能得到上帝审判的惩罚而不能得到上帝怜悯的宽恕，谁就应该想到自己在对待上帝和上帝的恩典上犯了大错；因为他这么想，就仿佛将来的罪只能被预知而不能被预定似的。倘若这是荒谬的，那么我们就应该给那些若活得长一点就会成为罪人的早夭者提供帮助，给他们施洗，洗去他们的罪。

章 25　可能受过洗的早夭婴儿若活得长一点就会悔改，而未受过洗的则不会

不过呢，也许他们会说，只有悔改者才被免罪，因此那些夭折而未受洗的婴儿早就被上帝预知到了若活得长就不会悔改，上帝也预知到了那些夭折但受了洗的婴儿若活得长就会悔改，他们若这么说，就请他们明白，倘若如此，那么这里所说就不是原罪（原罪是夭折而未受洗的婴儿该受罚的），而是各人在世时犯的本罪了；这样一来，在受洗的婴儿那里，洗去的也不是原罪，而是他们若活着便会在将来犯的罪了，这些罪若非成年，是犯不了的；这样有些就被预见到了是会悔改的，另一些则不会悔改，故而有些就受了

洗，另一些则没有。倘若佩拉纠派敢这么说，凭着他们对原罪的否定，他们也就不会那么急着为那些未入天国的婴儿寻找某个可待着的幸福的地方了；他们这么做，尤其是因为他们确信，这些婴儿由于没有吃基督的肉喝基督的血便不能有永生；并且因为在那些根本没有罪的人那里，用来免罪的洗礼是虚假的。因为他们会继续说，不存在原罪，但那些作为婴儿得释放的是按着他们将来的功德（若他们活着的话）受洗或未受洗的，也是按着将来的功德接受或未接受基督的身体和血的，没有后者他们是绝对不能有生命的；尽管他们并没有从亚当沾染罪，但由于上帝预知他们会悔改，他们的（将来的）罪也就得了赦免。这样他们就会开心地赢得辩论，否认存在着原罪，并争辩上帝的恩典只是按着我们的功德给的。但人将来的功德，永远不会成为现实的功德，无疑根本就算不上功德，这我们可以最明白不过看出来：因此甚至佩拉纠派中人也不敢说这样的话；何况这些人，就更不应这么说话了。连佩拉纠派都看到这是最为虚假荒谬不过的，那些与我们一道依赖公教权威的人就更应该谴责这些异端了。

章 26　谈到西普里安的文章“论有死性”

西普里安写过一部《论有死性》（*On the Mortality*），广为爱读教会文学的人所知所欣赏，在这部著作里他说，死不仅对信徒算不上不利，甚至还有好处可言，因为它使人不敢冒犯罪之险，并使他们努力躲进不犯罪的港湾里去。但若本没有做的将来的罪也要受惩罚，这又有什么好处呢？不过他花了大量篇幅有力地论证了犯罪的危险是今生不会缺少的，今生过完后，它们才不会继续；他还在那里引用了《所罗门智训》里的见证："他被召走，免得邪恶改变了他的心智。"[①]我也引过这句话，虽然你们说你们那些弟兄因为它不是出自正典而拒绝它；即使放下该书不论，我希望得到教益的这件事本身也仍是不明的。因为哪个基督徒胆敢否认，义人若早死，也会得到安息呢？哪个持有正信的人会这么说呢？此外，若他说义人在做了许久的义人后，离开了义，转而作恶并在作恶一天而不是一年时死了，这时他会受到恶人才会受的审判，而他的义在将来没有力量帮助他——还有信者反对这一显然的真理么？这就是经上这么说的全部原因——不管是谁说的——"他被召走，免得邪恶改变了他的心智"。这么说是指着今生的危险说的，不是指着上帝的预知说的，上帝预知将成之事，而不是虚无之事——就是说，上帝给他一种料不到时辰的死，是为了让他可以脱离不确定的试探，不是为了让他可以犯罪，因为他已经不留在试探了。关于今生，我们在《约伯记》里读到："人在世上的生活岂不是一场试探吗？"[②]但是为何上帝允许将某些义人从今生的牢笼中召走，而另一些义人却要留在此生，度过漫长的生涯，冒远离正义不再成为义人之险——谁又知道主的心呢？不过，我们却可由此明白，即便那些有着善良虔敬性格的义人，到了成熟的老年，到了今生最后的年月，也不要夸耀他们自己的功德，而要荣耀主，因为召走了义人、免得邪恶改变其心智的上帝自己保卫着义人，无论他活多长的年月，都不让邪恶改变他的心智。不过，他为何允许这里的义人堕落，而

① 《所罗门智训》四章 11 节。

② 《约伯记》七章 1 节；和合本译为"人在世上岂无争战吗？"

他本可以在以前就将他收回的——他的判断尽管是绝对公义的，却仍然是不可测度的。

章 27 《所罗门智训》在教会里获得了正典的权威地位

既然这些事情是这样的，对《所罗门智训》的判断就不应有争议，因为该书在基督的教会里已经用了漫长的年头了，从教堂的读经班到所有的基督徒，大家都听到了，从主教到往下的神职人员，直到最低的平信徒、告解者和初入教者，都将它敬为神圣权威。从那些在我之前评注《圣经》的人那里，我也得了支持来辩护这一判断，这判断是我们现在正要比平时更加仔细更加详细地辩护，以反对佩拉纠派的新错误的——这就是，上帝的恩典并不是按着我们的功德而给的，而是白白地给予被给予者的，因为既不是他愿意的，也不是他挣来的，而是上帝为了显怜悯才给的；不过，它未被给予那些未被给予的人，也是出于公义的判断，因为上帝没有不公义——所以，我若能用从前的《圣经》评注者的话来为这一观点作辩护，我现在所鼓励的这些弟兄也就肯定会默认了，这你们在信里已提示过了。我们有什么必要去考察那些生活在这种异端出现以前的时代，从而无须处理一个这么困难问题的人的著作呢？当然了，他们若遇到这种问题，无疑也是必须得回答的。当他们在文中要谈到关于上帝恩典的想法时，他们都谈得简短而精略；但若关乎与教会敌人争论、规劝人服事又真又活的上帝以获得永生和真福，他们就会长篇大论地谈了。不过，上帝的恩典不管是什么，都时不时无伪地在祷告的提及里体现出来；因为上帝吩咐成就的事是不能从上帝那里求得的，除非是上帝所赐，使它得以成就。

章 28 西普里安的"论有死性"一文

但若有人希望获益于那些曾论及这一主题的人的观点，就不妨看看"他被召走，以免邪恶改变了他的心智"这句话所在的《所罗门智训》的评注者们是如何论说的；因为最接近使徒时代的杰出的释经家也喜欢这部经文，他们在用它作见证时，相信所用的不是别的，乃正是神圣的见证；显然最为有福的西普里安为了评论早夭的好处，争论说那些结束此生的人（此生犯罪是可能的），被从罪的冒险中召走了。在同一篇文章里，除了别的事外，他还说："当你要与基督同在，并寻求神圣应许时，为何不想蒙召到基督那里，并高兴你脱离了魔鬼呢？"[①]在另一处他说："男孩们避开了他们不稳定年龄的危险。"在另一个地方又说："我们为何不急走并跑起来，快一点看到我们的国家，拥抱我们的亲人呢？许多我们亲爱的人在那儿盼着我们——许多的父母、兄弟、儿女，在期盼着我们；他们已获得了自己的平安，但仍在为我们的得救着急。"[②]这位教师通过这样的话，借助公教信仰最清晰的光明，就充分明白地证明了在此生犯罪和试探的危险是可畏的，此生之后就没有人会遭受这样的事了。即使他没有证明这，哪个基督徒又会对此表示怀疑呢？对一个堕落了的人，并且在堕落的状态中终其一生，受到了当得的惩罚的人，这又怎能没有好处呢——我说，对一个在堕落前就被死亡从诱惑中掠走的人来说，这又怎不是最大最高的好处呢？

---

① 西普里安(Cyprian)，《论有死性》。

② 同上。

章 29 上帝的处置并不依赖于人的任何偶然的功德

只要我们不沉溺于粗心大意的争辩，就会结束关于被上帝召走以免邪恶改变其心智者的整个问题。在基督教会里读了许多年头的、包含了这句话的《所罗门智训》，也不应由于被那些在人的功德一事上犯错误从而与上帝恩典相违的人利用，而遭受到不公正的待遇：这一恩典主要出现在婴儿身上，当他们中有些受了洗，有些没有受洗，在此生夭折时，他们就充分地显明了上帝的怜悯和审判——他的怜悯是白白地给的，他的审判则是必还的债。因为，倘若人要按着他们生命的功德而受审判，而这些早夭的婴儿由于死亡而不能行出任何的功德（只能设想他们若能活下去的话才会办到），那么这对被召走以免邪恶改变其心智者就毫无好处可言；对那些在堕落状态中早死的人这没有什么好处。我想没有基督徒会进而说这话的。我们的弟兄与我们同站在公教信仰一边，攻击佩拉纠派的纠缠，他们是不应倾向佩拉纠派的观点的，后者设想上帝的恩典是按着我们的功德而给的，从而努力（他们不敢）否证一个明明白白的古代基督徒就已知道的真理——“他被召走，以免邪恶改变了他的心智”；我想，没有人会相信，甚至做梦也不会想到这么一种观点的——就是，任何死了的人都会按着他若活得长一点就会做的事来受审判。我们说的这些事都显明了是无可辩驳的——上帝的恩典不是按着我们的功德给的；所以就得限制违反了这一真理的狡猾的人再说所有人都在耳里心里拒绝的事了。

章30 最注目的预定之例为基督耶稣

最为灿烂的预定与恩典之光为救主自己——神人之间的中保基督耶稣其人。请问，基督之中的人性是凭了什么在先的行为或信仰，竟然使得自己与神性合一呢？我请求一个答案。人，怎能配得上与父同在的圣言采取它从而合为一个位格，成为独生子呢？这是因为他先有了什么善吗？他以前做了什么呢？他信什么呢？他求了什么，使他可以获得这一难以言喻的优秀品质？难道不是借着圣言行为和采用，那人才从开始存在的时候起成了上帝的独生子么？那个女人〔圣母〕岂非由于恩典而怀上了上帝的独生子么？他岂非生为上帝的独生子，为圣灵与处女马利亚所生——不是出于肉体的情欲，而是出于上帝的独特恩赐么？我们还会害怕这人成年后，会用自由意志犯罪么？也许他里面的意志因此并不是自由的？也许他愈是不可能成为罪之仆人，就愈是不自由？当然了，在他之中人性——就是我们的本性——得到了那些尤其可堪景慕的恩赐，以及别的堪称唯他独有的东西，并非因为任何它自己的在先的功德。若有人敢，就请他回答上帝说，为何不让我也如此？他若听到上帝这样回答他："你是谁，竟敢向上帝强嘴呢？"[①]就请他不要制止自己，而是进一步大胆地说："我听到的'你是谁，竟敢向上帝强嘴呢'是什么意思？既然我是我所听到的——就是一个人，而我所说的他也同样是一个人？为什么我不是像他一样〔成为神〕呢？他是借着恩典变得如此伟大；为什么本性相同恩典

① 《罗马书》九章10节。

却异?[1] 可见上帝不尊重人。”我想,不仅没有基督徒会这么说,恐怕也没有哪个疯子会这样说的。

章31 基督被预定了成为上帝之子

所以,在我们的头即他〔基督〕之中,乃有恩典之源泉,他从那里按着各人的分量,借着他的肢体将自己浇灌出来。正是借着那恩典,各人才从开始信仰起就成了基督徒,也正是借着这恩典,一个人〔指耶稣〕才从基督的开始就成了基督。前者为圣灵所重生,后者则直接为圣灵所生。我们借着圣灵得以免罪,他借着圣灵得以无罪。上帝当然预知到他会做这些事的。所以,基督的预定和诸圣徒的预定也就是同一个预定,不过在基督那里更为光辉灿烂;谁若理解了这一真理的宣称,谁就不会否认这一预定。因为我们已经得知,荣耀之主自己就和人被拣选成为上帝之子一样是被预定的。外邦人的教师〔保罗〕在其书信的开头就说:“耶稣基督的仆人保罗,奉召为使徒,特派传上帝的福音。这福音是上帝从前借众先知在《圣经》上所应许的。论到他儿子我主耶稣基督,按肉体说,是从大卫后裔生的;按圣善的灵说,借着从死里复活,便预定了能力上是上帝的儿子。”[2]耶稣被预定,所以按着肉体是大卫之子的他,按着圣善的灵说,在能力上就是上帝之子,因为他是圣灵和处女马利亚所生的。上帝的圣言不可言喻地化身成人,因此他就可同时真而恰当地称为上帝之子和人子——称为人子是因为所披上

① 指同为人但耶稣成了神而其他人仍为人。

② 《罗马书》一章1—4节;这句话后面和合本为“按圣善的灵说,因从死里复活,以大能显明是上帝的儿子”。

的人，称为上帝之子是因为披者乃是上帝的独生子，因此在这里我们就得相信一个三位一体而不是一个四位一体。这样的一种人性的转变早就被预定了，它是如此伟大、崇高、至上、雄伟，没有什么更高出它的了——而在另一方面，为了我们的好处起见，神性将自己贬得不能再低，穿上了人的本性和人肉体的软弱，甚至于死在十字架上。所以，正如一人预定了要成为我们的头，我们也预定了要成为他的肢体。就让因为亚当而早就灭绝了的人的功德去一边吧，唯愿上帝的恩典统治我们，借着耶稣基督我们的主上帝的独生子唯一的主统治我们。就请那些在我们的头〔基督〕里寻找先行于他独特的生的功德的人，也在他的肢体即我们里面寻找先行于重生的功德吧〔但他们是绝对找不到的〕。因为基督要为圣灵和处女所生，完全不沾染罪，这种生不是作为报偿给的，而是白白地给的。我们为水与圣灵重生，这也不是作为对我们什么功德的报偿而给的，而是白白地给的；倘若信仰驱使我们受重生之洗，我们就不应当以为我们自己先贡献了什么才有重生的得救补偿给我们；这是因为是他〔父〕使我们相信基督，是他为我们而生了一位基督，使我们信。他在人里面创造了对耶稣信仰的开始和完全，也使耶稣其人成了信仰的开始者和完全者。① 你们知道，在《希伯来书》里他就是被如此称呼的。

章 32　双重呼召

上帝呼召他预定好了的儿女，使他们成为他的独生子的肢

① 《希伯来书》十二章 2 节。

体——他呼召他们,不是用呼召人参加婚礼的那种呼召,因为那种呼召是犹太人和外邦人也有份儿的,前者视被钉死的基督为冒犯,后者视被钉死的基督为愚拙;他呼召他们,用的是呼召预定了的选民的呼召,对这呼召使徒作了区别,他说,他将基督即上帝的智慧和上帝的能力传给蒙召的人,有犹太人也有外邦人。他称他们为"蒙召的",[①]以显示有些人没有被召;他这么说,是因为知道有一种呼召是专门给那些按上帝旨意蒙召的人,这些人是上帝老早就预知并预定了会符合他儿子的形象的。他在说下面的话时指的就是这一呼召:"不在乎人的行为,乃在乎召人的主。上帝就对利百加说:'将来大的要服事小的。'"[②]他说了"不在乎人的行为,乃在乎信"吗?没有,反倒将这从人那里取走了,好叫一切都归于上帝。所以他说的是:"乃在乎召人的主"——不是随便什么呼召,而是人得以成为信徒的呼召。

章 33　恶人作恶出于自己的能力;但借着邪恶做这做那却唯独在上帝能力以内

当他说"上帝的恩赐和选召是没有后悔的",[③]想到的正是这点。他这么说,也稍微考虑到了它的意旨。因为他先是说:"弟兄们,我不愿意你们不知道这奥秘(恐怕你们自以为聪明),就是以色列人有几分是硬心的,等到外邦人的数目添满了,于是以色列全家都要得救。如经上所记:必有一位救主从锡安出来,要消除雅各家

① 《哥林多前书》一章 24 节。

② 《罗马书》九章 12 节。

③ 《罗马书》十一章 29 节。

的一切罪恶。又说:‘我除去他们罪的时候,这就是我与他们所立的约’”;[①]然后马上就补充了一段要仔细理解的话:“就着福音说,他们为你们的缘故是仇敌;就着拣选说,他们为列祖的缘故是蒙爱的。”[②]这里所谓“就着福音说,他们为你们的缘故是仇敌”,除了是说他们将基督处死于福音有益外,还是什么意思呢?他显明了这是出于上帝的吩咐,上帝是知道如何善用恶事的;不是说忿怒的容器于上帝有益,而是说借着上帝的善用,它们可以于怜悯的容器有益。还有什么是比“就着福音说,他们为你们的缘故是仇敌”更明白的呢?所以,恶人犯罪是出于自己的能力;但他们凭着邪恶犯罪之时做这做那却非出于他们自己的能力,而是出于上帝的能力,上帝驱除黑暗,对它巧加安排;所以即使是他们所做的违反上帝意志的事,若非出于上帝的意志,也是不能成就的。我们在《使徒行传》里读到,当使徒们被犹太人送走,来到他们自己的朋友那里,向他们显示祭司和长老说给他们的大事时,他们就都同心合意地高声向上帝说:“主啊,你是造天、地、海和其中万物的,你曾借着圣灵托你仆人、我们祖宗大卫的口说:‘外邦为什么争闹?万民为什么谋算虚妄的事?世上的君王一齐起来,臣宰也众集,要敌挡主,并主的受膏者。’希律和本丢彼拉多、外邦人和以色列民果然在这城里聚集,要攻打你所膏的圣仆耶稣,成就你手和你意旨所预定必有的事。”[③]再看看上面说的:“就着福音说,他们为你们的缘故是仇敌。”这是因为上帝的手和意旨所预定的福音的事必要借着敌人犹

① 《罗马书》十一章25—27节。

② 《罗马书》十一章28节。

③ 《使徒行传》四章23—28节。

太人成就，这是为了我们的缘故。但跟下来的是什么话呢？“就着拣选说，他们为列祖的缘故是蒙爱的。”难道那些作仇敌要灭亡的、与基督敌对的人，就是那些蒙拣选、蒙爱的吗？千万不要有这想法！谁会这么愚蠢，竟敢说这样的话呢？但是两个说法，尽管彼此相反——即“仇敌”和“蒙爱的”——乃是恰当的，虽然不是说的同一群人，但仍是说的同一个犹太人，同一个肉体上的以色列人，他们之中有些人是属于要除去的，有些人则是属于以色列本身的福祉的。这，使徒在前面说得清楚多了，他说：“以色列人所求的，他们没有得着，唯有蒙拣选的人得着了，其余的就成了顽梗不化的。”[①]两处说的都是同一个以色列。我们所听到的“以色列人没有得着”和“其余的就成了顽梗不化的”，都须理解为仇敌，为了我们的缘故而成为的仇敌；我们所听到的“唯有蒙拣选的人得着了”，得要理解为为了他们列祖的缘故而蒙爱的，这些事上帝确实应许过他们的列祖；因为“所应许的原是向亚伯拉罕和他子孙说的”，[②]外邦人作为野橄榄树也被嫁接到了这棵橄榄树上来。我们现在当然应当落入拣选，对此他说乃是按着恩典而不是按着债务给的，因为“照着拣选的恩典，还有所留的余数”。[③] 蒙拣选的人得着了，其余的就成了顽梗不化的。关于这一拣选，以色列人为着他们列祖的缘故就是蒙爱的。因为他们之蒙召不是“许多人都蒙召”的那种蒙召，而是选民蒙召的那种蒙召。他在说“就着拣选说，他们为列祖的缘故是蒙爱的”之后，补充说“上帝的恩赐和选召是没有后悔

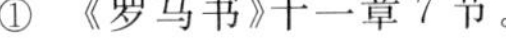

① 《罗马书》十一章 7 节。

② 《加拉太书》三章 16 节。

③ 《罗马书》十一章 5 节。

的”——就是说，他们被坚定地立了起来，毫不改变。那些属于这一选召的人都得到了上帝的教训；他们一个都不能说，“我相信了，以便被选召”，因为上帝的怜悯在他之先，因为他之被选召，是为了可以相信。凡受到上帝教训的人都来到子这里，因为他们都借着子听到并学习了父的教训，对此子说得最明白不过：“凡听到父之教训又学习的，就到我这里来。”[①]这些人也不会灭亡，因为“他〔父〕所赐给我的，叫我一个也不失落”。[②] 谁属这类人，谁就不会灭亡；谁若灭亡，谁就不属这类人。因此之故，经上说道，他们从我们中间走出去，但他们不是我们的；因为他们如果是我们的，就当然会继续与我们在一起了。[③]

章34 选民不是因为信了才蒙召，而是为了可以信才蒙召

愿我们理解他们得以被选的那选召——他们被选不是因为他们信了，他们被选乃是为了他们可以信。主本人对此作了充分的解释，他说：“不是你们拣选了我，是我拣选了你们。”[④]他们若是因为信才被选，那么就是他们自己凭着信而先拣选主，因而配得上被上帝拣选了。但他完全消除了这种想法，他说：“不是你们拣选了我，是我拣选了你们。”不过，他们无疑也在信靠他时拣选了他。他说“不是你们拣选了我，是我拣选了你们”，没有别的原因，原因就

① 《约翰福音》六章45节。

② 《约翰福音》六章39节。

③ 《约翰福音》二章19节。

④ 《约翰福音》十五章16节。

在于并不是他们先拣选他从而他应该拣选他们，而是他先拣选他们，从而他们可以选他；因为他的怜悯在先于他们，这是按着恩典而不是按着债务给的。所以，他在披上肉身之时，将他们从世界里拣选出来，其实拣选在创世以前便在他之中定了。这是关于预定与恩典的不易之真理。使徒不是说过“他从创立世界以前，在他里面拣选了我们”么？[1] 倘若这么说是因为上帝预知到他们会〔自己主动〕信，而不是因为他自己会使他们成为信者，那么子下面所说的话就会与这样的预知相违了：“不是你们拣选了我，是我拣选了你们”；那么上帝就该预知到这件事，即乃是他们自己拣选了他，从而他们配得他的拣选了〔而这实际上是不可能的〕。〔我们由经上可知，〕他们在创立世界以前就被预定了要受拣选，在那预定里上帝早已预知到他自己会做什么；上帝将他们从世界里拣选出来，用的是完成他预定之事的那种呼召。他预定了的，就选召，就用那种仟命旨意的呼召来召他们。除了他所预定的人，他不召别人；除了他所召的人，他不令别人为义；除了他所预定、选召、称义的人，他不荣耀别的人；除此之外没有别的目的。所以，上帝拣选信者；但乃是他选了他们，是他使他们可以如此〔信〕，而不是因为他们已经如此。使徒雅各说：“上帝岂不是拣选了世上的贫穷人，叫他们在信上富足，并承受他所应许给那些爱他之人的国吗？”[2]他通过拣选他们，使他们成为信仰上的富人，成为天国的继承人；他被正当地说成是在他们之中进行拣选，为了他们可以拣选他而先拣选他

① 《以弗所书》一章 4 节。

② 《雅各书》二章 5 节。

们。我想问，凡听到主说“不是你们拣选了我，是我拣选了你们”的人，谁敢说人相信主是为了可以蒙拣选呢？实际上他们被拣选倒是为了可以相信主；为了免得他们与真理的判断相违，以为是他们自己先选了基督，基督才说：“不是你们拣选了我，是我拣选了你们。”

章 35　拣选的目的在于圣洁

使徒说：“愿颂赞归与我们主耶稣基督的父上帝，他在基督里曾赐给我们天上各样属灵的福气。就如上帝从创立世界以前，在基督里拣选了我们，使我们在他面前成为圣洁，无有瑕疵。又因爱我们，就按着自己意旨所喜悦的，预定我们借着耶稣基督得儿子的名分，使他荣耀的恩典得着称赞。这恩典是他在爱子里所赐给我们的。我们借这爱子的血得蒙救赎，过犯得以赦免，乃是照他丰富的恩典。这恩典是上帝用诸般智慧聪明，充充足足赏给我们的，都是照他自己所预定的美意，叫我们知道他旨意的奥秘；要照所安排的，在日期满足的时候，使天上地上一切所有的，都在基督里面同归于一。我们也在他里面得了基业，这原是那位随己意行作万事的，照着他旨意所预定的，叫他的荣耀，从我们这首先在基督里有盼望的人可以得着称赞。你们既听见真理的道，就是那叫你们得救的福音，也信了基督，既然信他，就受了所应许的圣灵为印记。这圣灵是我们得基业的凭据，直等到上帝之民被赎，使他的荣耀得着称赞”①——注意听过使徒这段话且能明白的人，谁能怀疑我们

① 《以弗所书》一章 3—14 节。

正在为之辩护的如此明明白白的真理呢？上帝在创立世界以前就在基督里面拣选了基督的肢体；若不是用预定，他怎么拣选这些那时根本就不存在的人呢？所以他是用预定来拣选我们的。他会拣选不圣洁的和不干净的么？若有人问，他是愿意选不圣洁不干净的，还是愿意选又圣洁又无瑕的，回答的人谁会不说又圣洁又无瑕的呢？

章 36　上帝拣选义人；不是那些他预见到要凭己力如此的人，而是那些他早已预定了要如此的人

佩拉纠派中人说："他预知到谁会凭着自由意志的选择成为圣洁又无瑕的人，由于有这种预知，即预知到他们会成为这样的人，因此他在世界创立以前就拣选了他们。"他说："所以他在他们存在以前就拣选了他们，预定那些他预知到会圣洁又无瑕的人成为儿女。他当然不是使得他们这样的；他也没有预见到他会使得他们这样，而是他们〔自己〕这样。"现在就让我们来看看使徒的话，看看他在世界创立以前就拣选我们是因为我们将会〔凭己力〕圣洁而无瑕，还是为了我们可以圣洁而无瑕才拣选我们。他说："愿颂赞归与我们主耶稣基督的父上帝，他在基督里曾赐给我们天上各样属灵的福气。就如上帝从创立世界以前，在基督里拣选了我们，使我们在他面前成为圣洁，无有瑕疵。"[①]可见，不是因为我们将会如此，而是为了我们可以如此。这是肯定的，也是明显的。我们之所以如此，原因就在于他已经拣选了我们，借着他的恩典预定了我们

① 《以弗所书》一章 3 节。

要如此。所以“他在基督里曾赐给我们天上各样属灵的福气。就如上帝从创立世界以前，在基督里拣选了我们，使我们在他面前成为圣洁，无有瑕疵。又因爱我们，就按着自己意旨所喜悦的，预定我们借着耶稣基督得儿子的名分”。他有意地加上了“按着〔上帝〕自己意旨所喜悦的”，是为了使我们不要自夸我们人自己的意旨。他说“这恩典是他在爱子里所赐给我们的”——他以自己的意志显示了对我们的爱。因此，经上说，他以恩典向我们显示了恩典，正如经上又说，他以义使我们成义。他说：“我们借这爱子的血得蒙救赎，过犯得以赦免，乃是照他丰富的恩典。这恩典是上帝用诸般智慧聪明，充充足足赏给我们的，都是照他自己所预定的美意，叫我们知道他旨意的奥秘。”在他旨意的奥秘里，他照他自己所预定的美意，而不是照我们的美意，给了丰富的恩典。我们的美意若不是得到了上帝美意的帮助，是根本不可能成其为美意的。他说：“都是照他自己所预定的美意，叫我们知道他旨意的奥秘”，就是说，在他的爱子里的美意，他接着说：“要照所安排的，在日期满足的时候，使天上地上一切所有的，都在基督里面同归于一。我们也在他里面得了基业，这原是那位随己意行作万事的，照着他旨意所预定的，叫他的荣耀，从我们这首先在基督里有盼望的人可以得着称赞。你们既听见真理的道，就是那叫你们得救的福音，也信了基督，既然信他，就受了所应许的圣灵为印记。这圣灵是我们得基业的凭据，直等到上帝之民被赎，使他的荣耀得着称赞。”

章37　我们被拣选、被预定，不是因为我们会成为圣洁的，而是为了我们可以成为圣洁的

论证这几点会花费太多的篇幅。但你们无疑会看到，使徒作了什么见证来辩护这一恩典，恰与夸大人的功德的做法相反，后者看起来仿佛是在说，是人先作了什么贡献，然后上帝才给他什么报偿。所以，上帝在创世以前就在基督里拣选我们、预定我们成为选民，不是因为我们将凭着己力成为圣洁无瑕的人，而是相反，他拣选并预定我们是为了我们可以成为圣洁无瑕的人。此外，他这么做纯粹是出于高兴，因此没有人可以夸口自己的意志，倒是要夸耀上帝对他的好意。他这么做是出于他丰富的恩典，出于他的美意，他的恩典是在他爱子里赐给我们的，我们在他爱子里分享了这恩典，我们之被预定是照着他的意旨，而不是我们自己的意旨。他在万事中作工，甚至在我们里面作工，使我们意愿。他还照着他意志的谋略作工，使我们成就他的美意。[①] 因此之故我们叫道，没有人可以荣耀人，没有人可以荣耀自己；谁若要荣耀，就请他荣耀主，赞美主的荣耀。因为他自己按着己意作工，使我们可以赞美他的荣耀，成为圣洁无瑕的，正是为了这个目的，他才在创世以前就预定了我们。他这么做的目的，乃是选召被拣选者，他叫万事互相效力，正是为了他们。他们是照着他的旨意被召的，而"上帝的恩赐和选召是没有后悔的"。[②]

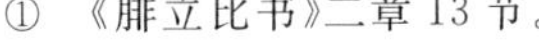

① 《腓立比书》二章13节。
② 《罗马书》十一章29节。

章 38 关于预定，佩拉纠派观点如何，半佩拉纠派观点又如何

但我们的这些弟兄(我们正在为他们的缘故进行讨论)，也许会说，佩拉纠得到了使徒的这一见证的驳斥。使徒的见证是说，我们在世界创立以前就在基督里被拣选被预定了，从而可以在他的爱眼里成为圣洁无瑕的。因为他们认为，“我们既已接受了上帝的命令，就凭着我们自己的自由意志的选择在他的爱眼里成为圣洁无瑕的；既然上帝预见到事会如此”，他们就说，上帝“便在世界创立以前拣选并预定我们了”。尽管使徒说并不是因为上帝预知到我们会这样，而是为了我们可以这样才拣选我们的。我们受他恩典的拣选在先，他在他的爱子里赐给了我们恩典。所以，当他预定我们时，他预知到了他自己的工作，就是使我们成为圣洁无瑕者的工作。由此佩拉纠派的错误也就正确地得到了这一见证的驳斥。“但我们说，”他们说，“上帝预知的事除了我们由以开始信的信仰外，都不是我们自己的，他在创世以前就拣选并预定了我们，好使我们借着他的恩典和工作成为圣洁无瑕的。”请他们听听使徒作的另一见证：“我们也在他里面得了基业，这原是那位随己意行作万事的，照着他旨意所预定的。”[①]所以，那随己意行作万事的上帝也起动了我们的信仰之始；但信仰本身并不在先于选召，即“上帝的恩赐和选召没有后悔的”这句话里的“选召”[②]也即“不在乎人的行

① 《以弗所书》一章 11 节。

② 《罗马书》十一章 29 节。

为，乃在乎召人的主”里的“召”，[①]以及主在说“不是你们拣选了我，是我拣选了你们”[②]时所指的“拣选”。他拣选我们，不是因为我们信，而是为了我们可以信。这样才不会有人说是我们先拣选了他，从而显得他的话“不是你们拣选了我，是我拣选了你们”错了。他的话当然是不可能错的。我们被召不是因为我们信了，而是为了我们可以信；由于有上帝这无悔的选召，我们才得以信。不过，在这事上许多说过的话在这里就没有必要再重复了。

章 39　信仰的开始乃是上帝的恩赐

使徒随后为那些信了的人感谢上帝——当然不是因为福音传到了他们那里，而是因为他们已经信了。他说：“你们既听见真理的道，就是那叫你们得救的福音，也信了基督，既然信他，就受了所应许的圣灵为印记。这圣灵是我们得基业的凭据，直等到上帝之民被赎，使他的荣耀得着称赞。因此，我既听见你们信从主耶稣，亲爱的众圣徒，就为你们不住地感谢上帝。”[③]他们新近听到福音就信了，他们的信是新的，使徒为他们的信而感谢上帝。他若是为了人本没有给予的东西而感谢人，就会称作嘲弄或轻慢而不是感谢了。“不要自欺，上帝是轻慢不得的”；[④]因为人的信仰的开始也是上帝的恩赐(除非证明了使徒的感谢是错误的)。使徒在谈到帖撒罗尼迦人的信仰的开始也说：“为此，我们也不住地感谢上帝，因

① 《罗马书》九章 12 节。

② 《约翰福音》十五章 16 节。

③ 《以弗所书》一章 13—15 节。

④ 《加拉太书》六章 7 节。

你们听见我们所传上帝的道，领受了；不以为是人的道，乃以为是上帝的道。这道实在是上帝的，并且运行在你们信主的人心中。”①他在这里为之感谢上帝的是什么呢？倘若不是上帝自己做事，他的感谢就会是空的。但既然这不是一件空洞任意的事，那么就是他所感谢的上帝自己做这事了；当他们接受所听到的上帝的道，他们不是将之作为人的道，而是将之作为上帝的真道接受的。所以，上帝随着己意选召人，运行在人心里，使他们不致听了福音无动于衷，而是一旦闻道，便归转、相信，不是将它作为人的道接受，而是将之作为上帝的真道信从。

章 40　使徒对信仰之始乃是上帝恩赐这一点的见证

此外，使徒还在《歌罗西书》里警告我们人的信仰之始乃是上帝的恩赐，他说：“你们要恒切祷告，在此警醒感恩；也要为我们祷告，求上帝给我们开传道的门，能以讲基督的奥秘（我为此被捆绑），叫我按着所该说的话将这奥秘发明出来。”②这里“开传道的门”，岂不是指听者的感觉被打开，从而可以信，并且既已开始信，便会赞同那些所宣示的事，来树立起整个教义，免得心灵因不信而关闭，从而拒斥所传的道？由此他也对哥林多人说：“但我要仍旧住在以弗所，直等到五旬节，因为有宽大又有功效的门为我开了，并且反对的人也多。”③这句话该当何解，岂不是说，当他将福音传到那里时，有些人信了，也有些人反对，正应了主的话：“若不是差

① 《帖撒罗尼迦前书》二章 13 节。

② 《歌罗西书》四章 2 节。

③ 《哥林多前书》十六章 8 节。

我来的父吸引人，就没有能到我这里来的”，[①]以及：“上帝国的奥秘只叫你们知道；至于别人，就用比喻，叫他们看也看不见，听也听不明”。[②] 所以，对那些被给予了的人门就是开着的，对那些没有被给予的人门就是关着的。

章 41　更多的使徒见证

同一位使徒在《哥林多后书》里对哥林多人说：“我从前为基督的福音到了特罗亚，主也给我开了门。那时因为没有遇见兄弟提多，我心里不安，便辞别那里的人往马其顿去了。”[③]他所辞别的人不是别的，正是那些信了的人——心里的门对他的传福音开着的人。不过，请注意他随后说的：“感谢上帝，常率领我们在基督里夸胜，并借着我们在各处显扬那因认识基督而有的香气。因为我们在上帝面前，无论在得救的人身上，或灭亡的人身上，都有基督馨香之气。在这等人，就作了死的香气叫他死；在那等人，就作了活的香气叫他活。”[④]看看这位最热心的战士、恩典不可战胜的辩护者，是为了什么在感谢上帝。看看他是为了什么在感谢上帝——众使徒是基督的香气，在这等人就作了死的香气，在那等人就作了活的香气。为了那些不甚明白这些事的人少被触怒，他警告说：“这事谁能当得起呢？”[⑤]不过还是让我们回到使徒所说的作为他

① 《约翰福音》六章 44 节。
② 《路加福音》八章 10 节。
③ 《哥林多后书》二章 12—13 节。
④ 《哥林多后书》二章 14 节。
⑤ 《哥林多后书》二章 16 节。

听众信仰之始的门吧。"也要为我们祷告,求上帝给我们开传道的门",①这句话的意思岂不正最为明白地显出了甚至信仰之始亦是上帝的恩赐么?因为若不是相信上帝已赐出了它,人是不会祷告祈求它的。这种天恩临到了卖紫色布匹的女人身上,如《使徒行传》所说:"主就开道她的心,叫她留心听保罗所讲的话";②她蒙召是为了可以信。因为上帝在人心里做他所愿意的事,或是凭着帮助,或是借着审判;这样,借着他们,他的手和谋略所预定的事就得以成就。

章 42 《旧约》的见证

我们正在谈论的事是这样的,比如,当上帝愿意做唯有他所愿意的人才能做的事时,他们的心就倾向于想做这件事——就是说,是被上帝的能力弄得这么倾向的,上帝以一种神妙不可言喻的方式在我们里面作工,使我们意愿做什么事。反对者说,我们用《列王纪》和《历代志》的《圣经》见证所证明的东西与我们正在谈论的事无关。③ 他们的这一说法是虚妄的。确实,还有什么是比他们的这一说法更虚妄更自相矛盾的呢?也许他们为自己持这一观点而向你们说过某一理由,这理由是你们在信里没有提的。不管那理由是什么,反正我是不知道的。既然我们已表明上帝在人心如此地工作,在他所喜欢的人身上如此地发愿,以致扫罗或大卫被立为王——他们会不会由于在尘世作王与在天国与上帝共同作王不

① 《歌罗西书》四章 3 节。
② 《使徒行传》十六章 14 节。
③ 希拉里的信,参见奥古斯丁,《信札》,226。

同，就认为这些例子与此主题毫不相关呢？会不会从而认为上帝使一些人有心作尘世国王，但不愿他们有心获得天国呢？我认为，经上许多地方，恰恰是说的天国而不是尘世之国，比如："使我心倾向于你的见证"；[①]比如："义人的脚步被主立定，他的道路，主也喜爱"；[②]"意志由主预备"；[③]"愿我们的主与我们同在，恰如他与我们的列祖同在；愿他不要离弃我们，也不要转面不顾我们；愿他叫我们的心倾向于他，使我们行他的义路"；[④]再如："我要给他们一颗心来认识我，给他们耳朵来听"；"我要使他们有合一的心，也要将新灵放在他们里面，又从他们肉体中除掉石心，赐给他们肉心"。[⑤]请他们听："我必将我的灵放在你们里面，使你们顺从我的律例，谨守遵行我的典章。"[⑥]请他们听："人的脚步为主所定，人岂能明白自己的路呢？"[⑦]请他们听："人所行的，在自己眼中都看为正，唯有主衡量人心。"[⑧]请他们听："凡预定得永生的人都信了。"[⑨]请他们听听这些话，以及我这里没有提到的类似的话，它们都表明了上帝预备并归正人的意志，为天国，也为尘世生活。请想一想，倘若要立尘世之国都是上帝在人意志里作工，人岂能说，乃是人自己定意要获得天国呢？

① 《诗篇》一一九篇 36 节。

② 《诗篇》三十七篇 23 节。

③ 《箴言》八章。

④ 《巴录书》二章 31 节。

⑤ 《以西结书》十一章 19 节。

⑥ 《以西结书》三十六章 27 节。

⑦ 《箴言》二十章 24 节。

⑧ 《箴言》二十一章 2 节。

⑨ 《使徒行传》十三章 48 节。

章 43　结论

我说得已经够多的了，也许你们老早就被说服了，而我仍在喋喋不休，仿佛对着一群心灵迟钝的人说话，对他们说得再多也是不够的。不过，请他们原谅我，因为是一个新问题在驱使我这么做。我这么做，是因为尽管我在以前的小文章里用充分而适当的证据证明了信仰也是上帝的恩赐，却发现这里面是自相矛盾的，即，那些见证可用来显示信仰的长进是上帝的恩赐，但信仰的开始（借此人开始相信基督）却是出于人自己的，不是上帝的恩赐——但是上帝需要这个，只有有它〔信仰的开始〕在先，别的恩赐才会在此基础上跟着来，这些别的恩赐乃是上帝的恩赐；〔这样〕它们就都不是白白地给的，尽管上帝的恩典在它们之中显明了，但它们若不是白白地给的，就算不得恩典。你们可以看出来，这有多荒谬。因此我就尽我所能地判定，这一开始本身也是上帝的恩赐。我花的篇幅若是超过了本来应该花的篇幅，我就准备受到批评，但只求他们承认，尽管超过了他们希望的长度，尽管对那些明白的人来说冗长乏味，我却已做了我所做的事：就是，我已教导说，甚至信仰的开始，就像节制、忍耐、公义、敬虔等等无所争议的东西一样，也是上帝的恩赐。就以此为本文的结终吧，免得篇幅太长，引起反感。

附　　录

佩拉纠致德米特里的信

1. 若我拥有过人的才智，渊博的学识，就不难履行写这封信的责任。事实上，对这费力任务的困难，我一直难脱畏惧之心。这封信必须是致德米特里的，她不仅是基督的贞女，富有而高贵，还以其信仰之热切，鄙视自己的财产和地位。凡是景仰这般单纯美德的人，都会发现，对这样的人加以指教难乎其难，正如对这样的人加以称赞是很容易的一样。谁会找不到言词来称颂她呢？出生于最高的社会等级，为财富和奢华所培育，为世俗之乐所网罗，一如为锁链所捆绑。不过，她猛然之间打破桎梏，得到自由，凭着她灵魂的美德，一劳永逸地抛下了这一切俗世美物。她的意志宛如信仰之剑，斩断了她正步入的花季年华。她将她的肉身与基督同钉在十字架上；为上帝献上圣洁的活祭；出于对贞洁的热爱，她拒绝了一个最高贵血统家族的求婚。这么说是容易的，且令人愉悦；该话题的丰富性就足以使人滔滔不绝。不过，我们之受邀请，却不是为了赞扬这位贞女，而是要指教她；这个任务远为困难。我们须描述她有待获取的美德，而不是她业已达致的成就。我们须指导她将来的课程，而不是称颂她过去的生活。工作甚为困难，是因为教导若不完美，便不足以满足一位如此渴望学道、如此急于完全的人。她记得——她也该记得——她抛诸身后的尘世财富和名声，她放弃的俗乐，她拒绝了的此生的魅力。因此之故，她对寻常的道

* 附录内容出自：*Theological Anthropology* by J. Patout Burns, ——编注

是不满足的，不满足于因人人俱有而丧失了其价值的那种生活道路。她在寻求某种新的、前所未有的东西；她渴求某种单纯、卓绝的东西。她希望她的生活之道不寻常一如她的皈依。她在尘世是高贵的，她也想在上帝面前是高贵的。她当作财富抛弃的东西，她正在她所过的生活之道上寻找。有什么丰富的洞悉，才能满足如此虔诚之心对完全的渴求和切望呢？有什么言辞的技艺，词句的涌流，可以描述这位贞女准备以行为完成的目标呢？在我们献上礼物装点主的居处之时，必须请求主的纵容。不过，我们无惧于将自己暴露给恶人的攻击，胆敢给如此高贵的贞女写信指教。是她圣洁的母亲邀请我们写的。凭着一腔燃烧的渴求，她致信海外，令我们这么做。她用来将天国种子栽种于她女儿心中的关切和勤勉，在她的邀请别人加以浇灌中得到了显明。因此，我们既已免除了野心和轻率，就得启动这一计划。我们并不沮丧，因为我们相信，我们可怜的能力得到了母亲的信仰和贞女的功德之助。

2. 当我要讨论正行和圣洁生活之道的原则，我通常以显明人类本性的力量和特征开始。通过说明它能成就什么，我鼓励我听众的灵魂，去获取不同的美德。要人做到他觉得不可能的事，对他并无好处。若我们在通往美德的路上进发，就须以希望作为向导和伴侣；否则，对成功的绝望只会消灭获致不可能之事的一切努力。我相信，我在别的规劝中曾遵循过的程序，也应在这里得到特别的遵守。在要建立更为完善的生活形式的地方，对本性之善的解释也就应相应地更为充分。若对灵魂的能力估计过低，则它在追求美德上便会不那么勤励、不那么坚持。若是认识不到它内部的东西，它就会以为它缺乏能力了。一种力量，若要得到运用，就须先引起充分的注意，本性可以达致的善，须得到清楚的解释。一旦某事被显明为可能，它就应该得到成就。因此，纯粹属灵生活所需立下的第一个基础，便是贞女认识到她的力量。她一旦认识到它们，便能好好地运用它们。向一个人指明，他确实能够获得他所渴求的，就为灵魂提供了最有效的鼓励。甚至在战争时期，影响、鼓励士兵的最佳方法，也是提醒他，让他意识到自己的力量。

作出人性善的判断的第一方法来自上帝，即人性的创造者。他造了整个世界，造了世界之中一切极善之物。他为了人的缘故而造了别的一切，由此可知他将人造得有多么优异。人性的善甚至在上帝准备照着他自己的形象和样式造之前便已有所暗示。上帝让一切的动物服从人类。他让人成为禽兽的主人，这些禽兽在大小、力量或装备上都远胜于人。这样，他就明示了他之造人更为神妙。上帝想要人类因为这些更有力量的动物服从他们自己而感到惊奇，从而理解他们自己本性的优异。此外，他不让人赤裸无防，不让他们像怯懦的幼雏那样为罪恶所侵凌。尽管人之受造没有外在的铠甲，却被赋予了更好的内在武装，即理性和判断。于是，借着那使他优胜于别的动物的理解力和心灵力量，独有他才能够承认万有的创造主。他还用这同一种职能主管禽兽，事奉上帝。主想要他自愿地而不是被迫地成就公义。因此，就把生和死、善和恶置于他面前，让他自己去选择。[①] 他选什么，就给他什么。所以我们在《申命记》读到："我今日呼天唤地向你作见证，我将生死、祸

① 《便西拉智训》十五章14—16节。

福陈明在你面前，所以你要拣选生命，使你和你的后裔都得存活。”①

3. 这里我们必须小心，不要被困惑了群盲的东西所搅扰。你不应该由于人能行恶，且本性的冲动并不必然依附于不变之善，就认为人性造得并不真善。你若细加思考，强迫自己对它加深了解，便会认识到，表面上看来对它不利的东西，实际上却使得人的处境更好更优。理性灵魂的荣耀，显然就在于它不得不面对分歧的道路，在于它有走任何一条道路的自由。我论辩的是，我们本性的尊严完全在于此：这就是最善之人应得的荣誉、报酬、赞扬的来源。倘人不能行恶，也就不能坚持善，实践美德。上帝决定给予理性受造物如下礼物：善的意志和自由选择的力量。上帝使人天然地就能行善作恶，使他二者都能够做到，将意志导向二者之中的任何一个，这样上帝就使得每个人实际上选择做的行为都是他自己的行为。受造物只有能够行恶，才能自愿地为善。所以，最灵秀的创造者决定将我们造得能够作出二者。

当然了，实际上他只愿意并命令我们行善。他给我们作恶的能力，唯一目的只是要我们凭着我们自己的意志成就他的意志。因此，我们作恶的能力本身乃是一个善。我说它是善，是因为它使得它的对立面即行善的能力更善。它消除了必然性的捆绑，使人可以自由地决定，使意志能够凭自己的权力做到自愿。于是我们方有自由来选取或反对、接受或拒绝。别的受造物只有来自其本性和环境的善；理性的存在物超胜于它们所有，唯因它有它自己意

① 《申命记》三十章19节。

志的善。

不过，仍有许多人看重人的环境，批评主的工作，他们愚蠢而不相干地宣称，人本应被造得不能够作恶。这就等于是造物对他的造主说："你为什么这样造我呢？"[①]这些坏人伪称他们运用他们的天赋行了善事，抱怨他们未被造得与此不同。他们本应修正他们的生活，现在却想要提高他们的本性。不过，本性的善被造得如此地普遍，它有时甚至在不拜神的外邦人中间表现出来。我们读到过、听到过，甚至亲自见到过多少的哲学家，他们贞洁、忍耐、温厚、大度、节制、慈祥，拒绝尘世的荣耀和快乐，热爱公义和智慧？为何这些美德能够吸引那些本身与上帝相离的人？他们若非从本性的善里得到这些善的品质，又从何处得到？这些价值要么可在同一个人身上见到，要么可分别地在不同的人身上见到。既然所有这些人都有同样的本性，他们的例子就显示了，不仅在群体中发生的事，而且在任何一个人身上发生的事，都可实际地在每一个人、所有的人身上发现。这样，倘若连远离上帝的人都显明了上帝如何造了他们，我们就应认识到基督徒所能成就的，这些基督徒的本性已由基督恢复到了一种更好的条件里，且他们得到了神圣恩典之助。

4. 现在，让我们深入我们灵魂的深处，认真反思我们自己。我们自己的感情我们揭示了什么？让我们注意善的良知的见证，受我们里面权威的指导。实际上，我们应该从心灵自身而不是从别处得知它的善。当我们犯罪之时，是什么使得我们害怕，是什么

① 《罗马书》九章 20 节。

使得我们羞愧？我们或是满脸通红或是面色苍白地放弃我们的罪行。即便我们焦虑的心灵逃过了对某些小过的审查，我们自己的良知也会为此而折磨我们。相反地，我们行善之时，就会满心欢喜，至少也会心无烦扰。若善行是隐蔽的，我们就会希望人们都知道。我们的本性在这些反应里揭示了它自己：它在避开恶行时显明了它的善；它在唯独仰赖善行时就为自己指出了何为恰当之事。即便是在一场隐藏的谋杀中，罪疚良知的折磨仍很厉害；心灵秘密的惩罚也不放过隐藏的凶手。罪人不能逃脱他自己罪行的处罚。不过，无辜的人即便是在受拷打之时，也会欢享清明良知的安全。尽管他害怕惩罚本身，却为他的无辜自豪。

我们的灵魂拥有一种可称为本性的正直的东西，它高居于灵魂的深处，作出善恶的判断。它赞同正直适当的行为，谴责悖逆的行为。根据良知的见证，凭着一种内在的律法，它在不同的行为之间作出区分。它不用设计出来的或更聪明的合理化来欺骗我们；倒是用我们自己感情的最诚实而不可朽坏的见证，来责备我们或维护我们。在给罗马人的信里，使徒提到了这种律法，说它是深植于每个人那里，写在心灵的白板上的："没有律法的外邦人若顺着本性行律法上的事，他们虽然没有律法，自己就是自己的律法。这是显出律法的功用刻在他们心里，他们是非之心同作见证，并且他们的思念互相较量，或以为是，或以为非。"[1]在亚当时代和摩西时代之间生活得好且为上帝所悦的人，实际上都是运用这一律法。你若能想想这样的人物，把他们当作你的榜样，我认为会对你有好

① 《罗马书》二章14—15节。

处的。一旦你认识到本性自身是怎样代替律法教导公义的，你就会很容易理解它有多善了。

5. 亚伯是遵守该律法的第一人。在上帝眼中他配得奖赏，因此他所献的祭得蒙上帝悦纳。这引起了他兄弟的嫉恨。[①] 在福音书里，主本人称他〔亚伯〕为义人，称他为完全的。[②] "主"之一词包括了所有的美德形式。与此相似，我们读到，主是如此喜悦有福的以诺，甚至把他从这有死的尘世提到了灵界。[③] 挪亚也被描述为他那世代的义人和完全人。他的圣洁尤胜，因为全地都离弃了义时，唯独他保持着正直。无须找别的人，他就是一个圣洁的榜样。所以，当世界面临灭顶之灾，唯独他才配被上帝告知："你和你的全家都要进入方舟，因为在这世代中，我见你在我面前是义人。"[④]一个人要在上帝眼里称为义，就须做到身与心两方面的洁净。麦基洗德被称为上帝的祭司。[⑤] 我们可以通过他预表了主的圣礼来判断他的价值，主的圣礼是很久以后才来的：他以面包和酒的祭代表了基督身体和血的奥秘。他的祭司职务正象征着基督的祭司职务，对后者圣父是这么说的："你是照着麦基洗德的等次永远为祭司。"[⑥]当他祝福族长之首亚伯拉罕，使他借着割礼成为犹太人之祖，借着信仰成为外邦人之父，他就清晰地描画出了借着其信仰祝福犹太人和外邦人的那一位的形象。有福的挪亚的美德也为罗得

① 《创世记》四章 4—7 节。

② 《马太福音》二十三章 35 节。

③ 《创世记》五章 24 节。

④ 《创世记》七章 1 节。

⑤ 《创世记》十四章 18 节。

⑥ 《诗篇》一一〇章 4 节。

所效仿:虽然面对着如此之多罪人的样式,他却没有放弃公义。整个世界的样式不能战胜挪亚;相似地,当他所在的整个地方都在犯罪,罗得坚持他的正直,反对群氓的邪恶。正如有福的彼得所说:“看见听见他们不法的事,他的义心就天天伤痛。”[①]尽管他栖身于最坏的人中间,却对他们的恶行闭目不看,塞耳不闻。所以上帝就将罗得从火里救了出来,正如他曾将挪亚从洪水里救出来。

对上帝的朋友亚伯拉罕,或以撒,或雅各,我又能说些什么呢?上帝赐予他们异乎寻常的光荣,使他们称呼他为他们的上帝,从而使他自己成为他们家里的一员。“我是亚伯拉罕的上帝,以撒的上帝,雅各的上帝。这是我的名,直到永远;这也是我的纪念,直到万代。”[②]由此我们可以判断他们执行上帝的意志有多么彻底。约瑟年轻时就是主忠实的仆人,他所受的每一个试炼都只能更加证明他的完全和公义。他先是被兄弟们交给以实玛利人;他曾梦见荣耀他的人实际上却卖了他。[③] 即便是在埃及主人讯问他时,他也保持了他精神本性的尊严。他的榜样教导人们,奴役或自由乃是罪或义的事,是人自己的心灵而非环境要对之负责。贞女啊,我请求你停下来思忖一会儿,细细思量这颗贞洁的灵魂〔指雅各〕。当主人之妻为年轻的约瑟欲火中烧,他也仍保持无动于衷。她进来,他逃跑。在一切别的事上,她都只是下命令,然而在这件事上,她却又是劝诱又是恳求。无论是他自己的年轻,还是他的爱慕者的状态,都不能压倒他贞洁的精神。在遭到多次拒绝之后,女主人给

① 《彼得后书》二章 8 节。

② 《出埃及记》三章 15 节。

③ 《创世记》三十七章 5—10、28 节。

他设计了一个陷阱。她在暗中拖过了他的手；毫无羞耻地要与他通奸。他却不为所动。他以否定来回答她的恳求，他以拒绝来应对她的行动。她问，他就说“不”；抱过来，他就逃跑。[①] 在福音书宣告“凡看见妇女就动淫念的，这人心里已经与她犯奸淫了”[②]之前，约瑟就已得到了挑战，不只是来自一个女人的形象，还来自她的真实的拥抱；不过他仍然对她没有情欲。你曾为他的贞洁惊叹；你也应注意到了他的慈善。远在先知说“不可报仇，却要爱人如己”[③]之前，他就以爱报恨。当他看到他的那些更像敌人的兄弟，他的悲伤忍不住地泄露了他的爱，从而使他与他们相认。“他又与众弟兄亲嘴，抱着他们哭。”[④]无论是在父亲活着时，还是在父亲死后，他都总是向他们示以兄弟之爱。他避而不谈他们挖坑欲置他于死地。他也不再想他们曾将他卖了，与他决绝了兄弟之情。他以善报恶，于是虽然还处于本性律法的时期，却已成就了使徒的诫条。[⑤]

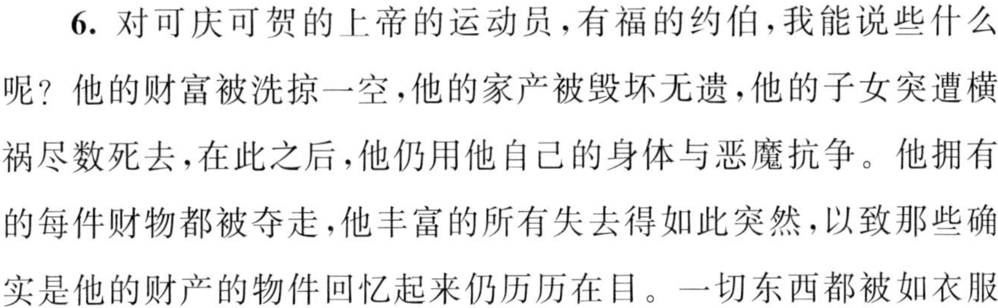

6. 对可庆可贺的上帝的运动员，有福的约伯，我能说些什么呢？他的财富被洗掠一空，他的家产被毁坏无遗，他的子女突遭横祸尽数死去，在此之后，他仍用他自己的身体与恶魔抗争。他拥有的每件财物都被夺走，他丰富的所有失去得如此突然，以致那些确实是他的财产的物件回忆起来仍历历在目。一切东西都被如衣服

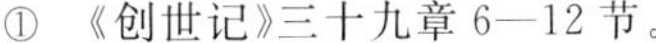

① 《创世记》三十九章 6—12 节。
② 《马太福音》五章 28 节。
③ 《利未记》十九章 18 节。
④ 《创世记》四十五章 15 节。
⑤ 《罗马书》十二章 27 节。

一般剥夺，好叫他变得更强壮，更自由，来取得他的胜利，好叫他通过忍受这些苦难来第二次地战胜敌人，这敌人他本已在承受损失时战胜过。主自己荣耀他："你曾用心察看我的仆人约伯没有？地上再没有人像他完全正直，敬畏上帝，远离恶事。"[1]这样的赞扬他并非不配。正如约伯说他自己那样，他总是对主存着畏惧之心，主像海一样包围着他，他的临在他无以承受。[2] 他从来不敢看不起他相信乃是全在的主。他说："我持定我的义，必不放松，在世的日子，我心必不责备我。"[3]在主令我们爱我们的敌人之前，他就说了："我若见恨我的遭报就欢喜，见他遭灾便高兴。"[4]福音书还未宣称"有求你的，就给他"，[5]约伯就已陈明："从来我没有容客旅在街上住宿，却开门迎接行路的人。"[6]他还未读到使徒的指导"你们做主人的，要公公平平地待仆人，因为知道你们也有一位主在天上"，[7]就已自信地对主宣称："你知道我的仆婢与我争辩的时候，我从未藐视不听他们的情节。"[8]在同一位使徒禁止富人傲慢，禁止指靠尘世不定的财宝[9]之前，他就已显明了他的财宝在别处：他拥有财产的方式显明了这一点。他说："我未以黄金为指望。"[10]他

① 《约翰福音》二章 3 节。
② 《约伯记》三十一章 23 节。
③ 《约伯记》二十七章 6 节。
④ 《约伯记》三十一章 29 节。
⑤ 《马太福音》五章 42 节。
⑥ 《约伯记》三十一章 32 节。
⑦ 《歌罗西书》四章 1 节。
⑧ 《约伯记》三十一章 13 节。
⑨ 《提摩太前书》六章 17 节。
⑩ 《约伯记》三十一章 24 节。

以行践言，而不只是说空话。他并不因失去了所有而悲恸；反而在每一刻都重申："我赤身出于母胎，也必赤身归回。赏赐的是耶和华，收取的也是耶和华；耶和华的名是应当称颂的。"[①]我们失去财产时，就会发现我们对财产的真实态度；享受的欲望导致了失去的悲痛。一个人若在失去某物时没有痛苦，他就显明了他是如何拥有它的。约伯是福音之前的属福音的人，是使徒教导之前的使徒般的人。使徒们的这一门徒打开了隐藏着的本性之宝，从我们自身之中带将出来，向我们显明我们所能成就的一切。他告诉我们我们具有但未运用的这一灵魂的天赋是多么伟大。我们拒绝自己展示这一善性，还由此认为我们并不具备它。

7. 关于本性我们已谈得够多的了，借着圣徒的榜样，我们也已说清并证明了它的善。也许有人会反驳这一论证，说有些人的邪恶显明了本性本身是可责备的。为排除这一反应，我将运用《圣经》的证据，《圣经》认为罪人要为其意志的恶行负责任，并不借着某种本性的命定论原谅他们。我们在《创世记》里读到："西缅和利未凭着己意作恶。"[②]主对耶路撒冷说："这百姓离弃我在他们面前所设立的律法没有遵行，也没有听从我的话。只随从自己顽梗的心行事。"[③]同一位先知还说："你们得罪耶和华，没有听从他的话，没有遵行他的律法、条例、法度。"[④]主借先知以赛亚之口说："你们

① 《约伯记》一章 21 节。
② 《创世记》四十九章 5—6 节。
③ 《耶利米书》九章 13—14 节。
④ 《耶利米书》四十四章 23 节。

若甘心听从，必吃地上的美物，若不听从，反倒悖逆，必被刀剑吞灭。”[①]相似地，“我要命定你们归在刀下，都必屈身被杀。因为我呼唤，你们没有答应；我说话，你们没有听从，反倒行我眼中看为恶的，拣选我所不喜悦的”。[②] 主本人在福音书里说：“耶路撒冷啊，耶路撒冷啊！你常杀害先知，又用石头打死那奉差遣到你这里来的人。我多次愿意聚集你的儿女，好像母鸡把小鸡聚集在翅膀底下。”[③]凡可看到意愿和拒绝、选择和反对的地方，我们都可理解意志自由的起作用，而不是本性的力量。新旧两约充满了相似的段落，它们总是将善恶描述得是自愿作出的。为简短起见，我们得略而不谈。既然你致力于读圣书，你就会从源泉自身那里饮得更深的。

8. 我们并不通过坚持说本性可以不做错事来为本性善作辩护。我们当然是承认它能够既行善也作恶的。不过，我们也确实反对如下指责，即本性的不足迫使我们作恶。我们只是出于自己的意志行善或作恶；既然我们总是能够做到二者，我们也就在做任何一个上总是自由的。为什么情况是这样的，在面临同一件事时，人既有同一本性，本可做同样的选择，但实际上在同一本性的人中间发生了不同的事，我们实际上做了不同的事，从而使得一些人审判，而另一些人却被审判？对此也可用举例来说明。亚当被从天堂里驱逐出来；以诺被从这个世界里救渡出去。在这两个例子里，主都显明了选择的自由：正如罪人本可以行好，圣徒也本可以作

① 《以赛亚书》一章 19—20 节。
② 《以赛亚书》六十五章 12 节。
③ 《马太福音》二十三章 37 节。

恶。如果不是每位都可以行出善恶二者，那么前者是本不该受惩罚，后者是本不应被公义的上帝拣选的。该隐和亚伯的例子，孪生子以扫和雅各的例子，都须作同样的理解。我们必须认识到，同一本性里唯有意志才能导致不同的功业。因罪而毁于洪水的世界，就由正直的挪亚判了罪。罗得的正直谴责了所多玛人的不净。

这些先人生活了许多世代而没有律法的指导，这一事实提供了人性本善的一个显著证据。上帝并不忽略他的受造物；他清楚人类的本性像他造它时那样足以作为人类的律法，使他们行义。于是，只要新受造的本性的运用继续兴盛，漫长的犯罪实践还未像雾一般遮蔽人的本性，本性就会无须律法。一旦它已被邪恶重重包围，被愚昧的侵蚀，主就用律法如用锉刀，通过不断的矫正把本性磨亮，恢复它原本的光泽。行善对我们变得困难了，这只是因为长期的犯罪习惯，它甚至在我们还是孩童之时便已感染我们。随着年岁的增长，它渐渐地腐化我们，建立了一种附加物，然后使我们受到那看似本性自身的力量的拘禁。所有这些年月现在都开始起来反对我们了，在这些年月里，我们不知不觉地得到了恶行的培育，为它所训练，在这些年月里，我们甚至不辞劳苦地行恶，在这些年月里，邪恶的吸引力使得无辜看起来成了愚蠢。现在这些年月起来反对我们了，旧习阻挠着新的决断。在我们劳苦了如此长的时间来学习邪恶之后，在我们一任习性、安于现状、不思起而建立新的习惯之时，上帝不将圣洁神秘地赋予我们，对此我们还能感到奇怪吗？

我们已简要地提到了关于本性的善的这几点，如我们在别的著作中所作的。在这里重复它们只是为了铺平通往完全之义的路

径，从而知道路既非粗糙不平亦非不可通行，从而可以走得更方便一点。倘若甚至在律法之前，甚至远在我们的主和救主降生之前，便有一些人过着正直而圣洁的生活，如我们下面所说，我们就应该相信，在他降生之后我们只有更能做到这一点的。基督的恩典已教导我们，且已更新我们，使我们成为更好的人。他的宝血已净化并清洗我们；他的榜样激励我们成义。我们应该比活在律法之前的人更好，应该比活在律法之下的人更好。恰如使徒所说："罪必不能作你们的主，因你们不在律法之下，乃在恩典之下。"①

* * *

13. 所以，倘若你想让你的生活之路与你果敢决断的华美相应，倘若你想要在一切的事上与上帝相合，倘若你想要使基督轻省且容易的轭更加轻省更加容易，那么，在这点上，你就必须特别地将你的注意力投向有福生活。现在就致力于它吧，以使你最近皈依的光辉的信仰总是因一种新的热切而保持温暖，以使敬虔的实践在早期就可以很容易地生下根来。你在开始建树的，将持续下去，你生命余下的年月将依循你在开始设定的模式。所以在一开始你就要为结局作好计划。想一想你最终要成就的，现在就开始做吧。

习惯会促长邪恶或美德，习惯若在人的早年就发展出来，其力量就会最大。因为要建立一种生活方式，最初的年头是最为重要的。因为那时人幼嫩而易塑，很容易受到自由决定的塑造和引导，尽管一般来说人只是习惯于世俗的追求。幼苗又小又根浅，任何

① 《罗马书》六章14节。

一个方向都可向着，很容易就倒向某一边。故此本性所弯曲的东西，很容易就按照园丁的判断得到扶正。动物在幼年时也很容易驯养。禁止它们乱跑禁止得愈是早，它们的颈就愈是容易负轭，它们的嘴就愈是容易套嚼子。文学事业最好是在幼年时就开始打基础。树立在心中的最早的东西会牢牢地固定在一个人的气质之中。若这可以引人向善，那这就是最为重要的事了。只要你的年纪使得你容易变化，你的灵魂容易回应引导，好的习惯就应通过负轭得到实践和建树。你的心灵应该被导向最高的事情，圣洁生活的实践应该深入你的灵魂。如此灵魂方能攀升到完全的高峰，对好的生活熟练无比，这好生活本就植根于建树起来了的习惯。灵魂将会惊异于它自己的美德，甚至进而认为这些美德是它天生就有的，而实际上不过是后天获得的。

15. 你该不会不严肃地对待较轻之事的命令。上帝为最小的事也作了命令，一如对最大的事作了命令。你若轻待他的命令，就是侮辱立法者本人。有福的保罗说到了这点：“凡所行的，都不要发怨言、起争论，使你们无可指摘，诚实无伪，在这弯曲悖谬的世代作上帝无瑕疵的儿女。”①

16. 贞女啊，对此我们应加以细思，在使徒的每一句话里捡拾明珠，它们是用来装点基督的新娘的。“凡所行的”，他说。我们应完成上帝所有的命令，不要凭着自己的判断对它们妄加取舍。我们也不应将他的一些规条视为不重要的、没什么意义的符号。在

① 《腓立比书》二章14—15节。

它们所有里面我们都应看到主自己的尊荣。倘若我们对其作者毫无抱怨和疑问，那么，上帝的规条就没有一个是不重要的。我们注意到，普通而一般的监工受到仆人们的公开蔑视；他们的小命令当面得到拒绝。然而，这在高贵的人们那里是不会发生的。主人愈是有力量，仆人服从得就愈快；主人的命令愈是困难，仆人就接受得愈是急切。因此，人们是如此焦急地要受一位王的统治，是如此准备着服从他的指令，他们甚至想要被王命令。他们不仅在完成任务时，甚至在他们被认为值得接受命令时，都认为自己是幸运的。服事一个有着大尊荣的人，甚至被当作一项特宠。

有着永恒尊荣的、有着不可描述不可比拟的权力的上帝自己，赐予我们圣书，书中有他庄严的规条。然而，我们却没有恭敬而欢喜地立即就接受它们。我们并不认为被这样一位伟大而可尊敬者统治乃是一件奇妙的特宠，这在立法者的目标是为被统治者谋好处而非他自己的利益时尤其如此。实际上，我们的样子就像懒散无礼的仆人，背地里用侮慢轻蔑的调子谈论我们的主："这太难了，太严了！我们不能做！我们只是人；我们的肉体是软弱的！"多么荒唐的愚蠢！多么不虔的自大！我们竟然责备一切知识的主，说他是双倍的愚蠢。我们竟然宣称，他并不明白他所造的，也不懂得他所命令我们暗示说，人性的创造者忘记了它的软弱，将人所不能承受的规条强加于人。同时呢，我们又不虔地用软弱来指责公义的上帝，用残忍来指责博爱的上帝。我们先是抱怨他命令做不可能的事；然后又说他为他们不能避免的事而谴责他们。我们将上帝描画成这个样子：他天天想着怎么谴责我们而不是拯救我们，他只是想法让我们亵渎神圣，再来谴责我们，而不是引导我们走

正路。

使徒认识到，公义尊荣的主并不命令不可能的事，因此他就保护我们，使我们在命令不公平或指令不受尊重时不再抱怨不已。我们为什么拒绝面对实情？我们为什么就本性的软弱抱怨立法者？没有谁能比赐予我们力量者更清楚我们能力的限度。没有谁比赋予我们美德能力者更清楚我们能做什么。公义者不会命令不可能的事；博爱者不会为本不能避免的事而谴责人。

17. 他继续说："使你们无可指摘，诚实无伪，作上帝无瑕疵的儿女。"[①]一个词语就足以表达这点，这个词语是上帝在拣选主教时专用的。没有招致责备的生活必须十分仔细地保护，实际上它是十分完整的。谁能比这样一个人更完整呢：他做到了真正的简朴，心里从不挂持着什么事，也不用言词向别人传达或交流。他说："作上帝无瑕疵的儿女。"这是可能有的最为强有力的规劝，因为《圣经》召唤我们作上帝的孩子。人若做了与这位父亲不配的事，将"上帝的儿女"变成了"邪恶的奴仆"，谁不会感到羞耻，感到无地自容的呢？所以他补充了一句说："无可指摘。"既然上帝是一切公义的源泉，罪的过犯就在他的儿女们中间没有地盘。"在这弯曲悖谬的世代。"这指的是，即便无数的恶人环绕着你，邪恶的事例数不胜数，你也仍应记得你的天堂起源，尽管你住在恶人中间，你却可战胜一切的恶。"你们显在这世代中，好像明光照耀。"我们还在福音书里读到："那时，义人在他们父的国里，要发出光来，像太

① 《腓立比书》二章15节。

阳一样。”[1]人生与奖赏相称。因此那些将接受太阳光辉的人，就已发射出了一种类似的公义之光，他们圣洁的行为照亮了不信者的茫茫黑夜。这与同一位使徒致哥林多人的信相连：“日有日的荣光，月有月的荣光，星有星的荣光。这星和那星的荣光也有分别。死人复活也是这样。”[2]天国里的屋宇根据个人的功德而有所不同。正如善功有异，他们的奖赏也各有不同。所以一个人在那里在荣耀中发光，正如他在这里在圣洁中发光。

现在，将你整个心灵的力量都集中在获得人生的充分完全上。准备着天堂里的生活，为得天堂里的奖赏。贞女的圣洁将像最灿烂的星光，为所有的人发亮。她将得奖赏的盛大，可由她人生的更新显明。既然你的灵魂里没有恶习使你回到罪恶中，通往善性的路对你就会更为容易。我们也不必害怕邪恶会阻止你对美德的追求，魔鬼撒播的稗子破坏基督的收成。倘若连那些深陷罪恶、几乎连本性都消灭了人都能借着苦修复新，倘若他们都能改变人生的方向，以一种习惯消除另一种习惯，倘若他们也能由最坏迁至最善，那么你，从未被邪恶战胜过的你，岂不是更能大大地战胜邪恶么？你只需将邪恶赶走，而不用将它们从心里驱除出去。[3] 比起那些已深中邪恶之毒要拔除它们的人，没有染恶的你，达到完全显得多么容易啊。

① 《马太福音》十三章43节。

② 《哥林多前书》十五章41—42节。

③ 意谓邪恶未深入贞女的灵魂。

图书在版编目(CIP)数据

论原罪与恩典 /(古罗马) 奥古斯丁著；周伟驰译．
—北京：商务印书馆，2017
（汉译世界学术名著丛书：120 年纪念版：珍藏本）
ISBN 978－7－100－14697－5

Ⅰ．①论…　Ⅱ．①奥…②周…　Ⅲ．①基督教—研究
Ⅳ．①B978

中国版本图书馆 CIP 数据核字（2017）第 159787 号

汉译世界学术名著丛书
（120 年纪念版·珍藏本）
论 原 罪 与 恩 典
——驳佩拉纠派
〔古罗马〕奥古斯丁 著
周伟驰 译

商　务　印　书　馆　出　版
（北京王府井大街 36 号　邮政编码 100710）
商　务　印　书　馆　发　行
北　京　冠　中　印　刷　厂　印　刷
ISBN 978－7－100－14697－5

2017 年 12 月第 1 版　　　　开本 710×1000　1/16
2017 年 12 月北京第 1 次印刷　　印张 34¼
定价：172.00 元